新时代新理念职业教育教材·铁道机车车辆类
高等职业教育铁道机车运用与维护专业核心教材
岗课赛证融通系列教材
职业教育适应加快发展新质生产力探索教材

机车总体及走行部

（融媒体新形态教材）

主　编　王　磊　陈　辉
副主编　曹明明　王熙杰　蔚小芬
主　审　华　亮

北京交通大学出版社
·北京·

内 容 简 介

本书是铁道机车运用与维护专业的核心课程教材，主要介绍了国铁集团下属各铁路局集团公司配属较为广泛的 HXD_3、HXD_1、FXD_1（亦称复兴号 CR200J）系列的电力机车和 DF_4 系列内燃机车的机车车体和设备布置、转向架、牵引和车钩缓冲装置、通风及空气管路系统、机车检查及应急故障处置等相关知识和技能。本书内容对接全国职业院校铁道机车运用与维护专业技能大赛和轨道交通车辆检修 1+X 等级证书项目，旨在提升机车乘务员和机车检修作业人员的操作技能，达到以赛促学、书证融通的目的。为贯彻立德树人根本任务，本书融入铁路红色基因、技术革新和行业时代楷模等思政元素，以提升从业人员的职业素养。

本书可作为各铁路局集团公司“2+1”订单班的学员培训教材、高等职业学校铁道机车和车辆类专业教材，也可作为成人教育、机务段机车运用与检修人员等有关工程技术人员的岗位培训参考用书。

图书在版编目（CIP）数据

机车总体及走行部 / 王磊，陈辉主编. —北京：北京交通大学出版社，2024.7
ISBN 978-7-5121-5118-5

Ⅰ. ① 机… Ⅱ. ① 王… ② 陈… Ⅲ. ① 电力机车－行驶系－高等职业教育－教材 Ⅳ. ① U264

中国国家版本馆 CIP 数据核字（2023）第 233364 号

机车总体及走行部
JICHE ZONGTI JI ZOUXINGBU

策划编辑：刘　辉　　责任编辑：刘　辉
出版发行：北京交通大学出版社　　电话：010-51686414　　http://www.bjtup.com.cn
地　　址：北京市海淀区高梁桥斜街 44 号　　邮编：100044
印 刷 者：艺堂印刷（天津）有限公司
经　　销：全国新华书店
开　　本：185 mm×260 mm　　印张：17.5　　字数：458 千字
版 印 次：2024 年 7 月第 1 版　　2024 年 7 月第 1 次印刷
定　　价：78.80 元

本书如有质量问题，请向北京交通大学出版社质监组反映。对您的意见和批评，我们表示欢迎和感谢。
投诉电话：010-51686043，51686008；传真：010-62225406；E-mail：press@bjtu.edu.cn。

前言

本书依据高等职业学校铁道机车运用与维护专业“机车总体及走行部”课程教学大纲的具体要求编写。“机车总体及走行部”课程是铁道机车运用与维护专业的一门专业核心课。

随着中国铁路向高速、重载方向深入发展，新技术、新工艺、新方法和新规范在铁路行业中得到了广泛的应用。编者在对各铁路局集团公司进行调研的基础上，从机辆段和机务段的实际运用机型出发，结合我国铁路运输的发展趋势，精选出 HXD_3、HXD_1、FXD_1（亦称复兴号 CR200J）系列电力机车和 DF_4 系列内燃机车作为主型机车进行介绍。

本书基于学生认知规律和职业成长规律，在立足《高等职业学校铁道机车专业建设指导标准》和国铁集团电力机车副司机岗位培训大纲的基础上，依托全国职业院校铁道机车运用与维护专业技能大赛和轨道交通车辆检修 1+X 等级证书项目，将机车总体及走行部相关典型工作任务转化为教学任务，开创了基于机车走行部检查的“进阶式任务”“递进式岗位”的教材设计思路。本书以铁道机车运用与维护专业群学生面向的就业岗位——电力机车副司机和机车检修人员的工作环境和能力定位为主线，采取任务驱动式一体化教学模式，以岗位典型工作任务来设计教材内容，按机车机械装置构成设置了机车总体概述、车体和设备布置、转向架构造及检修、牵引和车钩缓冲装置构造及检修、通风及空气管路系统检查与维护、机车检查及应急故障处置 6 个项目。各项目依据结构认知、原理分析、检查维护和故障排查等步骤由易到难设置了若干个教学任务，实现教材的项目和任务与工作过程“零距离”。本书通过任务描述、问题导入、任务分析、任务实施、任务考核与评价，以及任务拓展等实现了完成任务的闭环，配套有在线精品课程资源和线上课程资源学习索引，融入与课程紧密相关的铁路红色基因、技术革新和行业时代楷模等思政元素，实现线上和线下资源的有机融合，是一本融媒体新形态教材。

通过学习，学生能够了解铁道机车发展历程，熟悉铁路行业规范，明确电力机车副司机、机车检修人员需具备的职业能力和素养，熟知铁道机车构成、关键部件的结构和工作原理，精通铁道机车机械装置的检修工艺，能正确进行机车例行检查和维护，能进行机车故障应急处置，能熟练运用信息技术进行资料搜集和整理，成为具有家国情怀，传承红色基因，勇于创新、严谨认真、追求卓越和甘于奉献的新时代高素质复合型技术技能型人才。

本书由南京铁道职业技术学院王磊、陈辉担任主编，南京铁道职业技术学院曹明明、湖南铁路科技职业技术学院王熙杰和呼和浩特市智能技术应用学校（呼和浩特市技工学校）蔚小芬担任副主编。项目 1 由王磊编写，项目 2 由陈辉和曹明明编写，项目 3、4 由王磊编写，项目 5、6 由陈辉、王熙杰、蔚小芬编写，全书由王磊统稿。南京铁道职业技术学院华亮担任本书主审。本书配套的线上资源由南京铁道职业技术学院王磊和陈辉制作。中国铁路上海局集团有限公司南京东机辆段王赟、陈恩智和王志强为本书的编写提供了宝贵的建议和资料。本书在编写过程中还得到了中国铁路上海局集团有限公司下属各机务段、中国铁路南昌局集团有限公司福州机务段和中车株洲电力机车有限公司的大力支持和帮助，在此向有关单位及所有参考资料的作者们和对本书有帮助的专家、学者表示衷心的感谢。

由于编者水平有限，本书不足和疏漏之处在所难免，敬请广大读者批评指正。我们将虚心听取大家的意见和建议，不断修订完善本书的相关内容。

编　者

2024 年 7 月

本书项目、任务结构图

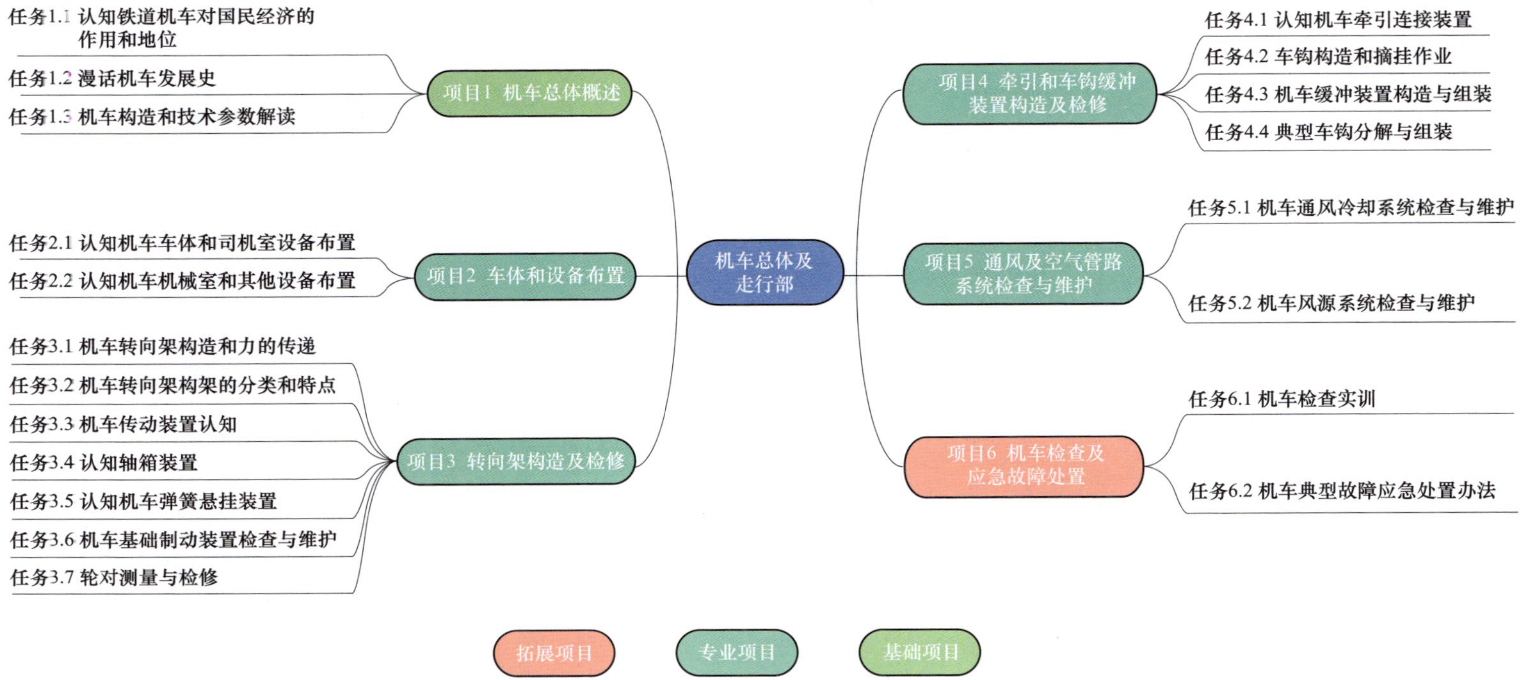

机车总体及走行部
项目1 机车总体概述
任务1.1 认知铁道机车对国民经济的作用和地位
任务1.2 漫话机车发展史
任务1.3 机车构造和技术参数解读
项目2 车体和设备布置
任务2.1 认知机车车体和司机室设备布置
任务2.2 认知机车机械室和其他设备布置
项目3 转向架构造及检修
任务3.1 机车转向架构造和力的传递
任务3.2 机车转向架构架的分类和特点
任务3.3 机车传动装置认知
任务3.4 认知轴箱装置
任务3.5 认知机车弹簧悬挂装置
任务3.6 机车基础制动装置检查与维护
任务3.7 轮对测量与检修
项目4 牵引和车钩缓冲装置构造及检修
任务4.1 认知机车牵引连接装置
任务4.2 车钩构造和摘挂作业
任务4.3 机车缓冲装置构造与组装
任务4.4 典型车钩分解与组装
项目5 通风及空气管路系统检查与维护
任务5.1 机车通风冷却系统检查与维护
任务5.2 机车风源系统检查与维护
项目6 机车检查及应急故障处置
任务6.1 机车检查实训
任务6.2 机车典型故障应急处置办法
拓展项目
专业项目
基础项目

目录

项目 1

机车总体概述

铁路是国家重要的交通设施，是交通运输系统的骨干成员，是关系国民经济发展的重要因素。铁路运输在国民经济中具有举足轻重的作用和地位。铁道机车作为铁路运输的“火车头”，一直牵引着国民经济不断向更好、更快的方向发展。

任务 1.1　认知铁道机车对国民经济的作用和地位

任务描述

铁路对国家政治、经济、文化及国防领域的建设与发展起着重要的作用。与水路交通运输方式、公路交通运输方式、航空交通运输方式及管道交通运输方式相比，铁路交通运输方式具有速度快、运量大、全天候、成本低、运距远、安全可靠、节能环保、适应性强等优点。主要交通运输方式如图 1-1 所示。

图 1-1　主要交通运输方式

问题导入

先阅读问题，完成任务后再回答问题。

问题 1：请举例说明铁路及其他交通运输方式（公路、航空、水路、管道等）的优缺点。
答：

问题 2：铁路和铁道机车在国民经济中发挥了哪些作用，处于何种地位？ 答：
问题 3：电力机车有哪些优势？ 答：
问题 4：内燃机车与电力机车相比，有哪些优点？ 答：
问题 5：内燃机车有哪些特定的应用领域？ 答：
问题 6：为什么京张铁路对我国民族复兴意义重大？ 答：

任务分析

教学目标	素养目标	思想道德素质：培养学生不服输、不畏难的优良品质，树立民族自信、文化自信，形成铁路职业荣誉感 科学文化素养：培养励志奋发、潜心学习的态度，以及勇于创新的科学精神，树立严谨认真、精益求精的实践态度
	知识目标	1. 了解铁路运输生产、建设、节能减排、沿线绿化等方面的发展趋势 2. 熟悉铁道机车在铁路运输中的地位 3. 掌握电力机车和内燃机车的特点
	能力目标	能正确阐述电力机车和内燃机车的优、劣势
教学重点		1. 铁路运输在国民经济中的作用 2. 铁道机车在现代轨道交通运输中的地位 3. 电力机车和内燃机车的优、劣势
教学难点		1. 铁路运输在 5 种主要交通运输方式中的优势和地位 2. 电力机车和内燃机车的优、劣势

任务实施

知识点 1.1.1　铁路运输在国民经济中的作用

党的二十大擘画了以中国式现代化全面推进中华民族伟大复兴的宏伟蓝图，要求加快建设交通强国。中国铁路要努力当好中国式现代化的开路先锋。交通运输是人类社会最基本的经济活动，是一个国家的基础性、先导性、战略性产业，是重要的服务性行业，对于构建新发展格局、推动高质量发展具有重要的服务保障作用。现代交通运输业是由铁路、公路、水路、航空和管道 5 种主要运输方式组成的。每一种运输方式有其特定的运输路线和运输工具，形成了各自的技术运营特点、经济性能和使用范围。

铁路运输作为我国一种主要的交通运输形式，为国家的重要基础设施，是大众化的交通工具，在中国综合交通运输体系中处于骨干地位。

《新时代交通强国铁路先行规划纲要》提出了中国铁路 2035 年、2050 年发展目标和主要任务，描绘了新时代中国铁路发展的美好蓝图。交通强国，铁路先行，铁路作为国家重要基础设施、经济发展的先行官，建设交通强国是其矢志不渝的使命。党的十八大以来，作为国民经济大动脉，中国铁路攻坚克难，以改革创新的精神，在实现高质量发展上不断取得新进展，在国民经济中扮演越来越重要的角色。近年来，全国铁路主要发展情况如下。

1. 运输生产

1）旅客运输

2022 年全国铁路完成旅客发送量为 16.73 亿人，比上年下降 35.9%；全国铁路旅客周转量完成 6 577.53 亿人 • km、下降 31.3%，如图 1–2 所示。

2）货物运输

2022 年全国铁路货运总发送量完成 49.84 亿 t，比上年增加 2.11 亿 t，增长 4.4%；全国铁路货运总周转量完成 35 945.69 亿 t • km，比上年增加 2 707.69 亿 t • km，增长 8.1%，如图 1–3 所示。

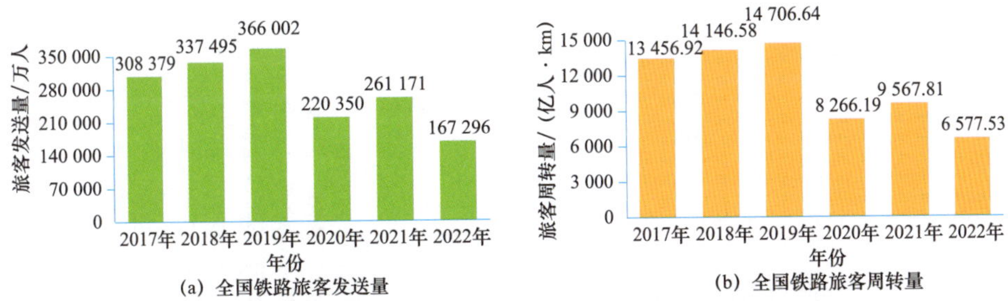

图 1–2　2017—2022 年全国铁路旅客发送量和旅客周转量

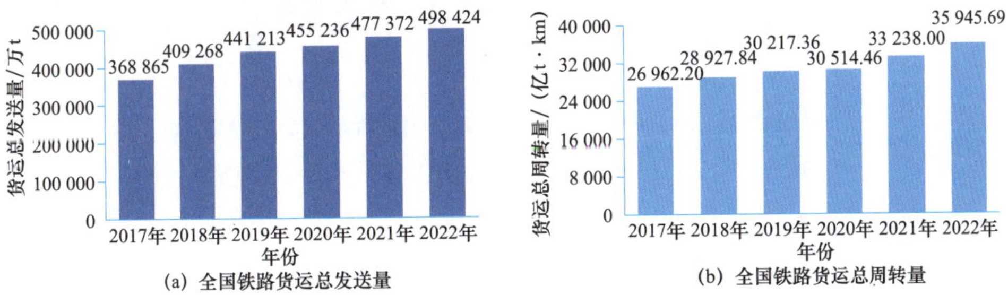

图 1–3　2017—2022 年全国铁路货运总发送量和货运总周转量

3）总换算周转量

2022 年全国铁路总换算周转量完成 42 523.22 亿 t • km，比上年减少 282.59 亿 t • km，下降 0.7%，如图 1-4 所示。

4）安全生产

2023 年全年全国铁路未发生铁路交通特别重大、重大事故，铁路交通事故死亡人数比上年下降 13.5%。

2. 铁路建设

2023 年全国铁路固定资产投资完成 7 645 亿元，投产新线 3 637 公里，其中高速铁路 2 776 公里。

2023 年末全国铁路营业里程为 15.9 万公里，其中高铁营业里程为 4.5 万公里；复线率为 60.3%，电化率为 75.2%。西部地区铁路营业里程为 6.4 万公里。

全国铁路路网密度 165.0 km/万 km^2。2017—2023 年全国铁路营业里程如图 1-5 所示。

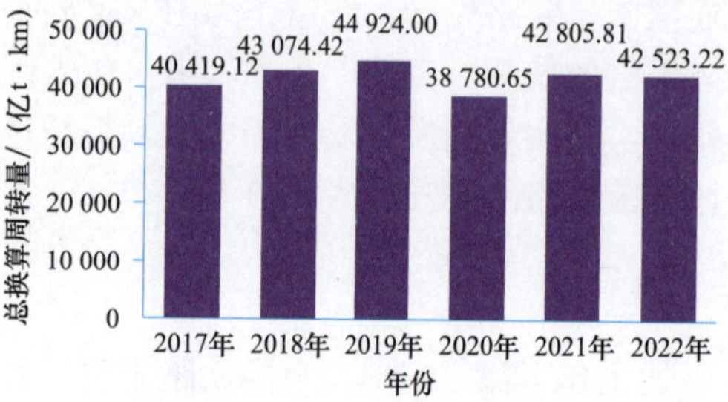

图 1-4　2017—2022 年全国铁路总换算周转量

图 1-5　2017—2023 年全国铁路营业里程

3. 运输装备

2022 年末全国铁道机车拥有量为 2.21 万台，比上年末增加 0.04 万台，其中内燃机车为 0.78 万台、电力机车为 1.42 万台。全国铁路客车拥有量为 7.7 万辆、减少 0.02 万辆，其中动车组为 4 194 标准组、33 554 辆，分别增加 41 标准组、333 辆。全国铁路货车拥有量为 99.7 万辆、增加 3.1 万辆。2017—2022 年全国铁道机车和动车组拥有量如图 1-6 所示。

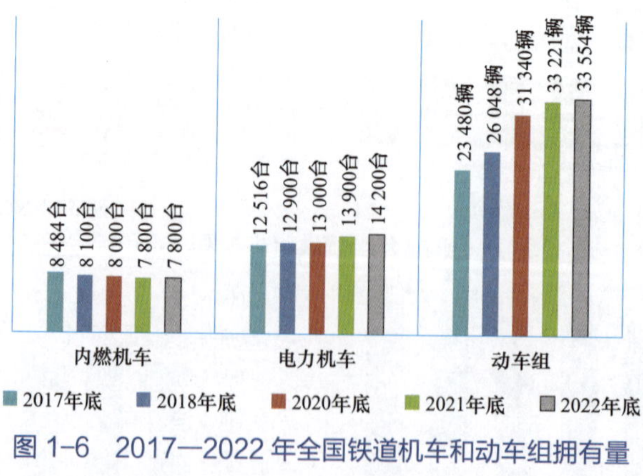

图 1-6　2017—2022 年全国铁道机车和动车组拥有量

4. 节能减排

1）综合能耗

2022 年国家铁路能源消耗折算标准煤 1 512.58 万 t，比上年减少 74.33 万 t，下降 4.7%。

单位运输工作量综合能耗 3.91 t 标准煤/百万换算 t • km，比上年减少 0.17 t/（Mt • km），下降 4.2%。单位运输工作量主营综合能耗 3.88 t/（Mt • km），比上年减少 0.16 t/（Mt • km），下降 4.0%。图 1–7 为 2017—2022 年国家铁路运输工作量综合单耗、主营综合单耗。

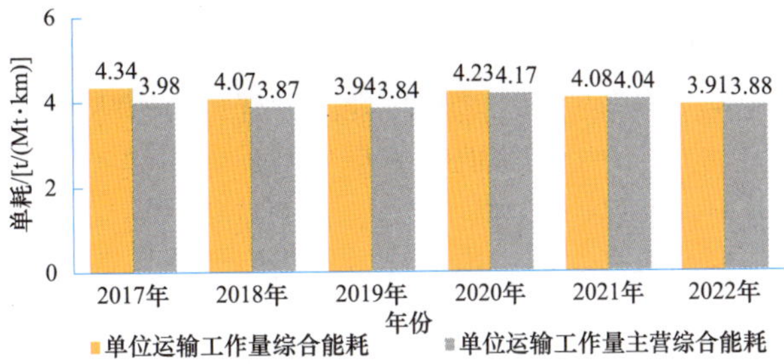

图 1–7 2017—2022 年国家铁路运输工作量综合单耗、主营综合单耗

2）主要污染物排放量

2022 年国家铁路化学需氧量排放量为 1 448 t，比上年减排 158 t。二氧化硫排放量为 1 228 t，比上年减排 1 112 t。2017—2022 年国家铁路化学需氧量、二氧化硫排放量如图 1–8 所示。

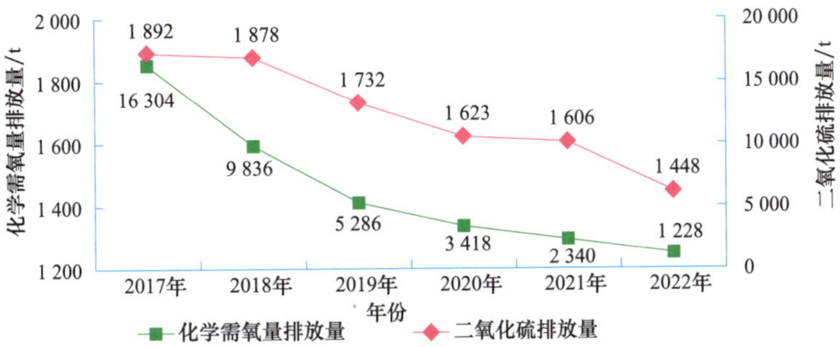

图 1–8 2017—2022 年国家铁路化学需氧量、二氧化硫排放量

注：1. 除注明外，国家铁路含国铁集团及其控股合资铁路。
2. 客货运量为精密数，其余数据均为速报数。
3. 除注明外，比上年为同口径。

知识点 1.1.2 铁道机车在现代轨道交通运输中的地位

目前，铁道机车主要包括电力机车和内燃机车，它们是通过外部接触网或燃料燃烧供给动能的现代化牵引动力。机车无论是在现代铁路运输中，还是在城市轨道交通运输中都具有不可替代的重要地位。

1. 电力机车

从全国铁道机车统计结果可知：电力机车拥有量占机车总量的比例已达 60%以上，这主要得益于电力机车所具有的不可比拟的优势。

1）功率大，速度快

机车的功率大小决定了它的牵引力和运行速度。内燃机车由于受结构的限制，功率受到影响，而电力机车的功率相对较大，加之现代电网容量超过机车功率好多倍，使现代电力机车向重载、高速方向发展成为可能。

2）热效率高，成本低

电力机车的平均热效率为 26%，高于内燃机车，同时无非生产性消耗。运输成本低，经济效益好。

3）综合利用资源，降低能源消耗

我国有丰富的水利资源可供发电，另外火力发电厂也可利用一些劣质燃料发电，做到资源综合利用，节约了大量的优质燃料。

4）清洁无污染

电力机车的动力来自电能，无任何有害排放物和污染，作为铁路运输和城市轨道交通的主要动力是十分理想的绿色牵引工具。

5）维修便利，成本低

电力机车主要由电器设备构成，因此具有保养容易、维修量小、定修周期短等特点。

6）工作条件舒适

电力机车在劳动强度、工作环境、噪声、采光、振动等工作条件方面有很大的改善，在这些方面优于内燃机车。

2. 内燃机车

内燃机车与电力机车相比也有显著的优点。

1）热效率高、能耗低

内燃机车的热效率可达 30%～35.5%。DF_{4B} 型内燃机车的热效率为 33.9%。而向电力机车供电的火力发电站的热效率在我国则只有 18.4%～19.3%。机车柴油机的耗油占全国内燃机耗油总量的 4%左右。

2）投资少

电力牵引必须修建牵引供电系统，使电力牵引总的投资比内燃牵引高 1.45～2.55 倍，而且内燃牵引“上马”快，适应能力强，机动灵活性好。

3）具有可靠的电阻制动或液力制动

内燃机车可以采用电阻制动（电传动内燃机车）或液力制动（液力传动内燃机车）进行减速，不仅有利于提高列车的下坡速度，而且还因为使用电阻制动或液力制动，减少了机车轮对踏面或闸瓦磨耗，延长了轮对踏面的运行公里，减少了闸瓦更换的工作量和消耗量。

4）牵引性能好

内燃机车的牵引特性曲线较接近于等功率曲线，低速时的牵引力较大。例如 DF_{4B} 型内燃机车在 6‰的坡道上能牵引 4 100 t。

5）起动加速快，降低运输成本

内燃机车起动加速快，整备时间短，便于多机牵引，运行里程长。为延长机车交路，减少运用机车台数，降低运输成本，提高线路通过能力创造了条件。

6）内燃机车新技术运用前景广阔

内燃机车在新技术运用方面有着广阔的前景，如机车交流传动、径向转向架、柴油机节能与强化、氢燃料、微机控制、运行安全保障系统、检测与维修技术等。

内燃机车的缺点是结构复杂，制造修理工艺水平高和运用保养要求较高，对高温、高海拔和长大隧道的适应能力较差，排出的废气会产生环境污染等。

尽管电力机车正在逐步取代内燃机车，占据越来越大的市场份额，但考虑到内燃机车具有使用范围广，不需要修建电气化线路，一次性投资少，性能相对稳定，故障率较少，受外部环境影响较小，维修相对简单，使用成本低等优点，在一些经济不发达、气候条件恶劣或矿产等自然资源集中区一般使用内燃机车牵引，可见内燃机车仍有其特定的应用环境。

素养与职业

百年京张铁路，见证民族复兴征程

1909 年，京张铁路建成；2019 年，京张高铁通车。从自主设计修建零的突破到世界最先进水平，从时速 35 km 到时速 350 km，京张线见证了中国铁路的发展，也见证了中国综合国力的飞跃。2020 年 10 月 8 日是中秋国庆假期的最后一天，我们沿着京张高铁一路向北，感受京张高铁在推进京津冀协同发展、服务保障冬奥、加快内蒙古中西部发展等领域发挥的重要作用。

2020 年中秋国庆假期是京张高铁正式投入运营以来服务的第一个旅游高峰，8 天假期里，25 万多旅客搭乘京张高铁走进八达岭长城、冬奥赛场和内蒙古草原。

京张高铁全长 174 km，是我国智能化水平最高的一条高铁线路。京张铁路是 1909 年由中国人自主设计的第一条铁路。从京张铁路到京张高铁改变的是一字之差、速度更迭，不变的是初心和梦想，处处彰显了中国人百年来自强不息的精神。

在百年铁路线上，以 350 km 时速飞驰的高铁应用了北斗导航、5G、刷脸进站等一批“黑科技”。在 12 km 长的京张高铁八达岭隧道，原本需要 78 min 才能翻越的“人字坡”，“复兴号”只需一眨眼的工夫就能“跨过”。

如今，作为北京冬奥会的重要配套工程，京张高铁设立延庆和崇礼支线，穿越时空的京张高铁再次为世人瞩目。

京张高铁崇礼支线的开通也带火了张家口的冰雪和旅游产业。2019—2020 年雪季，崇礼举办了 19 项国际国内赛事、116 项群众性冰雪运动，参与人数超过了 400 万人次。

2019 年 12 月 30 日，张呼高铁全线与京张高铁同步开通，呼和浩特到北京从 9 小时缩短到 2 小时。

正是马铃薯丰收时节，察右前旗的扶贫干部到北京大兴扶贫超市对接马铃薯销售问题。

眼下，在高铁沿线，马铃薯相关产业、燕麦杂粮产业、乳制品产业等成为内蒙古助农增收的基础产业，草原味道走向全国。

经过多年来持续不断的努力，内蒙古高铁沿线形成了一条“黄金旅游通道”。绿草苍苍、野花飘香的敕勒川生态草原；荒漠上的现代化宜居新城康巴什；在京包客专终点站，包头的万亩城中草原成为当地百姓娱乐休闲的生态家园。

任务考核与评价

阶段一：任务知识准备（30 分）				
序号	考核要素	评价标准分值	自我评分（50%）	组内评分（50%）
1	是否积极参与任务书讨论，正确领会任务要求	5		
2	是否积极参与学习讨论，完全掌握学习内容	5		
3	是否积极参与计划制定，提出建设性计划内容	5		
4	是否制定了可行的任务方案	5		
5	是否认真履行个人角色，积极参与任务实施演练	10		
阶段二：任务实施展示（70 分）				
序号	考核要素	评价标准分值	组间评分（50%）	教师评分（50%）
1	问题 1：请举例说明铁路及其他交通运输方式（公路、航空、水路、管道等）的优缺点	10		
2	问题 2：铁路和铁道机车在国民经济中发挥了哪些作用，处于何种地位？	15		
3	问题 3：电力机车有哪些优势？	10		
4	问题 4：内燃机车与电力机车相比，有哪些优点？	10		
5	问题 5：内燃机车有哪些特定的应用领域？	10		
6	问题 6：为什么京张铁路对我国民族复兴意义重大？	15		
总评分值				

任务拓展

——新技术应用——

全自动无人驾驶地铁——带你走进南京地铁 7 号线

南京地铁 7 号线（北段）起于鼓楼区幕府西路站，止于仙新路站，线路全长约 13.84 km，设站 10 座，其中换乘站 4 座，与南京地铁 1 号线北延线、3 号线实现换乘。该段区间建成运行后，鼓北片区和栖霞沿江片区将纳入南京全域地铁网，进一步加快区域间流动，带动周边经济加速发展。

地铁 7 号线运用的是全自动无人驾驶车辆平台，实现了城市轨道交通车辆 GOA4 等级全自动无人驾驶，同时配备了智能运维平台，实现列车运行过程中全自动控制。与传统的驾驶室不同，地铁 7 号线只有一个操纵台，是全开放驾驶室。无论是蓝天下的轨道线还是隧道中的“穿梭感”，乘客都可以尽情体验，全景欣赏窗外风景。

为了保证列车行驶的安全性，操作台在行驶中会将盖子锁起来，不会被人为干扰。

与普通列车相比，地铁 7 号线全自动驾驶采用多项新技术提升车辆的性能。

（1）更可靠。地铁 7 号线列车的车门采用了外挂密闭门，结构简单，可靠性相比塞拉门提高了一倍左右。列车两端转向架设置了障碍物和脱轨检测装置，可在紧急情况下触发立即停车。地铁 7 号线列车如图 1-9 所示。

(a) 外部　　(b) 内部

图 1-9　地铁 7 号线列车

（2）更智慧。地铁 7 号线列车设置了较多的在线检测装置，检测到的数据及车辆其他数据一同通过无线通信传输到地面运维支持管理系统，再通过大数据分析，实现车辆子系统健康监测、故障预警及维修支持等功能，可极大地方便运营维护，此外还运用了大量的故障自复位设计，小问题可以自动修复，对于部分不能自动处理的问题，可以通过 OCC 进行远程处理。

（3）更舒适。地铁 7 号线列车应用的是一体式紧急疏散门，打开和回收方便，单人可操作。客室端部电气柜下部铺设隔音垫，同时贯通道采用隔声性能更好的双层折棚，提高了客室的舒适性。

轨道列车自动驾驶新技术

强化练习

强化练习试题除涉及本任务介绍的知识与技能外，还可能涉及本任务未介绍的知识与技能，需通过阅读参考书、网络查找资料等方式进行自主学习后进行解答，在巩固课堂学习成果的同时，培养自主学习能力。

1.【填空题】铁路是国家重要的交通设施，（　　）是交通运输系统的骨干成员，是关系国民经济发展的重要因素。

2.【填空题】铁路交通运输方式具有（　　）、运量大、全天候、成本低、运距远、安全可靠、节能（　　）、适应性强等优点。

3.【填空题】交通运输系统由（　　）、公路、水运、航空和管道这 5 种基本运输方式构成。

4.【填空题】机车功率的大小取决于机车的牵引力和（　　）。

5.【判断题】2022 年底，全国铁道机车拥有量为 2.21 万台。其中，电力机车为 0.78 万台，占 35.5%；内燃机车为 1.42 万台，占 64.5%。（　　）

6.【判断题】电力机车的动力来自电能，无任何有害排放物和污染，作为铁路运输和城市轨道交通的主要牵引动力是十分理想的。（　　）

7.【判断题】内燃机车采用电阻制动或液力制动，车辆轮对踏面及闸瓦将会增加磨耗量。（　　）

8.【判断题】内燃机车的缺点是结构复杂，制造修理工艺水平高和运用保养要求高，对高温、高海拔和长大隧道的适应能力较差，排出的废气会对环境造成污染等。（　　）

9.【判断题】电力机车在劳动强度、工作环境、噪声、采光、振动等工作条件方面有很大的改善，在这些方面优于内燃机车。（　　）

10.【多选题】内燃机车主要应用区域有（　　）。

A. 经济发达城市地区　　B. 经济不发达城市地区

C. 气候条件恶劣地区　　D. 矿产自然资源集中区

思考与小结：

任务复盘

补全任务 1.1 知识技能结构导图。

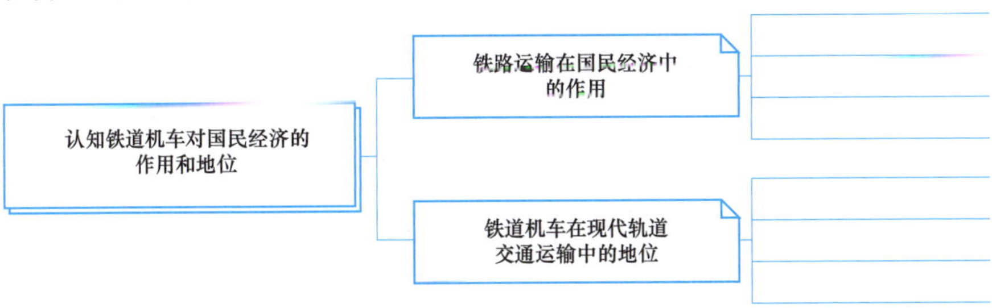

任务 1.2　漫话机车发展史

任务描述

1804 年，英国人德里维斯克改进了瓦特的蒸汽机，后来，他又把这种蒸汽机用在铁路上，于是，出现了最早的蒸汽机车。1881 年，中国第一条标准轨距铁路——唐胥铁路正式开通，这一年，位于唐胥铁路终点站煤河边的胥各庄建立了修车厂，组装出中国第一台蒸汽机车（龙号机车），拉响了中国铁路第一声嘹亮的汽笛，开启了中国轨道交通运输业的序幕。

中国机车从无到有，勇往直前，通过技术吸收—改进—自主创新，实现了我国铁路装备技术的飞跃发展，代表世界领先技术和标准的复兴系列动车组和机车均已投入商业运营。蒸汽机车如图 1-10 所示。

图 1-10　蒸汽机车

问题导入

先阅读问题，完成任务后再回答问题。

问题 1：请举例说明代表我国最新技术水平的铁道机车有哪些？ 答：
问题 2：“八一号”机车在我国机车车辆工业发展史上具有哪些划时代的意义？ 答：

问题 3：我国内燃机车发展经历了哪几代，代表机型有哪些？ 答：
问题 4：电力机车牵引制式有哪几种形式？ 答：
问题 5：我国电力机车发展到目前，经历过哪些阶段，举例说明每个阶段的典型机型有哪些？ 答：
问题 6："周恩来号"机车班组的精神内涵有哪些？ 答：

任务分析

教学目标	素养目标	思想道德素质：培养学生树立安全责任意识，以及自强不息和开拓创新的精神 科学文化素养：培养脚踏实地、求真务实的态度，以及勇于创新的科学精神，树立严谨认真、精益求精的实践态度
	知识目标	1. 了解铁路牵引力基础知识 2. 理解铁道机车的发展历史和不同阶段铁道机车技术特性 3. 掌握电力机车牵引制式
	能力目标	能掌握三种电力牵引制式的特点及适用范围
教学重点		1. 铁道机车在不同发展阶段的技术特性 2. 三种牵引制式的特点及适用范围
教学难点		1. 铁道机车在不同发展阶段的技术特性 2. 三种牵引制式的特点及适用范围

任务实施

知识点 1.2.1　铁路运输和牵引力概述

1. 铁路运输概述

1825 年 9 月 27 日，英国人乔治 • 斯蒂芬森亲自驾驶 "旅行者号"蒸汽机车在新铺设的世界上第一条铁路——英国的斯托克顿—达林顿铁路上试车，并获得成功。蒸汽机在交通运输业中的首次应用，使人类迈入了“火车时代”，为人类交通运输业揭开了新篇章。铁路运输迄今虽已有200年左右的历史，但经过不断更新改造，现代化铁路仍是世界各国重要的运输工具。铁路运输具有运量大、运程长、成本低、受气候条件影响较小等优点。铁路运输并不创造新的物质产品，而只改变旅客或货物的位置。

铁路运输的生产过程是在漫长的铁路线上进行的，具有点多、线长、连续性强等特点，且铁路又是运输、机务、车辆、工务、电务、材料供应、基本建设等许多业务部门配合在一起的综合性系统，因此，铁路运输必须遵循“高度集中，统一指挥”的原则。从铁路运输组织工作的角度看，铁路运输形式的特点是铁道及列车，铁路主要运输设备也是根据运输要求设置的。

铁路主要技术设备如下。

（1）铁路线路及各种类型的车站。铁路线路是铁路列车运行的基础，由轨道、路基、桥涵、隧道等组成；车站则是办理旅客和货物运输、编组和解体列车，以及其他有关技术作业的基地。车站有客运站、货运站、编组站、区段站和中间站之分。

（2）机车车辆及其修理与整备设备。机车是牵引列车运行的基本动力；各类型的车辆是载运旅客和货物的工具；而修理与整备设备则是确保机车车辆经常处于完好状态和正常运行的基本保证。

（3）通信信号设备。通信信号设备是保证行车安全和提高行车效率的重要设备，如同铁路运输的“耳目”。

铁路运输的生产过程就是利用铁路线路、车站、机车车辆及通信信号等技术设备，将旅客与货物从起点运送到终点的过程。

随着社会生产和现代科学技术的进步，世界各国的铁路运输都在广泛采用电子计算技术和自动控制技术，以促使铁路运输逐步向自动化、信息化和数字化方向发展。铁路运输自动化不但是现代交通运输向着高速、安全方向发展的需要，而且能使复杂的运输管理更加科学与合理，从而极大地提高运输效率和劳动生产率，更好地完成日益繁重的运输任务。

2. 铁路牵引动力的基本形式

机车是铁路运输的基本动力。由于铁路车辆大都不具备动力装置，列车的运行和车辆在车站内有目的的移动均需机车牵引或推送。因此，机车的保有数量、牵引性能、保养和检验质量，以及正确的组织，对铁路能否完成和超额完成国家运输任务有很大的影响。

机车按原动力分为：**蒸汽机车**、**内燃机车**及**电力机车**。

机车按运用分为：**客运机车**、**货运机车**和**调车机车**。客运机车要求速度快，货运机车需要功率大，调车机车要求机动灵活。

知识点 1.2.2　蒸汽机车发展概况

蒸汽机车是利用蒸汽机把燃料（一般为煤）的化学能转变成热能，再转变成机械能，从而实现运行的一种铁道牵引动力装置。它的优点是结构简单，成本低；缺点是热效率太低，体型笨重。

1804 年，英国工程师德里维斯克研制了一台单缸蒸汽机车。因为当时使用木材烧火作燃料，所以叫“火车”，“火车”这个名字在今天已经流传到全世界，而蒸汽机车被叫作“火车头”也一直沿用到今天。

英国人斯蒂芬森研制了世界上第一台蒸汽机车。1814 年 7 月 25 日，他研制的第一辆蒸汽机车“布鲁克号”试运行成功，它可以拉着 8 节矿车，载重 30 t，以 6.4 km/h 的速度前进。由斯蒂芬森主导设计的蒸汽机车和铁路工程不仅彻底地改变了英国的面貌，也极大地推动了社会的进步，改变了整个世界的历史进程。

在“铁路之父”斯蒂芬森百年诞辰之际，1881 年 6 月 9 日，中国第一条官办铁路——唐胥铁路（唐山—胥各庄）开始建设铺轨，1881 年 11 月 8 日唐胥铁路正式通车。

中国第一台蒸汽机车——“龙”号，诞生于 1881 年，是利用煤矿起重锅炉和竖井架的槽铁等旧材料试制而成的。1952 年 7 月，新中国制造的第一台机车出厂，命名为解放型，代号 JF。

1952 年 7 月 26 日，青岛四方铁路工厂（今中车四方股份），响起了高亢的汽笛声。“成功了！”整个厂区都沸腾了起来！新中国第一台国产火车头试车成功了！为了向建军节献礼，新机车命名为“八一号”。在“八一号”机车研制过程中，青岛四方铁路工厂坚持自主研发，围绕机车部件的技术革新很快在工人间如火如荼地展开，从设计图纸到铸造汽缸，工人们小心尝试、大胆创新，经过一次又一次的尝试，一次又一次的失败，然后再打起精神继续，终于工人们自主研制、生产超 10 000 个机车部件。“八一号”机车的研制成功终结了新中国不能独立制造蒸汽机车的历史，也揭开了新中国机车车辆工业辉煌的序幕。之后我国又陆续试制了“前进型”“工农型”“建设型”等蒸汽机车。

知识点 1.2.3　内燃机车发展概况

内燃机车是以内燃机作为原动力，通过传动装置驱动车轮的铁道机车。在我国铁路上采用的内燃机绝大多数是柴油机。内燃机车的优点是起动迅速，功率大，热效率较高；缺点是构造复杂，制造、维修费用大，同时其会对环境造成较大污染。

1958 年 9 月 9 日，中国第一台内燃机车“巨龙”号在北京长辛店机车车辆厂研制成功，其自重为 60 t，机车功率为 441 kW，最高速度为 85 km/h。

（1）我国第一代内燃机车的开发生产（1969—1968 年）。

代表产品：DF、DF_2、DF_3、$DF_{2增}$、$DF_{增}$等机型。

（2）我国第二代内燃机车的开发生产（1969—1988 年）。

代表产品：DF_{4A}、DF_{4B}、DF_{4C}、DF_5、DF_7、DF_8、DFH_3、北京等机型。DF_{4B} 型机车于 1999 年停产，DF_{4B} 型机车共生产了 4 000 台左右，最大运用速度为 120 km/h，柴油机装车功率为 2 430 kW。

（3）我国第三代内燃机车的开发生产（1989—1998 年）。

技术特征：① 中速柴油机匹配交—直流电传动；② 采用微机控制；③ 准高速机车采用牵引电动机架悬式转向架。

代表产品：DF_6、DF_{4D}、DF_{8B}、DF_{11}、DF_{10F} 等机型。为满足 1997 年 4 月 1 日开始的铁路提速需求，1996 年 12 月大连机车车辆厂（现中车大连机车车辆有限公司）成功研发了 DF_{4D} 型提速客运内燃机车。该机车最高运行速度为 145 km/h，后来提速到 170 km/h。

（4）我国第四代内燃机车的开发生产（1999 年至今）。

技术特征：① 采用交—直—交电传动（直接采用第三代逆变器 IGBT）；② 辅机交流电传动；③ 机车微机控制；④ 柴油机电子喷射（喷油量和时间由微机控制）；⑤ 客运机车牵引电动机架悬、货运机车径向转向架。

代表产品：DF_{8CJ}、DF_{8DJ}、HXN_5（HXN_5 型内燃机车见图 1-11）、HXN_3（HXN_3 型内燃机车见图 1-12），出口澳大利亚的内燃机车（SDA1）和 4400HP 机车等。

图 1-11 HXN_5型内燃机车

图 1-12 HXN_3型内燃机车

知识点 1.2.4 电力机车发展概况

电力机车是非自带能源式机车，以电能作为动力，电能可通过高压线从发电厂获得。电力机车的热效率较高，具有功率大、过载能力强、牵引力大、速度快、整备作业时间短、维修量少、运营费用低、便于实现多机牵引、能采用再生制动，以及节约能量等优点，而且不会造成空气污染，噪声小。

1. 电力机车牵引制式

目前主要存在着三种形式的电力机车，即直流电力机车、低频单相交流电力机车和工频单相交流电力机车。此外，尚有一定数量的多电流制机车（上述三种电力机车的组合型），用于有不同供电制衔接区段的牵引。

1）直流电力机车

直流牵引制是电力牵引早期采用的牵引制，目前在电力牵引中还占有一定比例，尤其是在城市电车、地下铁道，以及大型工矿企业运输中，直流牵引制仍占据着主导地位。直流牵引制通常是由电力系统供给三相交流电，在牵引变电所中变压器降低电压，再用整流装置将交流电变为直流电，最后以直流的形式经馈电线输送给接触网，供直流电力机车取用。采用直流牵引制的机车为直流电力机车。直流电力机车的基本特点是：结构简单、工作可靠、调速方便、造价低廉、牵引性能好（因为机车上采用的是具有最佳牵引性能的直流串励牵引电动机）。直流牵引制由于受牵引电动机端电压的限制，因此接触网电压低。由于接触网电压低，所以牵引电流大，接触网的有效截面也很大，有时竟高达 600～800 mm^2。为了节省有色金属和保证牵引网的电压水平，不得不缩小牵引变电所间的距离，固定距离内牵引变电所的数量也随之增多，因此直流电气化铁道的建设投资和运营费用都较高，而且也限制了机车功率的进一步提高，降低了直流牵引制的供电效率。另外直流牵引制还有一个严重的问题，就是泄漏电流对沿线地下金属设施的腐蚀比较严重，需采取特殊的防护措施。

近年来，直流电力机车的发展出现了两种动向，即采用晶闸管直流斩波器调速和将接触网电压提高至 6 000 V。直流电力机车传统的起动、调速方法是在电源与牵引电动机之间串联可变的电阻器。这种调速方法缺点较多，而晶闸管直流斩波器的应用，不仅可以取消上述电阻，而且可对牵引电动机的端电压进行连续、平滑的调节。这样既可节省大量的电能，又给机车牵引带来一系列的好处，如可充分地利用黏着，改善机车的起动性能。

2）低频单相交流电力机车

低频单相交流牵引制出现于 20 世纪初期。许多欧洲国家如奥地利、挪威、瑞典和德国等都采用这种电流制。不过当初采用的低频单相交流牵引制有很多种，有 15 Hz、$16\frac{2}{3}$ Hz 和 25 Hz 的，其电压也不一样，有 3.3 kV、6.5 kV、11 kV 和 15 kV 的，后来才逐渐统一成了 $16\frac{2}{3}$ Hz、15 kV 的低频单相交流牵引制。之所以采用低频单相交流牵引制，一是由于直流牵引制接触网电压太低，不经济；二是限于当时的技术条件，由于当时尚造不出工频单相交流牵引电动机，只能采用低频单相交流牵引电动机，单相整流子电动机在低频条件下易于保持整流的稳定性，具有与直流牵引电动机相似的牵引特性；另外在电力机车上还可以比较容易地将牵引网的高压降低到牵引电动机所需的电压。在这种情况下，只好降低接触网的供电频率。

采用低频单相交流牵引制，可以大幅度提高接触网电压，节省有色金属消耗量，同时可以增大牵引变电所间的距离，固定距离内牵引变电所的数量也随之减少。此外，接触网电压提高后，还可满足机车功率不断增加的需要。

采用低频单相交流牵引制的机车为低频单相交流电力机车。这种机车的传统形式是采用单相整流子电动机作为牵引电动机，其特点是在牵引电动机供电回路中设有整流环节。通常又把这种机车称为单相整流子电动机电力机车。单相整流子电动机在工作中最突出又最严重的问题是整流问题。为了保证良好的整流质量，必须使电机整流元件（即电机的换向绕组）中的变压器电势不超过一定数值。要做到这一点，只有采用较低的供电频率才行。因此，在早期电气化铁路上采用的单相整流子电动机均为低频单相整流子电动机。

目前，低频单相交流牵引制采用三种供电方式，一是建立完全独立的电力牵引专用的低频供电系统，由发电厂发出低频单相电流，经高压输电线输送到牵引变电所；二是在牵引变电所获得电能，将电压降低到 16.5 kV 或 12.1 kV，然后再馈送到接触网，在专设的变频变电所内将三相电变为单相电，将工频转换为电气化铁路所需要的低频；然后再从这些变频变电所经高压输电线输送给各牵引变电所；三是由三相工频交流电力系统供电，在各个牵引变电所进行降压、变频和变相，既变压又整流，其比直流变电所设备更为复杂。

当采用低频单相交流牵引制时，需要建立专门的低频发电厂（不能向非牵引用户供电），或者是设置变频装置，这使得电气化铁路一次投资增大及变电所的运行管理复杂化，因此，低频单相交流牵引制在发展上受到一定的限制。

3）工频单相交流电力机车

工频单相交流牵引制具有一系列直流牵引制或低频单相交流牵引制无法比拟的优点：供电设备简单、经济、可靠。它的一次供电系统与直流牵引制相同，但牵引变电所的设备大为简化，它不需要像直流牵引制那样在变电所内设置复杂的整流装置，也不需要像低频单相交流牵引制一样建设专用的发电设施，或在变电所内安设变频机组；工频单相交流牵引制的牵引变电所还可以方便地向地区负荷供电，可以大幅度地提高牵引网的电压，从而增大牵引变电所间的距离，固定距离内变电所的数量也随之减少，缩小接触网的有效截面，简化接触网结构，降低牵引网中功率损失，这样不仅可以减少电气化铁路的一次建设投资，而且也可以降低电气化铁路的运营费用。另外，采用工频单相交流牵引制还可以改善电力机车的黏着性能和牵引性能，由于交流电力机车采用变压器变压，因而牵引电动机全部并联工作，可以防止轮对空转，极大地提高了电力机车的黏着系数。由于整流器式电力机车仍采用直流电动机，因此具有较好的调速和牵引性能。正是因为具有这些突出的优点，所以自 20 世纪 50 年代以来，工频单相交流牵引制发展得很快。凡是新开始建设电气化铁路的国家，大多采用工频单相交流牵引制。

采用工频单相交流牵引制的机车为工频单相交流电力机车。工频单相交流电力机车可以采用直流（脉流）串励电动机、工频单相整流子电动机，以及无整流子交流电动机（包括同步型和异步型），其中最有代表性而且应用最普遍的则是直流（脉流）串励电动机，机车上装有变压器和整流器，其功能是将接触网送来的高压单相交流电在机车上经变压器降压、再经整流器整流，然后供给牵引电动机。

近几十年来，整流器式电力机车在技术上的重大突破集中表现在整流器上。在 20 世纪 50 年代，这种机车是以水银整流器（即引燃管）作为整流装置的；进入 20 世纪 60 年代后，由于大功率半导体技术的迅速发展，水银整流器迅速被硅整流器取代。硅整流器的突出优点是结构简单、工作可靠、维修工作量小。大功率可控硅（即晶闸管）的出现及其在电力机车上的应用，不仅使整流器式电力机车的整流装置发生了质的变化——由不可控整流变为可控整流，并使整流、调压、逆变三者融为一体，同时也为发展工频单相交流电力机车采用交流无整流子牵引电动机提供了新的技术途径。采用可控硅（晶闸管）相控调压，可以使机车实现平滑调速，也可以实现各种闭环控制，使机车自动按照一定的要求运行，从而提高电力机车控制的自动化程度；此外，还可以取代机车主电路中一些有触点电器，如调压开关等。目前我国电气化铁路上运用的电力机车主要是工频单相交流硅整流器式电力机车。

目前，交流传动技术正趋于成熟，各种交流传动系统已进入了电气传动的各个领域，三相交流牵引电动机随着现代大功率变频技术的迅速发展而发展起来，除工业应用外，现已被成功地应用于铁道干线机车和高速动车组上。

由于交流牵引电动机没有换向器工作面圆周速度的限制，因此可以选用高转速和大传动比，这样，能显著减轻电动机的重量，以获得较大的单位质量功率。另外，交流电动机充分利用了原直流电动机换向器所占的空间，热量能沿定子圆周均匀散发，改善了电动机的冷却效果，延长了电动机寿命。交流电动机的优越性可由表 1-1 所示的两种不同类型牵引电动机参数比较中得到证实。

表 1-1　两种不同类型牵引电动机参数比较

电机种类	脉流电动机	三相异步电动机
型号	BAG4843	UZ116-64K
功率/kW	1 400	1 360（5 min）
持续功率/kW	1 400	810
电机电压/V	2 200	1 050
持续电流/A	360（相）	830
最大转速/（r/min）	3 600	1 860
转子直径/mm	930	950
质量/kg	2 380	3 630
单位质量功率/（kW/kg）	0.588	0.375

中小容量交直流电动机参数比较如表 1-2 所示。

表 1-2 中小容量交直流电动机参数比较

电机种类	直流牵引电动机	交流异步电动机
型号	TDK6200-A	TDK8270-A
小时功率/kW	165	130
小时转速/（r/min）	1 565	1 450
绝缘等级	C	C
质量/kg	776	770
机座外径/m	570	570
单位重量功率/（kW/kg）	0.168	0.214
单位质量转矩/（N · m/kg）	1.1	1.316

2. 电力机车发展概要

1890 年，英国伦敦首先用电力机车在 5.6 km 长的一段地下铁道上牵引车辆，这是世界上第一辆电力机车。

我国电气化铁路从 1958 年开始筹建，1961 年 8 月，我国第一条电气化铁路——宝成铁路的宝凤段（91 km）开通，采用工频交流 25 kV 牵引制，跨越了直流牵引制，奠定了我国铁道电力牵引现代化的基础。我国电力机车的研究与铁道电气化同步，也始于 1958 年。1958 年 12 月，我国第一台干线电力机车研制问世，定名 6Y1 型（6 轴，“Y”代表引燃管整流），采用交—直主传动技术。经历 60 多年的不懈努力，我国的电气化铁路得到迅速的发展，电力机车的研究也从最初的韶山（SS）系列电力机车，发展到最新的复兴号动力集中动车组（CR200J），截至 2023 年年底，我国铁道电气化率为 75.2%，全国铁道机车拥有量为 2.24 万台，其中电力机车为 1.46 万台，约占 65%。

我国电力机车的发展大体经历了三个阶段。

第一阶段是从 1958 年至 20 世纪 70 年代末，这一阶段是我国电力机车发展的初期。第一台交流电力机车由湘潭电机厂（负责电器和总装）、株洲田心机车车辆厂（负责机械部分）共同研制。1958 年试制成功韶山型引燃管整流器式电力机车，该车参照当时苏联 H60 型电力机车设计。从此，我国电力机车从无到有、从模仿苏联的技术入手经过三次大的技术改造，生产出了性能稳定、运行可靠的 SS_1 型电力机车（见图 1-13），作为客货牵引动力的主型干线机车。截至 1988 年，我国共生产 SS_1 型电力机车 828 台。

第二阶段是从 20 世纪 70 年代末到 20 世纪 80 年代末，这是我国电力机车发展的成长期，该阶段发展的目标是：研制我国自己的相控机车，提高机车功率和可靠性，充分发挥电力机车的优越性，这时期的代表机型是 SS_3 型和 SS_4 型电力机车。

SS_3 型电力机车（见图 1-14）采用调压开关级间平滑调压方式，是调压开关调压向相控调压过渡的方案。这种调压方式避免了调压开关无故断开，从而提高了工作可靠性，既保证了调压开关调压功率因数高、整流电压脉动小、对通信干扰小的优点，又具有平滑无级调压、能充分利用机车黏着重量的优点。如改装后的SS_1型031号电力机车，采用级间平滑调压，试验结果表明，与原来的有级调压相比，起动牵引力提高了13%～18%，坡停起动时机车功率提高了2～4倍，但由于该调压方式仍采用调压开关作为级间转换，主电路结构较复杂。目前利用引进技术已将SS_3型电力机车改成了全相控方式（即SS_{3B}型），改进的项目主要包括：8级级间平滑调压改为三段不等分相控调压和机车特性控制；两级电阻制动改为加馈电阻制动；中心销牵引装置改为低位平拉杆牵引装置等。

图1-13　SS_1型电力机车（1968年3月）

图1-14　SS_3型电力机车（1978年）

SS_4型重载货运电力机车（见图1-15）是我国自行研制的第一代重载货运、全相控调压、B_0转向架机车。该车由相同的两节车组成，每一节只有一台劈相机，用一台通风机作先导机，当劈相机出故障时代替劈相机作为辅助机组供三相交流。该车从性能指标上已达到我国货运主型机车的要求。由于该车从20世纪80年代初开始研制，当时的技术水平仍属于20世纪70年代开发研究的层次，且由于运输需要，从样机到大批量生产的过程太短，初期生产的158台车至今仍留有一些技术问题没有彻底解决。针对早期存在的质量问题，1993年对原SS_4型机车进行了重大技术改进，俗称SS_4改进型（SS_4改型），改进的主要项目有：经济四段桥相控改为不等分三段桥相控；加装功率因数补偿装置；两级电阻制动改为加馈电阻制动；恒流恒压控制改为恒流准恒速特性控制；加装空转（滑行）保护装置和轴重转移补偿装置；Z形低位斜杆牵引装置改为推挽式低位斜杆牵引装置等。

第三阶段始于20世纪90年代，这是国产电力机车技术创新进化阶段，国产电力机车推进“绿色智能”技术应用，完成了交直主传动向交直交异步主传动技术进化；客运普速向高速技术进化；货运普载牵引向重载万吨列车牵引技术进化，轨道交通方式逐渐向虚拟智能交通方式技术进化。通过消化吸收6K、8K等国外电力机车的先进技术，我国电力机车的研制水平有了长足的进步。2006年之前，电力机车的开发年年出新，机型全面换代，是我国电力机车研制的快速发展时期，所采用的新技术主要有：8K机车的电子控制柜、大功率晶闸管及硅机组、受电弓、空气断路器、欲布线和欲布管工艺、单边刚性齿轮传动及滚动抱轴承结构；6K机车的$3B_0$转向架；SS_{6B}型机车的ZD114型牵引电动机；8G机车的牵引装置等。结合我国传统的牵引电动机并联主电路形式，应用新技术相继研制或改进了SS_5、SS_8、SS_9、SS_{3B}、SS_{6B}、SS_7、SS_{7B}、SS_{7C}、SS_{7D}、SS_{7E}、SS_{4B}等型电力机车和AC4000型交—直—交异步主传动原型电力机车（见图1-16），DJ（熊猫）型交—直客运电力机车，DJ_1（蓝箭）动力集中型交—直—交动车组，DJ_E（先锋）动力分散型交—直—交电动车组，DJF_1（中原之星）动力分散型交—直—交动车组，DJ_2（奥星）客运交—直—交电力机车。

图 1-15　SS_4 型重载货运电力机车（1985 年）

图 1-16　AC4000 型交—直—交异步主传动原型电力机车（1998 年）

2003 年 11 月，铁道部与中国南车集团、中国北车集团及其重点企业共同制定了《加快铁路机车车辆装备现代化实施纲要》，并选择了 6 家机车制造企业作为引进先进技术和自主创新依托的主体。2004 年 1 月，国务院常务会议通过了《中长期铁路网规划》；2004 年 4 月，国务院常务会议研究通过的铁道机车车辆装备现代化实施方案中明确指出，“加快我国铁路运输装备现代化，要按照引进先进技术、联合设计生产、打造中国品牌的总体要求，力争在较短时间内，使我国机车车辆生产能力达到世界先进水平”。根据国务院确立的上述方针，国家发改委与铁道部于 2004 年 7 月联合下达了《大功率交流传动电力机车技术引进与国产化实施方案》，正式开始了新型交流传动电力机车的采购过程，拉开了铁路装备跨越式发展的序幕，由此诞生了和谐型系列机车，主要有 HXD_1、HXD_2、HXD_3 等系列车型。

HXD_1 型电力机车（见图 1-17）是中国铁路研发的电力机车车型之一，由西门子公司和中车株洲电力机车有限公司联合研制，是在西门子“欧洲短跑手”（EuroSprinter）机车平台上，以 ES64F4 型电力机车为原型车，结合 DJ_1 型电力机车在大秦铁路的运用经验而开发研制的干线货运用八轴大功率交流传动电力机车，持续功率为 9 600 kW，最高运行速度为 120 km/h，后期又通过技术创新相继开发了 HXD_{1B}、HXD_{1C}、HXD_{1D}、HXD_{1G} 等系列车型。HXD_{1G}（即 FXD_1）型电力机车是我国 2015 年在既有“和谐”系列机车基础上研制出的“复兴”系列八轴交流传动大功率干线准高速电力机车，在充分考虑国内外机车车辆技术情况和目前开通的客运专线的要求后，按照“互联互通互控”的基本原则，通过轻量化设计和技术创新，能够满足客运专线及干线快速客运要求。

HXD_2 型电力机车（见图 1-18）是中国铁路的电力机车车型之一，由法国阿尔斯通交通运输股份有限公司和中车大同电力机车有限公司联合研制，是在阿尔斯通“Prima”机车技术平台上，以法国国铁 BB 27000 型电力机车为原型车，开发研制的干线货运用八轴大功率交流传动电力机车，最大功率为 10 000 kW，最高运行速度为 120 km/h，后期又相继开发了 HXD_{2B}、HXD_{2C}、HXD_{2F} 等系列车型，其中 HXD_{2B} 型电力机车主要配属在上海铁路局承担货物运输任务。

图 1-17　HXD_1型电力机车

图 1-18　HXD_2型电力机车

HXD_3型电力机车，早期被称为SSJ_3型、DJ_3型和神龙 1 型，是中国铁路的电力机车车型之一，由中国北车大连机车车辆有限公司和日本东芝公司联合开发研制。该型机车是为满足中国铁路客货运输需要而研发的大功率交流传动干线客货两用六轴电力机车，采用交—直—交流电传动，持续功率为 7 200 kW，最高运行速度为 120 km/h，后期又通过技术创新相继开发了 HXD_{3B}、HXD_{3C}、HXD_{3D}、HXD_{3G}等系列车型。HXD_{3G}（即 FXD_3）型电力机车是由中车大连机车车辆有限公司研发的八轴交流传动准高速客运电力机车，该机车基于既有和谐型电力机车的成熟技术，充分考虑了高速客运机车的技术特点，按照“互联互通互控”的基本原则，采用了轻量化、简统化、模块化的设计理念，可满足最高速度 200 km/h 的运用要求。

2006 年，和谐型（HXD_1和 HXD_3）交流传动电力机车，全面担当全国铁路快速客运、重载货运牵引任务。为了能够适应中国高速铁路的运营环境和条件，满足更为复杂多样、长距离、长时间、连续高速运行等需求，打造适合中国国情、路情的高速动车组的设计、制造平台，实现高速动车组技术全面自主化，从 2012 年开始，在中国铁路总公司的主导下，集合国内有关企业、高校、科研单位等优势力量，中国标准动车组的研制工作开始启动。与此同时，国内主机制造企业也在积极推进机车的统型工作，CR200J 型动力集中动车组是根据中国铁路总公司运输和经营发展需求，为提高既有线铁路运输服务品质，充分利用既有线铁路的运输资源和检修资源，按照“同一标准，两个平台”和“同一平台、多家配套”的原则，依托 FXD_1与 FXD_3八轴快速客运电力机车和既有 25T 型客车技术平台而研制的，在既有线或客货铁路新线上使用的动车组旅客列车，以加快普速铁路的捷运化升级。CR200J 型动力集中动车组作为中国标准动车组之一，其设计理念是不同供应商配件可以实现对等替换，不同厂商生产的动力车、拖车，其通信标准和接口相同，即“互联互通互控”。

时速 160 km 动力集中复兴号动车组（CR200J 型），俗称“绿巨人”，动力集中复兴号动车组采用流线型外形设计，内部服务设施设备与既有动车组基本一致，适用于所有普速电气化铁路，其动力集中在列车头部或列车首尾端。该动车组有短编组和长编组两种型号，其中短编组为 9 节车厢，长编组为 11 节到 20 节车厢不等。与传统机车牵引客车的模式相比，该车型的司机操作更加方便快捷，旅客乘坐更加安全舒适，运输组织更加高效，可充分利用既有检修资源，减少基础投入和设备维护成本。该车于 2019 年 1 月 5 日陆续投入运营。上线运营后，普速线路将进入复兴系列动车组时代。2019 年 8 月起，中车大连公司与中车唐山、浦镇、株机公司，共同开发研制了时速 160 km 复兴号动力集中（鼓形）电动车组（图 1-19）。升级后的动力车通过更高效的列车网络、更安全的安全环路保护功能、更可靠的部件运用质量获得了配属局段的认可，更为稳定的运用也使乘客更为舒适。

碳达峰、碳中和政策推动了轨道交通装备行业多动力源和混合动力机车、动车组的开发。

复兴号高原内电分置式双源动力集中动车组（见图 1–20）于 2021 年 6 月 25 日在拉林、拉日线成功运营，取得了良好的社会效益，为双源制移动装备运用推广起到了推动作用。除了拉林、拉日高原铁路，平原地区电气化、非电气化贯通运输线路也有迫切需求，推进“复兴号”品牌双源动力集中动车组在平原地区既有普速铁路运用，有利于提高普速运输产品服务质量，提高旅客的获得感和幸福感，更好地让铁路发展成果惠及全体人民。

图 1–19 复兴号动力集中（鼓形）电动车组

图 1–20 复兴号高原内电分置式双源动力集中动车组（FXN_3–J 型）

素养与职业

致敬伟人，心系旅客！“周恩来号”机车组

2023 年 7 月 18 日，中国铁路上海局集团有限公司上海机辆段“周恩来号”机车头上的金色周恩来头像车徽，熠熠生辉。

“45 年车轮滚滚，一路前行，一代代传承伟人精神。如今，‘周恩来号’机车已成为我们一代代火车司机党史学习教育的生动实践课堂。”在周恩来总理诞辰 125 周年之际，“周恩来号”机车司机长肖志豪表示，“周恩来号”机车组将团结成“一块坚硬的钢铁”，心往一处想、劲往一处使，不忘初心、牢记使命，刻苦奉献，为“周恩来号”机车增光添彩。

1976 年 1 月 8 日，国务院总理周恩来与世长辞。广大铁路职工对周总理情深似海，深切要求命名一台像“毛泽东号”“朱德号”机车一样的伟人号机车——“周恩来号”。

“经过不懈努力，1978 年 1 月 5 日，中共中央、国务院批准上海机务段东风$_3$型 0058 号机车命名为‘周恩来号’机车。这也是当时我国三台‘伟人号’机车之一。”回忆当年“周恩来号”的命名场景，第一任司机长、80 多岁高龄的沈维忠历历在目。他说：“这在当时也是唯一担当旅客列车牵引任务的‘伟人号’机车。”

“‘周恩来号’机车的名字就意味着：责任，忠诚，严谨，担当，这是历任机车组成员的宝贵财富，这是我们铁路人的精神家园，也是我们铁路人的骄傲！”第五任司机长、全国劳模杨金华说，这台机车象征着周恩来总理继续带领全国人民前进，全速奔向更加幸福美好的明天。

45 年来，“周恩来号”机车组司机换了十多代，可是“紧握闸把、心系旅客”的机车组精神始终没变。

“伟人号”机车组从诞生的那一刻起，机车组与时代同呼吸，与人民心连心，始终坚持把“机车组精神”作为“传家宝”，践行着“人民铁路为人民”的服务宗旨，引领一代代机车人员攻克难关、奋勇向前。

45 年来，“周恩来号”机车经历四次换型。1978 年命名时，使用的是东风$_3$型 0058 号机车；1984 年换型为东风$_4$型 2106 号机车；1997 年更换为东风$_{11}$型机车，并以周总理诞生年份 1898 为机车编号。随着电力牵引的发展，2015 年，第四代“周恩来号”机车——“和谐型” HXD_{1D} 1898 号正式上线运行至今，机车担当着上海—南京 K1555/K1556 次旅客列车牵引任务。“周恩来号”机车班组党员代表如图 1-21 所示。

图 1-21 “周恩来号”机车班组党员代表

“开车想着坐车人，安全正点为人民。”从“周恩来号”机车配属上海铁路到现在，这台机车安全行车公里数为 1 200 多万 km，相当于绕地球 275 圈，实现“列列安全，趟趟正点，站站平稳”的奋斗目标。

机车组现有成员 30 人，其中党员 20 名，平均年龄 28 岁。上海机辆段党委书记方前明说，“周恩来号”机车组党支部始终像指路灯塔，一大批安全标兵、业务能手、管理精英脱颖而出，成为上海机辆段乃至铁路发展的中坚力量，先后有 11 人担任过“周恩来号”机车司机长，机车组先后荣获全国、全路和上海市先进集体称号 30 余次，诞生 1 名“全国劳动模范”、30 余名上海市先进个人、40 余人次省部级技术能手。

伟人与机车组精神，永放光芒。步入铁路爱国主义教育基地——上海机辆段“周恩来号”机车展室，总能给人奋进的力量。展室命名于 1978 年，后经改扩建，展馆面积达到 300 余平方米，采用先进的多媒体设备和现代声光电系统，使用博物馆专用灯光。展厅布置以上海机辆段发展传承为主线，分为铭记伟人、机车发展、传承创新、人才培养、社会活动、奋斗足迹、领导关怀和荣誉称号等部分，展示了以“周恩来号”机车为核心的图片资料 200 余张，实物近百件，反映了铁路变化发展的历史进程。

45 年来，“周恩来号”机车冲锋在前，穿梭行驶在江南大地，伟人精神早已融入中国铁路人的血脉中。眺望前方奋进路，铁路人将秉持着总理脚踏实地的作风、为人民鞠躬尽瘁的精神，在勇当服务和支撑中国式现代化建设的“火车头”的新征程中，不断向新的更高目标迈进！“新的时代、新的引领，铁路人一定不忘初心、牢记使命，继续传承伟人精神，精心保养机车，精心驾驶机车，勇当先锋，保障列车安全、正点、平稳运行，在‘交通强国、铁路先行’中当好排头兵。”

任务考核与评价

阶段一：任务知识准备（30 分）				
序号	考核要素	评价标准分值	自我评分（50%）	组内评分（50%）
1	是否积极参与任务书讨论，正确领会任务要求	5		
2	是否积极参与学习讨论，完全掌握学习内容	5		
3	是否积极参与计划制定，提出建设性计划内容	5		
4	是否制定了可行的任务方案	5		
5	是否认真履行个人角色，积极参与任务实施演练	10		
阶段二：任务实施展示（70 分）				
序号	考核要素	评价标准分值	组间评分（50%）	教师评分（50%）
1	问题 1：请举例说明代表我国最新技术水平的铁道机车有哪些？	10		
2	问题 2：“八一号”机车在我国机车车辆工业发展史上具有哪些划时代的意义？	15		
3	问题 3：我国内燃机车发展经历了哪几代，代表机型有哪些？	10		
4	问题 4：电力机车牵引制式有哪几种形式？	10		
5	问题 5：我国电力机车发展到目前，经历过哪些阶段，举例说明每个阶段的典型机型有哪些？	10		
6	问题 6：“周恩来号”机车班组的精神内涵有哪些？	15		
总评分值				

任务拓展

——新技术应用——

贴地飞行，中车时速 600 km 高速磁浮系统在海外亮相

在德国柏林国际轨道交通技术展览会（InnoTrans 2022）上，中国中车面向全球发布了当前世界上可实现的速度最快的陆地公共交通工具——时速 600 km 高速磁浮交通系统。

时速 600 km 高速磁浮交通系统（见图 1-22）是一种“非接触运行”的高速轨道交通工具，列车采用“车抱轨”的结构，底部两排弯曲的“长臂”将铁轨“抱住”。通电时，强大的磁力使整个列车悬浮在轨道上，悬浮间隙在 10 mm 左右，实现了非接触的支撑、导向和运行。这套系统不仅速度更高，还具有高安全、运量大、智能舒适等特点，是一种更高速、更安全的绿色交通工具。

更高速、全天候

时速 600 km 高速磁浮交通系统采用低阻低噪流线头型、轻量化车身、大功率牵引等设计，只需要 3.5 min，就能从零加速到时速 600 km，实现“贴地飞行”。可满足长途、通勤多场景

运用需求，能够适应江河隧道、高寒、高温、高湿等复杂的地理气候环境。

图 1-22　时速 600 km 高速磁浮交通系统

更安全、更强大

时速 600 km 高速磁浮交通系统采用“车抱轨”的运行结构，列车没有脱轨风险。其单节载客量超过百人，并可在 2 到 10 辆范围内灵活编组，满足不同载客量需求。列车行驶中不与轨道发生接触，无轮轨磨耗，维护工作量少，高效快捷、安全可靠，维护更加便利。

更智能、更便捷

时速 600 km 高速磁浮交通系统是高度智能化的系统，实现了智能行车、智能运维和智能服务。系统能够实现 GoA3 级全自动运行控制、全方位预警、智能操控、智能巡检。该系统利用智能传感和数字化等技术，为客户提供全寿命周期的智能运维服务，同时，为乘客提供智能 App、WiFi、无线充电等智能服务。

应用场景多样

作为高速交通运输模式，时速 600 km 高速磁浮系统填补了高铁和航空的速度空白，其应用场景多样，可用于城市群内的高速通勤化交通、核心城市间的一体化交通和远距离高效连接的走廊化交通。

目前，时速 600 km 高速磁浮交通系统正在进行联调联试，列车实现了整列稳定悬浮和动态运行，各项性能良好。

强化练习

强化练习试题除涉及本任务介绍的知识与技能外，还可能涉及本任务未介绍的知识与技能，需通过阅读参考书、网络查找资料等方式进行自主学习后进行解答，在巩固课堂学习成果的同时，培养自主学习能力。

1.【填空题】电力机车按供电电流制—传动形式分为：① 直流供电—直流牵引电动机驱动的（　　）型电力机车；② 交流供电—直（脉）流牵引电动机驱动的（　　）型电力机车；③ 交流供电—变流器环节—三相交流异步电动机驱动的（　　）型电力机车；④ 交流供电—变频器环节—三相交流同步电动机驱动的（　　）型电力机车。

2.【填空题】1881 年 6 月 9 日，中国第一条官办铁路——（　　）开始建设铺轨，1881 年 11 月 8 日正式通车。

3.【填空题】中国第一台蒸汽机车——“（　　）”号，诞生于 1881 年，是利用煤矿起重锅炉和竖井架的槽铁等旧材料试制而成的。

4.【填空题】1804 年，英国工程师（　　）研制出一台单缸蒸汽机车。

5.【填空题】1952 年 7 月，新中国制造的第一台蒸汽机车出厂，命名为（　　）型机车。

6.【填空题】机车按原动力分为：蒸汽机车、（　　）和电力机车。

7.【填空题】机车按运用分为：客运机车、（　　）和调车机车。

8.【填空题】目前主要存在着三种形式的电力机车，即直流电力机车、低频单相交流电力机车和（　　）电力机车。

9.【判断题】电力机车按供电电流制—传动型式分为：直—直型电力机车、交—直型电力机车、交—直—交型电力机车。（　　）

思考与小结：

任务复盘

补全任务 1.2 知识技能结构导图。

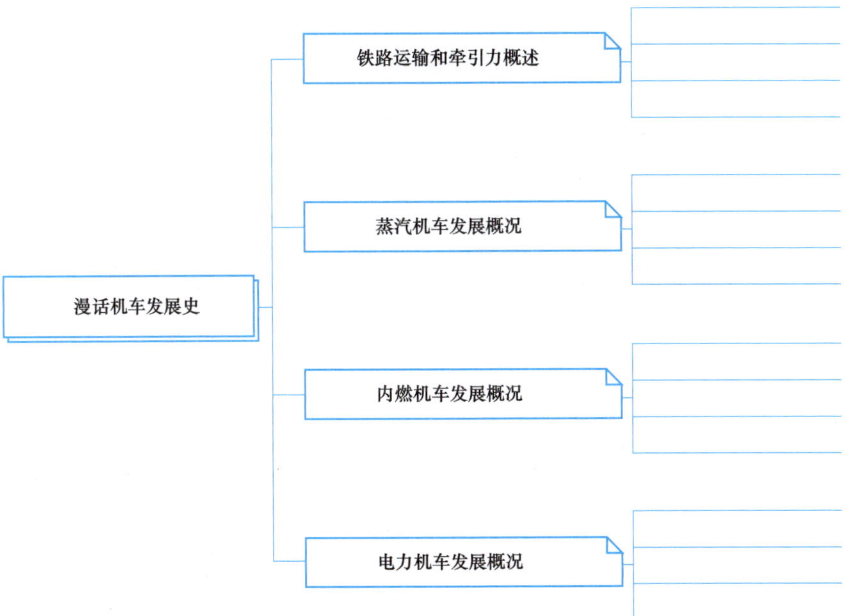

任务 1.3 机车构造和技术参数解读

任务描述

目前我国铁路在正线上运用的机车大多为电力机车，电力机车的工作原理是机车受电弓将接触导线供给的单相工频交流 25 kV/50 Hz 的高压电引入主断路器，经过主断路器开关再进入主变压器进行降压处理，降压后的交流电从主变压器的牵引绕组经牵引变流器转化为三相交流电，供给牵引电动机，从而使牵引电动机输出转矩，实现电能向机械能的转变，齿轮箱小齿轮（主动齿轮）与电动机相连接带动齿轮箱大齿轮（从动齿轮），进行速度调节，驱动机车车轮转动，电力机车的速度控制主要是由司机通过司机控制器控制牵引电动机的转速来实现的。当机车到站停车或需要减速，司机要制动时，可通过机车空气制动装置来实施，也可用再生制动进行机车辅助制动。再生制动是通过机车牵引电动机反转，使机械能转变为电能，通过电气设备反馈给接触网，重新加以利用。

图 1–23 为和谐型电力机车。

图 1–23 和谐型电力机车

问题导入

先阅读问题，完成任务后再回答问题。

问题 1：电力机车是由哪几部分构成的？ 答：
问题 2：按供电电流制—传动型式划分，电力机车可以分为哪几类？ 答：

问题 3：简述机车型号的构成，说明机车型号：$HXD_{3C}0019$ 中各字母和数字代表的含义。 答：
问题 4：何谓轴列式，轴列式有哪两种表示方法？ 答：
问题 5：何谓轴重及其影响？ 答：
问题 6：名词解释：单轴功率、构造速度（结构速度）。 答：
问题 7：作为一个未来的铁路人，你是否能读懂表 1–3 中机车的主要技术参数？ 答：
问题 8：请分析中国高速铁路是如何从技术落后到技术超越的？ 答：

任务分析

教学目标	素养目标	思想道德素质：培养学生爱国爱岗的职业精神，树立道路自信和职业自信 科学文化素养：培养学生勇于创新和追求卓越的奋斗精神，坚定不移地推动中国铁路走向世界，为中华民族伟大复兴贡献青春和力量
	知识目标	1. 掌握铁道机车的构成、分类，以及各系统的功能 2. 了解主要型号铁道机车的技术参数
	能力目标	能正确理解铁道机车的构成及功能，掌握有关机车参数的意义

续表

教学重点	1. 铁道机车的构成及功能 2. 有关机车参数的意义
教学难点	1. 铁道机车的构成和功能 2. 机车相关性能参数

任务实施

知识点 1.3.1　铁道机车的构成及功能

目前我国现有的铁道机车主要有电力机车和内燃机车两大类，由于电力机车市场占有率已超过 60%，故本书将以电力机车为主，内燃机车为辅，重点介绍铁道机车的构成、分类，以及各系统的功能。

1. 机车的构成及分类

1）电力机车

电力机车由电气部分、机械部分和空气管路系统三大部分组成。

电气部分包括牵引电动机，牵引变压器，整流硅机组，各类电器等。通过它们把来自接触网的电能转变为机械能，同时实现对机车的控制。

机械部分包括车体、转向架、车体与转向架的连接装置和牵引缓冲装置。

空气管路系统包括风源系统、制动机管路系统、控制管路系统和辅助管路系统。

电力机车的分类如下。

（1）电力机车按使用场合分为：工矿电力机车和干线电力机车两类。工矿电力机车多采用直流制，功率和速度一般比干线电力机车小，习惯上按机车的黏着重量分级，如 150 t、100 t、85 t、70 t、60 t、50 t 和更轻的等级。较大吨位机车用于标准轨距线路，较轻型的机车多用于各种窄轨距线路。电力机车按用途可分为客运电力机车，货运电力机车，客货两用电力机车和调车电力机车四种。

（2）电力机车按传动形式分为：① 具有个别传动的电力机车，电力机车每一轮对都由单独的牵引电动机驱动，这些轮对称为动轮或动轴；② 具有组合传动的电力机车，电力机车上某几个轮对互相连接成组，然后由一台牵引电动机驱动。

（3）电力机车按供电电流制—传动型式分为：① 直流供电—直流牵引电动机驱动的直—直型电力机车；② 交流供电—直（脉）流牵引电动机驱动的交—直型电力机车；③ 交流供电—变流器环节—三相交流异步电动机驱动的交—直—交型电力机车；④ 交流供电—变频器环节—三相交流同步电动机驱动的交—交型电力机车。

2）内燃机车

内燃机车由柴油机（机车动力装置）、传动装置（电传动或液力传动）、车体及走行部（包括机车车架、车体、转向架等）、辅助和控制装置（包括机车燃油系统、机油系统、冷却系统、预热系统、制动系统、辅助传动装置）等组成。

内燃机车的分类如下。

（1）内燃机车按工作性能不同分为：① 干线机车（包括货运机车和客运机车），其主要用于铁路干线上牵引客、货列车，如 DF_{4B}、DF_{4D}、DF_{11} 型机车；② 调车机车，主要用于在调车场进行列车编组、解体作业及站段内调车或兼作短途小运转牵引作业，此外也可用于工矿企业内部，担当场内运输任务，如 DF_2 型、DF_7 型和 ND_5 型机车；③ 内燃动车组，内燃动车组是指具有内燃机动力装置的动车（其列车两端为具有动力装置的动车，并且车头造型和车厢是配套设计的）和客车编成的车组，一般适用于市郊或邻近城市间的短途客运，如和谐长城号动车组、“新曙光”号准高速双层内燃机车等。

（2）内燃机车按传动方式不同分为：① 机械传动内燃机车，其特点是结构简单、传动效率高，但功率利用系数低，换挡时功率中断，易引起冲动，仅适用于工矿专用的小功率内燃机车上；② 电力传动内燃机车，其特点是牵引特性好、效率高、运用可靠，其缺点是重量大，耗铜多，可分为直—直流电传动和交—直流电传动两种；③ 液力传动内燃机车，其特点是重量轻、耗铜少、牵引性能好等，但也存在整个运用范围内平均效率较低、制造工艺要求较高等问题。

我国铁路运用的内燃机车为电力传动和液力传动两种。

2. 机车机械部分各部分的功能

1）车体

车体是电力机车上部车厢部分，由车厢体和底架组成，按功能可分为司机室和机器间两部分。

（1）司机室：乘务人员操纵机车的工作场所。现代干线运输电力机车在两端设置司机室，可以双向行驶，无需调头。

（2）机械室（亦称机器间）：用于安装各种电气和机械设备。一般分为若干个室，各类设备根据不同用途分室安装。

2）转向架

转向架即机车走行部分，它是机械部分最重要的组成部分，主要包括以下部件。

（1）构架：转向架的基础受力体，也是各种部件的安装基础。

（2）轮对：机车在线路上的行驶部件，由车轴、车轮及传动大齿轮组成。

（3）轴箱：用于固定轴距，保持轮对处于正确位置，安装轴承等。

（4）弹簧悬挂装置：也称一系弹簧，用于缓冲轴箱以上部件的振动，以减轻运行中的动作用力。

（5）牵引电动机：将电能变成机械能转矩，通过齿轮传动装置传给轮对。

（6）齿轮传动装置：通过降低牵引电动机转速，增大转矩，将牵引电动机的功率传给轮对。

（7）基础制动装置：机车制动控制系统执行部分，主要由制动缸、传动装置、闸瓦装置、制动夹钳、制动盘和制动闸片等组成。

3. 牵引和车钩缓冲装置

牵引连接装置是车体与转向架的连接装置，也称二系弹簧悬挂装置，设置在车体和转向架之间。它是转向架和车体之间的连接装置，是活动关节，同时承担各个方向力的传递及减振作用。

车钩缓冲装置是机车与列车的连接装置，为了缓和连挂和运行中的振动、冲击，车钩尾部设有缓冲器。

知识点 1.3.2 有关机车参数的概念

1. 机车型号说明

1）机车车型的构成

机车车型由基本型号和辅助型号两部分组成。

（1）我国制造机车的基本型号采用基本名称或基本代号表示，也可同时使用。

① 基本名称用汉字表示，如东风、韶山、和谐、复兴。

② 基本代号用车型名称每个汉字拼音的第一个大写字母表示，如 DF、SS、HX、FX。

（2）国外进口机车的基本型号采用基本代号表示，内燃机车和电力机车的基本代号分别用下列方法表示。

① 内燃机车的基本代号由动力类别和传动方式的两个大写汉语拼音字母组成。如 ND 表示电力传动内燃机车；NY 表示液力传动内燃机车。其中，N 表示内燃机车；D 表示电力传动；Y 表示液力传动。

② 电力机车的基本代号由机车车轴数量和代表电源整流方式的词的汉语拼音的大写字母组成。如 6G 表示六轴硅半导体整流的电力机车；8K 表示八轴可控硅整流的电力机车；6Y 表示六轴引燃管整流的电力机车。G 表示硅半导体整流方式；J 表示交—直—交变流方式；K 表示可控硅整流方式；Y 表示引燃管整流方式。

（3）机车的辅助型号由车型顺序号和车型变型号组成。

车型顺序号用阿拉伯数字表示，车型变型号用大写的拉丁字母表示。车型变型号位于车型顺序号之后，两者均写在基本型号的右下角。

车型顺序号按该型机车设计或从国外进口的顺序依次排列。

车型变型号按该型机车变型的顺序排列，如 DF_{4B}、SS_{3B}。

2）*机车车号的编定*

我国制造的机车车号用五位阿拉伯数字表示，第一位表示制造厂代号，后四位表示机车制造顺序号；国外进口的机车车号用四位阿拉伯数字表示，按进口顺序依次排列。机车车号由国铁集团编排给定。

按一台机车编定车号的双节机车，应分别在两节机车车号后配以节号，节号分别用大写拉丁字母 A 或 B 表示，如 SS_4X0096A、SS_4X0096B。

2. 轴列式

所谓轴列式是指用数字或字母表示机车走行部结构特点的一种简单方法。它可以用数字表示，也可以用字母表示。用数字表示的称为数字表示法，用字母表示的称为字母表示法。

1）*数字表示法*

数字表示每台转向架的动轴数，注脚“0”表示每一动轴为单独驱动。无注脚表示每台转向架的动轴为成组驱动。数字之间的“—”表示转向架之间无直接的机械连接。例如，SS_1 型电力机车的轴列式为 3_0—3_0；表示机车为两台三轴转向架；动轴为单独驱动。SS_4 型电力机车的轴列式为 2（2_0—2_0）；表示为两节机车，每节为两台两轴转向架，动轴为单独驱动。

2）*字母表示法*

英文字母表示每台转向架的动轴数。英文字母 A、B、C……分别对应数字 1、2、3……其他含义与数字法相同。例如，3_0—3_0 可表示为 C_0—C_0；2（2_0—2_0）可表示为 2（B_0—B_0）。

为了区别无动力转向架与有动力转向架，常在表示轴的数字或英文字母的右上角加“′”号。例如，$3'_0$—$3'_0$，C'_0—C'_0 和 2（B'_0—B'_0）等。右上角加“′”号，表示具有动力的转向架，但机车转向架都是有动力转向架，常常将角标省略不写。

3. 轴重

轴重指机车在静止状态下，每个轮对作用在钢轨上的重量。轴重越大，机车每根轴能发挥的黏着牵引力也越大。然而轴重越大，机车运行中对线路的影响和破坏也越大。同样重量的机车，轴数多则轴重小，轴数少则轴重大；若线路质量好，运行速度低，轴重可以加大；

反之，线路质量差，运行速度高，轴重必须减小。

世界各国对轴重并无统一规定，视具体情况而定。一般结构速度低于 100～120 km/h 的机车，轴重限制为 22～23 t；结构速度为 160～200 km/h 的机车，轴重限制为 19～21 t；结构速度为 200～250 km/h 的机车，轴重限制为 16～17 t。如果不符合这个限制，则需改变机车轮轴的配置。

美国铁路在 20 世纪 80 年代前，偏重于发展重载牵引，所以轴重较大。例如 GM108 型电力机车，轴重高达 29.7 t。

我国铁道机车轴重大多数在 25 t 以下。HXD_1/HXD_2/HXD_3 型电力机车轴重：无配重（空车）为 23 t，加配重（满载）为 25 t。DF_4 型内燃机车轴重：无配重（空车）为 23 t，加配重（满载）为 25 t。

4. 单轴功率

单轴功率指机车每根轮轴所能发挥的功率。单轴功率反映了机车牵引电动机和转向架的制造水平。在相同轴重下，单轴功率越大，机车所能达到的运行速度越高。单轴功率应根据运行速度和牵引力的设计要求而定。欧洲多国研发的结构速度大于 200 km/h 的机车，其单轴功率普遍大于 1 000 kW；结构速度达到 160 km/h 的机车，其单轴功率一般大于 800 kW；德国 E120 型电力机车，其单轴功率达 1 400 kW。我国电力机车单轴功率也在不断提高，SS_4 改型电力机车单轴功率为 800 kW，HXD_3 型电力机车单轴功率为 1 200 kW。

5. 构造速度（结构速度）

机车构造速度（结构速度）指转向架在结构上所允许的机车最大运行速度。结构速度也是反映机车和转向架设计制造水平的重要参数。高速运行的机车，同样必须保证运行的平稳性和各零部件的正常使用寿命，这就对转向架的结构、工艺等方面提出了更高的要求。

我国铁路的发展方向是高速和重载，随着铁路的大提速，对机车速度的要求越来越高，SS_4 改型电力机车的结构速度为 100 km/h，SS_9 型电力机车的结构速度为 170 km/h，HXD_1/HXD_3 型电力机车的结构速度为 120 km/h；结构速度为 160 km/h 及以上的动力集中动车组（FXD_1/FXD_3 型）于 2019 年 1 月正式上线运营。

追求高速是世界各国铁路普遍的趋势，德国 ICE 高速列车于 1988 年 5 月创造了时速 406.9 km 的高速试验纪录；法国 TGV 高速列车于 2007 年 4 月 3 日创造了时速 574.8 km 的轮轨系列车的高速试验纪录；我国 CRH380AL“和谐号”高速动车组于 2010 年 12 月 3 日在京沪高铁枣庄至蚌埠间的先导段联调联试和综合试验中最高运行时速达到 486.1 km；我国自主研发、世界领先新型复兴号高速综合检测列车于 2022 年 4 月 21 日在济南至郑州高铁濮阳至郑州段成功实现明线上单列时速 435 km、相对交会时速 870 km，并创造了高铁动车组列车明线和隧道交会速度世界纪录。

知识点 1.3.3　机车主要技术参数

几种铁道机车机械部分的主要技术参数如表 1-3 所示。

表 1-3　几种铁道机车机械部分的主要技术参数

项目	HXD_1（25 t 轴重）	HXD_{1C}（23 t 轴重）	HXD_3（23 t 轴重）	FXD_1	DF_{4D}
制造年代	2007	2007	2007	2018	1996
轴列式	2（B_0—B_0）	C_0—C_0	C_0—C_0	B_0—B_0	C_0—C_0

续表

项目		HXD$_1$（25 t 轴重）	HXD$_{1C}$（23 t 轴重）	HXD$_3$（23 t 轴重）	FXD$_1$	DF$_{4D}$
机车总重量/kN		2 000	1 380	1 380	780	1 380
轴重/kN		250	230	230	≤195	230
机车宽度/mm		3 100	3 100	3 100	3 105	3 100
机车落弓高度/mm		4 103	4 745	4 770	4 030	4 755（最大）
车钩中心线距/mm		35 222	22 670	20 846	19 336	21 100
车钩中心线高度/mm		880±10	880±10	880±10	880±10	880±10
固定轴距/mm		2 800	2 250+2 000	2 250+2 000	2 900	1 800+1 800
轴距/mm		2 800	2 250+2 000	2 250+2 000	2 900	1 800+1 800
转向架中心距/mm		9 000	11 760	20 846	9 000	15 900
牵引点高度/mm		240	240	240	230	725
车轮直径/mm		1 250	1 250	1 250	1 250	1 050
机车功率（持续制）/kW		9 600	7 200	7 200	5 600	3 240（机车标称功率）
机车牵引力/kN	持续制	532	370	370	212	341.15（货运）
	起动牵引力	760	520	520	240	480.48（货运）
机车速度/（km/h）	持续制	65	70	70	95	24.5（货运）
	最大	120	120	120	160	100（货运）
传动方式		单侧斜齿六连杆空心轴弹性传动	单侧斜齿六连杆空心轴弹性传动	单侧直齿六连杆空心轴弹性传动	单侧斜齿六连杆空心轴弹性传动	单侧齿轮传动
牵引电机悬挂方式		滚动轴承抱轴式半悬挂	滚动轴承抱轴式半悬挂	滚动轴承抱轴式半悬挂	架悬式	滚动轴承抱轴式半悬挂
齿轮传动比		6.235	6.235	4.81	4.435	4.5（货运） 2.83（客运）
一系弹簧悬挂静挠度/mm		38	39.5（25 t）	43.5+5.6	46	123
二系弹簧悬挂静挠度/mm		104	122	90.3+1.43	125	16
基础制动装置		轮装式盘形制动	轮装式盘形制动	轮装式盘形制动	轮装式盘形制动	独立作用式闸瓦踏面制动

素养与职业

从落后到超越的中国高速铁路逆袭之路

20 世纪，中国的铁路发展比较缓慢，20 多年前，绿皮车在中国随处可见，从 1997 年 4 月 1 日到 2007 年 4 月 18 日，尽管中国铁路共进行了 6 次大提速，10 年间，纵横全国的主要干线时速相继提升到 120 km、160 km 乃至 200 km 以上，但 2002 年，中国列车的平均时速只有 50 km。20 世纪末，中国开始一步一步打通建设高速铁路的可能性。第一步是改造广深铁路，在 1998 年第一次实现了广深铁路全线电气化，告别内燃机，提速成为准高铁。接下来，为高速铁路建设做了中长期铁路网规划，规划了超过 1.2 万 km 的四纵四横铁路网。2004 年至 2005 年，青岛四方、长客股份和唐车公司先后从日本川崎重工、加拿大庞巴迪、法国阿尔斯通和德国西门子引进技术，联合设计生产高速动车组。2008 年 6 月 24 日，从北京到天津的国产动车组"和谐号"第一次开动，是"中国速度史"上一个载入史册的日子，这是我国高速铁路领域科研工作者历时 4 年通过引进消化吸收再创新取得的成果。

此后，中国高速铁路建设者不断攻坚克难，自主创新，冲破了一道又一道技术难关，取得了一个又一个具有里程碑意义的成果，中国有了世界第一条高寒地区高速铁路哈大高铁、世界等级最高的高速铁路京沪高铁、世界单条运营里程最长高速铁路京广高铁，还创造了世界最快运营时速（时速 486.1 km）。2017 年，"复兴号"中国标准动车组惊艳问世，并在京沪高铁以时速 350 km 投入运营，使我国成为世界上高铁商业运营速度最快的国家。2022 年 4 月 21 日，由我国自主研发、世界领先的新型复兴号高速列车在济南至郑州高铁濮阳至郑州段成功进行了交会试验，创造了高速动车组列车相对交会时速 870 km 的世界新纪录。

雅万高铁是中国高铁首次全系统、全要素、全产业链走出国门，项目全部采用中国高铁技术和装备，借鉴中国高铁丰富的建设和运营管理经验。安全快捷、平稳舒适的中国高铁，为世界高速铁路商业运营树立了新的标杆，中国高铁愈发成为一张崭新、响亮的"名片"。

复兴号高速列车交会试验世界新纪录如图 1–24 所示，雅万高铁高速动车组在中车四方股份公司环形试验线上如图 1–25 所示。

图 1–24 复兴号高速列车交会试验世界新纪录

图 1–25 雅万高铁高速动车组在中车四方股份公司环形试验线上

任务考核与评价

阶段一：任务知识准备（30 分）				
序号	考核要素	评价标准分值	自我评分（50%）	组内评分（50%）
1	是否积极参与任务书讨论，正确领会任务要求	5		
2	是否积极参与学习讨论，完全掌握学习内容	5		
3	是否积极参与计划制定，提出建设性计划内容	5		
4	是否制定了可行的任务方案	5		
5	是否认真履行个人角色，积极参与任务实施演练	10		

续表

阶段二：任务实施展示（70 分）				
序号	考核要素	评价标准分值	组间评分（50%）	教师评分（50%）
1	问题 1：电力机车是由哪几部分构成的？	7		
2	问题 2：按供电电流制—传动型式划分，电力机车可以分为哪几类？	8		
3	问题 3：简述机车型号的构成，说明机车型号：HXD_{3C} 0019 中各字母和数字代表的含义。	8		
4	问题 4：何谓轴列式，轴列式有哪两种表示方法？	7		
5	问题 5：何谓轴重及其影响？	10		
6	问题 6：名词解释：单轴功率、构造速度（结构速度）	10		
7	问题 7：作为一个未来的铁路人，你是否能读懂表 1-3 中机车的主要技术参数？	10		
8	问题 8：请分析中国高速铁路是如何从技术落后到技术超越的？	10		
总评分值				

任务拓展

——新技术应用——

−40 ℃也能狂奔！新型复兴号智能动车组开向我国最北端

复兴号家族中最“抗冻”、最智能的成员——CR400BF-GZ 型复兴号高寒智能动车组从哈尔滨站平稳驶出。

这是时速 350 km 复兴号动车组目前到达的纬度最高、气温最低地区，中国高铁实现了新突破。

黑龙江省位于我国最北端，最低温度低于−30℃。十年来，我国高铁制造实现引进吸收到自主创新的跨越，克服了季节性冻土施工、接触网融冰、道岔融雪、车体防寒等多项技术难题，形成的高寒高铁“中国标准”经得起多种严寒气候的考验。

首次开行的复兴号高寒智能动车组是目前复兴号家族中速度等级最高的动车组列车，更加耐低温、耐冰雪，在我国东北地区−40℃的极寒环境下也能奔跑如常。复兴号高寒智能动车组在高寒地区运行如图 1-26 所示。

图 1-26　复兴号高寒智能动车组在高寒地区运行

动车组所使用的材料、电气元件，以及车体、转向架、供风制动等系统部件均进行了耐低温设计，并在密封、防雪、防击打、水系统防冻、冷凝水防治等方面采取技术措施，使动车组具备特殊的“抗寒”性能。列车采用全新设计的设备舱侧部裙板，设置

"高寒专属"的滤网，在保证对车下设备实现通风功能的同时，还能有效防止冰雪从过滤网区域进入设备舱内部。新型高寒智能动车组还首次批量使用自动化防冻结功能，在车辆静止时，每个车厢依次激活防冻结功能，确保制动系统安全可靠。

此外，列车的水箱、污物箱、水管等设备都穿上了厚厚的"棉衣"，并带有电伴热系统，污物箱底部还增加了"小电炉"，天寒地冻依旧保持"活力"，保证旅客正常使用需求。

复兴号高寒智能动车组具有以下特点。

1. 运维水平更加智能化

列车增加了旅客服务、列车运行、安全监控等方面的智能化功能，在以太网控车、车载安全监测等 9 项智能运维提升项点上取得了突破。

2. 设施更加便捷化

列车专门设置无障碍车厢，配备更宽阔的通过门、无障碍卫生间、轮椅存放区等，在服务设施上增加盲文标识。列车空调机组采用变频技术，温度调节更准确，噪声更小，体感更舒适。在车厢顶部设置 29 英寸宽屏电视，可左右分屏同时显示列车运行和娱乐节目信息。列车设置静音车厢，可为乘客提供安静、舒适的乘车环境。

3. 服务更加人性化

车厢所有座椅均基于人因工程学进行了优化。在二等座椅靠背上增加 USB 充电接口，加深小桌板杯托凹槽深度，在一等座椅增加可调节头靠、电动腿靠等，将原来设置在座椅扶手上的小桌板改为设置在前排座椅靠背上。商务客室打造"一人一舱"私密空间，配备了支持手机投屏功能的智能交互终端，可为旅客提供丰富的娱乐节目、运行信息等服务。

据悉，两组全新的复兴号高寒智能动车组经过一系列的测试和空载试运行后，已经在黑龙江省内哈齐、哈牡、牡佳等高速铁路上载客运行。复兴号智能动车组在高寒线路开行，中国速度向北再延伸！

强化练习

强化练习试题除涉及本任务介绍的知识与技能外，还可能涉及本任务未介绍的知识与技能，需通过阅读参考书、网络查找资料等方式进行自主学习后进行解答，在巩固课堂学习成果的同时，培养自主学习能力。

1.【填空题】HXD_1 型电力机车采用两轴转向架，轴式为（　　）；DF_{4B} 型内燃机车采用三轴转向架，轴式为（　　）。

2.【填空题】电力机车由（　　）、机械部分和（　　）三大部分组成。

3.【填空题】所谓轴列式指用（　　）表示机车（　　）结构特点的一种简单方法。

4.【填空题】HXD_1 型电力机车机车功率为（　　）kW；机车最大速度为（　　）km/h。

5.【填空题】HXD_1 型电力机车机车传动方式为单侧（　　），六连杆（　　）弹性传动。

6.【判断题】HXD_3 型、HXD_1 型大功率电力机车均为交—交型电力机车。（　　）

7.【判断题】轴重越大，机车运行中对线路的影响和破坏性也越大。（　　）

8.【判断题】转向架在结构上所允许的机车最大运行速度，称为机车的构造速度。（　　）

9.【判断题】单轴功率指机车每根轮轴所能发挥的功率。单轴功率反映了机车牵引电动机和转向架的制造水平。（　　）

10.【判断题】轴重指机车在静止状态下，每个轮对作用在钢轨上的重量。轴重越大，机车运行中对线路的影响和破坏性也就越大。（　　）

11.【判断题】和谐型电力机车轴式为 D_0—D_0。（　　）

12.【单选题】结构速度为 160～200 km/h 的机车，轴重限制为（　　）t。
A. 26～28　B. 24～26　C. 22～23　D. 19～20

13.【单选题】HXD_3 型电力机车轴式为 $C_0—C_0$，传动方式为（　　）传动。
A. 直—直流　B. 交—直流　C. 交—直—交流　D. 交—交流

14.【单选题】一般结构速度低于 100～120 km/h 的机车，轴重限制为（　　）。
A. 26～28 t　B. 22～23 t　C. 20～21 t　D. 18～20 t

15.【单选题】机车轴列式 $C_0—C_0$ 表示（　　）。
A. 机车为两台三轴转向架，每个动轴为单独驱动
B. 机车为三台二轴转向架，每个动轴为单独驱动
C. 机车为两台三轴转向架，动轴为非单独驱动
D. 机车为三台二轴转向架，动轴为非单独驱动

16.【单选题】簧下重量对线路产生较大的（　　），危害很大，必须设法减轻。
A. 动作用力　B. 垂向力　C. 横向力　D. 振动

思考与小结：

任务复盘

补全任务 1.3 知识技能结构导图。

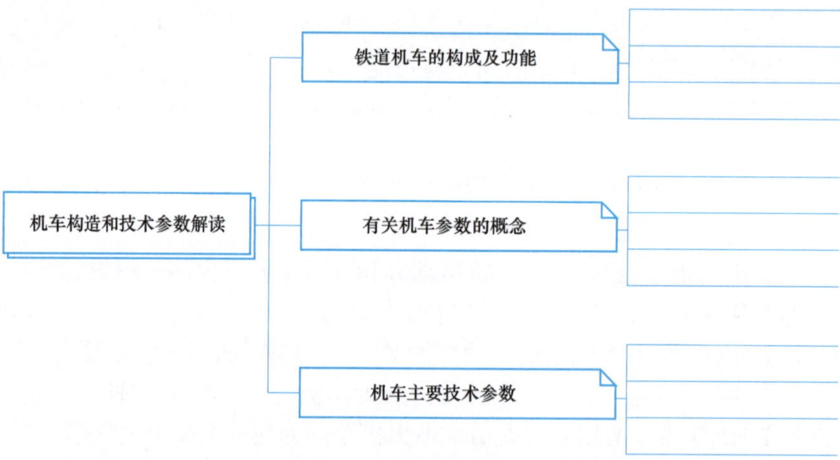

项目 2

车体和设备布置

车体和设备布置是铁道机车总体结构、总体设计的重要组成部分。本项目主要阐述车体的功能、要求和类型，重点介绍 HXD 型电力机车、FXD 型电力机车和 DF 型内燃机车的车体结构特点和结构组成，并对车体的设备布置原则、布置特点，以及具体布置做了比较详细的叙述。

任务 2.1　认知机车车体和司机室设备布置

任务描述

机车车体是指电力机车、内燃机车转向架之上的车厢部分，其是由司机室、底架、侧墙、车顶和排障器等部分组成的。其中，车体是各设备的安装基础，承受垂直载荷并传递机车牵引力，车体设备布置主要指车体内及车顶的设备以及车下和车端的辅助设备的布置。司机室是乘务人员工作和短期生活的场所。FXD 型电力机车如图 2–1 所示。

图 2–1　FXD 型电力机车

问题导入

先阅读问题，完成任务后再回答问题。

问题 1：车体的功能是什么？

答：

问题 2：请说明对机车车体有何要求？ 答：
问题 3：按车体车载结构进行分类，车体可分为哪几种？ 答：
问题 4：电力机车设备布置应遵循哪些原则？ 答：
问题 5：HXD_3 型电力机车司机室由哪些设备组成？ 答：
问题 6：试述 FXD_1 型电力机车操作台布置有哪些设备？ 答：
问题 7：请谈谈你对成昆铁路精神的理解？ 答：

任务分析

教学目标	素养目标	思想道德素质：培养学生的爱国热情，树立道路自信、民族自信 科学文化素养：培养学生甘于奉献、不畏艰难险阻和勇挑重担的职业精神
	知识目标	1. 掌握机车车体的功能、要求和分类方式 2. 几种铁道机车的车体结构特点和司机室结构组成
	能力目标	能正确区分不同车体的结构类型，分析其结构特点和司机室设备布置
教学重点		1. 机车车体的功能 2. 对车体的要求 3. 机车车体和司机室设备布置的原则
教学难点		1. 机车车体功能和设计要求 2. 铁道机车司机室的设备特点和组成

任务实施

知识点 2.1.1 车体的功能、要求和类型

1. 车体的功能

车体是电力机车上部车厢部分，其功能如下。

（1）操纵、保养和维修机车的场所。车体内设有司机室和机器间，机器间一般又分为几个室。

（2）安装各种电气、机械设备，保护车内设备不受外界风沙雨雪的侵蚀。

（3）传递垂直力。将车体内外各种设备的重量经车体和车体支承装置传给转向架。

（4）传递纵向力。将转向架传来的牵引力、制动力经车体传给缓冲器，再传给车钩。

（5）传递横向力。在运行中，车体要承受各种横向作用力，如离心力、风力等。

2. 对车体的要求

考虑到车体要承担的功能和工作时的受力复杂性，车体必须满足以下条件。

（1）有足够的强度和刚度。在允许的设计结构速度内，车体骨架结构不能发生较大变形和破坏，以确保运行安全和正常使用。

（2）为了提高机车的速度，必须适当减轻车体的自重，而且要求在各个方向上做到重量匀称、重心低。

（3）车体结构必须保证设备安装、检查、保养，以及检修更换的便利。

（4）车体设计必须充分考虑改善乘务人员的工作条件，完善通风、采光、取暖、瞭望、隔声、隔热等条件。

（5）车体必须纳入国家规定的机车车辆限界尺寸中。

（6）在满足车体基本功能和空气动力学车体外形的基础上，应使车体外形设计美观、大方，富有时代气息。

3. 车体的类型

机车的车体可谓形式多样，下面分类说明。

1）按不同用途分类

根据车体的不同用途，车体可分为下列几种。

（1）工业电力机车车体：在工矿运输或调车作业中使用的电力机车车体。由于速度较低，且经常调换运行方向，其司机室往往设在中央。工业电力机车车体的特点是结构简单，但不便于设备安装、检查、保养，如图 2–2 所示。

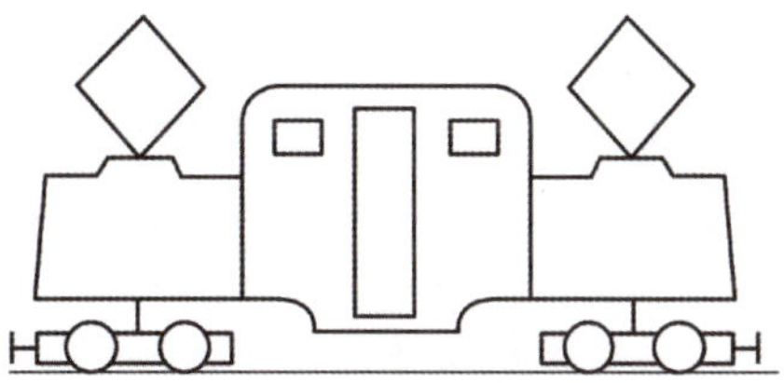

图 2–2 工业电力机车车体

（2）干线运输大功率电力机车车体：一种在铁路干线承担运输任务的电力机车车体，其特点是两端设有司机室，中间为机器间，设备安装、检修方便，司机瞭望视线开阔，其形状类似客车车厢，如图 2–3 所示。

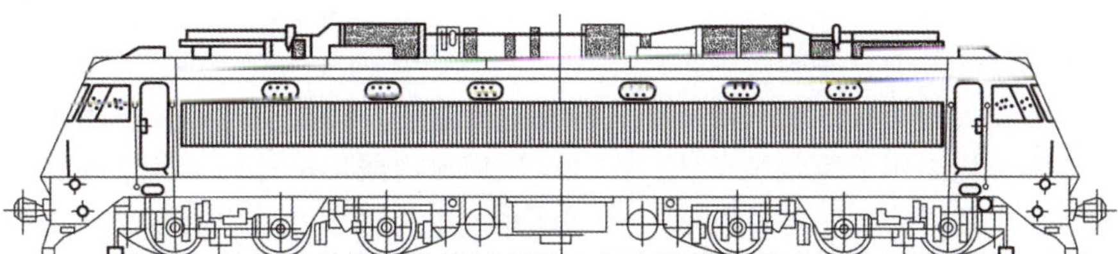

图 2–3 干线运输大功率电力机车车体

2）按车体车载结构分类

根据车体不同的承载需要，车体可分为下列几种。

（1）底架承载式车体（又称非承载车体）。底架承载式车体由侧墙、车顶和底架等组成，其底架承担所有载荷，而侧墙、车顶均不需参与承载，因此侧墙结构较为轻便，但由于底架承受全部上部载荷，因此必须保证底架有足够的强度和刚度，较为笨重。此种车体多用于工业电力机车车体或客车车厢。

（2）底架和侧墙共同承载式车体（又称侧壁承载车体）。由于侧墙参与承载，侧墙骨架较为坚固，外蒙钢板也比较厚，其与车体底架焊成一个牢固的整体，侧墙骨架采用桁架式或框架式两种结构形式，如图 2–4 所示。

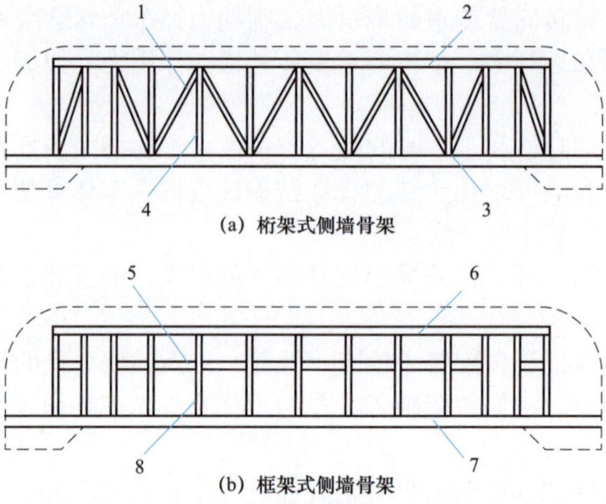

1—斜拉杆；2、6—上弦杆；3、7—下弦杆；4、8—立柱；5—中间杆

图 2–4 底架和侧墙共同承载式车体的侧墙结构

桁架式侧墙骨架有斜拉杆，强度、刚度都高于框架式侧墙骨架，但桁架式侧墙骨架门窗开设不便，故一般多用于货车车体。机车车体或客车车厢骨架多采用框架式侧墙骨架。

由于侧墙与底架结合成一个较坚固的整体，使底架重量大大减轻，从根本上降低了车体的自重。使机车的设计速度得以提高。

（3）整体承载车体。整体承载车体是将底架、侧墙、车顶组成一个坚固而轻巧的承载结构，使整个车体的强度、刚度更大，而自重较小。

整体承载车体以往在客货车辆中应用较多，电力机车中应用较少，但随着电力机车向大功率重载和高速方向发展，其现已广泛应用于电力机车车体中。目前重载货运使用的 HXD_1 型电力机车、HXD_3 型电力机车、DF_4 型内燃机车，以及准高速客运使用的 SS_9 型电力机车，以及后期生产的机型均采用整体承载车体结构。

4. 高速机车车体

机车在中低速运行中所受空气阻力往往并不明显，但当速度超过一定值时，空气阻力就成为阻碍机车速度提高的重要制约因素。

为了使机车在高速运行中的气流和压力分布达到最佳，以减少运行空气阻力，各国在机车车体外形设计上均采用了流线型车体。例如，采用抛物线形车体外形、子弹头形车体外形等，我国最新上线运营的高速电力机车——FXD 系列电力机车就采用类似高速动车组的子弹头形车体外形，风阻较小，利于高速运营。高速电力机车的车体外形如图 2–5 所示。另外，减轻车体自重，保持较轻的轴重也是高速机车必须具备的，目前国内外高速机车车体在减轻自重时除采用整体式承载结构，减轻结构重量外，还选用轻型材料，如铝合金、纤维增强复合材料等来减轻自重，以满足高速机车低重心、轻量化的要求。

图 2-5 高速电力机车的车体外形

知识点 2.1.2 典型机车车体结构

1. HXD_3 型电力机车车体结构

HXD_3 型（交流传动货运）电力机车车体司机室采用流线型外形，各平面间采用大圆弧过渡，提高了整个车体的美观性。该车体采用框架式整体承载结构，由于该车的车体重量要求大，因此采用厚板结构，由 Q345B 低合金高强度结构钢、09CuPCrNi 耐候钢板和钢板压型件组焊构成。车体蒙皮使用耐候钢以加强车体承受大气腐蚀的能力。HXD_3 型电力机车车体外形如图 2-6 所示。

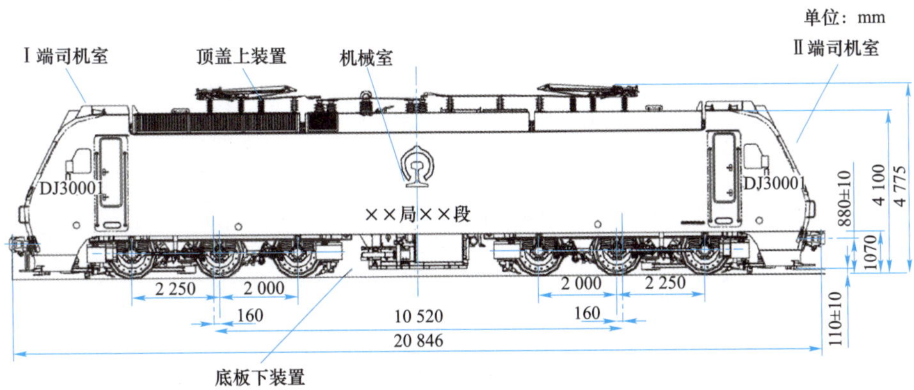

图 2-6 HXD_3 型电力机车车体外形

1）底架

底架是机车车体的主要承载部件，它不仅承受垂向载荷，而且还传递机车的纵向牵引力及承受各种复杂的运动力，因此 HXD_3 型交流传动货运电力机车对底架强度及刚度的要求较高。底架是由前端牵引梁、旁承梁、中梁（变压器梁）、后端牵引梁、侧梁组成的一个整体框架式承载结构，HXD_3 型电力机车车体底架装配如图 2-7 所示，其中前后端梁安装有钩缓装置用以牵引，中梁下面吊挂着主变压器，旁承梁则通过旁承座连接转向架支撑整个车体。底架由 12、16、20 mm 的厚钢板组成，该车底架组焊后应达到以下要求。

① 底架组装后，以前、后旁承座中心线为基准，底架预挠 5～8 mm，车体组焊后整体挠

度 3～5 mm。

② 边梁旁弯应小于 6 mm。

③ 前后旁承座中心孔对角线的长度差最大为 4 mm。

④ 车钩和旁承梁的纵向中心线对底架纵向中心线偏差最大为 4 mm。

⑤ 磨耗板最小厚度为 8 mm。

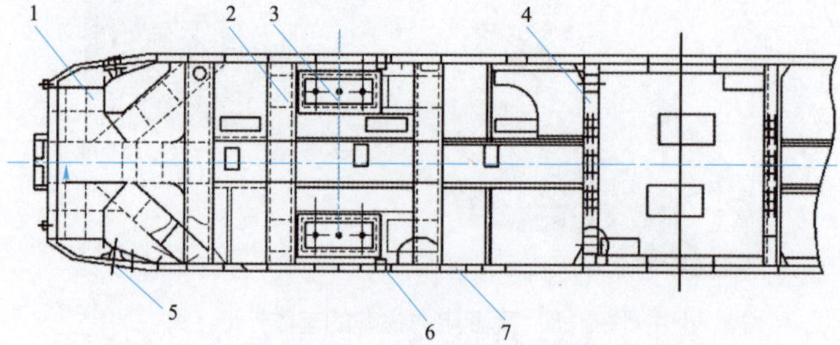

1—端梁（牵引梁）；2—旁承梁（枕梁）；3—旁承座；4—中梁（变压器梁）；
5—救援吊座；6—吊车筒；7—边梁

图 2-7　HXD_3 型电力机车车体底架装配

（1）端梁。底架前后端梁直接传递机车的纵向牵引力及纵向冲击载荷，其下部结构为车钩箱，用以安装车钩及缓冲装置。车钩箱与端牵引梁上、下盖板，以及前、后端板等主要板件组焊成一个较为复杂的箱形体，HXD_3 型电力机车车体端梁如图 2-8 所示。图中件 10 八字形箱形斜撑与侧边梁和端部横梁连接，将力传到边梁上，很好地将牵引及冲击载荷分散到侧边梁处。前、后端牵引梁两侧与底架边梁相连接。由于该车为低位牵引，牵引拉杆座位在端部下方，因而后端板与端部中梁之间落差较大，极易造成应力集中。为改善连接结构处的受力状况，在此位置加一过渡加强板，如图 2-8 中件 13 所示，使受力结构件组成的横截

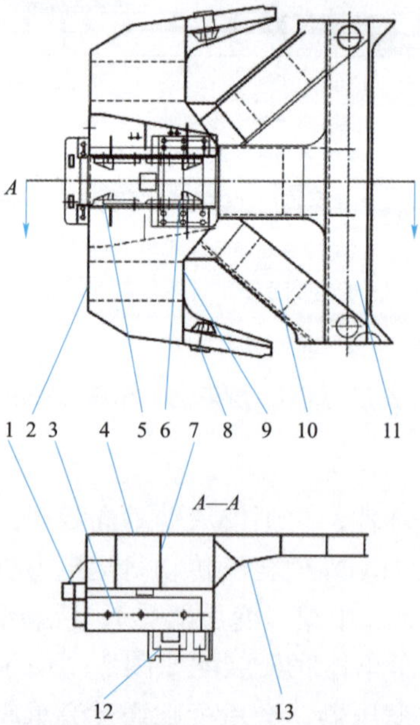

1—冲击座；2—前端板；3—车钩箱；4—上盖板；5—前从板座；6—后从板座；7—隔板；8—救援吊座；
9—后端板；10—八字形箱形斜撑；11—横梁；12—牵引拉杆座；13—过渡加强板

图 2-8　HXD_3 型电力机车车体端梁

面平缓过渡，很好地消除应力集中，将牵引载荷顺利地过渡到中间梁进而传递到两侧边梁。端部上、下盖板的厚度为 16 mm，前后端板厚度均为 20 mm。在端部牵引梁两侧边梁上安装有救援吊座，作为单头起吊吊销孔，即图 2-8 中件 8，其采用 ZG230-450 整体铸造。

（2）旁承梁。旁承梁（二系簧座梁）通过二系簧座与转向架二系弹簧连接，主要承受机车的垂向载荷，纵向连接着端部牵引梁与中梁，横向箱形梁跨连着两侧边梁，使整个底架大的网格框架有机组合起来，对从前、后端牵引梁和侧梁传递过来的力进行分散。HXD_3 型电力机车车体旁承梁如图 2-9 所示。旁承梁主要由两组横梁加盆形中梁及旁承座组成。横梁是箱形结构，上盖板和腹板的厚度为 16 mm，下盖板的厚度为 20 mm，高度为 210 mm，材质为 Q345B。图 2-9 中件 2 旁承座为转向架支撑车体的支点，对强度和刚性有很高的要求，采用 ZG230-450 铸造，组焊后整体加工。在旁承座四周为压形弯梁，连接旁承座及横梁和侧边梁，组成网格结构。

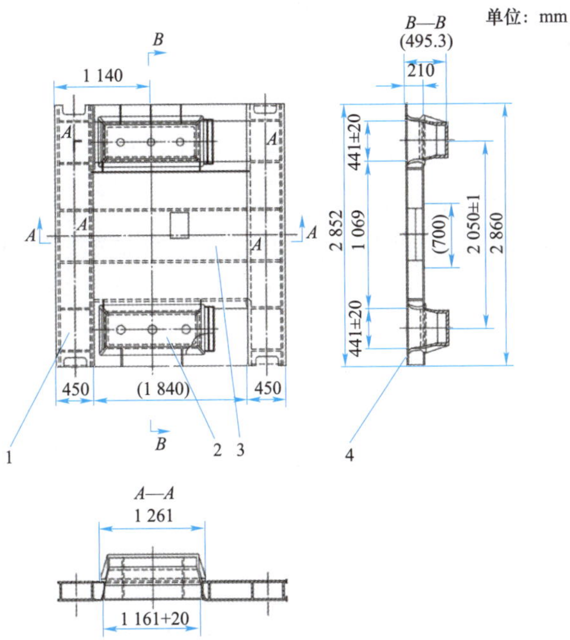

1—横梁；2—旁承座；3—盆形中梁；4—侧边梁

图 2-9 HXD_3 型电力机车车体旁承梁

（3）中梁。中梁（也叫变压器梁）由两根横梁加侧边梁组成。中梁主要承载变压器的垂向载荷及其产生的惯性力。HXD_3 型电力机车采用吊挂式安装变压器，设有两组相同的变压器横向安装梁，两端与底架侧梁连接，变压器通过安装螺栓穿过吊挂孔，吊挂在变压器梁下方。横梁是箱形结构，为增加刚度和强度，中间均有立板，上、下盖板的厚度是 20 mm，腹板的厚度是 16 mm，材质是 Q345B。横梁下侧有三块并 4 个吊孔的安装座板，横梁侧腹板开有 4 个方便安装的工艺孔。HXD_3 型电力机车车体中梁如图 2-10 所示。

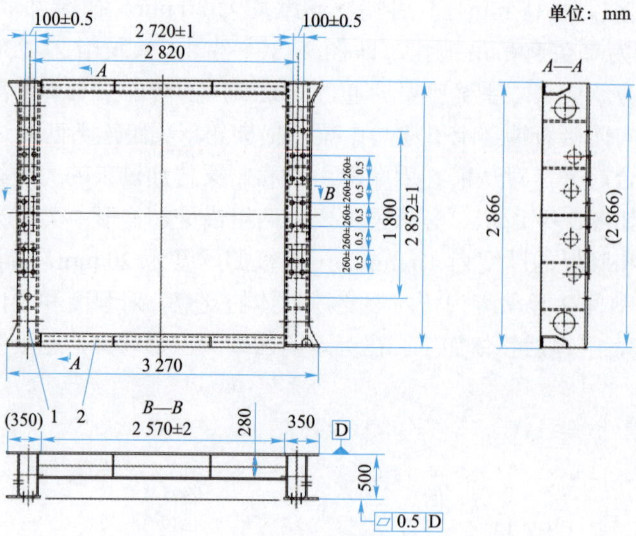

1—横梁；2—侧边梁

图 2-10　HXD_3型电力机车车体中梁

（4）边梁。边梁是狭长的箱形结构，由压型槽钢与厚 16 mm 的外板组焊而成。侧墙就固定在边梁上面，箱形梁内部布置有加强筋板。HXD_3 型电力机车车体边梁如图 2-11 所示。

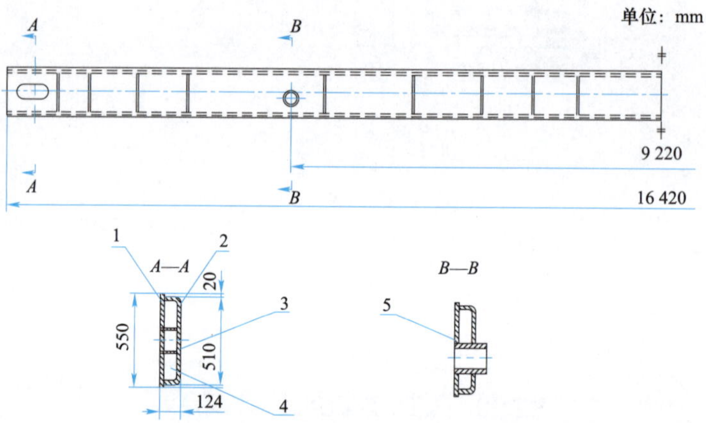

1—外板；2—压型梁；3—司机室入口门脚蹬；4—加强板；5—吊车筒

图 2-11　HXD_3型电力机车车体边梁

2）司机室

根据 HXD_3 型电力机车司机室小流线外形特点，钢结构采用传统的板、梁组合结构。图 2-12 所示为 HXD_3 型电力机车司机室结构，其所有板梁厚度均为 8 mm，司机室内部采用铝板装修。前窗玻璃为一块柱面玻璃，直接粘结于司机室的风挡玻璃框上，侧窗采用提拉式结构。司机室各墙、顶棚、地板都填加防寒隔声材料。司机室门采用气密封整体门，即门和门框是一个整体，门框直接安装到司机室门洞口钢结构上。门为铝蜂窝材料，门框为铝合金材料，门和门框之间有一层充气密封条。

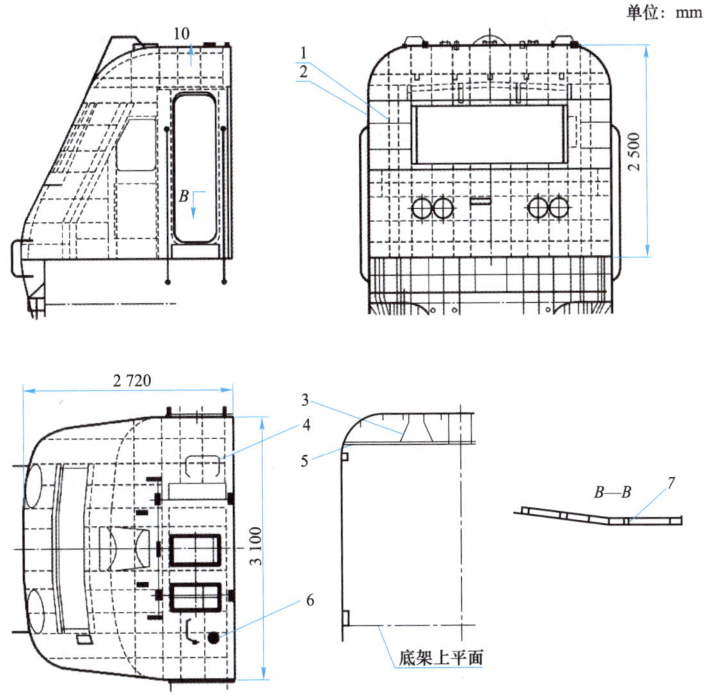

1—司机室梁组成；2—司机室蒙皮组成；3—司机室空调风道；4—喇叭安装座；
5—顶盖设备安装架；6—天线座安装座；7—侧墙装配

图 2-12　HXD_3型电力机车司机室结构

3）侧墙

图 2-13 所示为 HXD_3 型电力机车侧墙。侧墙承担了大部分的垂直载荷，侧墙立柱与底架边梁相连。为了将底架的力有效地传递到蒙皮，使整个蒙皮能均匀地承受载荷，配置了由立柱和横梁组成的骨架网格，网格梁全部采用 120 mm×80 mm×8 mm 的方管。

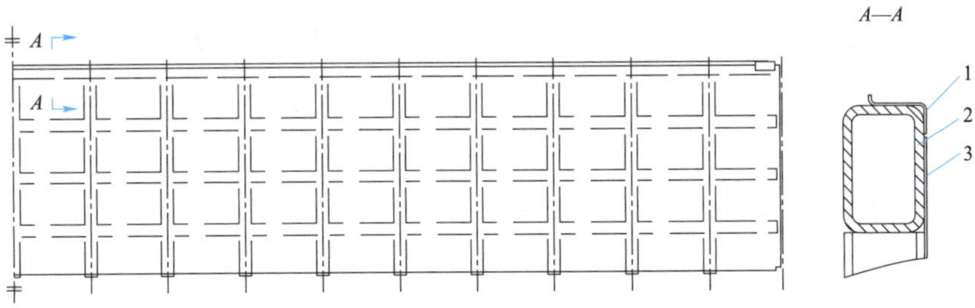

1—上蒙皮；2—方管；3—侧墙蒙皮

图 2-13　HXD_3型电力机车侧墙

4）顶盖

HXD_3 型电力机车有三个可拆卸的活动顶盖，分别为Ⅰ端侧顶盖、中央顶盖、Ⅱ端侧顶盖。虽然顶盖不作为车体整体的承载部分，但其上面有车顶电气设备，对提高车体的自振频率有很大的作用，因此进行结构设计时也要考虑足够的强度和刚度。同时，牵引电机所需空气也从顶盖部分进入，在Ⅰ、Ⅱ端侧顶盖上设有独立结构通风风道，风道成为顶盖的主要构架。中央顶盖蒙皮内侧分布有立板梁，作为支撑，板梁之间用压型梁连接，作为网格骨架。各顶盖上根据车顶电气设备安装需要，设有相关的安装支座。在车内设备相对应位置设有进风口，装有百叶窗方便电器件通风冷却。为能够通过车内梯子到达车顶作业，设有活动天窗。

5）其他

排障器安装在机车车体前端下部，主要用于排除机车运行前方的障碍物，对机车的安全运行起保护作用。排障器设有脚踏板。排障器与前围板外表面均随司机室外形方案采用流线型圆滑过渡，骨架也采用板梁结构。排障器采用可拆卸安装方式，在排障器旁安装有小排障器，它的轨面距离可调，以保证其与轨道面高度不小于 110 mm。

前围板位于车体底架前端下部排障器上方，为底架、司机室与排障器的过渡部件，它主要由 2.5 mm 厚的蒙皮和 8 mm 厚的纵横板梁骨架组焊而成。

2. HXD_1 型电力机车车体结构

HXD_1 型电力机车由 2 节完整的单司机室 4 轴机车通过机械和电气重联的形式组成 8 轴机车，故机车的设备布置与通风系统以单节车为单元，如图 2-14 所示。其设备布置采用中间走廊，先进的模块化结构设计，以便有效地缩短组装时间，使系统和部件能独立地在机车外进行预组装和预试验。

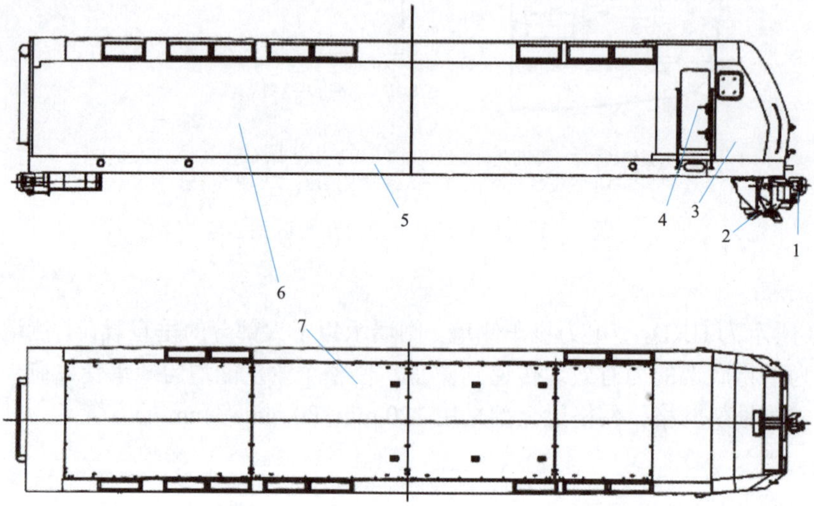

1—钩缓装置；2—排障器；3—司机室；4—入口门；5—底架；6—侧构；7—顶盖

图 2-14　HXD_1 型电力机车车体外形图

HXD_1 型电力机车车体的设计主要采用 ISO、UIC、DIN、EN 等国际标准和我国 TB、GB 等相关标准。作为整体承载车型，HXD_1 型电力机车车体依照相关静强度、疲劳强度设计及评判标准，将整体骨架设计为适当的箱形网状结构，使应力通过车体整体骨架均匀、有效地分布和传递。司机室结构设计符合相关要求，并充分考虑了人因工程学要求；侧窗外皮采用细品粒高强度结构钢以应对侧窗窗角的应力集中；底架采用了贯通式中央纵梁的框架结构；侧构设计成上倾斜的网架式结构，顶盖采用平板小顶盖结构；机械室采用中央走廊方式；钩缓装置选用了小间隙的 13A 型 E 级钢车钩和大容量的 QKX100 型弹性胶泥缓冲器，缓冲器后面设置了过载保护的变形吸能装置。

HXD_1 型电力机车车体结构具有以下特性。

（1）车体采用整体承载结构，沿车钩纵向水平中心线可承受 2 450 kN 的静压力和 2 450 kN 的静拉力而不会产生永久性变形。

（2）车体侧梁外侧设有 4 个检修作业用的吊销套，车体前后牵引梁两旁还分别设有救援用的 4 个吊销套。

（3）车体与转向架之间设有备用的连接装置，可将车体同转向架一并吊起。车体和转向架同时整体或一端吊起时，车体各部分不会产生永久性变形和其他损坏。

（4）每节车体下设有 6 个架车支承座和供检修用的 6 个支承点。

（5）车体内机械室设有中央直通式走廊，走廊宽度为 600 mm。

（6）司机室前上部设有宽敞明亮、视野开阔的前窗，前窗玻璃采用能自动除霜的电加热玻璃，司机室侧面设有两个带联动锁的入口门和能够上下启闭的活动侧窗。司机室后墙处设有通往机械室的门。两节机车连接处还设有带自动闭门器的门及连通两节车体间的联挂风挡。

（7）机车的司机室前端两侧设有方便调车员调车作业的脚踏板，并有相应的扶手。

（8）底架前端牵引梁下方装有排障器，其中央底部能承受 137 kN 的静压力。

（9）车体组焊后要求侧构表面不允许有“硬伤”或局部凹凸不平现象；车体两侧倾斜度不大于 5 mm；两侧构组装时，与车体顶盖连接的安装孔距须控制在 2310^{0}_{-4} mm 范围，而各连接横梁顶盖沿车体纵向安装的尺寸公差不超过±3 mm。

（10）车体总成及各部件的焊接依据检测规范进行试验和检查，各板搭接处应进行焊前预处理。

（11）焊接材料要求：16MnDR 材料及其他碳钢之间，一般采用 G2Si 焊丝，部分采用 ER5087 和 ER5183 焊材；普通不锈钢之间采用 ER308L 焊材，而不锈钢与碳钢之间一般采用 ER309L 焊材。

HXD_1 型电力机车整车为双司机室结构，机械间设备按斜对称布置，中间走廊结构（走廊宽度不小于 600 mm），采用预布线和预布管设计。车体采用整体承载的框架式焊接结构，包括司机室、底架等，如图 2-15 所示。单节车体顶部装有四个可拆卸的活动顶盖，车体设有救援用的吊车销孔，与转向架之间设有备用的连接装置，可将车体同转向架整体吊起，车体及安装在车体外部的各种设备和门、窗、盖等均应严密，能防止雨雪侵入。

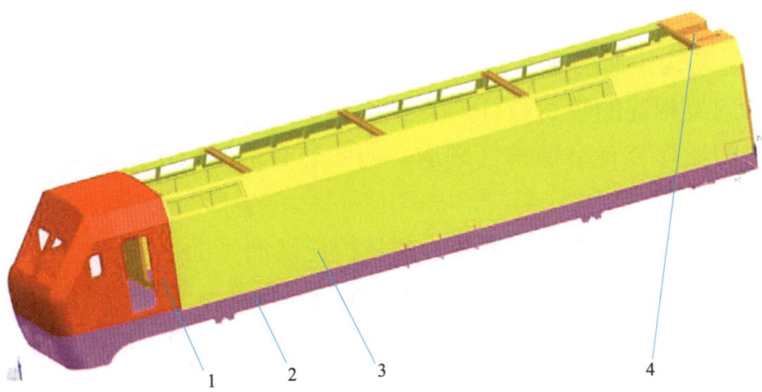

1—司机室；2—底架；3—侧构；4—后端墙

图 2-15　HXD_1 型电力机车车体承载结构

1）底架

HXD_1 型电力机车车体为适合重载需求，采用整体承载结构，并以中央贯通梁为主要传递牵引力构件。HXD_1 型电力机车车体底架主要由前端牵引梁、后端牵引梁、侧梁、枕梁、变压器梁、中央纵梁、底架盖板、底架上焊接部件等组成，如图 2-16 所示。底架材料主要采用 12 mm、16 mm、20 mm、24 mm 低温容器板 16MnDR，或压型或加工，以坡口焊接为主，并进行整体静调处理。各主要承载梁均采用钢板或钢板压形件组焊成箱形或类似结构，从整体上提高了车体的刚度和强度。各横向梁与侧梁连接均采用插入式焊接连接，而且插入处均采用了圆弧过渡，有效避免了连接部位截面变化引起刚度突变以至于应力集中。底架组焊后应保证以下基本要求。

（1）底架整个盖板平面的平面度不大于 3 mm。

（2）底架整个盖板平面与侧梁外立面的垂直度不大于 1 mm。

（3）检测单上要求的其他项目要求，如变压器梁区域对角线、两枕梁二系簧引导销间对角线等相关尺寸的检测要求。

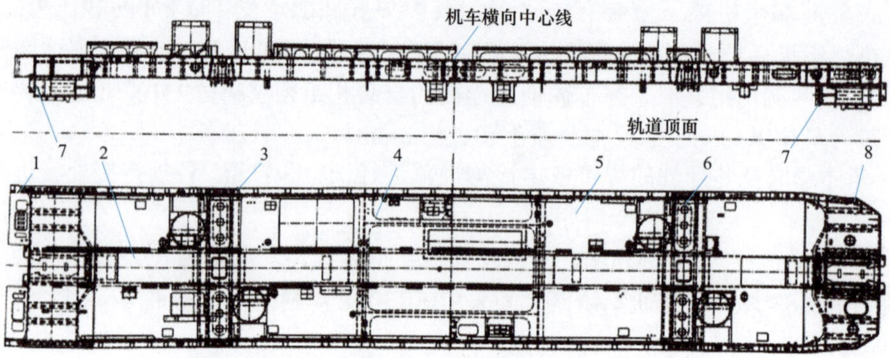

1—后端牵引梁；2—中央纵梁；3—侧梁；4—变压器梁；5—底架盖板；6—枕梁；7—车钩箱；8—前端牵引梁

图 2-16　HXD_1 型电力机车车体底架结构

前端牵引梁和后端牵引梁是传递牵引力、承受制动力与冲击力的主要部件，由上盖板、前端板、后端板、加强撑板、中心纵梁、下盖板、车钩箱等组成空腹箱形结构，牵引梁前端焊有螺孔座，可以将安装车钩吊杆的冲击座用螺栓紧固其上。车钩箱直接焊装于前、后牵引梁的下盖板上，用于安装机车车钩、缓冲装置和变形吸能装置。车钩箱为厚板组焊的加强箱体，有足够强度满足车钩传递的牵引和冲击力，内部空间完全满足国产 13 号标准钩缓装置的安装和互换，与转向架相连的牵引拉杆座直接用特殊螺栓安装在车钩箱的下部，另外前端牵引梁上、下盖板之间还焊装有空调排气风道，两侧装有机车救援吊销孔，其下盖板上还焊有用于安装排障器的安装条。

车钩箱组焊时有较高的形位尺寸要求：两从板座端面平面度不超过 0.5 mm，与变形吸能单元安装面的平行度不超过 1 mm，车钩箱中轴线与牵引梁下平面的平行度不超过 2 mm。

侧梁位于底架两侧，是底架主要承载及传力部件，由 U 形压型梁与内立板组焊而成，内立板上与枕梁、变压器梁连接处预留断口，以方便枕梁、变压器梁插入，与压型梁直接连接，共同形成更加牢固的结构体。垂向减振器座与转向架整体起吊座设计成一体并焊接在侧梁下部，横向减振器座采用嵌入方式与侧梁焊接成一个整体结构，左右侧梁上各设有 3 个吊销套，中间的吊销套用于机车的整体起吊，后端的吊销套用于单端救援，每个吊销套位置的下翼板上焊装有架车垫板。

枕梁主要承受车体和设备的重量载荷及其垂向冲击载荷，主要由压型横梁、内立板、中心纵梁、中心限位座等组成，枕梁的两端直接插入侧梁组焊。另外，变压器梁主要为倒 T 形纵横梁（由下翼板和立板组焊）和纵向 U 形中梁组焊成的框架梁，用于承载变压器的重量载荷及其冲击载荷，其倒 T 形横梁也直接插入侧梁组焊；中央纵梁为压型 U 形梁，宽度达 600 mm，完全贯穿于整个底架，并与各被贯穿梁焊接在一起，与侧梁同时承担主要传力路径的作用；在底架两牵引梁之间，焊装 4 大块 10～12 mm 厚的盖板，主要用以直接装配机车设备或焊装装配机车设备的安装支架，各安装支架主要由压型梁与 HALFEN（哈芬）安装导轨组焊而成，盖板也同时进一步加强了底架的刚度和强度。

2）司机室

HXD_1 型电力机车司机室采用流线型外形，增强了整体外观的视觉效果。司机室前部设有前窗，采用胶粘方式将两块复合的电加热玻璃分别与司机室钢结构粘接。司机室两侧面设有可上下开启的活动侧窗及入口门。司机室后墙上设有走廊门，通向机械间中央走廊。

司机室结构采用了骨架与蒙皮一起形成整体承载的钢结构形式，且采用左右侧墙、前墙及顶棚组成的模块化结构，因此蒙皮及骨架梁均由 6 mm 低温容器板拼装或压型而成，不仅简化了组装工艺，而且加强了司机室的承载能力。

司机室前端两侧均设计成斜板箱体结构，从底部逐渐过渡到顶部，然后通过司机室侧墙上部梁自然过渡到侧构的上弦梁，这样就保证了车体拉伸、压缩工况下的力矩有效地通过司机室传递到侧构上弦梁，然后再通过侧构上弦梁传递到车体后端，同时也保证了车体整体一致的外观效果。

为满足相关标准关于司机室腰梁处应能承受 300 kN 均布载荷的要求，司机室腰梁设计成较大的箱形结构，并设置加强隔板，该区域结构得以有效强化。为了应对司机室侧窗窗角结构性的应力集中，侧窗部位采用了 6 mm 厚的 HG785E 细晶粒高强度结构钢板材。司机室入口门门角是应力集中区，因此门角处设计成圆滑过渡结构，并避开了焊缝，保证了应力不会过度集中于门角或焊缝区域。

司机室顶部焊有头灯安装箱及天线安装座，前下部左右两边对称焊有安装机车副头灯的安装法兰。在司机室前窗口边沿下及两侧大倒角处，焊有方便维护、清洁及调车用扶手杆。为保证司机室的防寒隔热，在司机室各主要骨架梁焊接前塞满防寒隔音材料。HXD_1 型电力机车司机室结构总成如图 2-17 所示。

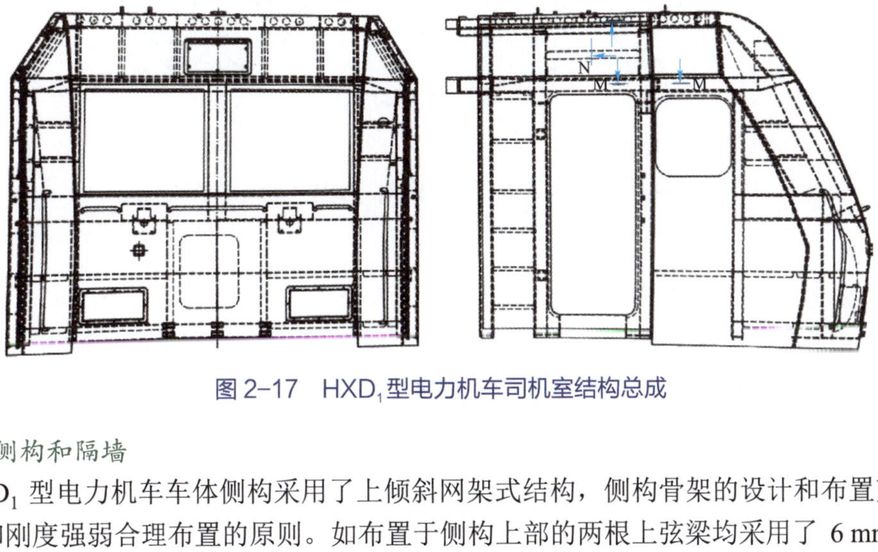

图 2-17 HXD_1 型电力机车司机室结构总成

3）侧构和隔墙

HXD_1 型电力机车车体侧构采用了上倾斜网架式结构，侧构骨架的设计和布置充分体现了强度和刚度强弱合理布置的原则。如布置于侧构上部的两根上弦梁均采用了 6 mm 厚的板材，通过压型、焊接、设置加强隔板等方式，形成封闭的箱形结构，并且两上弦梁之间设置了较多、较强的连接梁，有效强化了侧构上弦梁部位的强度和刚度，而侧构下部骨架的立柱和横梁大都设计成一边均匀断续开口的角梁结构，断续边与蒙皮焊接在一起，使断续边与蒙皮自然形成坡口，保证了焊接的可靠性，也降低了侧构平面的焊接变形，同时由于下料成型的均匀断续边，减少了人工控制断焊的不均匀性，提高了焊接质量。侧构上弦梁部位设置了多个通风口，用于安装单独通风冷却电气设备的通风过滤装置。侧构顶部焊接了 HALFEN 安装轨，用于安装车体顶盖。

侧构除上弦梁外的其他纵、横梁均采用 3 mm Q345E 钢板压型，蒙皮也采用 3 mm Q345E 钢板。HXD_1 型电力机车侧构结构如图 2-18（a）所示。

HXD_1 型电力机车车体隔墙因不承受较大的载荷，其骨架厚度设计较薄。隔墙的司机室侧设置了隔音性能优良的减振复合隔音钢板，有效地隔离了机械间噪声对司机室的污染。后端墙不仅构成车体箱体结构的一个端面，还要考虑与另一节车相连，因此设计了后端墙门和通道。后端墙上还设置了尾照灯、联挂风挡等。HXD_1 型电力机车隔墙结构及后端墙结构如图 2-18（b）和（c）所示。

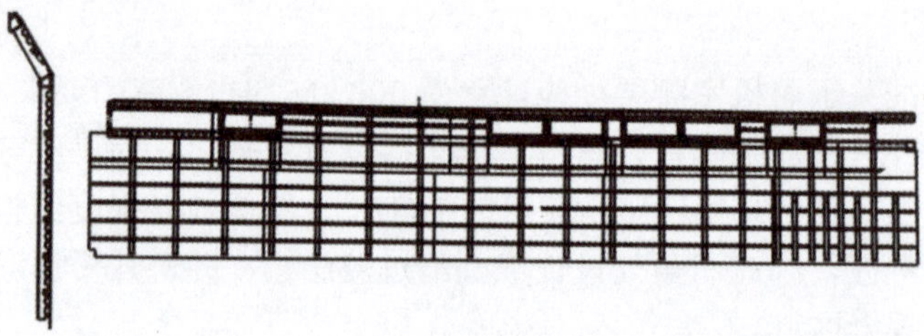

(a) 侧构结构

(b) 隔墙结构

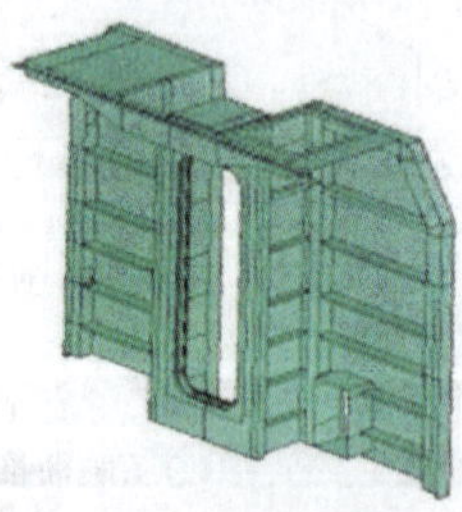

(c) 后端墙结构

图 2-18　HXD_1 型电力机车侧构、隔墙、后端墙结构

4）顶盖

HXD_1 型电力机车顶盖设计成四个可拆卸的框架式活动小顶盖，通过 HALFEN 螺栓与侧墙和顶盖联结横梁上的 HALFEN 安装轨相连，联结充分考虑了结构的防水性，设置了密封结构。中间的 2、3 号顶盖上焊有天线安装法兰，靠近后端墙的 4 号顶盖上焊有受电弓安装座、高压互感器安装座及上顶盖的天窗门等，各顶盖平面度要求每米不大于 3 mm，受电弓安装座之间的平行度不大于 1 mm。HXD_1 型电力机车顶盖结构如图 2-19 所示。

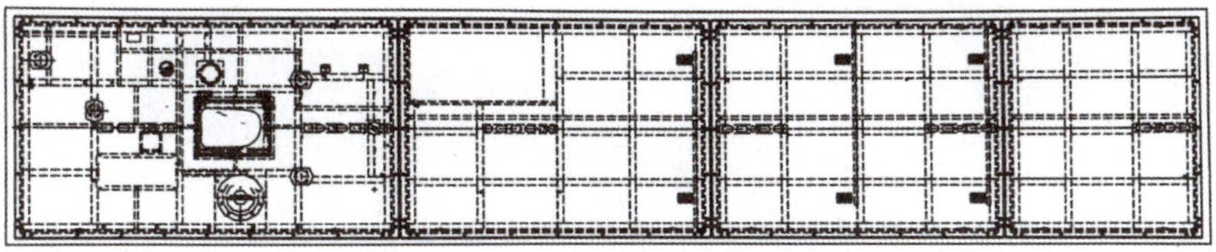

图 2-19 HXD$_1$ 型电力机车顶盖结构

5）排障器

HXD$_1$ 型电力机车排障器左右对称并用螺栓紧固于前端牵引梁前下部，为压型犁式钢板和支撑梁组焊结构。由于落车后要求排障器底部距轨面高度为（110±10）mm，因此排障器主体下部装设了可调节高度的小排障器部件，在小排障器与排障器的连接部位开有长圆孔，便于落车后调整排障器的高度。HXD$_1$ 型电力机车排障器结构如图 2-20 所示。

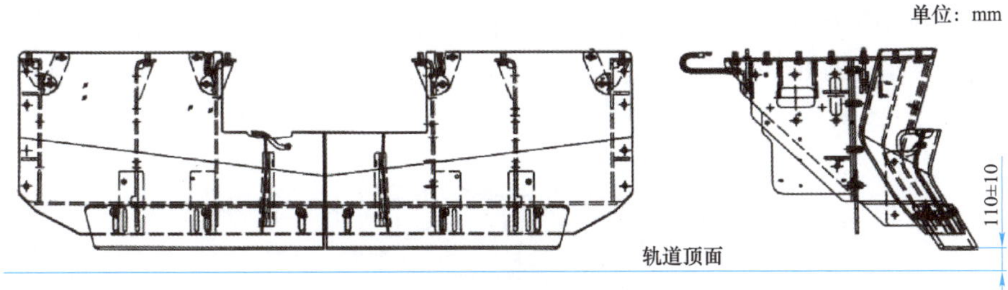

图 2-20 HXD$_1$ 型电力机车排障器结构

3. FXD$_1$ 型电力机车车体结构

FXD$_1$ 型电力机车（动力集中动车组）的动力车车体由车体骨架、车体附件、顶盖组成、排障器等构成。FXD$_1$ 型电力机车车体结构如图 2-21 所示。车体附件包括以下部分。

（1）车门。车门包括左、右入口门，司机室后墙门，后端墙门。

（2）前窗。

（3）裙板。

（4）登车设施，登车设施包括脚踏、扶手。

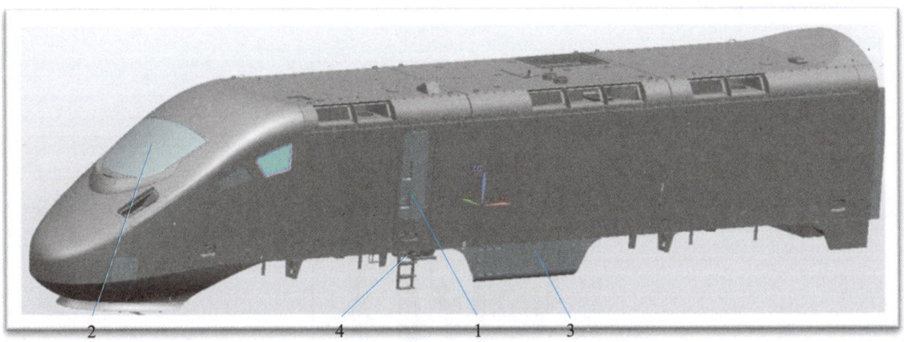

1—车门；2—前窗；3—裙板；4—登车设施

图 2-21 FXD$_1$ 型电力机车车体结构

车体骨架由底架、侧构、司机室、后端墙等组焊成一个整体承载的框架结构，其是牵引力、制动力传递和设备安装的载体，如图 2-22 所示。车体能承受 2 000 kN 的压缩载荷和 1 500 kN 的拉伸载荷。

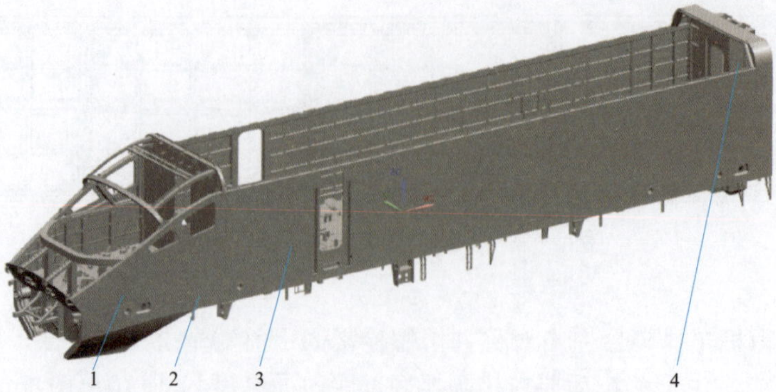

1—司机室；2—底架；3—侧构；4—后端墙

图 2–22　FXD$_1$ 型电力机车车体骨架

顶盖分为 3 个可拆卸的活动顶盖。顶盖 1 和顶盖 3 设置有绝缘层，各顶盖上根据车顶电气设备安装需要，设有相关的安装支座（如受电弓等）；另外设置有牵引风机通风口、人孔盖等装置，如图 2–23 所示。

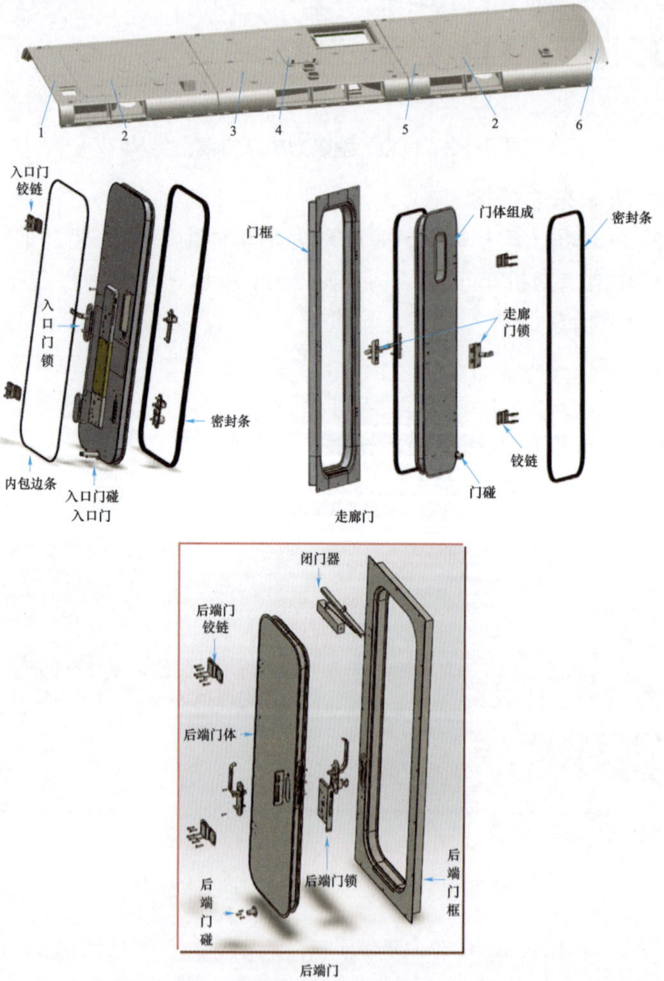

1—顶盖 1；2—顶盖绝缘层；3—顶盖 2；4—人孔盖；5—顶盖 3；6—尾端导流罩

图 2–23　FXD$_1$ 型电力机车顶盖

前窗玻璃为夹层玻璃，在司机室内侧贴有一层防飞溅膜。前窗玻璃的加热丝布置在 PVB 薄膜层上，在前窗玻璃上粘接有温度控制器，用来控制加热时的温度，对玻璃的过热起保护作用。通断式温控装置达到（27±3）℃时断电，低于（15±3）℃时通电加热，FXD_1 型电力机车前窗玻璃构造如图 2–24 所示。

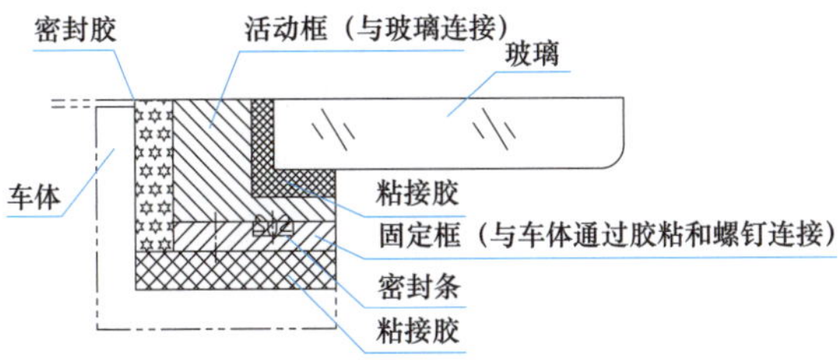

图 2–24　FXD_1 型电力机车前窗玻璃构造

裙板安装于动力车底架边梁下部，以便减小风阻、使动车组外观更美观，FXD_1 型电力机车裙板如图 2–25 所示。

登车设施包括登车用脚踏和扶手。第一级脚踏距轨面距离不超过 450 mm，FXD_1 型电力机车脚蹬如图 2–26 所示。

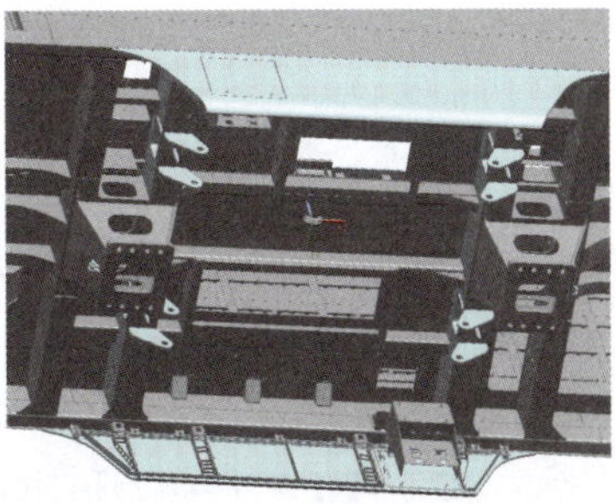

图 2–25　FXD_1 型电力机车裙板

图 2–26　FXD_1 型电力机车脚蹬

排障器通过螺栓联接在前端牵引梁下部，并设有防落保护装置，它主要用于排除动力车运行前方的障碍物，对列车的安全运行起保护作用，如图 2–27 所示。排障器能承受 140 kN 的静载荷而不变形；在其上安装有可调节高度的排障板，排障板距轨面高度通过调整可保证在 110 mm。

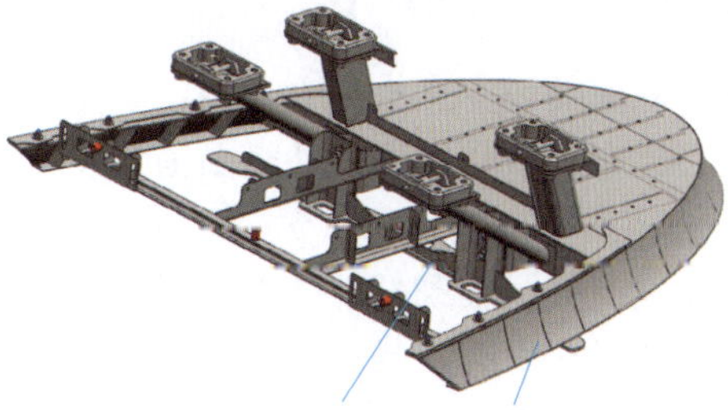

1—排障板；2—排障器

图 2–27　FXD_1 型电力机车排障器

4. DF_{4B} 型内燃机车车体结构

DF_{4B} 型内燃机车车体为框架式侧壁承载车体，如图 2-28 所示，它由左、右侧壁，隔墙，车顶，前后司机室及底架组焊而成。车体钢结构的主要承载件采用 16Mn 钢，它具有良好的可焊性，机械强度优于一般钢材，从而大大减轻了车体自身的重量。经过车体强度计算和静强度试验，证明车体能够承受 1 960 kN 的纵向静压力和上部载荷，具有较强的刚度和强度。

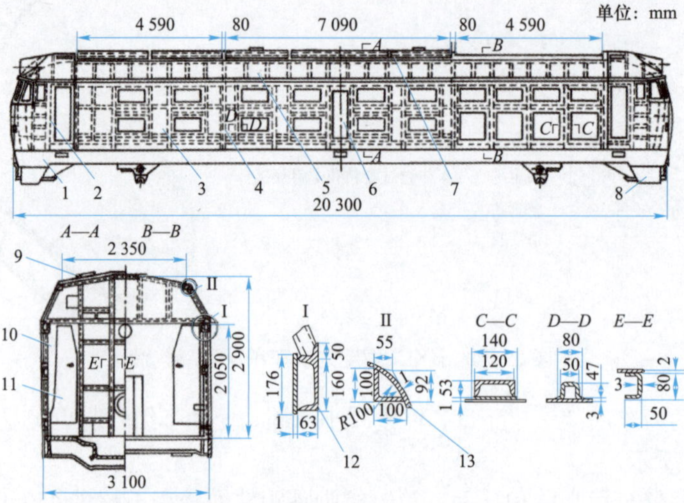

1—底架；2—司机室；3—侧壁；4—隔墙；5—车顶；6—中门；7—顶盖；8—端部下骨架；9—通风窗；10—空气滤清器通道；11—隔墙门；12—上弦梁；13—上口梁

图 2-28　DF_{4B} 型内燃机车车体

1）隔墙

车体上部用 4 道隔墙将车体分隔为 5 个工作间，依次为Ⅰ端司机室、电气室、动力室、冷却室和Ⅱ端司机室。各隔墙两侧共设有 8 个隔门，沿车内两侧走廊可接近各设备。在冷却室和动力室隔墙上设有 2 个 160 mm 的孔，打开方盖，可供抽换凸轮轴。

2）车顶

车顶和两端司机室、左右侧壁及 4 道隔墙共同组焊在一起。为了装拆动力机组、电器设备和冷却装置等大型部件，在车顶的中部开设有贯通的宽为 2 350 mm 的开口，开口中间设有 3 根弯梁。开口上面装有 2 个电气室顶盖，顶盖四周用树脂胶粘接橡胶海绵密封，以防漏雨。顶盖用角钢组成边框，用槽钢形成肋梁，外敷 2.5 mm 厚的钢板。

在冷却室两侧上弦梁上，均焊有 5 个冷却器钢结构的安装座，通过安装座可将冷却器钢结构、散热器、静液压马达和冷却风扇等部件的重量均匀地传给整个车体。

3）司机室

司机室两端设有两个侧门，前部设有宽大的玻璃窗，瞭望方便。司机室的骨架采用角钢和扁钢制成，并焊在底架上，起部分承载作用。外表面则敷设 2.5 mm 厚的钢板。

4）侧壁

车体侧壁由上弦梁、立柱、横梁、辅助杆件和地板梁组焊而成。在电气室、动力室的左右侧壁上，各设有上、下两排窗口和中门。柴油机的空气滤清通道分别焊接在左右两个中门的一侧。在冷却室的侧壁上，设有较大的开口，以便安装侧百叶窗。

5）底架

DF_{4B} 型内燃机车车体底架由 2 根牵引梁、4 根旁承梁、2 根柴油机横梁、2 根侧梁等组焊而成，如图 2-29 所示。

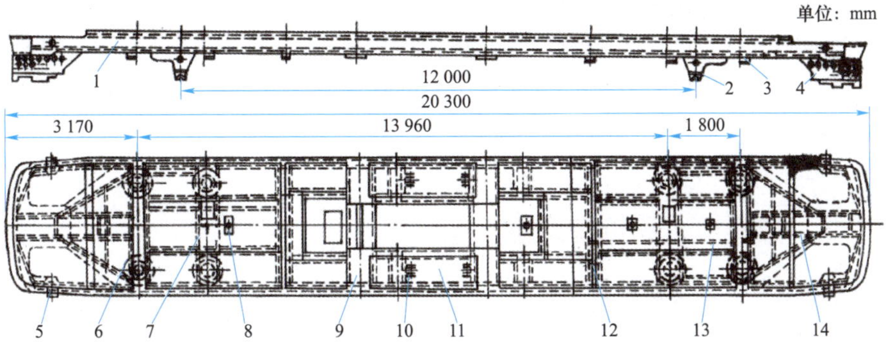

1—侧梁；2—牵引拉杆座；3—牵引电动机通风口；4—牵引缓冲座；5—救援装置；6—上旁承座；7—旁承梁；8—排污槽；9—柴油机横梁；10—燃油箱吊座；11—柴油机纵梁；12—横梁；13—风道梁；14—牵引梁

图 2-29 DF_{4B} 型内燃机车车体底架

底架侧梁为 360 mm×10 mm×8.5 mm 的槽钢与 10 mm 厚的 16Mn 钢板组焊成的箱形结构。侧壁与端梁焊在一起，形成了底架的边框。在侧梁的前后下端面上，均焊有牵引杆座。机车纵向力通过牵引杆座传至侧梁，再传向整个车体，因此，侧梁是车体的主要承载体。

在每根旁承梁的下侧均焊有凹入的 2 个上旁承座，用来安装二系橡胶弹簧，这样既可以充分利用空间，又可避免机车高度的过量增加。

风道梁与旁承梁结合起来形成了牵引电动机的冷却风道。

柴油机安装梁为箱形结构，以便于安装柴油机。

每道隔墙位置的底架处均设有横梁，4 道横梁加强了底架的横向刚度。

车体底架组焊后，在整个底架上敷设 6 mm 厚的钢板作为安装各种设备的基础，同时，也使车体下方得到密封，并加强了底架的刚度。

知识点 2.1.3 铁道机车车体设备布置的原则

铁道机车上的设备众多，重量大小不一，有些设备因通高压电而危及人身安全。为了保证运行中各种设备的可靠和安全，在设备布置时要充分利用有限的车体空间，既要考虑便于设备的检查、维修和拆装，又要使重量保持均衡，使设备布置合理，一般应兼顾以下原则。

（1）必须保证重量分配均匀。其目的在于使机车轴重保持均衡，以利于牵引力的充分发挥。为此，在设备布置时要进行重量分配计算：根据各种设备的位置、轻重、机车车体、转向架的支承情况，计算出各设备的重量力臂，按力矩平衡原理进行计算，计算结果要保证各转向架载荷前后左右相等，各轴重在规定的偏差之内。如计算结果不符合要求，要对设备进行调整，重新计算。

（2）要充分满足设备的安装、拆卸、检查和检修的方便，特别是易损的设备要易于拆装。司机室设备布置要求作业范围合适、操纵方便、视线合理，易于观察各种仪器、仪表和信号灯指示。要有必要的隔热、隔声设施。各设备要便于检查、维修和保养，要注意设备布置的规律化，便于乘务员熟记各设备位置，对危及人身安全的电器设备，要有严格的安全联锁防护装置等。

（3）应注意节约导线、电缆，以及压缩空气、冷却空气管路。合理地布置电器线路的导线、电缆和空气管路，这不仅可以节约大量材料，降低成本，还可使设备布置简捷、集中，便于查找故障，减少空间占用和减少风阻。

司机室的结构和设备布置按规范化司机室要求设计，按照人因工程学理论设计司机的座椅位置、腿部空间及司机的瞭望视野。正司机座椅尽量靠近司机室中间，保证司机两侧的视野范围。司机室大量采用降噪材料，保证司机室的噪声降到 75 dB 以下。司机室采用隔热材料进行防寒处理，采用空调和风扇等进行通风和防暑。司机室设置有冰箱、饮水机、微波炉、电水壶、灭火器等各种用品。

知识点 2.1.4　典型机车司机室设备布置

1. HXD_3 型电力机车司机室设备布置

1）司机室设备布置

HXD_3 型电力机车司机室内设有操纵台、八灯显示器、司机室座椅、端子柜、饮水机、紧急放风阀、灭火器、暖风机等设备。司机室顶部设有空调装置（冷热）、风扇、头灯、司机室照明等设备。司机室前窗采用电加热玻璃，窗外设有电动刮雨器，窗内设有电动遮阳帘，侧窗外设有机车后视镜。HXD_3 型电力机车司机室设备布置见图 2-30。

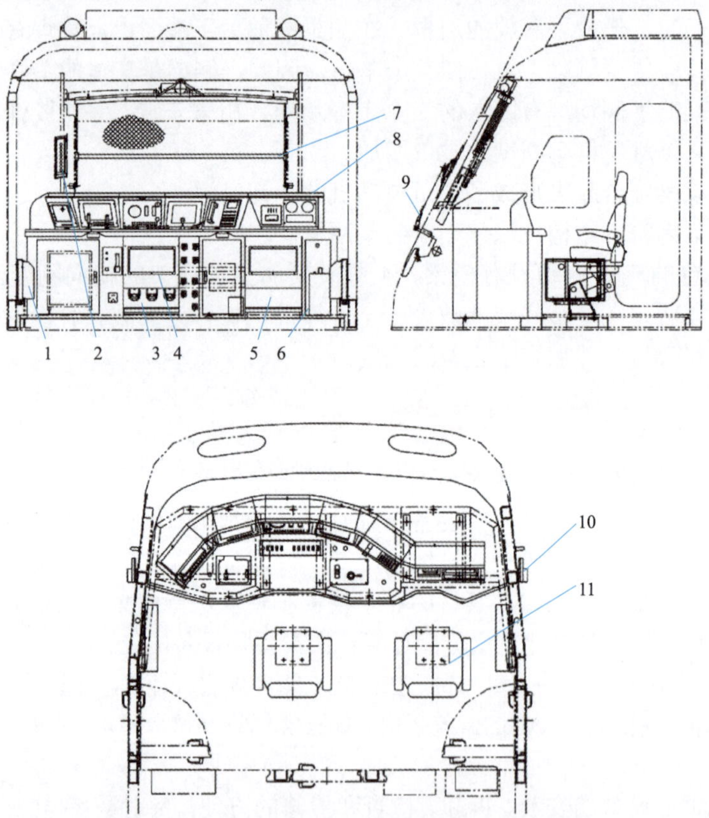

1—壁炉；2—八灯显示器；3—脚炉；4—主台膝炉；5—副台脚炉；6—刮雨器水箱；7—电动遮阳帘；8—操作台；9—电动刮雨器；10—机车后视镜；11—司机室座椅

图 2-30　HXD_3 型电力机车司机室设备布置

在司机室后墙上设置有司机生活的必要设备，这些设备在机车的运行中一般不参与机车的运行控制，只是更好地为司机提供服务。在后墙上设置有饮水机、暖风机、空调控制箱、灭火器等，此外，后墙上装有一个紧急制动阀。HXD_3 型电力机车司机室后墙设备布置见图 2-31。

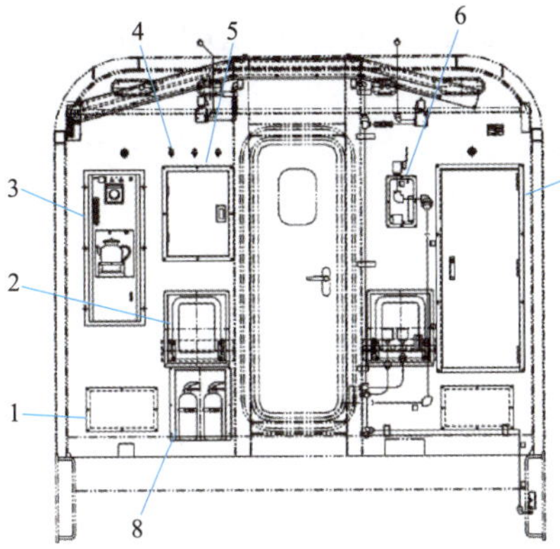

1—暖风机；2—添乘座椅；3—饮水机；4—衣帽钩；5—空调控制箱；6—紧急制动阀；7—端子箱；8—灭火器

图 2-31　HXD_3 型电力机车司机室后墙设备布置

2）操纵台

操纵台是机车人机交互设备，司机通过操纵台上各装置发出控制机车指令，完成机车牵引、制动等各项作业，通过操纵台上各个仪表、显示器等观测机车运用状态。HXD_3 型电力机车司机室操纵台设备布置如图 2-32 所示，在操纵台上设有各类显示器、司机控制器、制动控制器、扳键开关组、冰箱等设备。

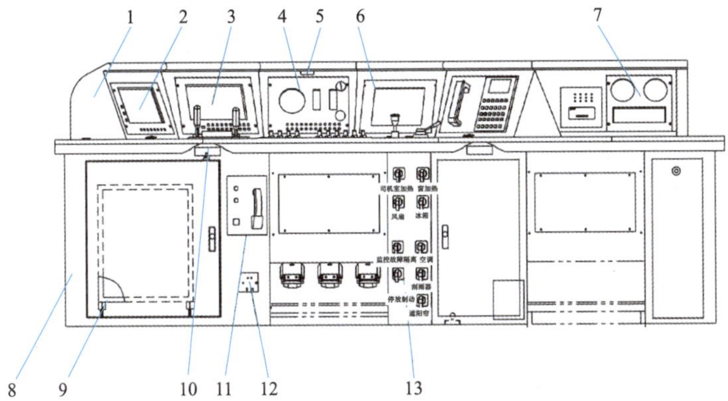

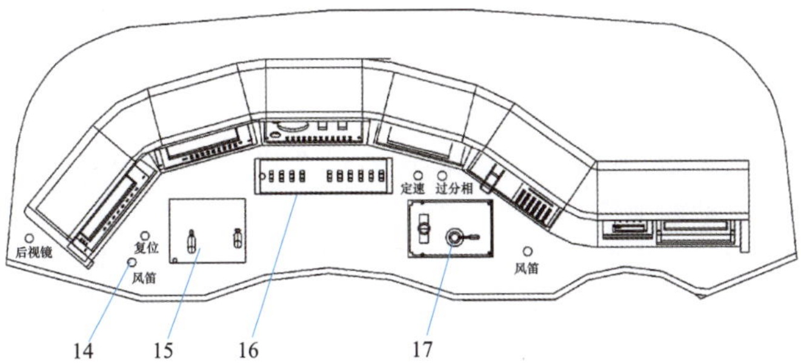

1—面板；2—制动显示器；3—监控显示器；4—多功能状态组合模块；5—记点灯；6—微机显示器；7—压力仪表模块；8—柜体；9—冰箱；10—烟灰缸；11—串联电话；12—电源插座；13—万能开关；14—按钮；15—制动控制器；16—扳键开关组；17—司机控制器

图 2-32　HXD_3 型电力机车司机室操纵台设备布置

（1）司机控制器。S640U-B 司机控制器是 HXD_3 型电力机车司机用来操纵机车运行的主令控制器，其是利用控制电路的低压电器间接控制主电路的电气设备，用于控制机车的运用工况和行车速度。

S640U–B 司机控制器的特点：结构紧凑、体积小、重量轻、高可靠、长寿命、少维修或免维修。触头采用德国沙尔特宝公司先进的触头模块，触头为速动自净型，密封结构。司机控制器主手柄上设置有警惕按钮。S640U–B 司机控制器具有夜间挡位显示功能，HXD_3 型电力机车司机控制器外形如图 2–33 所示。

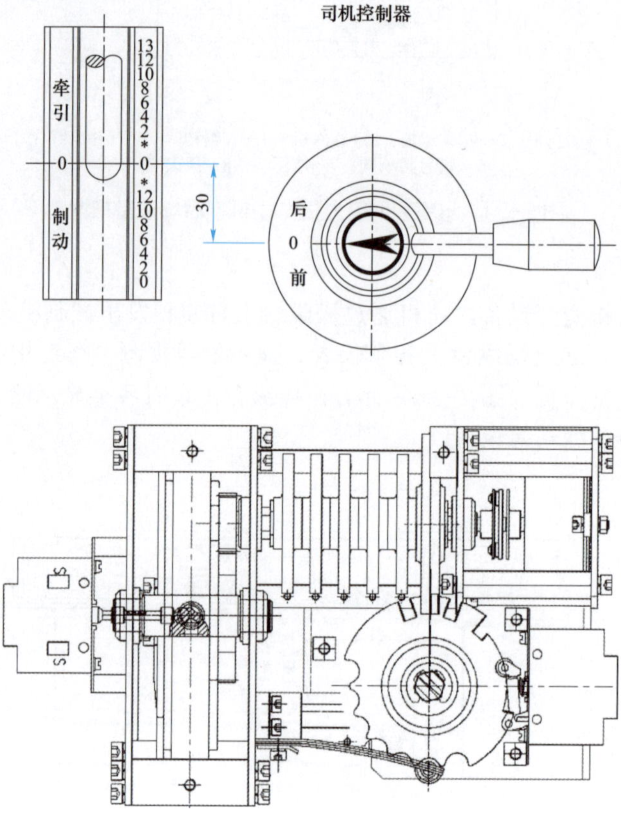

图 2–33　HXD_3 型电力机车司机控制器外形

为了防止可能产生的误操作，司控器的主手柄与换向手柄之间设有机械联锁装置，具体联锁情况如下。

换向手柄在“0”位时，主手柄被锁在“0”位。

换向手柄在“前”“后”位时，主手柄可离开“0”位转动至牵引区其他位，主手柄一旦离开“0”位，换向手柄被锁住。

主手柄在“0”位时，换向手柄能在“后”“0”“前”各位间转动。

（2）多功能状态组合模块。多功能状态组合模块由双针速度表、网压/控制电压表、信号指示灯、紧急制动按钮和监控解锁按钮组成，可测量并显示机车运行的即时速度和运行区间的限制速度、机车网压/控制电压参数；可显示机车设备的运行状态，如工作状态、故障状态等，如图 2–34 所示。

双针速度表规格为 160 km/h。网压/控制电压表规格为 AC 40 kV/DC 150 V（标记 AC 17.5 kV、31 kV/DC 110 V）。

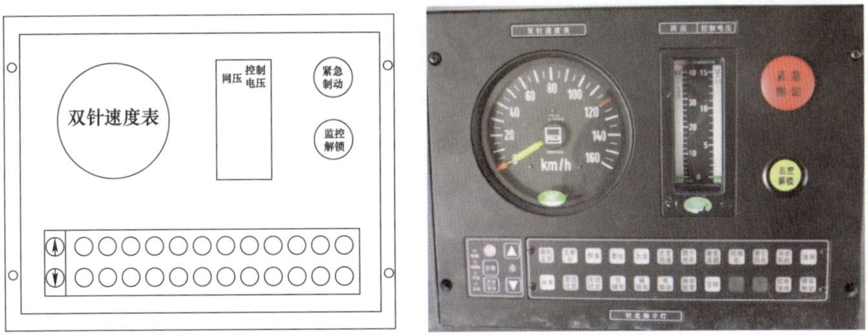

图 2-34　HXD_3型电力机车多功能状态组合模块

（3）压力仪表语音箱组合模块。压力仪表语音箱组合模块，又称风表模块，由双针压力表（以下简称压力表）、语音箱组成，是安装于机车操纵台上专门用来向司机传递列车运行参数及相关信息的重要装置，如图 2-35 所示。

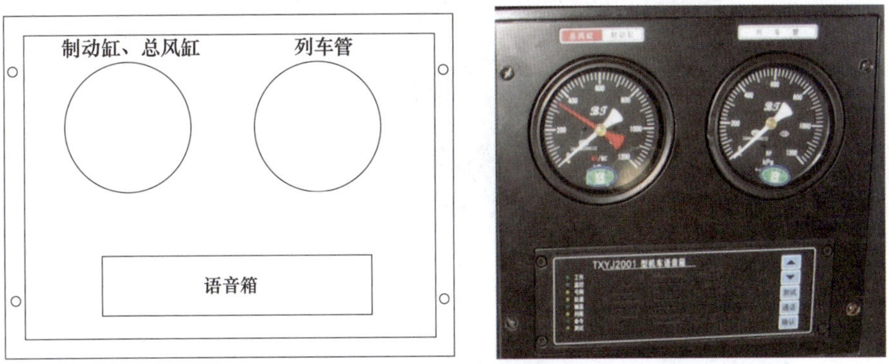

图 2-35　HXD_3型电力机车压力仪表语音箱组合模块

压力表主要用于测量总风缸、制动风缸和列车管的压力。压力表采用 LED 环形光源的内照明。

（4）脚炉。脚炉是司机室的取暖设备之一，安装在司机室司机脚踏板下面。主司机脚踏板上装有脚踏开关，副司机脚踏板上不设开关。HXD_3 型电力机车上用的脚炉型号为 DBJR-300D，220 V，300 W。HXD_3 型电力机车脚炉如图 2-36 所示。

图 2-36　HXD_3型电力机车脚炉

2. FXD_1 型电力机车司机室设备布置

FXD_1 型电力机车司机室设备基于“互联互通互操纵”的原则进行设计，布置有两个具有

图 2-37　FXD_1 型电力机车司机室

同样操作功能的司机室，分别设在动车组两端。FXD_1 型电力机车司机室如图 2-37 所示，FXD_1 型电力机车司机室设备如图 2-38 所示。司乘人员从机械间门（8）进入司机室内部。司机室的结构和设备布置符合人因工程学的要求和美学原理，保证整个司机室具有友好的人机界面，便于司机操作和日常的检查维修，并能够实现单司机值乘。司机室内宽敞明亮，司机能方便地接近司机室内的每一个部位。主司机位布置于司机室的左侧。

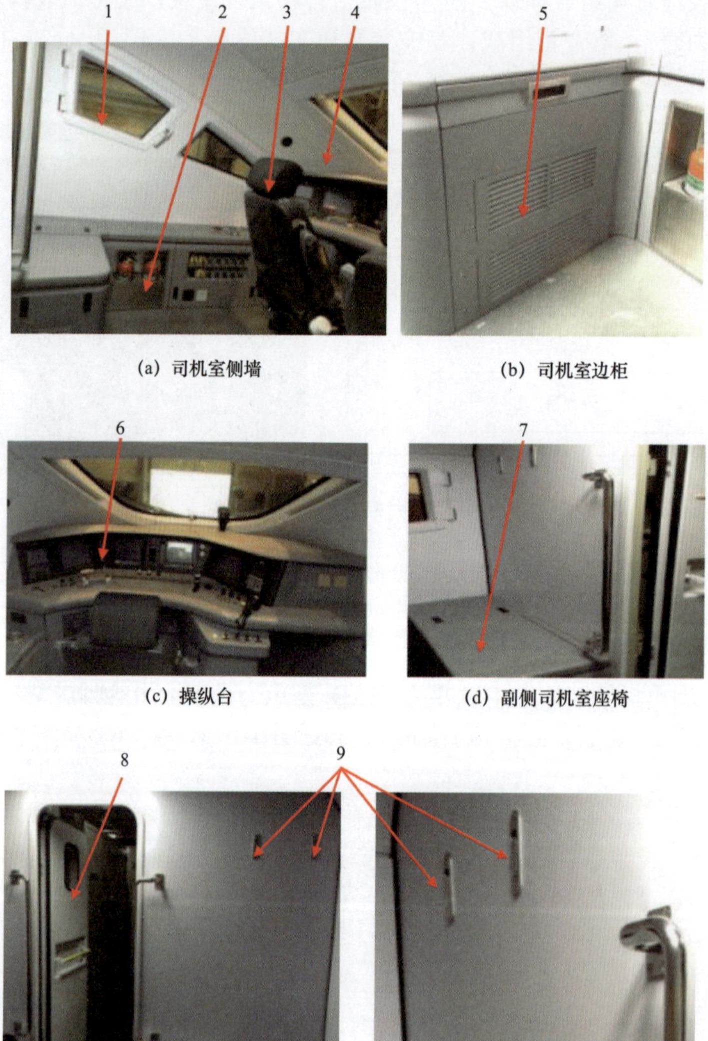

(a) 司机室侧墙　(b) 司机室边柜

(c) 操纵台　(d) 副侧司机室座椅

(e) 主侧司机室后墙　(f) 副侧司机室后墙

1—逃生侧窗；2—灭火器；3—司机座椅；4—单侧八显示灯；5—暖风机；6—司机操纵台；7—后墙座椅；8—机械间门；9—衣帽钩

图 2-38　FXD_1 型电力机车司机室设备

整个操纵台分成台面板组成，左柜组成，中柜组成，右柜组成，左、右边柜和后墙边柜，以及主、副司机脚踏组成，采用模块化设计，并且边柜与左、右柜体一体设计，使整个操纵台成为一个整体，侧墙和后墙的主要设备安装在柜体内，更加美观和具有整体感。

司机操纵位布置有所有与运行有关的操纵装置、仪表、显示装置、各类开关按钮等。副司机操纵位仅布置高音风笛、五孔插座、以太网调试端口等。司机操纵台（6）布置为左侧控制，由司机侧和副司机侧组成。

在操纵台前设有两把高度可调节的司机座椅（3），也可向前和向后调节座椅。

司机室前窗采用分层电加热、安全防飞溅玻璃，每个前窗的上方均布置一个电动的遮阳帘。前窗下方各安装一个刮雨器，刮刷面积符合司机视野要求。在前窗的左右两侧分别安装两个单侧八显示灯（4）。

司机室边柜内布置了 2 个暖风机（5）、4 个灭火器（2）、2 个后墙座椅（7）、可以在紧急情况下打开窗户逃生的逃生侧窗（1）。司机室后墙布置有衣帽钩（9）。

3. DF_4 型内燃机车司机室设备布置

DF_4 型内燃机车为便于乘务人员和检修人员工作，除了司机室有侧门外，在动力室的两侧也设有侧门，各室间隔墙均设有内门。两端司机室具有同等操纵功能。司机室内设有操纵台，操纵台上安装有司机控制器、制动装置的自阀和单阀、各种操纵按钮、仪表等。司机室内还设有司机和副司机座椅、暖风机、电风扇、电炉等设备。司机室前方和两侧均有玻璃窗，视野开阔、瞭望方便。前窗玻璃外设有刮雨器，侧窗可以手动升降。司机室后壁中部安装有手制动装置手柄，上部设有行李架。在第Ⅱ司机室后壁手制动装置手柄上方还设有圆形玻璃窗，供观察冷却风扇工作状态用。在司机室操纵台上还设有保证行车安全的信号显示装置、列车运行监控记录装置、无线调度电话等。

素养与职业

“50 年，三代人，他们把成昆铁路修成了世界奇迹”

时光滑过钢轨，思绪飞向远方。每次乘坐成昆列车穿行在深谷峻岭间，李恒就会想起那个激动难抑的时刻——两年多前，他和同事们给习近平总书记写信，很快就有了回音。2018 年春节前夕，习近平总书记赴四川凉山看望慰问各族干部群众后，在成都主持召开打好精准脱贫攻坚战座谈会。谈到全社会扶贫合力时，总书记提到李恒等人的来信，在讲述信中主要内容后说：“他们的来信，让我感受到了青年一代对祖国和人民的担当和忠诚，读了很是欣慰。”

这封发自大凉山深处建设工地上的信，由 90 后李恒执笔，中铁隧道局集团其他 19 名青年党员郑重签上了自己的名字。他们在信中叙往事：50 多年前，他们很多人的父亲或爷爷，参建成昆铁路难度最大的沙马拉达隧道，不畏艰险、不怕牺牲，以敢叫高山低头、河水让路的豪迈气概，把天堑变成通途，创造了世界铁路建设史上的奇迹。他们在信中诉衷肠：今天，他们接过先辈的旗帜，承建新成昆铁路全线最长、难度最高的小相岭隧道，决心传承好老成昆精神，不忘初心、砥砺前行。

历史铸成这样一个事实：成昆铁路，不仅是一条铁路。

1970 年 7 月 1 日，成昆线建成通车，半年后交付运营，被联合国誉为“象征 20 世纪人类征服自然的三大奇迹”之一。

50 岁的老成昆与正修建的新成昆，老一辈的创举与新一代的奋斗，三代人的青春接力，跨越半世纪，在祖国的大西南，交相辉映。

图 2-39 成昆铁路线路

搭乘成昆列车，走进时光隧道，点点亮光在前方。成昆铁路线路如图 2-39 所示。

筑路，筑成一部史诗

飞驰的成昆列车上，人们犹如在一幅壮美山水画中穿行：成都平原，翠绿满目；大渡河畔，峭壁飞瀑；群山叠嶂迎面来，峰回路绕“过山车”……1952 年草测，1958 年动工，历时 12 年建成的成昆线，由成都至昆明，行经四川盆地、横断山脉、云贵高原。当年，东线、中线、西线分别踏勘草测，国家最终选定西线方案——地质条件极复杂、最险峻。成昆为何走西线？中铁二院原总工程师李泽民认为原因主要有三：一是靠近即将建设的攀枝花钢铁基地，二是途经我国最大的彝族聚居区——凉山彝族自治州，三是经过红军长征走过的地方。而西线被外国专家断定为“筑路禁区”——几乎出现了暗河、泥石流等所有地质灾害现象，地震烈度在 7 度以上的地段达 500 多公里，被称为“露天地质博物馆”。“站起来的中国人，不会被困难挑战吓退！”满头银发的李泽民挺直腰杆说，“‘上山到顶，下沟到底’——当时提出这样的勘测理念，就是要摸清西线的底细。”在人迹罕至的千山万壑间，“仰望上方青天一线，俯瞰下方万丈深渊。每个人都得像个‘大’字，攀在峭壁上，一步一步移动，有时腰间拴上绳索，吊在悬崖半空测量……”回望勘测成昆线的岁月，李泽民脸上云淡风轻。野外勘测，常年在外。“那次从峨眉回到成都探亲，孩子不见了，妻子不见了，邻居同事也不见了——2 000 多人的院机关，空空荡荡。”李泽民吃惊不小。一打听，方知为响应毛主席“成昆线要快修”的号召，3 天之内，全体职工“下楼出院”，“机关移一线，现场搞设计。把孩子送回老家后，妻子驻扎一线”。

为跨越地质地形障碍，成昆线架设桥梁 991 座，开凿隧道 427 座，桥隧长度占线路总长四成多。代表当时我国铁路建设最高水平的成昆铁路，18 项技术和工程创中国之最，13 项创世界之最。李泽民感慨：“在当年技术条件下，成昆铁路的建成是当之无愧的人间奇迹！”是谁在“禁区”创奇迹？是谁让天堑变通途？是谁使蓝图成为现实？是几十万筑路军民——他们用青春、汗水和热血，逢山凿路，遇水架桥，为万古江山画新图！

走近成昆铁路建设者，他们引述最多的一句话是：“为有牺牲多壮志，敢教日月换新天。”

头发已半白的哲学教授蔡方鹿，对挖隧道的工序门儿清：打眼—放炮—除渣—倒料。这位四川师范大学首席教授，当年是铁道兵，专业工种是爆破。在成昆铁路建设工地上，他亲手点的炮不下 5 000 个。修隧道，最怕塌方。蔡方鹿入伍第二年，金沙隧道大塌方，塌方的掌子面越塌越大，最后塌成通天洞，山上的树木都塌进了隧道。“8 班上山，爬到通天洞，堵住塌方口，与隧道抢险部队里应外合。”时任代理班长的蔡方鹿接到命令。“从山脚到通天洞，高 100 多米，坡度 70 多度，空手爬上去都累得气喘吁吁。”从山脚爬上去，蔡方鹿看到塌方口呈漏斗形，足有一个篮球场大。“我们硬是在无路可走的陡峭山坡上，不分昼夜把水泥、沙石背上山，搅拌成混凝土，灌注到塌方口，终于覆盖住下塌的山体，止住塌方。”在金沙隧道一次施工中，蔡方鹿的右脚心，被一根 150 毫米长的大钉子扎穿了，血流如注。“卫生员当时吓得不敢拔，我就自己拔，拔出来就昏了过去。”战友把蔡方鹿背下工地治疗，医生要求他静养半个月，“我只休息了一星期，就一瘸一拐上了工地。”

修成昆铁路时，机械数量少，基本靠人力。“一杆风枪，一把铁锹，一辆推车，就是当时打隧道的工具。”蔡方鹿说。“那时我们都唱‘为了祖国修铁路，越是艰苦越幸福’，有一百分的力气，要发挥一百二十分的干劲。”当了 5 年铁道兵的蔡方鹿，退伍后先上大学，后研究哲学。他已连续 11 年带领学生行走成昆线，追溯成昆精神，缅怀牺牲烈士。孙剑明，新中国的同龄人，铁道兵 5 师 25 团 5 营 22 连战士。在九道拐隧道制立模板时，大塌方发生，他和两名战友被砸在巨石下牺牲。这时，距成昆线通车只有两个多月。部队处理后事的领导来到成都，问孙剑明的父亲有什么要求。这位痛失幼子的老红军强忍悲痛说：“当兵就要有牺牲的准备……”老人继而对外孙女段海燕说：“咱们家第三代当兵的就是你了。”于是，时年 16 岁的段海燕加入为祖国修铁路的行列。

成昆铁路全线 1 100 公里，约 36 万军民参建，2 000 多人牺牲。“成昆铁路平均每公里大约有两名筑路者牺牲，沿线建有 22 座烈士陵园。”

守路，从青丝到白首

“即使成昆铁路建成了，狂暴的大自然，也必将在 10 年内使它变成一堆废铁。”当年外国专家的断言，早已在事实面前破产。大自然对成昆铁路的考验，无时不在，无处不有。半个世纪风雨兼程，成昆线缘何无恙？看那千里成昆线上，一代代护路人，在祖国西南的深山里，守了一辈子山头，看了一辈子石头，自己也熬白了头。章显容当了 32 年看守工，在 K246 防洪看守点，一干就是 27 年，直到退休。距离柏村车站 3 公里多的 K246 看守点，周围除了龇牙咧嘴的悬崖峭壁、湍急的大渡河，只有两条钢轨和一个看守棚。从王村棚洞出口到大火夹隧道口，300 余米线路，就是章显容的巡线区域，每小时要巡视一次。章显容和另外 3 名女职工，两人一组，8 小时轮班，每 5 天换班一次。无论昼夜寒暑、风狂雨骤，在这 300 多米线路上，她们每天要走几十个来回，只为监控崖壁上的风吹草动。章显容至今难忘 2008 年 7 月 26 日那个千钧一发的时刻。那是一个雨雾天，能见度不及百米。一阵异响突然从山上传来。正在巡查线路的章显容，突见山体崩塌，岩石飞滚，“咔咔”砸向铁路上方的防护网。“柏村站，K246 发生险情，请立即封锁区间！”按操作规程，章显容急忙拿起对讲机呼叫。“列车 86986 两分钟前通过金口河站，已驶入区间！”“霎时我的大脑一片空白，停顿一两秒后，想起前方 4 公里处，还有一个看守点。”章显容又急忙通知前方 K250 看守点。“啊？86986 刚刚通过！”“86986 司机，K246 发生险情，立即停车！立即停车！”朝着来车方向，章显容边跑边用对讲机急呼。“那时，我的心一下子提到了嗓子眼儿。恰在那时，两块箩筐大小的石头重重地砸在道心。”时隔数年，章显容觉得恍如昨日。“雨水、汗水、泪水顺着脸颊流淌，我拼命地奔跑，不停地呼叫……”这时，86986 次列车驶入大火夹隧道，司机听到章显容急促的呼叫，一把闸撂到底，车轮一路摩擦钢轨，在距落石 20 米的地方，列车终于停下。章显容说：“每次巡查完线路，记下‘正常’两个字时，心中便有种成就感——我们就像是保卫铁路的哨兵。”在孤独中重复，在坚持中守望，岁月沧桑了章显容的容颜，而她每天路过几十次的那棵香樟树，已亭亭如盖、清香氤氲。山上的落石，是成昆线的心腹之患。对于防治落石之害，如果说章显容是用好一个“看”字，戴启宽则是“望闻问切”一起来。成昆铁路通车当年，一支独特的队伍——孤石危岩整治队随即组建。爬山岩、攀绝壁、治危石，4 年后，整治队第一任工长白清芝，在安设天梯作业时，保险绳被锋利的岩石磨断，坠崖牺牲。后来，戴启宽接过整治队的旗帜，搜山扫石 25 年。“那时作业工具简陋，主要靠钢钎排险。”年过八旬的戴启宽，至今难忘岩窝边“荡秋千”的日子。“连猴子也难攀”的布祖湾出现险石，他前去排险。系着绳子下悬崖，当吊到崖窝边时，却没地方落脚，悬在半空。戴启宽急中生智，“在空中荡开了秋千，绳索被岩石磨得嘎嘎直响，我猛一荡，一把抓住崖壁上的藤子，用力一跃，闪身进了岩窝，排除了那几块松动的石头。”沿着金口河—乌斯河大峡谷，戴启宽带着队友爬遍所辖 53 公里区域的大小山崖，给 1 000 多块危石逐一编码，绘制出“孤石危崖系列图”，还标出一些“重点监护对象”。

戴启宽退休后，这支队伍就以他的名字命名，延续至今。走进戴启宽孤石危岩整治队，见到刚下山的班长江永，头顶安全帽，脚蹬防滑胶鞋，肩上斜背安全绳。今年雨水大，他一直在山上跑，曾连续两个月没回家。“石头，年年整治年年有。春天，冰雪消融，山体结构易变；雨季，一场大雨就能冲得一大片石头露峥嵘……”52 岁的江永，已搜山扫石 34 年。为确保成昆铁路行车安全，国家几十年来持续发力：修建泥石流沟口大型渡槽，引导泥石流偏离铁道；在结构不稳定的山体钻深井，浇筑成巨型钢筋混凝土桩，将山体锚固住；加强铁道沿线的看护、巡线和自动化预警……。建成成昆线，是一个奇迹；守护好成昆线，又何尝不是奇迹？瓦祖站组织乘坐慢火车的学生集中排队如图 2-40 所示。

图 2-40　瓦祖站组织乘坐慢火车的学生集中排队

通路，开启逐梦之旅

自成昆铁路开通的那一天起，大凉山、小凉山，再也不是以前的大凉山、小凉山。“有的没见过火车的彝族老乡，以为机车像牛一样，背起山草来‘喂机车’……”火车初进凉山的一幕幕，凉山第一代彝族铁路干部吉史里土历历在目。20 世纪 50 年代，凉山实行民主改革，从奴隶社会一步跨入社会主义社会。在 78 岁的吉史里土眼中，成昆线就是实现这一跨越的重要因素，是“通往凉山的彝家幸福路”。彝族人深爱成昆线。阿米子黑，一名在成昆线上干了一辈子的彝族铁路警察，是出了名的“铁警神探”。他让自己的 3 个孩子全部姓“路”——成昆铁路的路。阿米子黑的大女儿路明秀，就在西昌火车站彝语售票窗口工作。时近下午两点，西昌站客流明显增多。“他们是喜德县瓦尔学校的学生，来赶小慢车，周末回家。”一看校服，路明秀就知道他们是哪个学校的。路明秀说的小慢车，就是穿行在大凉山腹地的 5634 次绿皮车，从攀枝花站始发，到普雄终点站，全程 353 公里，沿途停靠 26 个车站，运行时间 9 个多小时。全程票价 25.5 元，最便宜的一站才 2 元，25 年没调过价。“出学校大门，就是西昌地界。学校离西昌城区 5 公里，而距喜德县城 80 多公里。”瓦尔学校副校长阿苏尔史解释，为留住好老师，提高教学质量，喜德县特意在离西昌最近的地方办了这所学校。瓦尔学校现有中学生 1 649 人，都是彝族，其中 774 名学生，每两周家校往返一次，主要是乘坐小慢车。“小慢车是大校车，也是梦想列车。”在阿苏尔史的求学路上，小慢车相伴多年：在喜德大兴村小学上四年级时，被选拔到县城关小学民族班，接着在县城读初中，家校往返都是坐小慢车；考入西昌师范学校，继续坐小慢车；到四川师范大学深造两年，坐的还是慢车。成昆铁路照亮了沿线一代代学子的求学梦。阿苏尔史走过的路，他的学生们接着走。“考个好大学，走出大凉山”，是瓦尔学校初二女生依伙阿牛的心愿。依伙阿牛家住喜德县尼波镇尼波村，从学校回家要坐 4 小时小慢车，她并不觉得漫长——两站过后，她的父亲依伙伍沙在冕宁站上车了。

冕宁站所在的泸沽镇是一个物资集散中心。车到冕宁，候车队伍明显长了：背着空箩筐的，那是东西已在泸沽卖完；蔬菜、腊肉堆满箩筐的，那是来采购的；戴着头巾、抱着小孩的，要么是回娘家，要么是来赶集……56 岁的依伙伍沙是小慢车的常客。当天早晨，他从尼波站上车，将从村里收购的 1 500 斤土豆随车托运到泸沽镇。卖完土豆，他又贩进 10 袋饲料、10 袋玉米面，“这一天能赚 200 多元”。除非家中有事，20 多年来，依伙伍沙日复一日准时出现在小慢车上。“没有小慢车，就做不了买卖脱不了贫。”车厢内，14 只毛茸茸的小鸡仔聚在一个纸箱里。这是乐武乡红峰村村民曲木伍格在泸沽赶集买的。这位 50 岁的彝族妇女说：“只要出门，首先想到的就是小慢车，过日子离不开它。”乘客带着鸡、鸭、鹅、狗、羊上车，是小慢车上的独特风景。小慢车的车厢也与别的火车不同：每节车厢拆掉两排座位，腾出空间，放置家禽和货物。3 年前，还专门拿出一节车厢，改装为行李车，增设牲畜拴挂处，专放乘客带的家畜。

对沿线不同群体来说，小慢车有不同的意义：“校车”“赶集车”“扶贫车”……“九成以上乘客都是彝族百姓，这也是一列民族团结的连心车。”列车长阿西阿呷说。值乘小慢车 24 年，担任列车长 22 年，阿西阿呷认识了很多乘客，光彝族乡亲的手机号码就存了上百个。她眼见着乡亲们的日子一天天好起来，“变化最大的，还是越来越重视子女教育——学生客流越来越多。”

上个月，四川省政府批准凉山州最后 7 个贫困县脱贫摘帽。“阻断贫困代际传递，教育是关键。年轻人是凉山的希望。”也曾坐小慢车求学的阿西阿呷深情地说，“小慢车永远与希望同行。”晚上 7 点一过，5634 次列车抵达普雄，次日上午，阿西阿呷值乘 5633 次列车折返攀枝花——“一座被火车拉来的城市”。先有攀钢，后有攀枝花市。攀枝花中国三线建设博物馆副馆长张鸿春说：“成昆线与攀钢并蒂而生，都是三线建设的标志性工程。”成昆铁路通车当天，攀钢炼出第一炉铁水。攀钢持续创新求进，全国每 3 公里铁路钢轨，就有 1 公里产自攀钢；成昆线则不断提高运力，2000 年完成电气化改造，新成昆线正在修建。时至今日，攀钢集团仍有九成以上产品经成昆铁路运往各地。攀钢人说：“成昆线就是攀钢的生命线。”成昆铁路通车那一年，西昌卫星发射中心开建，这里的科研人员说：“成昆铁路是通往太空之路的桥梁和纽带。”

新路，见证青春接力

如果说成昆铁路是一方精神高地，彝语意为“开满索玛花山谷”的沙马拉达，则堪称高地上的高峰——长 6 379 米的沙马拉达隧道，居成昆铁路最高点，被称为“成昆之巅”。这条当年全国最长的隧道，耗时 8 年打通，136 位建设者为此献出生命。

30 公里外，新成昆线小相岭隧道正向深处掘进。“当年我们就勘测过这条隧道，无奈当时技术水平达不到，只能绕远修建成昆线。”李泽民追忆。

全长 21.775 千米的小相岭隧道，新成昆线第一长隧，是全线控制性工程，属一级高风险隧道，由中铁隧道局成昆铁路峨米段项目部承建。这个项目部很多人的父亲或爷爷，当年参建过沙马拉达隧道。

项目部党工委书记汪跃华，是位“70 后”，其父就是沙马拉达隧道建设者，后来还出国援建过坦赞铁路。

参加铁路建设 25 年，汪跃华转战山西、贵州等省份，头一次回家乡四川施工，恰是为父亲当年参建过的老成昆修新线，“这不仅是缘分，更是一份传承和责任”。

自4年前小相岭隧道动工，90后郑冬冬一直奋战在这里。从市政工程工地，转战到大凉山腹地修隧道，工作、生活环境大变，他有过不适应。去年有一个去城区施工的机会时，他却选择了继续坚守——这里有他爷爷郑守礼的青春足迹，老人也是沙马拉达隧道建设者。

想念孙子的郑守礼，3年前重返故地，那是他第一次搭乘成昆列车。半个世纪前，成昆铁路修好后，尚未通车时，郑守礼便被调去修枝柳铁路。

在沙马拉达烈士陵园，郑守礼反复触摸着战友的墓碑，热泪纵横。

“我们建成昆时，施工主要靠肩挑背扛，连工作服、雨靴都是三班制共用，你上班你穿，你下班他穿。”抚今追昔，郑守礼叮嘱孙子：“现在条件好了，你们更得好好干。”

如今施工条件今非昔比：勘测用上无人机，钻孔有三臂全电脑凿岩台车……“但掘进隧道，无论机械设备多先进，冲在最前面的往往还是人。”郑冬冬深有感触。

小相岭隧道洞里大量涌水的那段时间，作为项目部调度主任的郑冬冬，和年轻的同事们，几乎泡在水里工作，一干就是10多个小时，为节省时间，连午饭也在洞里解决。“争分夺秒，只为早日打通。”项目部工程部部长郃鹤说，“唱响新时代的青春之歌，就要干最难的，交最好的。”

“零缺陷、零失误、零安全事故”，则是90后质检工程师何亚涛坚持的建设质量标准，“我们要向大凉山交一份合格答卷，为后期运营打好基础。”

正向前掘进的小相岭隧道深处，粉尘扑面，气味刺鼻，暗河在脚下涌流，凿岩机械“突突突”的高分贝，震荡耳膜……常年工作于此的郑冬冬，沉淀下自己的思考：“当一个青年选择将青春与国家连在一起，生命才有精神坐标。”

任务考核与评价

阶段一：任务知识准备（30分）				
序号	考核要素	评价标准分值	自我评分（50%）	组内评分（50%）
1	是否积极参与任务书讨论，正确领会任务要求	5		
2	是否积极参与学习讨论，完全掌握学习内容	5		
3	是否积极参与计划制定，提出建设性计划内容	5		
4	是否制定了可行的任务方案	5		
5	是否认真履行个人角色，积极参与任务实施演练	10		
阶段二：任务实施展示（70分）				
序号	考核要素	评价标准分值	组间评分（50%）	教师评分（50%）
1	问题1：车体的功能是什么？	8		
2	问题2：请说明对机车车体有何要求？	10		
3	问题3：按车体车载结构进行分类，车体可分为哪几种？	10		
4	问题4：电力机车设备布置应遵循哪些原则？	10		
5	问题5：HXD_3型电力机车司机室由哪些设备组成？	10		
6	问题6：试述FXD_1型电力机车操作台布置有哪些设备？	10		
7	问题7：请谈谈你对成昆铁路精神的理解？	12		
总评分值				

任务拓展

——新技术应用——

漫游复兴号动车组司机室

动车组司机室设备布置

强化练习

强化练习试题除涉及本任务介绍的知识与技能外，还可能涉及本任务未介绍的知识与技能，需通过阅读参考书、网络查找资料等方式进行自主学习后进行解答，在巩固课堂学习成果的同时，培养自主学习能力。

1.【填空题】DF_{4B} 型内燃机车动力室内主要安装（　　）及为它服务的空气滤清器、燃油滤清器、（　　）、启动机油泵、冷却水系统的管路，以及阀类、膨胀水箱等。

2.【填空题】HXD_3 型电力机车车体底架主要分端梁、旁承梁、中梁（变压器梁）、边梁等。端梁安装有（　　）用以牵引，中梁下面吊装着（　　），旁承梁则通过旁承座连接转向架支撑整个车体。

3.【填空题】司机操纵台是机车人机交互设备，司机通过操纵台上的各装置发出控制机车（　　），完成机车牵引、制动等各项工作，通过操纵台上各个仪表、显示器等观察机车（　　）。

4.【填空题】司机操纵台整体脚踏包括的脚动控制设备有无人警惕安全装置、撒砂装置和（　　）。

5.【填空题】司机控制器是机车的主令控制电器，用来转换机车的（　　）工况，改变机车的运行方向。

6.【判断题】HXD_3 型电力机车车体底架中梁主要承载变压器的垂向载荷及其产生的惯性力。（　　）

7.【判断题】DF_{4B} 型内燃机车车体上部用隔墙将车体分隔为 4 个工作间，依次为 Ⅰ 端司机室、电气室、动力室和 Ⅱ 端司机室。（　　）

8.【判断题】司机控制器是机车的主令控制电器，用来转换机车的牵引与制动工况，改变机车的运行方向，设定机车运行速度，实现机车的起动和调速等工况。（　　）

9.【判断题】HXD_1 型电力机车司机室采用流线型外形，增强了整体外观的视觉效果。（　　）

10.【单选题】底架是机车车体的主要承载部件，它不仅承受（　　），而且还传递机车的纵向牵引力及承受各种复杂的运动力，因此底架必须具有足够的强度和刚度。

A. 承载动力　　B. 垂向载荷

C. 纵向冲击载荷　　D. 横向载荷

11.【单选题】DF_{4B} 型内燃机车车体采用的是（　　）结构。

A. 底架承载式　　B. 桁架式侧壁承载式

C. 框架式侧壁承载式　　　　D. 整体承载式

思考与小结：

任务复盘

补全任务 2.1 知识技能结构导图。

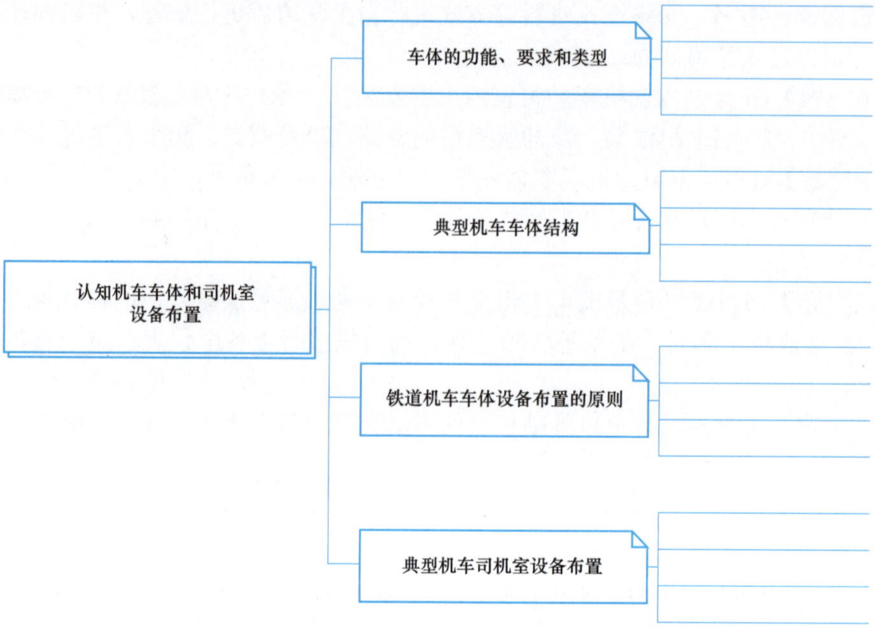

任务 2.2　认知机车机械室和其他设备布置

任务描述

机车车体两端通常是司机室，机械室是指车体内两端司机室之间的部分，用来布置机车的设备，并且根据其功能分成若干个室，如内燃机车的动力室、冷却室和电气室，或电力机车的变压器室、高压电器室、低压电器室和冷却室等。为方便乘务人员检查和巡视各设备是否正常工作，车体内均设置走廊，走廊布置通常分为单侧走廊、双侧走廊和中间走廊三种形式。此外，机车车顶和车下均有设备布置。机车车体走廊如图 2-41 所示。

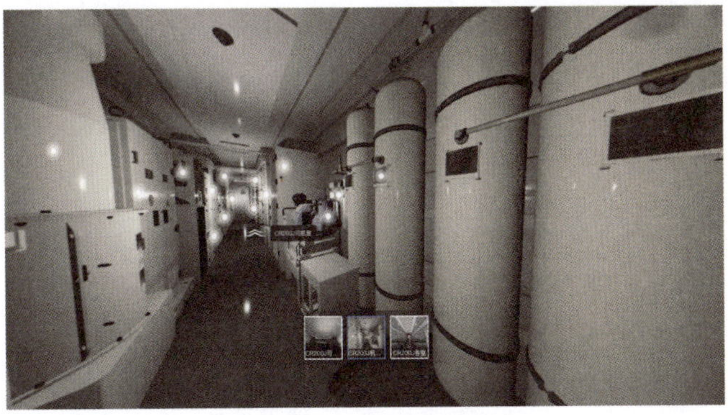

图 2-41　机车车体走廊

问题导入

先阅读问题，完成任务后再回答问题。

问题 1：请简述 HXD_3 型电力机车Ⅱ端机械室主要布置了哪些设备？
答：

问题 2：请对比分析 HXD_1 型和 FXD_1 型电力机车机械室设备布置有哪些差异？
答：

问题 3：请阐述 DF_{4B} 型内燃机车机械室内分几部分，每部分都有哪些主要设备？
答：

问题 4：请分析 HXD_3 型电力机车车顶中央顶盖上有哪些高压电器设备？
答：

问题 5：简述 HXD_1 型电力机车车顶设备。
答：

问题 6：简述 HXD_1 型电力机车车底架的组成。
答：

问题 7：作为伟人号机车班组的乘务员，应具备哪些职业素养？
答：

任务分析

<table>
<tr><td rowspan="3">教学目标</td><td>素养目标</td><td>思想道德素质：培养学生严谨认真、团结协作和安全操纵的职业习惯
科学文化素养：培养学生钻研业务、追求创新、追求卓越、爱国爱岗的职业意识，为经济社会发展贡献自己的力量</td></tr>
<tr><td>知识目标</td><td>1. 了解机车机械室和其他设备布置的原则
2. 理解机车对机械室和其他设备布置的要求
3. 掌握 HXD_1 型和 HXD_3 型电力机车机械室和其他设备布置的特点</td></tr>
<tr><td>能力目标</td><td>能正确理解机车机械室和其他设备布置的原则
掌握典型机车机械室和其他设备布置的特点</td></tr>
<tr><td colspan="2">教学重点</td><td>1. 机车机械室和其他设备布置的原则和要求
2. 典型机车机械室和其他设备布置的特点</td></tr>
<tr><td colspan="2">教学难点</td><td>1. 机车机械室和其他设备布置的原则
2. 典型机车机械室和其他设备布置的特点</td></tr>
</table>

任务实施

知识点 2.2.1 典型机车机械室设备布置

1. HXD_3 型电力机车机械室设备布置

HXD_3 型电力机车机械室分为 Ⅰ 端机械室、中央机械室和 Ⅱ 端机械室，HXD_3 型电力机车机械室设备布置如图 2–42 所示。

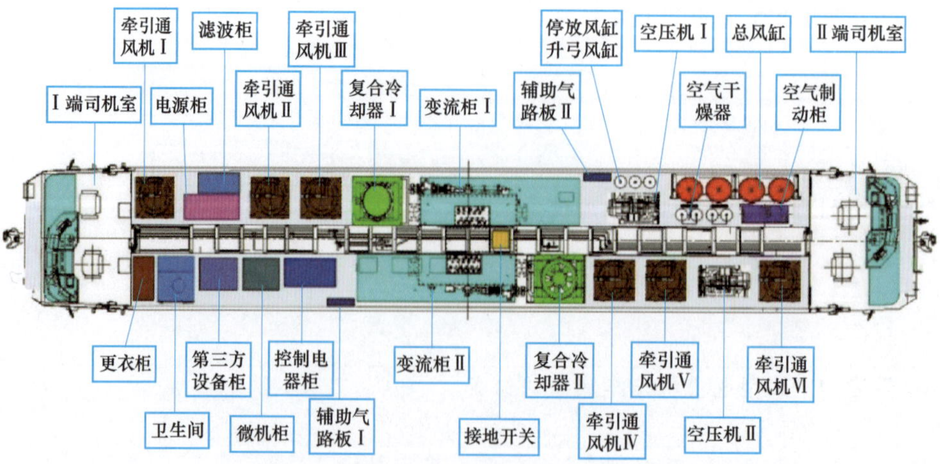

图 2–42 HXD_3 型电力机车机械室设备布置

1）Ⅰ端机械室

Ⅰ端机械室紧邻Ⅰ端司机室，室内布置有牵引电机通风机组、更衣箱、卫生间、蓄电池充电装置、蓄电池柜滤波装置、微机，以及监控柜、控制电器柜、综合通信柜、辅助变压器等设备。设备布置以电气系统设备为主，各装置和机械设备按功能和电压等级进行分区集中布置，这样布置有利于布置特别高压、高压、低压、传送信号类等各种配线和缩短各装置之间的连线，提高系统可靠性，降低故障率。

2）中央机械室

在Ⅰ端机械室和Ⅱ端机械室之间设有中央机械室，室内布置有主变流装置、复合冷却器及复合冷却器通风机组等设备。为了保证机车的质量分配，机车安装有两套完全一样的牵引变流器和两台用于冷却牵引变流器和主变压器的复合冷却器。中央机械室内设备按斜对称布置，为了保证牵引变流器冷却系统的可靠性，尽量缩短冷却管路。在室内将牵引变流器和复合冷却器作为整体单元布置在机车中心位置，与复合冷却器和牵引变流器相连接的牵引控制系统也按左右配置。因牵引变流器的输入端子部位直接连接在主变压器的 2 次端子上，主变压器的 2 次端子的排列顺序和牵引变流装置的主回路端子的排列顺序一致，并且尽量缩短与复合冷却器的连接管路。主变压器的 2 次线圈侧的端子互相隔开，配置在主变压器的中央部位，即将主变压器的 2 次端子设置在牵引变流器端子正下方。

3）Ⅱ端机械室

Ⅱ端机械室紧邻Ⅱ端司机室，室内布置有牵引电机通风机组、空气压缩机、总风缸、辅助风缸、干燥器、制动屏柜等设备。设备布置以空气系统设备为主，这样的布置有利于布管作业和缩短空气管路；减少不必要的交叉配管；尽量将设备组合成单元，以提高作业效率。

2. HXD_1 型电力机车机械室设备布置

HXD_1 型电力机车机械室沿车内中间走廊两侧平行布置，采用导轨安装方式固定，两节车除生活设施和通信信号设备外，其余设备和布置相同，如图 2-43 所示。

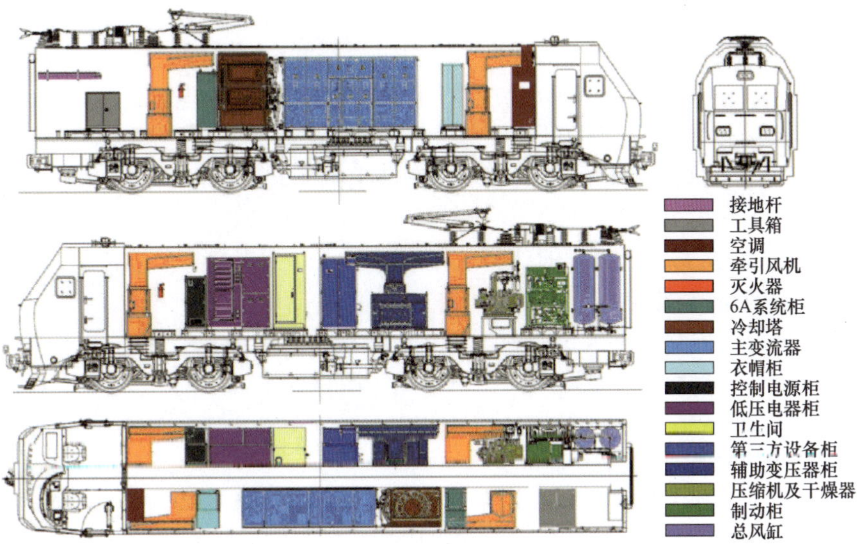

图 2-43　HXD_1 型电力机车机械室设备布置

主要设备的功能如下。

（1）主变流器：主变流器采用先进的水冷 IGBT 模块，含有 2 个相互独立的主传动变流系统和辅助变流系统。主变流器从主变压器次边取电，通过 4 个四象限斩波器（4QC）向两个独立的中间电压直流环节供电。主传动三相逆变系统由两个相同的 PWM 逆变器组成，每个 PWM 逆变器为同一转向架上的两台牵引电动机供电。辅助变流系统由两个相同的 PWM 逆变器组成，为机车的辅助设备（例如通风机、压缩机等）供电。4QC 和 PWM 逆变器采用相同的模块，所以具有互换性。

（2）辅助变压器柜：含有辅助变压器，主变流器中辅助变流器模块的输出为其输入电源，经过辅助变压器进行电压调整后，为机车辅助系统所有负载提供三相电源。其冷却通风机除冷却辅助变压器外，还向机械室送风以保持机械间微正压。

（3）牵引通风机组：牵引通风机由侧墙上的百叶窗吸风后，经过独立的风道，然后将冷却风吹向牵引电机，带走牵引电机工作时产生的热量。

（4）冷却塔：通过冷却塔通风机从车顶吸风，通过封闭的油回路冷却主变压器的油温，同时通过封闭的水回路冷却主变流器的水温。冷却塔上主要装有冷却塔通风机、油/水散热器、水泵、膨胀水箱、变压器副油箱等设备。

（5）低压柜：由两部分组成，一部分装有各种接触器、自动开关、微机系统的 SKS3 模块和继电器等，主要是辅助电路和控制电路的控制电器；另一部分由加热电阻、温度开关、三相变压器（3AC440V−3AC230V）、DC/AC 逆变器和电容组成，用于在低温情况下进行加热和使用库内电源时进行相关的匹配操作。

（6）卫生间：在 A 节机车的机械间装有供司乘人员盥洗的整体卫生间。该卫生间由车上卫生间和车底的管道组成。车上卫生间是一个箱形壳体，卫生间装有便器、洗手台、水箱、镜子、加热器、真空泵和污物箱等设备。整体卫生间的管道为其提供水路、气路的接入和排放，以及污物的排放。卫生间内的污物箱是用于收集和存储污物的装置，它的内部装有液位开关、温度传感器和加热器等设备。污物的排放可以利用地面转储车采用真空抽吸方式或直接重力排放来实现。

（7）蓄电池充电机：主要有两个功能，一是通过 AC−DC 整流，将机车辅助系统三相交流 440 V 电源变为直流 110 V 电源，为机车提供电源，并为蓄电池组充电：二是将机车上的直流 110 V 电源变为直流 24 V 电源，为应急灯、仪表等设备提供电源。

（8）空气制动柜：集成了 CCBⅡ制动机和空气管路系统相关部件，以及 MNVB 网络的相关接口，为机车空气制动的核心组成部件。在其上部还装有机车辅助压缩机和安全钥匙箱（BSV）。

（9）信号柜：主要安装了机车的信号主机、LKJ2000 列车运行监控记录装置、TAX2 型机车安全信息综合监测装置等。

（10）衣帽柜：用来存放乘务员的衣帽和其他私人物品。

（11）工具柜：主要用来存放随车的工具和随车附件。在 B 节机车的工具柜上还装有微波炉和小冰箱。

3. FXD_1 型电力机车机械室设备布置

FXD_1 型电力机车动力车机械室设备布置采用贯穿中间走廊结构，原则上两侧设备斜对称分布，如图 2−44 所示，动力车入口门设置在机械间，入口门与司机室间走廊宽度达 840 mm，司机室所有设备可直接从走廊门进出，走廊门净宽度达 600 mm。机械间整体布局充分考虑了设备后续检修的可维护性和可达性。

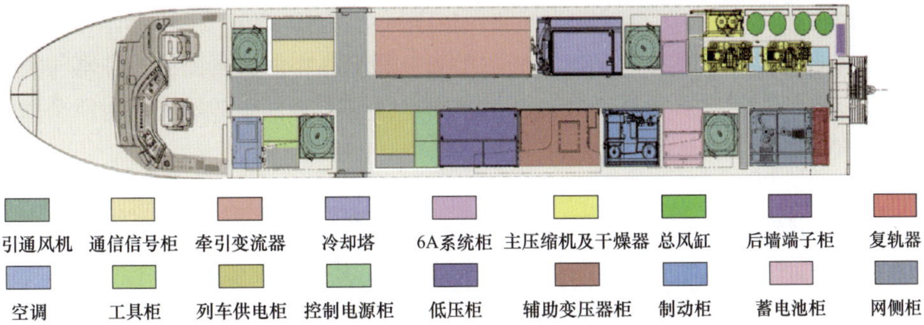

图 2-44　FXD$_1$型电力机车动力车机械室设备布置

每节机械间内布置以下设备。

（1）牵引通风机（数量为 4 台）：装有轴流风机，牵引风机通过相应风道从侧墙小斜面吸风，然后将冷风吹入牵引电机带走牵引电机工作时产生的热量。

（2）主变流器柜（数量为 1 台）：采用主辅一体化设计，牵引时将主变压器次边提供的单相交流电逆变后向牵引电机供三相电，电制动时将牵引电机发出的三相电逆变成单相电后通过主变压器反馈回接触网；为辅机提供三相交流电源。

（3）辅助变压器柜（数量为 1 个/节车）：负责为辅机提供三相交流电源。

（4）冷却塔（数量为 1 台）：包含轴流风机、水泵和复合冷却器，其主要作用是冷却主变流器和主变压器的水路和油路，从而带走主变流器和主变压器工作时产生的热量。

（5）低压电器柜（数量为 1 个）：装有微机网络控制单元和控制用的接触器、继电器、辅机自动开关、转换开关等部件。

（6）控制电源柜（数量为 1 个）：将单相 220 V 交流转换成 110 V 直流，为动力车提供 110 V 电源；将 110 V 直流转换成 24 V 直流，为动力车提供 24 V 电源；对动力车蓄电池进行充电管理，如均充、浮充、恒流充电，并显示、记录模块的运行状态。

（7）蓄电池柜（数量为 1 个）：装有 48 节蓄电池，为动力车提供 DC 110 V 控制电源。

（8）制动柜（数量为 1 个）：为制动机的核心部件。

（9）通信信号柜（数量为 1 个）：用于安装 TAX2 型机车安全信息综合监测装置、LKJ2000 列车运行监控记录装置、JT−C 系列机车信号车载系统设备主机、机车综合无线通信设备（CIR）主机及数模转换装置，以及 CTCS−2 系统等相关设备。

（10）压缩机及干燥器（数量为 1 套）：负责压缩空气并进行干燥和过滤处理。

（11）工具柜（仅 B 节车有，数量为 1 个）：用于存放随车工具，安装冰箱及微波炉。

（12）网侧柜（数量为 1 个）：用于安放高压电气部件，包括高压隔离开关、主断路器、避雷器、高压电压互感器等。

（13）列供柜（数量为 1 个）：用于向后部客运车厢提供 DC 600 V 的电能。

（14）6A 及 CMD 柜（数量为 1 个）：用于存放 6A 系统各子系统主机、6A 系统电源及 CMD 系统等设备。

（15）空调（数量为 1 套/节车）：用于司机室温度控制，调节适宜的司机室环境。

（16）其他：接地棒 1 套、登顶梯 1 套、机械室灯 7 个、受电弓阀板 1 个及总风缸 4 个等设施。

4. DF$_{4B}$型内燃机车机械室设备布置

DF$_{4B}$型内燃机车采用框架式侧壁承载车体，内走廊式设计，4 组内部隔墙将车体分为第

Ⅰ司机室、电气室、动力室、冷却室和第Ⅱ司机室五个部分，如图2–45所示。为便于乘务人员和检修人员工作，除了司机室有侧门外，在动力室的两侧也设有侧门，各室间隔墙均设有内门。为便于装拆部件，电气室、动力室和冷却室的顶棚均有活动顶盖。车体结构中还设置了防寒、灭火、通风，以及良好的采光和照明设施。

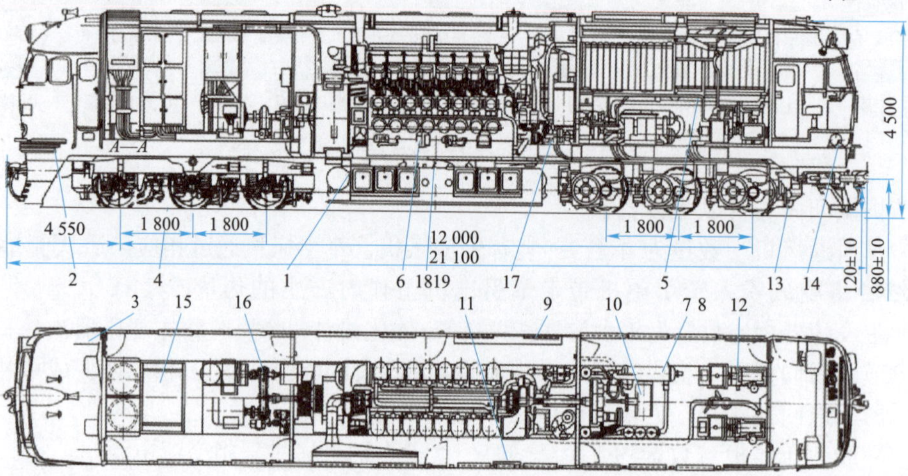

1—柴油发电机组；2—装饰带；3—车体；4—转向架；5—冷却装置；6—燃油系统；7—机油系统；8—冷却水系统；9—空气滤清器；10—通风机；11—测量仪表；12—空气制动系统；13—撒砂系统；14—自动控制系统；15—电器设备；16—传动机构；17—预热系统；18—防寒装置；19—蓄电池箱

图2–45　DF_{4B}型内燃机车机械室设备布置

电气室内安装有制动电阻柜、电器柜、硅整流柜及工具箱。辅助传动机构的启动变速箱与启动发电机、励磁机、测速发电机和前转向架牵引电动机通风机相连，坐落在电气室后端。励磁整流柜、电阻制动控制箱和直流变换器，以及空气制动系统的分配阀、中继阀和空气制动与电阻制动联锁的电磁阀等均设在电气室后隔墙上。电气室还设有通往车体顶部的人孔和梯子，在电气化线路区段，人孔盖应加锁，并在墙上刷有严禁攀登字样，以防在电气化区段发生触电伤亡事故。

动力室内主要安装柴油发电机组及为它工作服务的空气滤清器、燃油滤清器、燃油输送泵、启动机油泵、冷却水系统的管路和阀类、膨胀水箱等。动力室的后部安装有预热锅炉及其控制柜、预热系统循环水泵、辅助机油泵等。动力室的侧墙上装有车体通风机，可以及时排出动力室内的烟气并散发热量。

冷却室内装有散热器组、冷却风扇、静液压马达等。散热器组下部安装有静液压变速箱、后转向架牵引电动机通风机、机油滤清器、机油热交换器、空气压缩机组等。

知识点2.2.2　典型机车其他车体设备布置

1. HXD_3型电力机车

1）车顶设备布置

HXD_3型电力机车顶盖设计成大顶盖结构，有利于机车设备的安装。机车顶盖由3个顶盖组成，车顶设备布置分为Ⅰ、Ⅱ端顶盖设备布置和中央顶盖设备布置，HXD_3型电力机车车顶设备布置如图2–46所示。

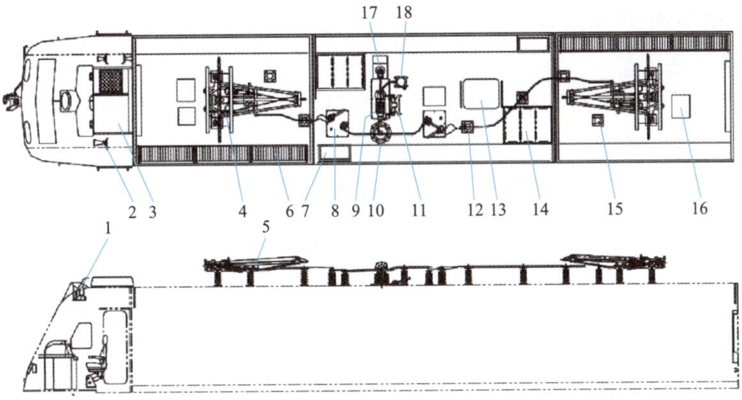

1—前照灯；2—风笛；3—空调；4—受电弓；5—受电弓绝缘子；6—牵引风道过滤器；7—辅变流器风道过滤器；8—高压隔离开关；9—真空断路器；10—高压电压互感器；11—接地开关；12—支持绝缘子；13—车顶天窗；14—复合冷却器通风过滤器；15—绝缘子；16—车顶通风口；17—高压电缆；18—避雷器

图 2-46 HXD$_3$型电力机车车顶设备布置

（1）Ⅰ、Ⅱ端顶盖设备布置。Ⅰ端顶盖设备布置与Ⅱ端顶盖设备布置完全一样，顶盖上布置有受电弓和空气绝缘子。两个顶盖的结构和安装尺寸也完全相同，但在端顶盖上开有卫生间通风口，因此两个顶盖不可以互换安装。顶盖上设置有牵引电机冷却风进风口，顶盖通风道横向贯通顶盖，通风口开在通风机相对侧，车体侧墙不设通风口，有利于提高车体强度。通风道与顶盖在车下整体焊装，有利于提高机车组装的工作效率。顶盖设有与外界交换空气的换气孔，有利于夏季车内降温。

（2）中央顶盖设备布置。机车上的主要高压设备大部分都布置在中央顶盖上。中央顶盖上设有检修用天窗，由此上车顶对高压电器件进行检修和维护作业。为确保安全，天窗与接地开关设置了钥匙联锁装置。

中央顶盖上布置的高压电器设备有受电弓高压隔离开关、高压电压互感器，真空断路器接地开关、避雷器、高压电缆及连接母线等，同时设置有辅助变流器通风口和过滤网。

2）车下与车端设备布置

主变压器悬挂在机车车下中部，以主变压器为中心对称布置了 2 台转向架。在转向架上配置有牵引电机等设备。另外在车下还配置了动车用插座、辅助/控制电路外接电源、行灯插座、机车电子标签、速度传感器等设备。HXD$_3$ 型电力机车车下与车端设备布置如图 2-47 所示。

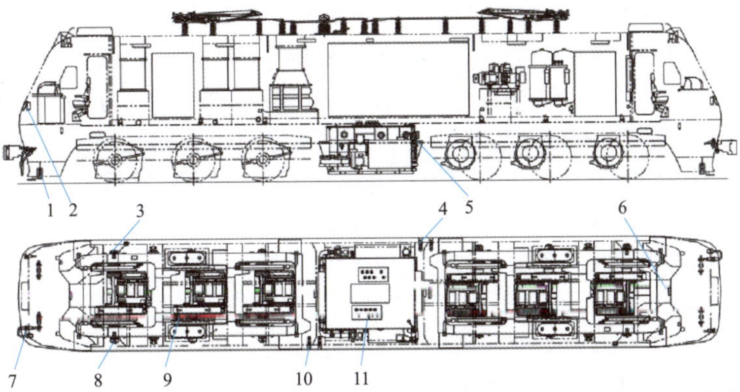

1—信号互感器；2—标志灯；3—速度传感器；4—110V 充电插座；5—电子标签；6—车底灯；7—重联插座；8—接地装置；9—转向架；10—动车插座；11—主变压器

图 2-47 HXD$_3$型电力机车车下与车端设备布置

2. HXD$_1$ 型电力机车

1）车顶设备布置

HXD$_1$ 型机车的车顶设备包括高压户外电气设备和通信用的天线设备，高压户外电气设备既要满足机车电气性能的要求，又要有足够的高压绝缘性能和抵抗风、沙、雨、雪、低温等恶劣自然环境的侵害及雷电过电压袭击的能力。HXD$_1$ 型电力机车在设计时还充分考虑用户的重度煤尘污染和防寒的环境要求。

车顶设备配置在司机室顶盖、顶盖 1、顶盖 2、顶盖 3、顶盖 4 上，如图 2-48 所示。

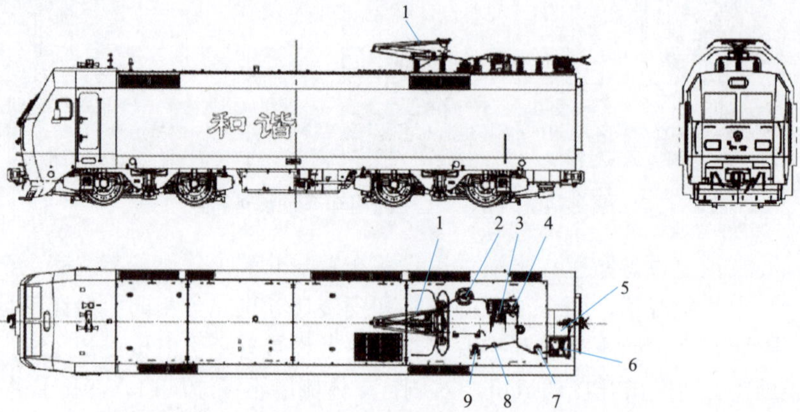

1—受电弓；2—高压电压互感器；3—高压接地开关；4—主断路器；5—高压连接器；6—高压隔离开关；7—车顶母线绝缘子；8—避雷针；9—高压穿墙套管

图 2-48　HXD$_1$ 型电力机车车顶设备布置

车顶高压电器集中安装在靠后端的一块活动顶盖（顶盖 4）和后端墙固定顶盖上，这些设备包括：受电弓、主断路器、高压接地开关、高压电压互感器、避雷器、高压隔离开关、高压穿墙套管、高压连接器、母线及支持绝缘子。

在顶盖 4 上安装一台 8WL0127-6YH69 型受电弓、BVAC.N99 型真空主断路器、BTE25.04 型高压接地开关、4MT9111 型高压电压互感器、YH10WT-42/105 型金属氧化锌硅橡胶避雷器、GDIF25S 型高压穿墙套管。在后端墙固定顶盖上装有 BT25.04/1 型高压隔离开关、LG2-400/25 型高压连接器。

受电弓安装设计时要求受流滑板中心线与转向架旋转中心线尽量一致，以减小机车运行时受电弓滑板与接触网的偏离值，提高受电弓的受流可靠性。主断路器是机车电源的总开关，承担机车正常工作时电路的分、合闸，在许多故障情况发生时，起保护性分闸作用。在主断路器和高压穿墙套管之间，装有过电压保护用氧化锌避雷器，可以对雷击过电压和操作过电压起保护作用。与主断路器相邻处装有一台高压穿墙套管，由它把机车从接触网受流的电流引入车内。在与其连接的高压电缆上装有原边电流互感器（此部件在机械间内），主要用来提供原边电流信号，同时为原边保护回路提供信号。高压隔离开关起高压隔离作用，当 1 节车的受电弓发生故障时，可通过相应高压隔离开关的动作来隔离故障受电弓；当受电弓到隔离开关间的高压设备故障时也可以通过高压隔离开关进行相关的隔离操作。高压电压互感器主要提供网压信号，使司机在升弓后就能先观察到网压信号，同时也为机车的主变流器提供同步信号，使得主变流器能正常工作。该信号也连接电度表使得司机能充分了解机车的能耗情况。

在顶盖 4 上还设有登车顶窗及车顶高压接地装置，乘务和检修人员确认接触网无电后，可经此上车顶进行检查和维修作业，为保证人身安全，车顶登顶窗设置安全电气连锁装置，打开登顶窗前接通车顶高压接地装置将 25 kV 电路接地，使得分布电容积聚的电荷放电以确保人身安全，同时受电弓控制回路被切断，无法升弓，避免误升弓操作发生的可能。通信用的天线设备分别安装在司机室顶和其他几块活动顶盖上，主要包括以下设备的天线。

（1）司机室顶盖上装有 400 kHz 和 450 MHz 两个机车对讲设备的天线。

（2）在 A 节车的顶盖 2 上装 GSM-R 通信设备的两个 GSM-R 天线。

（3）在 B 节车的顶盖 2 上装有机车通信设备的 GSM-R、GPRS、GPS 和 450 MHz 共 4 个天线。

（4）在顶盖 3 上装有两个 800 MHz 无线数据传输设备的天线。

2）车下设备布置

HXD_1 型电力机车车下设备布置如图 2-49 所示。

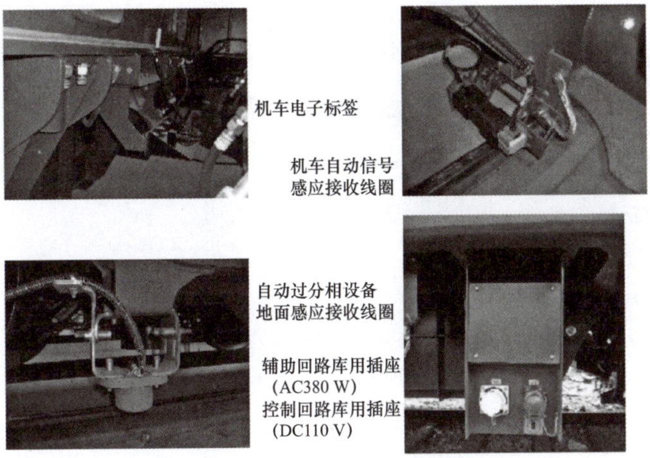

图 2-49　HXD_1 型电力机车车下设备布置

机车车下设备布置如下。

（1）转向架：两台 B 转向架分别位于 1、2 和 3、4 位牵引通风机的下方，中心距为 9 000 mm。

（2）机车自动信号感应接收线圈（整车数量为 4 个）：给信号安全系统提供地面信号，安装在车端排障器的后方距轨面高度 150 mm，安装座可调，当轮缘磨耗后可把接收线圈对轨面的距离调整到规定值，每端两个，附相应的接线盒。

（3）控制回路库用插座（整车数量为 2 个）：当机车在车库内时，给蓄电池充电和给车内控制系统提供直流 110 V 电源。

（4）辅助回路库用插座（整车数量为 4 个）：当机车在车库内时，给辅助回路各电气设备提供三相 380 V 电源，同时也是库内动车的电源插座。

（5）光电速度传感器（整车数量为 4 个）：给监控系统提供机车速度信号，安装在 2、3、6、8 轴轴端，对称布置，附相应的数模转换盒。

（6）防滑速度传感器（整车数量为 8 个）：给空电联合制动系统提供机车速度信号，安装在各轴轴端。

（7）自动过分相设备地面感应接收线圈（整车数量为 4 个）：给自动过分相装置提供地面信号，安装在每个转向架一侧。

（8）机车电子标签（整车数量为 2 个）：根据相关的运输要求向外发射机车电子表示信号，

安装在底架下主变压器面向司机室的方向。

(9)蓄电池柜(整车数量为4个):安装在机车变压器两侧底架下面。蓄电池与机车上110 V蓄电池充电机配套使用,为机车提供110 V直流电源。

3. FXD_1型电力机车

1)车顶设备布置

FXD_1型电力机车动力车车顶设备包括高压户外电气设备和通信用的天线设备,高压户外电气设备既要满足动力车电气性能的要求,又要有足够的高压绝缘性能和抵抗风、沙、雨、雪等恶劣自然环境的侵害及雷电过电压袭击的能力。

FXD_1型电力机车车顶设备布置如图2–50所示,高压设备主要布置在顶盖1 和顶盖3上,主要包括2个受电弓、2个避雷器、2个穿墙套管。

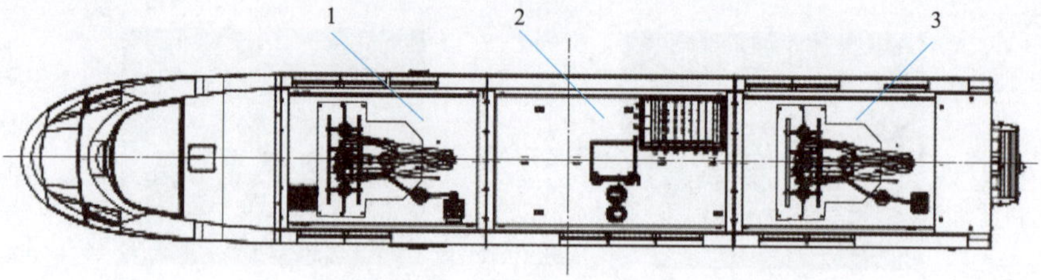

1—顶盖1;2—顶盖2;3—顶盖3

图2–50 FXD_1型电力机车车顶设备布置

在顶盖2上设有登车顶窗,乘务和检修人员确认接触网无电后,可经此上车顶进行检查和维修作业,为保证人身安全,车顶登顶窗设置安全电气连锁装置,打开登顶窗前通过高压安全连锁,主回路通过网侧柜内的接地装置将网侧电路接地,使得分布电容积聚的电荷放电以确保人身安全,同时受电弓控制回路被切断,无法升弓,避免误升弓操作发生的可能。

为提高动车组可靠性,动力车车顶布置有两套相互冗余的高压设备(受电弓、避雷器及25 kV高压穿墙套管)。车顶布置有通信设备用的天线、冷却塔进风口、受电弓监视摄像头等设备,如图2–51所示。

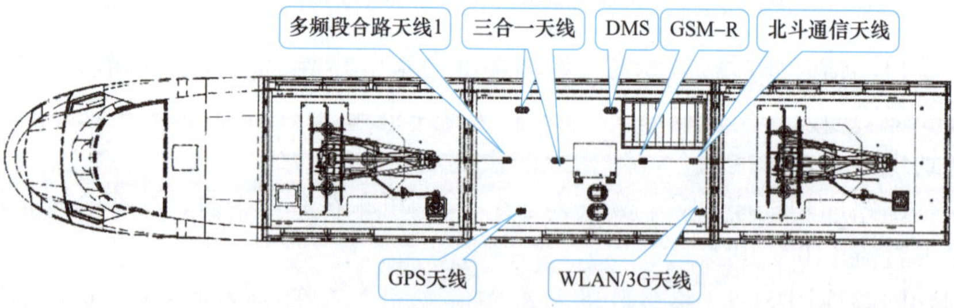

图2–51 FXD_1型电力机车车顶通信设备

2)车下与车端设备布置

车体两端司机室下方装有排障器,小排障器能进行上下调节,以保证其距轨面高度为110～120 mm。车体前端结构设计能实现在不拆除排障器的情况下更换车钩及缓冲器。排障器上装有防落保护装置。

为了适应动力车中央布线及布管需要,车体底架中央纵梁上部为内凹结构,在保证结构强度的情况下预留足够的布线空间。

车体侧下设有4个架车支承座,在车体支承座架起距轨面高度不超过2 500 mm的条件下,转向架和主变压器可从车体下推出。

车体侧梁外侧设有 4 个检修作业用吊车销孔，前后牵引梁两旁分别设有救援用的吊车销孔。

在动力车检修库内，吊钩距轨面高度达到 9 000 mm 的条件下，能把动力车车体内各屏柜和部件单独吊入和吊出。

素养与职业

“开路先锋”——朱德号机车班组

1946 年 7 月，哈尔滨机务段铁路工人开展“死机复活”运动，将日军遗留下来的破损机车修复，支援解放战争。修复的机车中有两台伟人号机车，“毛泽东号”和“朱德号”机车。1949 年 3 月 21 日“毛泽东号”机车组奉命入关，落户北京丰台机务段，从此踏上新的征途。而“朱德号”始终扎根哈尔滨机务段，70 多年来“敢挑重担、勇当先锋”，在白山黑水间创造了一段精彩而辉煌的历程。

从“朱德号”这台伟人号机车诞生至今的 70 多年时间里，其始终以“开路先锋”的气概飞驰在祖国建设的各个时期，见证着中国铁路的发展，也培养出了一批批“敢挑重担，勇当先锋”的优秀铁路机务工人。历史的时间轴在第一代蒸汽机车的汽笛中仿佛回到了那个艰苦动荡的年代。

历史回顾

1946 年，为了支援全国解放战争，哈尔滨机务段的铁路工人将“死机复活”运动中修复的 1083 号机车命名为“朱德号”。25 岁的陈希有作为“朱德号”机车首任司机长，亲手拉响了“朱德号”第一声嘹亮的风笛，从此拉开了“朱德号”机车支援解放战争前线，奔赴朝鲜战场，飞驰于祖国建设各个时期的历史篇章。

在解放战争年代，这台“朱德号”机车随军转战各地前线，保证了人民解放军在重大战役中的运输需要，它的名字响彻东北各个战场，带动完成了整个东北铁路的军事运输任务。

在抗美援朝战争中，“朱德号”掀起了满载超轴 500 公里的劳动竞赛，冒着枪林弹雨，日夜兼程，把一列列军用物资运送到志愿军战士手中；在新中国建设中，“朱德号”机车参加“满、超、五”运动，在安全正点、多拉快跑、技术改造方面做出突出贡献。“朱德号”机车如图 2-52 所示。

图 2-52 “朱德号”机车

责任担当

七十多年来，这台以伟人名字命名的机车共有5次换型、6次换车，跨越了蒸汽、内燃、电力三个动力时代。1991年8月31日，“朱德号”机车更换为大马力的内燃机车，车号1886。

“朱德号”机车

2012年哈大客专开通，哈尔滨铁路局进入高铁时代，2015年3月在哈西客站即将开通的普速场接受普通列车客运任务时，“朱德号”机车接受了一项时间紧任务艰巨的接触网热滑实验任务，保证哈西客站普速场列车正常接入。2021年2月27日，“朱德号”机车组安全走行突破1 000万公里。75年的时间里朱德号历任24任司机长，245名乘务员，累计完成货物发运量超过9 000万吨，发送旅客130万人。

“朱德号”机车汲取时代养分，在实现中华民族伟大复兴的强国之路上，不断铸造一个又一个辉煌。时代在变，任务在变，“朱德号”机车身上的红色基因却历久弥新，新时代“朱德号”机车，也将是一面迎风飘扬的光辉旗帜，永远激励、引领着铁路人“敢挑重担，勇当先锋”。

任务考核与评价

阶段一：任务知识准备（30分）				
序号	考核要素	评价标准分值	自我评分（50%）	组内评分（50%）
1	是否积极参与任务书讨论，正确领会任务要求	5		
2	是否积极参与学习讨论，完全掌握学习内容	5		
3	是否积极参与计划制定，提出建设性计划内容	5		
4	是否制定了可行的任务方案	5		
5	是否认真履行个人角色，积极参与任务实施演练	10		
阶段二：任务实施展示（70分）				
序号	考核要素	评价标准分值	组间评分（50%）	教师评分（50%）
1	问题1：请简述HXD_3型电力机车Ⅱ端机械室主要布置了哪些设备？	8		
2	问题2：请对比分析HXD_1型和FXD_1型电力机车机械室设备布置有哪些差异？	12		
3	问题3：请阐述DF_{4B}型内燃机车机械室内分几部分，每部分都有哪些主要设备？	10		
4	问题4：请分析HXD_3型电力机车车顶中央顶盖上有哪些高压电器设备？	8		
5	问题5：简述HXD_1型电力机车车顶设备	10		
6	问题6：简述HXD_1型电力机车车底架的组成	10		
7	问题7：作为伟人号机车班组的乘务员，应具备哪些职业素养？	12		
总评分值				

任务拓展

——轨道交通车辆检修“1+X”职业资格考证——

实作项目名称：电力机车受电弓系统检修（TSGD300）

<table>
<tr><th rowspan="2">序号</th><th rowspan="2">关键操作及评分标准</th><th colspan="2">操作结果不合格在不合格项“□”内画“×”</th><th rowspan="2">备注</th></tr>
<tr><th>不合格项</th><th>扣分分值（负值）</th></tr>
<tr><td colspan="5">一、作业前准备（5 分）</td></tr>
<tr><td>1</td><td>安全防护用品穿戴整齐（5 分）</td><td>□</td><td></td><td>安全帽、工作服</td></tr>
<tr><td colspan="5">二、受电弓系统外观检查与检修（50 分）</td></tr>
<tr><td rowspan="4">1</td><td>检查受电弓安装、结构固定螺栓放松标记，确保不错位，螺栓紧固无松动（10 分）</td><td rowspan="4">□</td><td rowspan="4"></td><td rowspan="4">故障假设随机设置，考生无须恢复。软连线不良，需更换、用扭力扳手校核并画好放松标记</td></tr>
<tr><td>检查受电弓气囊、钢索、导盘，确保良好（10 分）</td></tr>
<tr><td>检查受电弓各焊缝是否正常，阻尼器状态是否良好，橡胶缓冲座是否良好（10 分）</td></tr>
<tr><td>检查软连线并更换异常软连线（10 分）</td></tr>
<tr><td>2</td><td>检查受电弓碳滑板有无烧损、破损，测量碳滑板厚度（10 分）</td><td>□</td><td></td><td>故障假设随机设置，考生无需恢复</td></tr>
<tr><td colspan="5">三、受电弓系统气路检查、组装、调试（40 分）</td></tr>
<tr><td>1</td><td>单向节流阀安装调整（10 分）</td><td>□</td><td></td><td>储污盒清洁，外壳安装到位，气路连接正确。
正确连接单向节流阀，并按要求调整好</td></tr>
<tr><td rowspan="2">2</td><td>精密调压阀组装与调整（10 分）</td><td rowspan="2">□</td><td rowspan="2"></td><td rowspan="2">气路连接正确，调整好压力，并测量弓网接触压力。
气路连接正确，阀芯安装可靠，正确调整压力并试验</td></tr>
<tr><td>安全阀组装与压力调整（10 分）</td></tr>
<tr><td>3</td><td>ADD 装置的试验（10 分）</td><td>□</td><td></td><td>确认切除阀、试验阀的位置是否正确，连接气路，并进行动作试验</td></tr>
<tr><td colspan="5">四、作业完毕（5 分）</td></tr>
<tr><td>1</td><td>收拾整理工具（5 分）</td><td>□</td><td></td><td>使用后的工具、量具应重新摆放整齐</td></tr>
<tr><td colspan="5">满分 100 分，扣分：__________得分：__________</td></tr>
<tr><td colspan="5">考评员签字：__________日期：_____年____月____日</td></tr>
</table>

轨道交通车辆检修 1+X 考证实做视频

强化练习

强化练习试题除涉及本任务介绍的知识与技能外，还可能涉及本任务未介绍的知识与技能，需通过阅读参考书、网络查找资料等方式进行自主学习后进行解答，在巩固课堂学习成

果的同时，培养自主学习能力。

1.【填空题】HXD$_3$ 型电力机车中央顶盖上布置的高压电器设备有受电弓、（　　）、高压电压互感器、（　　）、接地开关、避雷器、高压电缆及连接母线等，同时设置有辅助变流器通风口和过滤网。

2.【填空题】打开 HXD$_1$ 型电力机车登顶窗前，安全电气连锁装置接通车顶高压接地装置，将 25 kV 电路接地，同时受电弓（　　）回路被切断，无法升弓，避免误升弓操作。

3.【填空题】电力机车在主断路器和高压穿墙套管之间，装有过电压保护用氧化锌避雷器，可以对雷击过电压和（　　）起保护作用。

4.【填空题】接地开关的主要功能是将机车上的主断路器（　　）的电路接地。

5.【填空题】HXD$_1$ 型电力机车司机室操作台副司机侧设有高音风笛控制按钮开关、（　　）、不间断供电插座和（　　）插座。

6.【判断题】HXD$_1$ 型电力机车蓄电池柜（整车数量为 4 个）；安装在机车变压器两侧底架下面。（　　）

7.【判断题】HXD$_1$ 型电力机车每个 PWM 逆变器为同一转向架上的两台牵引电动机供电。（　　）

8.【判断题】机车排障器主要用于排除机车运行前方的障碍物，对列车的安全运行起保护作用。（　　）

9.【单选题】HXD$_3$ 型电力机车的排障器采用可拆卸安装方式，在排障器旁安装有小排障器，它与轨面距离可调，以保证与轨道面高度不小于（　　）mm。

A. 90　　B. 100　　C. 110　　D. 120

10.【单选题】HXD$_3$ 型电力机车的辅助变流器（APU）采用（　　）方式。

A. 强制水冷　　B. 强制风冷　　C. 强迫油循环风冷　　D. 自然风冷

思考与小结：

任务复盘

补全任务 2.2 知识技能结构导图。

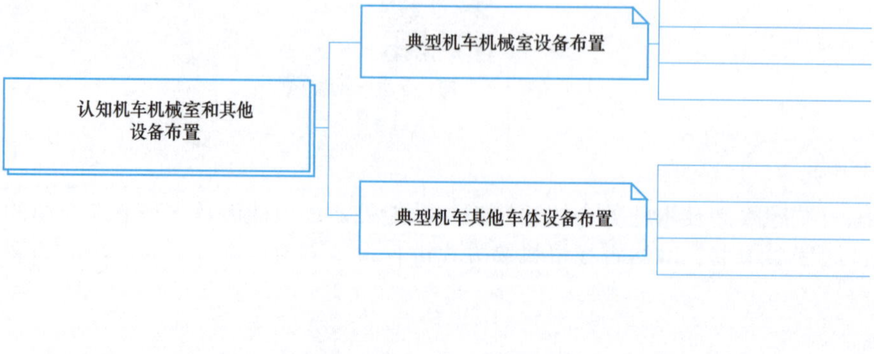

项目 3

转向架构造及检修

转向架是机车车辆的走行部，是机车车辆最核心的部件之一。转向架的各种参数直接决定了机车车辆的稳定性和乘客的舒适性，转向架结构和性能对整个机车车辆的运行速度、走行品质、安全性能起着决定性的作用。

任务 3.1 机车转向架构造和力的传递

任务描述

转向架一般包括构架、轮对、轴箱、轴箱悬挂装置、牵引电动机及其悬挂、齿轮传动、基础制动装置等主要组成部分，如图 3-1 所示。这些装置组装在一起，使转向架成为一个复杂而又紧凑的整体部件。转向架在运行过程中受力十分复杂，除承受垂向重力、纵向和横向的水平载荷外，还常常承受很大的动作用力。

图 3-1 转向架结构

问题导入

先阅读问题，完成任务后再回答问题。

问题 1：简述转向架的作用。

答：

问题 2：名词解释：一系悬挂和二系悬挂。 答：
问题 3：按电机悬挂方式不同，可将转向架分为哪几类？请举例说明使用各类转向架的代表机车。 答：
问题 4：简述 HXD_3 型电力机车转向架的特点。 答：
问题 5：简述 HXD_1 型电力机车转向架的特点。 答：
问题 6：请分析转向架纵向力和横向力的传递过程。 答：
问题 7：请简要说明京沪高速铁路为沿线城市和居民带来哪些变化，并分析中国高速铁路为什么能成为中国外交的一张名片？ 答：

任务分析

教学目标	素养目标	思想道德素质：培养学生养成艰苦奋斗、勇于创新和追求卓越的职业精神 科学文化素养：培养学生刻苦研究、严谨认真和创新突破的职业意识，更好地服务“一带一路”倡议，促进轨道交通行业发展
	知识目标	1. 熟悉转向架的作用、组成及分类方式 2. 掌握几种主要车型的转向架特点和力的传递过程
	能力目标	能理解机车转向架的作用、组成和分类，以及力的传递过程
教学重点		1. 转向架的作用和构成 2. 典型机车转向架力的传递过程
教学难点		1. 机车转向架的作用 2. 机车转向架力的传递过程

任务实施

知识点 3.1.1 转向架的结构和作用

转向架结构总图（FXD_3–J 型动车组）如图 3–2 所示。

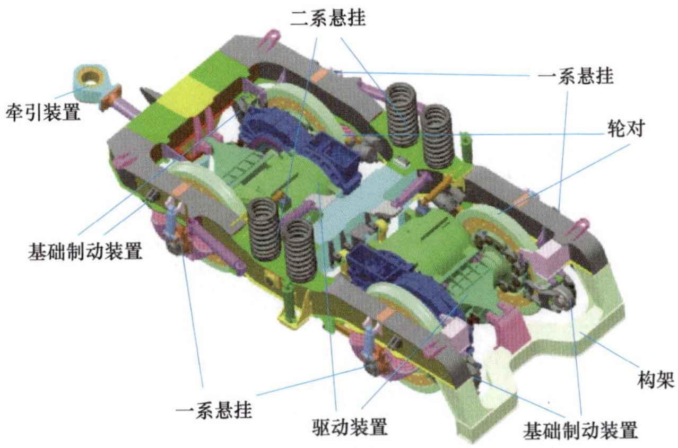

图 3–2 转向架结构总图（FXD_3–J 型动车组）

机车转向架的作用如下。

（1）承重。承担机车上部电气、机械设备的质量，并把质量均匀分配给每个轮对。

（2）传力。在轮轨接触点产生轮周牵引力，并将其传给车体底架、车钩，牵引列车前进；产生必要的制动力，并将其传给车体底架、车钩，实现对机车和列车速度的控制及在规定的制动距离内停车。

（3）转向。在钢轨的引导下，实现机车在直线和曲线上运行，并保证机车曲线运行的安全性。

（4）缓冲。尽可能缓和线路不平顺对机车的冲击，保证机车运行的平稳性，减少运行中的动作用力及其危害。

知识点 3.1.2 转向架的分类

转向架有很多种分类方法。按轴数分类，有二轴转向架和三轴转向架。一般认为，二轴转向架固定轴距较小，在曲线运行中的动力学性能比三轴转向架优越；三轴转向架，由于其固定轴距长，直线运行中轮轨作用力和轮轨磨损较小，平稳性优于二轴转向架。具体选择二轴转向架还是三轴转向架，应根据线路、机车功率、速度、轴重要求等因素综合确定，比如我国的 HXD_3、HXD_{1C} 和 DF_{4B} 型机车采用三轴转向架 C_0—C_0 轴列式，SS_4 改、HXD_1 型电力机车采用两轴转向架，其轴列式为 2（B_0—B_0），FXD_1 型电力机车轴列式为 B_0—B_0，SS_7 型电力机车轴列式为 B_0—B_0—B_0。

按传动方式分类，转向架有独立传动和组合传动之分。独立传动又叫单独传动或个别传动，组合传动又叫单电机传动。前者每根轴由一台电机进行驱动，后者整台转向架只有一台电机。独立传动方式的传动装置比较简单，运行可靠性也较好，是目前世界各国普遍采用的传动方式。组合传动方式，有利于增大电机功率（外形尺寸受转向架结构限制较小）；有利于减轻转向架和机车质量，降低制造成本；有利于机车黏着性能的改善。从 20 世纪 50 年代开始，法国一直在发展组合传动方式转向架电力机车，目前已进入高速大功率阶段。

按弹簧悬挂方式分类，转向架有一系悬挂和两系悬挂之分。转向架构架与轴箱之间的悬挂称为一系悬挂；转向架构架与车体底架之间的悬挂称为二系悬挂。速度低的机车有的仅设一系悬挂，干线电力机车，尤其是高速机车，都采用既有一系悬挂，又有二系悬挂的两系悬挂方式。两系悬挂机车总的垂向刚度小而挠度大，动力性能好。

按轴箱定位方式分类，转向架分为导框轴箱定位和无导框轴箱定位两类。导框定位是一种比较陈旧的定位方式，质量大、磨耗严重，目前只在少数内燃机车（DF_3 型内燃机车）和车辆转向架上采用。无导框定位又有多种不同的结构形式，普遍应用于现代机车转向架上，最为普遍的是法国阿尔斯通式的轴箱拉杆橡胶关节定位形式。我国目前的电力机车大都采用这种形式。

按电机悬挂方式分类，转向架分轴悬式（抱轴式半悬挂）、架悬式（全悬挂）、体悬式（全悬挂）三大类。轴悬式的电机一部分支承在车轴上，一部分悬挂在转向架构架上，适用于速度较低的机车，我国 HXD_1、HXD_3 和 DF_{4B} 等型号机车采用此种悬挂方式。架悬式的电机全部支承在转向架构架上，电机质量全部置于簧上，但传动装置比较复杂，一般速度在 120～140 km/h 以上的机车，必须采用全悬挂方式。我国 HXD_{1D}、HXD_{3D} 和 FXD_1 型电力机车采用此种悬挂方式。体悬式电机悬挂，是牵引电动机大部分或全部支承在车体底架上的悬挂方式。目前，国外一些高速机车上采用此种悬挂方式，例如法国阿尔斯通公司的 Pendolino 宽体摆式列车。我国 CRH_5 型动车组电机悬挂方式采用的也是体悬式电机悬挂。

知识点 3.1.3　典型机车转向架的特点

1. HXD_3 型电力机车转向架的特点

为使机车获得良好的动力学性能，保证机车运行的安全可靠，作为重载货运牵引的电力机车，在满足各项基本性能要求的前提下，转向架结构设计时着重考虑机车黏着重量的利用率。

HXD_3 型电力机车具有两台完全相同的三轴转向架，HXD_3 型电力机车转向架如图 3-3 所示。其具有以下结构特点。

（1）牵引电机采用内顺置布置。这种布置可使机车在牵引工况获得较小的轴重转移，为此现在大多数机车转向架均采用牵引电机内顺置布置。

（2）低位推挽式单牵引杆结构。选择合理的悬挂参数，使机车轴重转移减小，满足机车牵引要求。

（3）构架刚度和强度高，侧架与端梁、横梁连接处采用圆弧连接的结构形式，降低连接处的应力集中。

（4）二系悬挂高圆弹簧组每侧一组由三个弹簧组成，这种布置使弹簧接近回转中心，可减小弹簧的回转位移，降低弹簧的剪切应力。

（5）一系悬挂采用单圈、静挠度值小的弹簧，使一、二系弹簧参数搭配趋于合理。

（6）基础制动采用轮盘制动，使轮对受力形式较踏面制动更加合理。

（7）驱动装置采用滚动抱轴式半悬挂结构。抱轴箱体采用高强度、高冲击韧性的球墨铸铁材料，与“U”形管式抱轴箱相比，装配结构更加简单，适应性强。

2. HXD_1 型电力机车转向架的特点

HXD_1 型电力机车转向架主要由轮对、传动装置、轴箱、构架、悬挂装置、牵引装置、

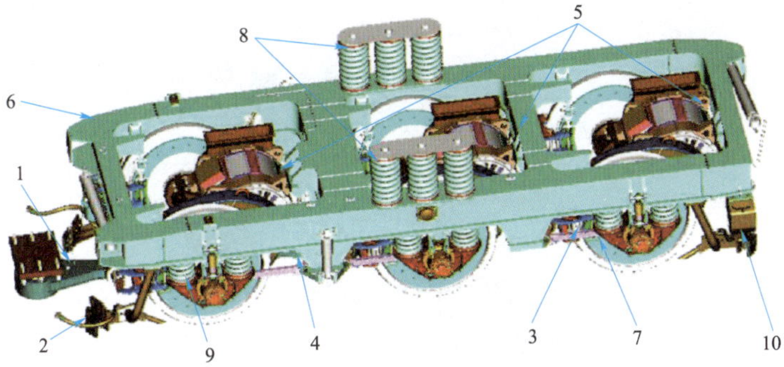

1—牵引装置；2—排石器；3—基础制动装置；4—轮缘润滑装置；5—电动机悬挂装置；6—构架；7—轮对；8—二系悬挂（支承）；9—一系悬挂（轴箱）装配；10—砂箱

图 3–3 HXD_3型电力机车转向架

撒砂装置、轮缘润滑装置、弹性止挡、整体起吊、空气管路，以及辅助装置构成。HXD_1型电力机车转向架如图 3–4 所示。HXD_1型电力机车转向架具有以下特点。

（1）采用两轴转向架。

（2）采用低位斜拉杆推挽式牵引拉杆。

（3）电机一端采用抱轴悬挂，另一端采用摆杆弹性悬挂在构架上，驱动装置采用滚动抱轴式半悬挂结构。

（4）二系悬挂采用高挠弹簧，轴箱采用单侧轴箱拉杆定位，一系纵向、横向弹性参数相对独立，且一系纵向刚度大，横向刚度小，有利于提高临界速度，保持驱动系统稳定，提高黏着利用率及改善曲线通过性能。

（5）基础制动采用轮盘制动方式。

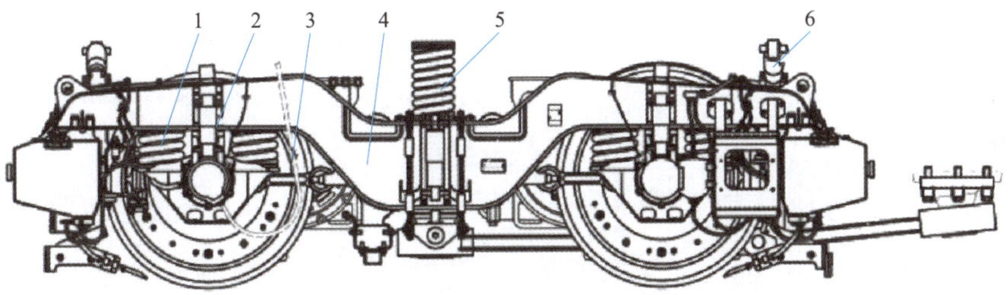

1—一系悬挂（轴箱）装配；2—一系减振器；3—轴箱拉杆；4—转向架构架；5—二系悬挂（支承）；6—二系减振器

图 3–4 HXD_1型电力机车转向架

3. FXD_1型电力机车转向架的特点

FXD_1型电力机车转向架三维图如图 3–5 所示。FXD_1型电力机车转向架具有以下特点。

（1）采用两轴转向架。

（2）驱动单元的悬挂采用弹性架悬式。

（3）采用带端面齿挠性联轴器电机齿轮箱一体式弹性架悬驱动装置。

（4）驱动系统采用单侧斜齿轮+六连杆空心轴驱动方式，承载式齿轮箱。

（5）轴箱轴承采用免维护的双列圆柱滚子轴承单元。

（6）一系悬挂系统采用转臂定位+螺旋弹簧+垂向减振器。

（7）二系悬挂系统采用高圆螺旋弹簧+橡胶垫结构+各向减振器。

（8）牵引装置采用中央低位推挽牵引杆牵引。

（9）基础制动采用轮盘制动方式。

图 3-5　FXD$_1$型电力机车转向架三维图

4. DF$_{4B}$ 型内燃机车转向架的特点

货运机车牵引吨位大，应有足够的牵引力，应减少轴重转移，提高黏着质量利用率，防止空转。DF$_{4B}$ 型内燃机车走行部为两台可以互换的三轴转向架，采用拉杆式轴箱、牵引杆机构、全焊接构架，如图 3-6 所示。

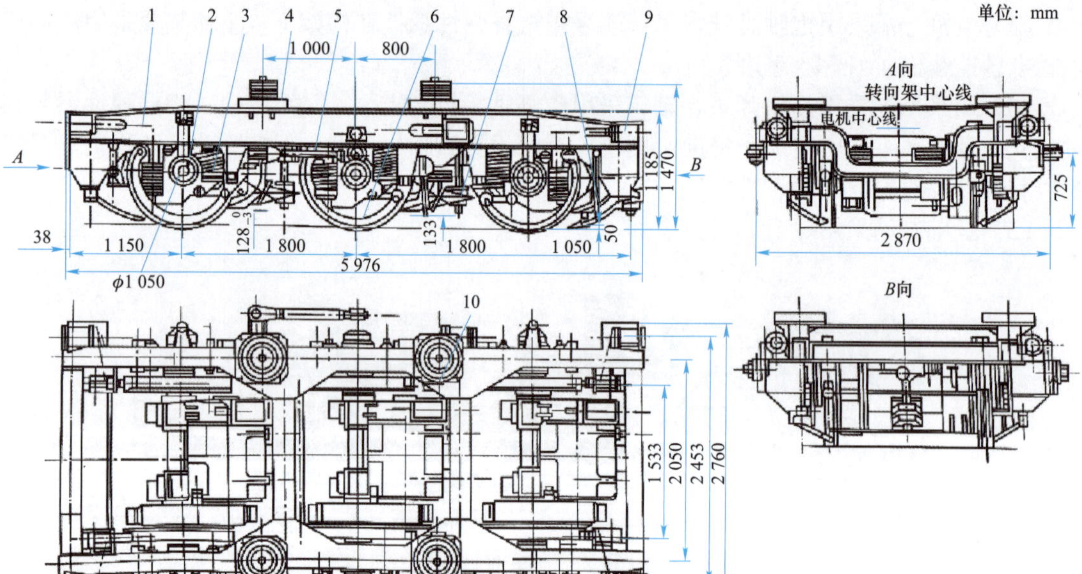

1—构架；2—轴箱；3—弹簧装置；4—旁承；5—牵引杆装置；6—轮对；7—电动机悬挂装置；8—基础制动装置；9—砂箱；10—手制动拨叉

图 3-6　DF$_{4B}$ 型内燃机车转向架

（1）机车整个上部结构通过 8 个弹性摩擦旁承坐落在两台转向架上。

（2）每台转向架与车体间由一组低位平行四杆牵引杆机构相连，以传递牵引力和制动力。

（3）每个车轴上均悬挂一台牵引电动机，牵引电动机的一端用吊杆和橡胶堆组成的机构吊装在构架上，结构简单，改善了电动机的振动条件。

（4）转向架轴箱采用弹性拉杆定位，轴箱内采用滚动轴承。

（5）转向架具有两系悬挂，一系是轴箱弹簧，二系由橡胶圆饼串联组成，位于旁承上方，以吸收高频振动。

（6）在车架与转向架之间，设有弹性侧挡。当机车在曲线上运行时，弹性侧挡可与牵引杆杆件系统一起形成一个假想的中心区域，以便转向架绕此中心区域相对车体做回转运动。

（7）每个动轮均设有一个闸缸，采用单侧单闸瓦，并带有闸瓦自动调节器。

知识点 3.1.4 转向架力的传递

转向架的受力十分复杂，在运行中，除承受垂向重力、纵向和横向的水平载荷外，还常常承受很大的动作用力。下面以 SS_4 改型电力机车为例，叙述转向架力的传递过程，如图 3-7 所示。

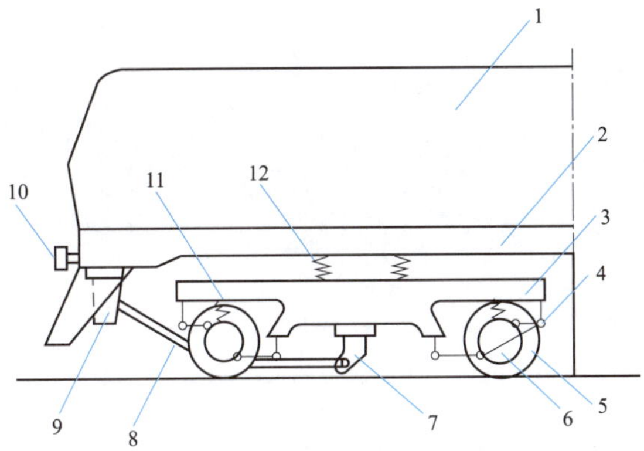

1—车体；2—车体底架；3—转向架构架；4—轴箱拉杆；5—车轮；6—轴箱；7—构架牵引座；8—牵引拉杆；9—底架牵引座；10—车钩；11—轴箱弹簧悬挂装置；12—车体支承装置

图 3-7 转向架力的传递

（1）垂向力的传递（以车体及上部重力为例，钢轨对机车的垂向冲击作用力传递顺序与重力相反）：机车上部重量→车体支承装置→转向架构架→轴箱弹簧悬挂装置→轴箱→轮对→钢轨。

（2）横向力的传递（以轮轨侧压力为例，车体所受的离心力、风力等横向力将按相反的传力顺序，由机车上部传向钢轨）：钢轨→轮缘→车轴→轴箱→轴箱拉杆→转向架构架→车体支承装置→车体底架→机车上部。

（3）纵向力的传递（以牵引力、制动力为例）：轮轨接触点产生牵引力或制动力→轮对→轴箱→轴箱拉杆→转向架构架→牵引装置→车体底架→缓冲器→车钩。

素养与职业

千里京沪“一线牵”——世界最快高铁见证中国高质量发展

这几年，徐丽霞成了上海虹桥站和北京南站的常客。作为上海一家科技公司的销售经理，经常往返京沪两地，徐丽霞已将高铁出行作为首选。“以前总觉得去趟北京远得不得了，一来一回火车票难买还很折腾，现在一般只需要四五个小时。”徐丽霞说，“高铁出行方便、舒适，像坐飞机一样体面。”这完全得益于京沪高铁的开行，让 1 318 km 的距离变得不再遥远。过去 13 h 的行程，到现在最快仅需 4 h 18 min。

京沪高铁开通运营以来，已成为中国客流量最大、最繁忙、最先盈利的高铁线路。

这条高铁线路连接京津冀、长三角两大世界级城市群，所穿越的中国东、中部七省市的地区生产总值约占全国四成。

京沪高铁还是当今世界运营时速最快的高速铁路，最高运行时速 350 km，发车间隔最短只有 4 min。这样的“京沪速度”，让沿线地区的人才流、技术流、资金流、信息流快速有序流动。北京南至上海虹桥 G1 次复兴号动车组如图 3-8 所示。

图 3-8　北京南至上海虹桥 G1 次复兴号动车组

以这条高铁为依托，沿线崛起 24 个高铁新城、高铁新区，已成为吸引产业聚集和促进产业优化布局的重要载体，重构着中国东、中部的发展版图。

京沪高铁五大客运枢纽站之一的南京南站，有“亚洲第一大高铁站”之称，区域日均人流量已超过 40 万人、车流量接近 10 万辆。

这里也是无数创业者的“梦想始发站”。雨花台区把城市交通枢纽优势转化为创新发展竞争优势，打造中国（南京）软件谷，聚集了 700 多家高新企业、3 000 多家软件公司、30 多万软件工程师，成为南京年轻人最多、智力最密集的区域之一。乘坐高铁往返于全国各地已经是雨花台区创业者的日常轨迹，他们几乎每天都与京沪高铁发生着联系。

这条“高铁经济走廊”还是一条“绿色走廊”：占地仅为高速公路的 1/2，对减少碳排放的贡献约为 200 万 t/年。

在拉动中国经济高质量发展的同时，京沪高铁也不断推动中国高铁事业进步，不管是技术标准还是运营维护，都堪称中国高铁“标杆”。

任务考核与评价

阶段一：任务知识准备（30 分）				
序号	考核要素	评价标准分值	自我评分（50%）	组内评分（50%）
1	是否积极参与任务书讨论，正确领会任务要求	5		
2	是否积极参与学习讨论，完全掌握学习内容	5		
3	是否积极参与计划制定，提出建设性计划内容	5		
4	是否制定了可行的任务方案	5		
5	是否认真履行个人角色，积极参与任务实施演练	10		

续表

阶段二：任务实施展示（70 分）				
序号	考核要素	评价标准分值	组间评分（50%）	教师评分（50%）
1	问题 1：简述转向架的作用	8		
2	问题 2：名词解释：一系悬挂和二系悬挂	10		
3	问题 3：按电机悬挂方式不同，可将转向架分为哪几类？请举例说明使用各类转向架的代表机车	10		
4	问题 4：简述 HXD_3 型电力机车转向架的特点	10		
5	问题 5：简述 HXD_1 型电力机车转向架的特点	10		
6	问题 6：请分析转向架纵向力和横向力的传递过程	10		
7	问题 7：请简要说明京沪高速铁路为沿线城市和居民带来哪些变化，并分析中国高速铁路为什么能成为中国外交的一张名片？	12		
总评分值				

任务拓展

——新技术动态——

高铁核心技术创新引领世界，服务一带一路

2016 年，国家科技部率先启动“时速 400 公里及以上高速客运装备关键技术”项目。项目由中国中车组织开展，中车长客牵头联合 30 余家单位，突破高速动车组系统集成、变结构走行、牵引变流等核心技术。目前全球有四大轨距标准（标准轨距 1 435 mm、俄式宽轨 1 520 mm、欧式宽轨 1 676 mm、米轨 1 067 mm），普通列车在不同轨距的国家间从事跨国铁路运输时需要在过境前更换列车转向架，这个过程会耗费较多的时间和成本。经过持续攻关，中车长客项目团队研制出高速动车组变结构走行系统，通过使用变轨距转向架，列车可以在行进的过程中完成变轨运行，极大地提高了跨国联运的效率，降低了运输成本。同时列车还有极强的环境适应性，能够在 ±50 ℃的温度条件下运营，并且可以满足不同牵引供电制式和铁路运输标准，可在覆盖全球 90%的铁路网上实现互联互通。变轨距转向架如图 3-9 所示。

图 3-9　变轨距转向架

对于跨国互联互通高速动车组，安全性是最应优先考虑的问题。应用智能复合传感器技术、大数据技术，以及特征提取技术，列车可以实现运营状态下的智能评估、状态诊断和预警报警。同时通过车载设备、车地数据传输、地面系统，可以构建车地一体的全寿命周期管理平台，为列车运营和维护提供决策建议，实现主动安全保障和智能维护。

绿色节能环保是高速动车组技术的未来发展趋势。通过采用“多目标均衡综合节能技术”，列车在同等运行速度条件下人均能耗每公里降低 10%，噪声降低 2 dB(A)，这意味着当列车以 400 km/h 运营时，能耗与噪声水平与 350 km/h 的高速动车组相同，在提升速度的同时并不增加能耗，堪称节能环保的绿色列车。

高铁新技术

强化练习

强化练习试题除涉及本任务介绍的知识与技能外，还可能涉及本任务未介绍的知识与技能，需通过阅读参考书、网络查找资料等方式进行自主学习后进行解答，在巩固课堂学习成果的同时，培养自主学习能力。

1.【填空题】我们常把一系悬挂以上的质量称为“（　　）”，一系悬挂以下的重量，称为“（　　）”或称为“死重量”，包括轴箱、轮对的重量。

2.【填空题】转向架是机车的重要组成部分，一般包括（　　）、轮对、轴箱、（　　）装置、牵引电动机及其悬挂、齿轮传动、基础制动装置等主要组成部分。

3.【填空题】机车转向架按电机悬挂方式可分为（　　）、架悬式和体悬式。

4.【填空题】机车转向架按轴箱定位可分为导框轴箱定位和（　　）。

5.【填空题】机车转向架按弹簧悬挂方式可分为一系悬挂和（　　）。

6.【填空题】机车转向架按传动方式可分为独立传动和（　　）。

7.【填空题】机车转向架按轴数可分为（　　）和三轴转向架。

8.【填空题】机车转向架承担机车上部电气、机械设备的质量，并把质量均匀地分配给每个（　　）。

9.【填空题】机车转向架能尽可能缓和线路不平顺对机车的（　　），保证机车运行的平稳性，减少运行中的（　　）及其危害。

10.【填空题】机车转向架的作用是（　　）、传力、转向和缓冲。

11.【填空题】机车转向架在钢轨的引导下，可实现机车在直线和曲线上运行，并保证机车（　　）运动的安全顺利。

12.【判断题】体悬式的牵引电动机全部或大部分悬挂在转向架构架上。（　　）

思考与小结：

任务复盘

补全任务 3.1 知识技能结构导图。

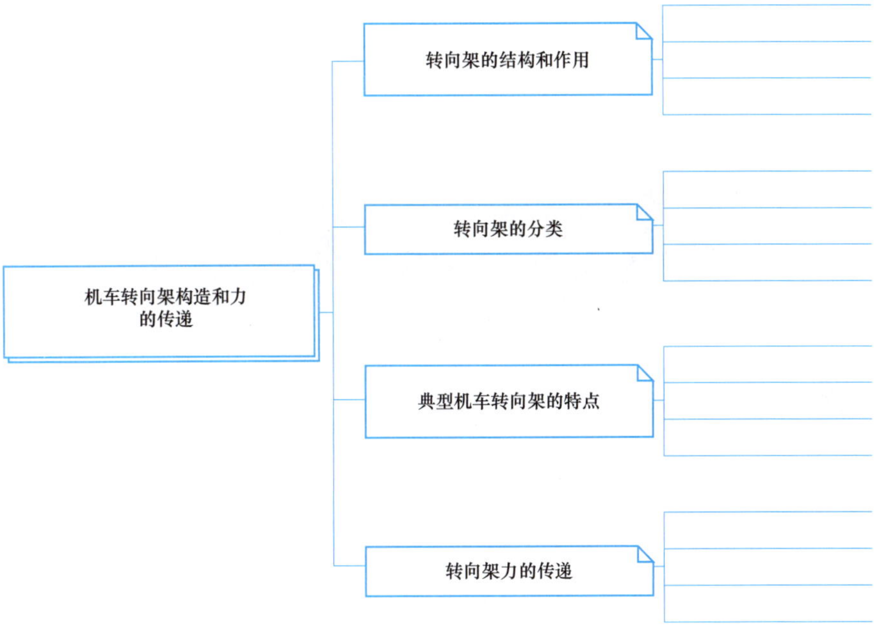

任务 3.2　机车转向架构架的分类和特点

任务描述

构架是转向架的重要部件之一，是转向架众多部件联结的基体，也是承载和传力的基体。转向架构架如图 3-10 所示。

图 3-10　转向架构架

问题导入

先阅读问题，完成任务后再回答问题。

问题 1：请对比分析铸钢构架和焊接构架的优缺点。 答：
问题 2：按构架的结构形式不同，有哪几种典型的构架结构？请列举说明采用各类构架结构的代表机车有哪些？ 答：
问题 3：简述 HXD_3 型电力机车转向架构架的主要组成？ 答：
问题 4：请解释构架焊接后为何要进行整体回火处理？ 答：

问题 5：简述 HXD_1 型电力机车转向架构架的主要组成。 答：
问题 6：李万君作为“工人院士”是铁路从业者的楷模，我们能从李万君身上学到哪些优良品质？ 答：

任务分析

教学目标	素养目标	思想道德素质：培养学生养成埋头苦干、一丝不苟和勇于挑战的奉献精神 科学文化素养：培养学生严谨认真、精益求精和敢于创新的职业素养，推动我国轨道交通装备走向世界
	知识目标	1. 理解电力机车转向架构架的作用、组成和分类 2. 掌握典型转向架的构架特点
	能力目标	能理解机车转向架构架的作用、组成、分类及典型机车转向架构架的特点
教学重点		1. 电力机车转向架构架的作用、组成和分类 2. 机车转向架构架的特点
教学难点		1. 转向架构架的作用、组成和分类 2. 典型机车转向架构架的特点

任务实施

知识点 3.2.1　转向架构架的作用

在机车运行中，构架除承受垂向重力，纵向的牵引力、制动力，横向的离心力，轮轨侧压力等之外，还常常承受很大的动作用力和冲击载荷。此外，电机悬挂装置、齿轮传动装置、轴箱定位装置、基础制动装置等工作时，构架的载荷更加复杂严重。因此，转向架构架是一个受力十分复杂、载荷很大的重要部件，必须保证足够的强度和刚度，各梁的尺寸、各种附件的组装位置必须精确。转向架构架质量轻，结构紧凑，运行中还必须注意经常检查各部分的工作状况，特别是各焊缝处，如产生裂纹，应尽早发现，以免酿成更大的事故。

知识点 3.2.2　转向架构架的分类

（1）转向架构架就设计和制造工艺而言，分为铸钢构架和焊接构架。焊接构架又可分为钢板焊接构架和压型钢板焊接构架。铸钢构架由于质量大，铸造工艺复杂，目前在电力机车上已很少采用。采用铸钢构架的转向架如图 3-11 所示。焊接构架质量轻，各梁皆为中空箱形构件，使用材料省，强度和刚度都能得到保证，所以得到了普遍的应用。采用焊接构架的转向架如图 3-12 所示。压型钢板焊接构架，各梁可按等强度梁设计制造，其箱形截面的尺寸依各部位受力情况而大小不等，使各截面的应力相近，具有足够的强度，且质量轻，材料利用率高。我国 SS_2 型电力机车采用这种构架。由于其制作时必须具备 1 000 t 以上的大型水压机和大型加热炉，成本比一般钢板焊接构架高，现已很少采用。

图 3-11　采用铸钢构架的转向架

图 3-12　采用焊接构架的转向架

（2）根据轴箱及其定位装置的结构，构架又分为有导框式和无导框式，有导框式构架如图 3-13 所示。构架采用无导框轴箱定位方式时不需要开切口，可避免强度削弱。早期干线电力机车，尤其是高速电力机车越来越广泛地采用无导框式钢板焊接结构的转向架构架。

（3）根据构架的结构形式，转向架构架有封闭式构架和开口式（或 H 式）构架之分，封闭式构架又有“日”字形构架（两轴转向架构架）和“目”字形构架（三轴转向架构架）之分，如图 3-14 所示。转向架构架主要由左右侧梁，一根或几根横梁（两轴转向架为一根，三轴转向架为两根）及前后端梁组焊而成。

侧梁是构架的主要承载梁，是传递垂向力、纵向力和横向力的主要构件，目前电力机车车体和车上部质量几乎都是通过旁承支承在构架侧梁上的。

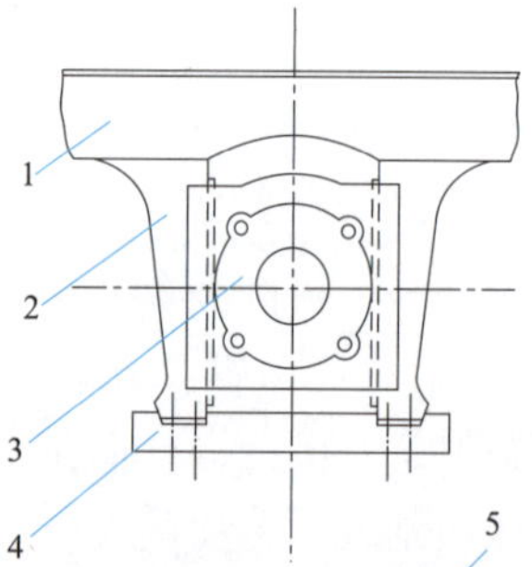

1—构架侧梁；2—轴箱导框；3—轴箱；4—托铁；5—衬板

图 3-13　有导框式构架

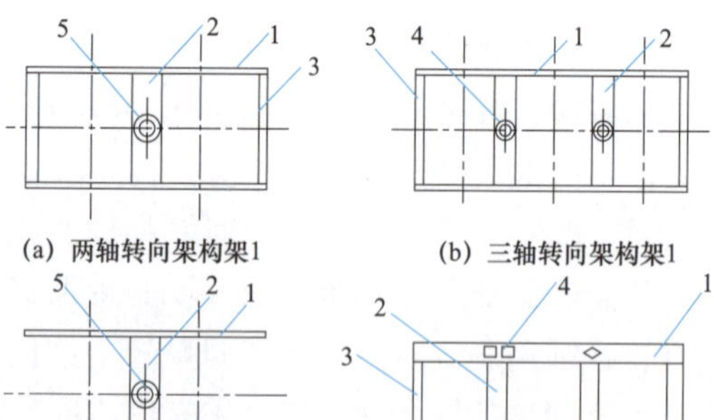

1—侧梁；2—横梁；3—端梁；4—支撑座；5—心盘

图 3-14　转向架构架的一般组成

横梁和端梁用来保证构架在水平面内的刚度，保持各轴的平行及承托牵引电动机。砂箱一般安装在前后端梁上。

知识点 3.2.3 典型机车转向架构架

1. HXD_3 型电力机车转向架构架

构架是由左右对称布置的两个侧梁、前端梁、后端梁、牵引横梁、横梁和各种附加支座等组成。构架组焊后，成为完全封闭的框架式“目”字形箱型结构，如图 3–15 所示。

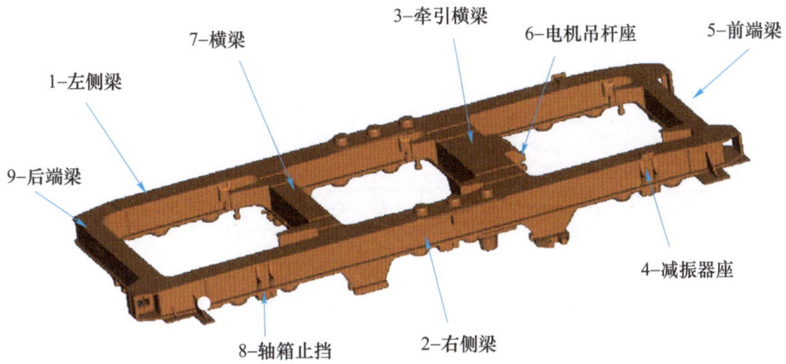

图 3–15 HXD_3 型电力机车转向架构架

为了保证构架在机车正常运用中具有足够的强度、刚度和疲劳寿命，在设计时有必要对构架进行有限元结构强度分析和模态分析，并且通过试验，来验证设计和计算的正确性。为满足相关试验标准的要求，HXD_3 型电力机车转向架构架按照相关标准进行了静强度和 1 000 万次抗疲劳强度试验。

为了满足重载货运牵引性能的要求，降低整车的质量，同时满足轴重要求，考虑电力机车车体上部质量较轻，适当增加了一系悬挂以上的质量。在进行构架设计时，为保证构架有足够的强度和刚度，侧架、横梁的下盖板采用了 30 mm 厚的钢板。各梁受力部分的内腔均设有 10 mm 厚的筋板。

牵引横梁承受较大的扭矩，设计成图 3–16 所示的结构。横梁内设有筋板，且用钢管串联，以增加牵引梁的刚度和强度。

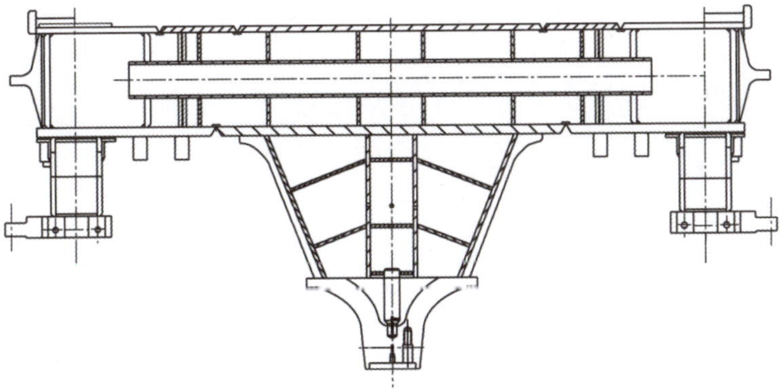

图 3–16 HXD_3 型电力机车转向架构架牵引横梁

侧架与端梁、横梁采用圆弧连接的结构形式，以降低连接处的应力集中，如图 3-17 所示。为了增加侧架与端梁、横梁的连接强度，连接处的上下盖板交错，并且在横梁受力较大的 4 个连接处，采用双面焊。为实现整体起吊功能，在侧架内和轴线相交处还设有断面为 H 形的筋板结构，以保证吊装时此处的强度。端梁连接处下盖板用排障器座板和砂箱座板补强。

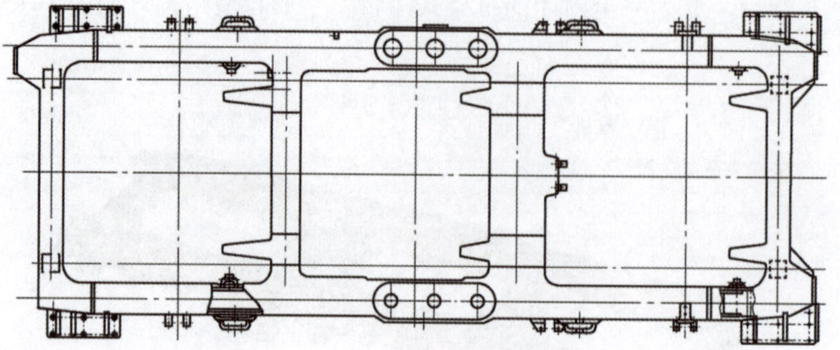

图 3-17　HXD_3 型电力机车转向架构架俯视图

侧架上下盖板与各梁焊接处的边均加工有焊接坡口，确保焊接质量，如图 3-18 所示。

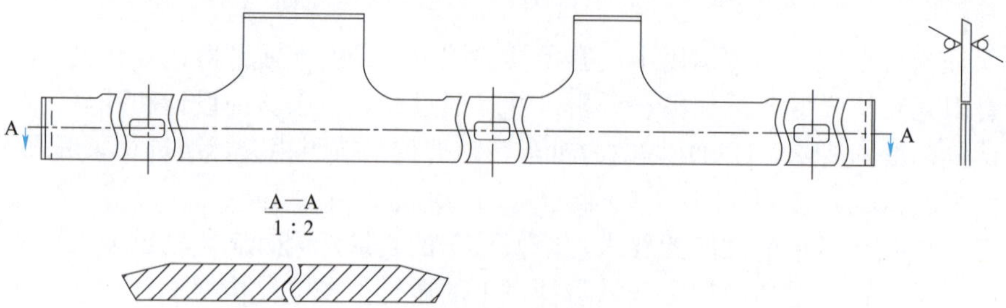

图 3-18　HXD_3 型电力机车转向架侧架下盖板

构架作为组焊件，在整体组焊后，整个构架进行回火处理。HXD_3 型电力机车转向架构架采用整体加热方式，消除焊接过程中产生的焊接应力。

为了方便检修，在构架的前后端梁各有两个水平基准，这些基准可作为机车检修时的测量依据，如图 3-19 所示。

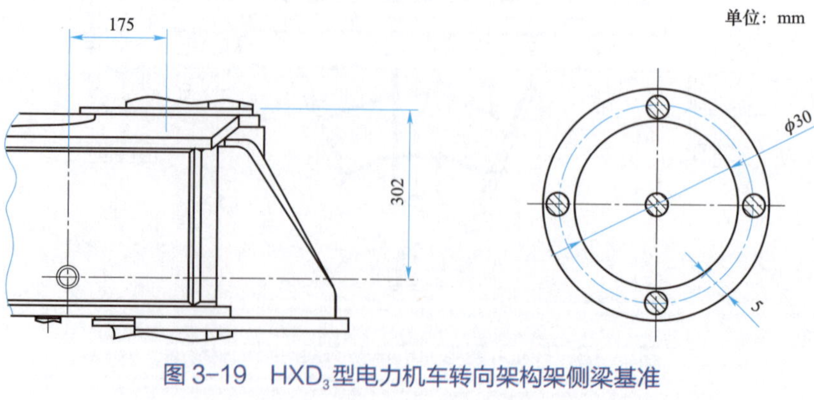

图 3-19　HXD_3 型电力机车转向架构架侧梁基准

2. HXD_1 型电力机车转向架构架

HXD_1 型电力机车转向架构架为“日”字形构架，构架由侧梁、牵引梁、前端梁和后端梁组成。除个别安装座以外，结构基本上是对称的，如图 3-20 所示。该构架焊接后，构架变形小，残余应力分布均匀，因此机加工后不需要退火；构架采用等强度设计，构架的各个零部件的应力水平比较低，且应力变化趋势平稳；安装座结构简单。

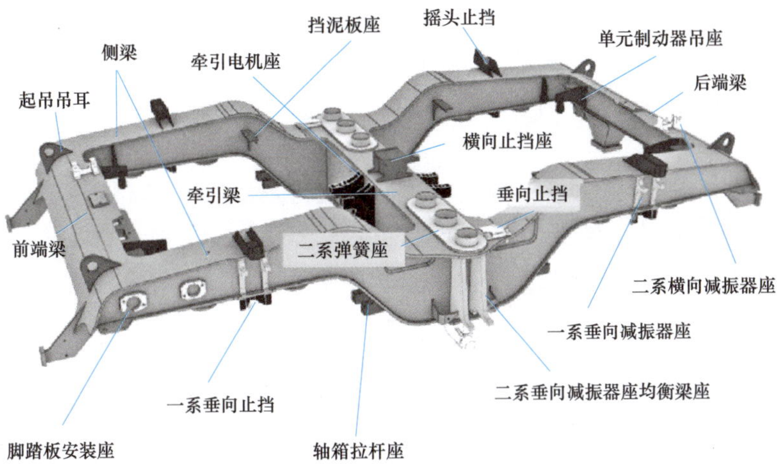

图 3-20　HXD_1 型电力机车转向架构架

素养与职业

“工人院士”李万君：焊好高铁“两条腿”，保障日行千里

“转向架是高铁的两条腿，是轱辘和车体连接最重要的部件。高铁能否跑得又快又稳，全靠转向架和它的零部件。”中车长春轨道客车股份有限公司（以下简称“中车长客”）转向架制造中心焊接车间电焊工、中车首席技能专家李万君说道。李万君在中车长客工作 30 多年来，始终坚守在焊接岗位一线，从一名普通焊工成长为我国高铁焊接专家，总结并制定了 30 多种转向架焊接操作方法。李万君先后荣获“中华技能大奖”“全国劳动模范”“全国优秀共产党员”“感动中国年度十大人物”“大国工匠”等荣誉，被誉为“工人院士”“高铁焊接大师”。

突破转向架核心技术，高铁工人大显身手

据中车长客介绍，我国高速动车组能以如此高的速度和稳定性奔驰在祖国的广袤大地上，其主要原因之一就是转向架技术取得了重大突破。转向架是高铁行走的关键部分，关系到高铁运行时的速度与安全。转向架制造技术，也被列为高速动车组的九大核心技术之一。

李万君工作在转向架焊接岗位上。他先后参与了我国几十种城铁车、动车组转向架的首件试制工作，技术攻关 150 多项，其中 37 项获得国家专利，代表了中国轨道车辆转向架构架焊接的世界最高水平。

2007 年，中国铁路第六次大提速，使得旅客列车最高时速达到 250 km。当时，时速 250 km

某型动车组在中车长客试制生产。由于转向架环口要承载重达 50 t 的车体重量，因此转向架成为高速动车组制造的关键部位，对其焊接成型质量的要求极高。

李万君回忆，该车型的第一个转向架就是他焊接的，但外国专家来做首件鉴定后说“No”，指出里面不融合缺陷过多，有开裂翻车风险。

“当时我一听，脸腾一下通红。作为客车厂第一高手，你都焊不了，别人怎么焊呢？”李万君说。他埋头钻研半个月，最终总结出“环口焊接七步操作法”，成功突破国外的技术封锁，保证了该型动车组转向架的批量生产。

2017 年 9 月 21 日起，全国铁路实施新的列车运行图，7 对复兴号动车组在京沪高铁率先实现时速 350 km 运营，调整运行图后，中国成为世界上高铁商业运营速度最高的国家。

李万君介绍，从 2015 年起，他带领的攻关团队就开始紧锣密鼓地开展复兴号动车组试制工作，当时没有国外技术可借鉴，一开始就遇到了困难。“当时我们生产两节车，4 个转向架，8 个扭杆座，关系到列车运行当中每天上万次的摆动，扭杆座弯道极多，刚开始焊的 8 个扭杆座都不合格。”李万君回忆，最初他们想过改设计，可这是既定图纸规定的，很难改动；他们也想过放宽质量，可动车组 350 公里时速跟飞机起跑速度一样，质量关系着旅客的生命安全。

李万君便带领徒弟们刻苦摸索，不断试验，最终成功突破了转向架侧梁扭杆座不规则焊缝等多项技术难题，保证了复兴号的如期生产。

李万君至今清晰地记得，2017 年 6 月 26 日复兴号中国标准动车组在京沪高铁首发那天，他看到乘客们买到第一趟车票纷纷自拍时，一种祖国强大的自豪感油然而生。“中国高铁终于从追赶走到了领跑的新时代!”李万君说。

“作为一个高铁焊工，就要用智慧和技能把手中的产品不断升华，最后达到极致，变为艺术品，这就是‘工匠精神’。”李万君说。

做焊工 34 年，李万君就钻这一门“手艺”，直到把经验变成科技。

34 年前，李万君刚进厂时，做的是水箱工段的电焊工。“远看像逃难的，近看像要饭的，仔细一看是水箱工段干电焊的。”李万君说，当时厂里流行的这句玩笑话，形容的正是他们。

他回忆道，那时还用老式焊条、电弧焊，20 多个焊工一开电焊机，屋里就烟气直冒，10 米开外看不见人。晚上口罩一摘，鼻孔里已被焊烟熏黑。衣服上经常烧出大大小小的窟窿，棉花都露出来。

当时跟李万君同岗位的 28 个职高同学，不到一年时间，调走了 25 个。李万君也想过走，父亲劝他，“万君，咱没有文凭，到哪都是当技术工人。电焊工还有点技术，将来说不定有出息，你就好好干吧”。

那时，李万君给自己定了一个小目标：当一个不挨“扣”的焊工。那时焊漏一个水箱要扣 5 毛钱，5 毛钱都能买一兜饼干了。

“我的初心，就是当一个合格不挨‘扣’的电焊工，万万没有想到坚守了 34 年，它就发生了质变。”李万君说。图 3–21 为工作中的李万君。

图 3–21　工作中的李万君

34 年精益求精，“大国工匠”磨砺出

从 1997 年到 2007 年，李万君先后 3 次代表中车长客出征吉林省长春市焊工大赛，3 次获得冠军。2011 年，因他“代表了车辆转向架构架焊接的世界最高水平”，荣膺“中华技能大奖”。通过比赛，他为集体争了光，自己也大有收获。通过参加大赛，李万君破格晋升为高级技师。自建厂以来，通过比赛获得技师、高级技师的，李万君是第一人。

2018 年，因为李万君团队的成功攻关，中车长客成为我国首家成功拿到美国纽约地铁转向架生产资质的企业。

纽约地铁拥有北美地区最繁忙、规模最大的轨道交通网络。纽约交通局负责运营 25 条地铁线路，6 418 辆地铁列车，年载客量近 25 亿人，同时这里也拥有全球准入门槛最高的资格审查程序。

李万君回忆道，他们刚开始接到的任务是试制 4 个纽约地铁的转向架，材料都是美国本土空运过来的，是国内高铁钢板厚度的 4 倍。其中 3 个转向架经检测完全合格，而剩余 1 个转向架的两个焊缝已经修补两次了，再修补一次不合格，就只能报废。

领导出于对李万君的保护，不让他焊，建议转交他人，但李万君不愿意，“宁愿战死在战场上，也不能被困难吓倒！”

他把两个焊缝全部返工，修补到半夜。第二天，国内专家检测通过。一周后，美国聘请来的国际专家来检测，足足检测了一上午，结果全部合格。

2017 年 7 月至 2018 年 6 月，中车长客相继通过了车体、系统集成、转向架的资格认证，最终获得了纽约地铁的整车供货资格。在签署合格证书时，纽约交通局代表用一句中国谚语形容中车长客的产品和团队——“没有打虎艺，不敢上山岗”。

磨砺至今，李万君靠耳朵就能知道焊得好不好。就算是在 20 m 以外焊接，他根据听到的声音，就能判断焊得好不好。“把工作当成一门艺术，就不是简单的工作，而是一种享受了。”李万君说。

自编教材，培养下一代高铁焊工

比起自己在焊接技术上的创新，李万君更看重自己在培养新人上的成果。他有多位徒弟获得了全国五一劳动奖章。“我现在最大的希望就是我这些徒弟快速成长，成为我或者超过我。只有这样才能更好地迎接中国高铁未来的发展，解决高铁遇到的困难。”李万君说。

2007年，中车长客刚开始生产高铁列车时，就出现了焊工短缺的问题，需要补充400多名转向架焊工。刚开始，公司想聘请德国专家来培训，可专家从德国一起飞，就要以小时计费，成本太高。而且其制订的培训计划是两年，严重制约了高铁的生产。

于是公司采取了校企联办的方式来自主培养焊工，李万君被层层推举为总指挥。当时李万君很兴奋，“工人也能变老师”。但他又担心自己的职高文凭不够用，急忙去各大书店搜罗专业书籍，找了几天，却发现没有合适的教材。

李万君这才明白过来——中国高铁刚开始生产，哪有培训书，得自己编写。于是，他将自己多年的焊接经验编写成通俗易懂的PPT用于培训。蹲着的姿势、焊枪的角度，PPT中有各种详细而实用的细节，一些内容甚至和现有教材相反，但却能有力地指导生产。

同时，李万君还现场打样，再因人而异地逐个指导。初期，为了节省成本，学员们的焊枪头上绑着毛笔尖，蘸着墨水练习，后期才会“实弹”演练。

“孩子们也是非常着急，学得非常用心。他们中大多是郊区或农村的孩子，非常能吃苦。”李万君说。最终，400多名校企联办学员全部提前半年考取了国际焊工资格证书，满足了中国高铁快速发展的需要。至今，这些学员都已成长为公司转向架焊接的中坚力量。

随后，公司在此基础上成立了“焊工首席操作师工作室”，李万君以此为载体，专注焊工培养。2010年至今，他负责该工作室具体工作，采取“大”“小”穿插、“横”“纵”结合的方式，组织集中培训400多次，累计培训焊工2万多人次，帮助公司焊工考取国际、国内焊工资质证书6 000多项，满足了20多种车型的生产需要。

同时，“焊工首席操作师工作室”还是“劳模创新工作室”。李万君带领工作室成员，采取“请进来”“走出去”的方式，承担了吉林省包括中国一汽在内的各企业焊工技能交流传承活动，共计组织高技能人才培训20次，累计达2 500人次。

在近些年的全国及省市各级技能竞赛中，李万君的徒弟们屡获殊荣，在国际比赛中也取得了不俗的成绩。“这说明改革开放40多年后的今年，中国焊工的技能水平在世界上也是一流的。”李万君说。

回望参加工作的34年，李万君说自己亲眼见证了中国高铁事业从无到有、从制造到创造、从追赶到领跑的全过程，也见证了产业工人从默默无闻到备受尊重的全过程。在他看来，正是高铁大发展的机遇，才让他得以成长，并收获荣誉。

李万君用自己的坚守激励来者，“只要我们用工匠精神把每天的工作干好、干精，都会走出精彩的人生。”

任务考核与评价

阶段一：任务知识准备（30分）				
序号	考核要素	评价标准分值	自我评分（50%）	组内评分（50%）
1	是否积极参与任务书讨论，正确领会任务要求	5		
2	是否积极参与学习讨论，完全掌握学习内容	5		
3	是否积极参与计划制定，提出建设性计划内容	5		
4	是否制定了可行的任务方案	5		
5	是否认真履行个人角色，积极参与任务实施演练	10		

续表

阶段二：任务实施展示（70 分）				
序号	考核要素	评价标准分值	组间评分（50%）	教师评分（50%）
1	问题 1：请对比分析铸钢构架和焊接构架的优缺点	10		
2	问题 2：按构架的结构形式不同，有哪几种典型的构架结构？请列举说明采用各类构架结构的代表机车有哪些？	12		
3	问题 3：简述 HXD_3 型电力机车转向架构架的主要组成？	12		
4	问题 4：请解释构架焊接后为何要进行整体回火处理？	10		
5	问题 5：简述 HXD_1 型电力机车转向架构架的主要组成	12		
6	问题 6：李万君作为“工人院士”是铁路从业者的楷模，我们能从李万君身上学到哪些优良品质？	14		
总评分值				

任务拓展

——新材料应用——

中国中车全球首发“弓”系转向架：给轨道车辆装上“弹簧腿”

在 2022 年德国柏林国际轨道交通技术展览会上，中国中车面向全球发布了首个轨道交通车辆“弓”系转向架。

据介绍，转向架是轨道车辆的走行部，犹如人的双腿，是轨道车辆最核心部件之一，而“弓”系转向架采用全组装无焊接结构的碳纤维柔性构架，在承载车辆重量的同时，通过“弓”的减振特性，缓和车辆与铁路的相互作用，就好比为轨道车辆装上了“弹簧腿”，可以提升车辆的平稳性和舒适性。

“弓”系转向架采用零部件组合的绿色制造方式，可消除传统转向架生产过程中焊接、涂漆等工序的碳排放；关键部件采用碳纤维和石墨烯等材质，具有轻量化、强度高、耐腐蚀等特点，延长了转向架的使用寿命，减少了运营维护成本；应用永磁电机直接驱动等前沿技术，省去了传统转向架通过齿轮传动的环节，更加高效节能。与传统转向架相比，动力型“弓”系转向架减重 25%、非动力型减重 35%，车辆运行能耗减少 15%，轮轨磨耗降低 30%，全生命周期成本降低 15%。

更为重要的是，中车设计师将光纤传感器置于转向架中，并采用电控制动等智能装置，使“弓”系转向架具备监测自身健康状态、感知线路和车辆之间状态的功能，让列车运行更智能、安全、可靠。

强化练习

强化练习试题除涉及本任务介绍的知识与技能外，还可能涉及本任务未介绍的知识与技能，需通过阅读参考书、网络查找资料等方式进行自主学习后进行解答，在巩固课堂学习成果的同时，培养自主学习能力。

1.【填空题】侧梁是转向架构架的主要承载梁，是传递（　　）、（　　）和横向力的主要构件，目前电力机车车体和车上部质量几乎都是通过旁承支承在构架侧梁上的。

2.【填空题】机车转向架就设计和制造工艺而言，分为（　　）和（　　）。

3.【填空题】HXD_1 型电力机车转向架构架为“（　　）”字形构架。构架由侧梁、（　　）、前端梁和后端梁等组成。

4.【填空题】FXD_1 型电力机车转向架构架采用“（　　）”字形焊接钢结构。

5.【填空题】DF_{4B} 型内燃机车转向架的构架是“（　　）”字形钢结构。

6.【判断题】体悬式的牵引电动机全部或大部分悬挂在转向架构架上。（　　）

7.【判断题】悬挂装置中的弹簧调整（包括一系、二系悬挂）的主要目的是调整机车的轴重。（　　）

8.【判断题】对于速度较高的机车，机车振动加剧，其悬挂装置的特点是：一系软，二系硬，总的静挠度不大（主要由一系来提供）。（　　）

9.【判断题】目前电力机车一般采用两系悬挂装置。一系悬挂，又称主悬挂，设置在机车转向架构架与车架之间。（　　）

10.【单选题】轴悬式又称为（　　）式，可分为刚性轴悬式和弹性轴悬式两类。

A. 半悬挂　　B. 全悬挂　　C. 弹性悬挂　　D. 刚性悬挂

思考与小结：

任务复盘

补全任务 3.2 知识技能结构导图。

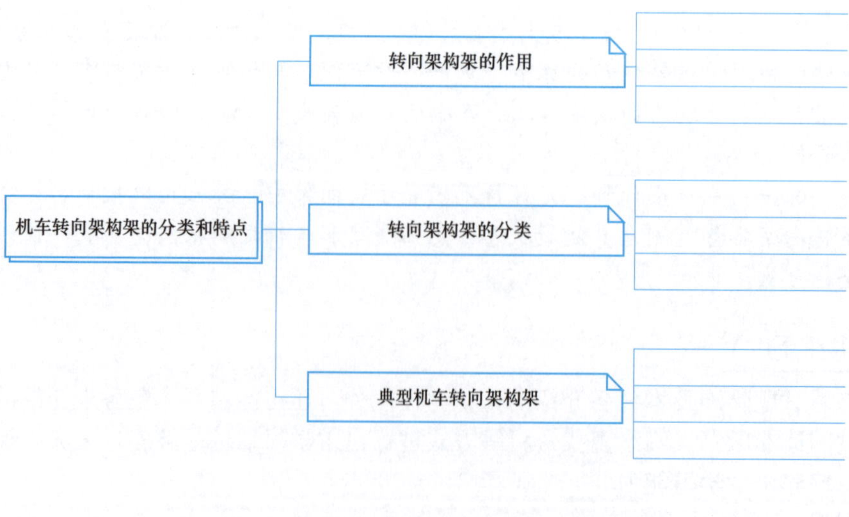

任务 3.3　机车传动装置认知

任务描述

机车轮对是由整体车轮、车轴和齿轮箱大齿轮组成的，其中，车轮和大齿轮采用压装配合方式与车轴组装到一起。机车传动装置主要由机车牵引电动机和齿轮箱等组成。机车在运行过程中，机车传动装置的牵引电动机获得电能后，带动齿轮箱小齿轮（主动齿轮）旋转，小齿轮与齿轮箱大齿轮（从动齿轮）通过齿轮啮合，进行速度调节，驱动机车车轮转动，使机车在轨道上产生牵引力，实现机车的运行。机车传动装置如图 3–22 所示。

图 3–22　机车传动装置

问题导入

先阅读问题，完成任务后再回答问题。

问题 1：轮对的构成和作用是什么？ 答：
问题 2：磨耗型踏面有哪些优点？ 答：
问题 3：整体车轮与组合车轮相比有哪些优点？ 答：
问题 4：分析机车齿轮传动装置的作用和分类方式。 答：
问题 5：单侧齿轮传动有何优缺点？ 答：

问题 6：弹性齿轮传动有哪些优缺点？ 答：
问题 7：简述弹性轴悬式电机悬挂方式的优点。 答：
问题 8：简要说明铁路移动装备的智能化和数字化对中国铁路高质量发展有哪些促进作用？ 答：

任务分析

教学目标	素养目标	思想道德素质：培养学生爱岗敬业、坚守岗位和勇于创新的职业精神 科学文化素养：培养学生刻苦钻研和严谨认真的职业素养，以更好地服务轨道交通行业发展
	知识目标	1. 理解电力机车转向架轮对的作用、组成 2. 理解典型电力机车转向架轮对的特点 3. 了解电力机车传动装置的作用、悬挂方式 4. 理解电力机车电机悬挂和齿轮传动的分类和比较
	能力目标	1. 理解电力机车转向架轮对的分类 2. 理解电力机车传动装置的分类
教学重点		1. 电力机车转向架轮对的作用、组成和分类 2. 电力机车传动装置的作用、悬挂方式和分类 3. 典型电力机车转向架轮对和传动装置的特点
教学难点		1. 电力机车转向架的作用和力的传递 2. 传动装置的作用、悬挂方式和分类 3. 典型电力机车转向架传动装置的特点

任务实施

知识点 3.3.1　轮对的作用及构成

1. 轮对的作用

轮对是机车走行部中最重要的部件之一。机车的全部静载荷都通过轮对传给钢轨；牵引电动机转矩经过轮对作用于钢轨，产生牵引力，通过轮对的滚动使机车牵引列车前进。当轮对沿着钢轨运动，在通过钢轨接头、道岔、辙叉及线路的各种不平顺处时，刚性地承受了全部垂直方向及水平方向的冲击。

车轮和车轴的组件称为轮对。铁道机车的轮对一般还包括传动大齿轮。因此，轮对一般由车轴、车轮（轮心和轮箍）和大齿轮（或从动齿轮）组成，轮箍热套在轮心上和车轴压装在轮心内，都会在轮对内部引起组装应力，因此，轮对承受着很大的静载荷、动载荷和组装应力，要求它有足够的强度。另外，由于轮对是簧下质量，为了减轻它对线路的动载荷，还要求尽可能减轻它的质量，这对于高速机车尤为重要。为了保证运行安全，应适当选择轮对部件材料，以确保轮对状态良好。因此，对于轮对的制造、维护应给予特别的重视，合理地选择轮对部件的材料，保持轮对处于良好的状态，是机车安全运行的必要条件。

2. 轮对的组成与组装

轮对一般由车轴、车轮和大齿轮组成，车轮又由轮箍和轮心组装而成。它们之间都采用过盈配合，用热套装、冷压装或注油压装的方式紧紧地装配在一起，如图 3-23 所示。

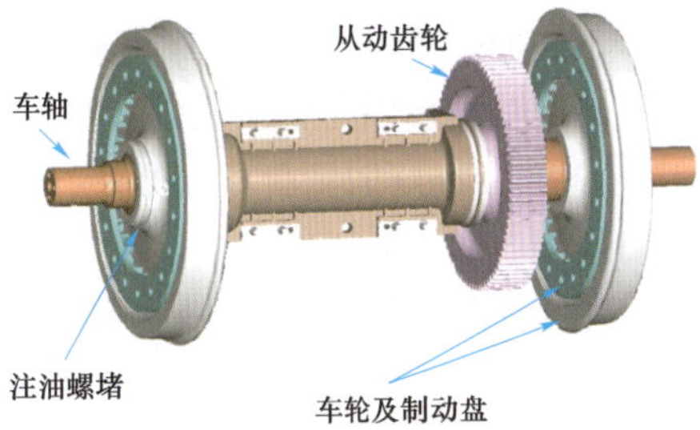

图 3-23　机车轮对结构图

1）车轴

车轴各部分因受力和用途不同，所以沿长度方向的直径也不相等，分为轴颈、轮座及轴身等部分。轴颈是轮对与轴箱的连接部分，轮座是压装轮心的部分，牵引电动机用抱轴承支承在抱轴颈上。

车轴在机车运行中，承受的较大复杂载荷有：机车自重和附加动载荷，由牵引电动机经从动齿轮传给轮对的扭矩，牵引力的弯曲作用，通过曲线时的侧压力，牵引电动机抱轴轴颈载荷等。由于上述力都是交变载荷，所以多数车轴的折损均由疲劳引起。实践证明，车轴的断裂都发生在以下三个区域：轴颈的圆肩部分、轮座的外缘部分、车轴的中央部分。所以在结构及工艺上应力求减小应力集中，以改善车轴的受力情况，具体措施如下。

（1）牵引从动齿轮不直接压在车轴上，而镶在长毂轮心上，以改善车轴的受力情况。

（2）轮座直径与抱轴直径之比定为 1.05～1.1，DF_{4B} 型内燃机车定为 1.12，且使抱轴颈直径大于车轴中央部分直径，以免磨损后产生应力集中。

（3）将长毂轮心里端制成喇叭状，以减小组装或运用过程中产生的应力集中。

（4）在任意两相邻轴肩交接处均采用较大的过渡圆角，DF_{4B} 型机车过渡圆弧半径为 20～75 mm，同时要求过渡圆角表面粗糙度要低。

在工艺上对轴颈、轮座及抱轴施以磨削加工，对抱轴须进行滚压加工，以提高耐疲劳强度。

车轴采用碳素钢锻制而成。车轴轮座外缘、各轴肩及轴身中央等处容易出现疲劳裂纹，检修时必须进行探伤检查。

2）轮心

对轮心有较高的强度和韧性要求，其材料用 ZG230-450 钢制成，为获得紧密的金相组织，常用离心法铸造。

轮心分为轮毂、轮辐和轮辋三个部分。

（1）轮毂：轮心与车轴的接触部分。在轮毂上钻一个斜孔，平时用螺堵密封。需要将轮心从车轴上取下时，可借专用高压油泵经此孔向配合面压油，当油压达 70～90 MPa 时，即可在顶床上将轮心退出。轮毂分为长毂轮心和短毂轮心两种，长毂轮心上加装牵引从动齿轮

（俗称大齿轮）。

（2）轮辐（辐板）：轮毂与轮辋的连接部分。轮辐向外倾（呈锥形），使车轮在垂直方向有一定的弹性，以减轻机车运行时轮轨间的冲击。轮辐上设有 2 个对称的工艺孔，便于轮心加工和轮心、轮对的吊装。

（3）轮辋：轮心与轮毂的接触部分。轮心在车轴上的组装可冷压也可热装，热装可提高结合力和防止结合面擦伤。其工艺是将轮心放在油浴炉内加温至 180～200℃，保持 20～30 min 后热套在车轴上。冷却至室温时，再做反压试验，以检查其配合牢固程度。一般要求在油压机上用 1 764～1 960 kN 压力反压 3 次，每次保持 10～20 s 不松动即为合格。

牵引从动齿轮与长毂轮心也采用热套配合，加热温度应不高于 200℃。

3）轮箍

轮箍采用 0.6%～0.7%的硅锰钢锻制而成，经热处理后的机械性能为：抗拉强度不低于 8.5 MPa，延伸率不低于 10%，硬度不低于 HBS241。

轮毂加热至 200～300℃套装在轮心上（俗称红套），配合过盈量应严加控制，不能过紧或过松。过紧会引起轮箍断裂，过松容易造成轮箍弛缓。DF_{4B} 型机车轮配合过盈量在 1.25～1.35 mm。套装好的轮箍和轮心应在接合处用黄色油漆涂防缓标记——径向线，以备运用中检查轮箍是否松动。

轮毂内缘做成高为 3.5 mm 的轮箍挡，用以在组装时定位。组装时，轮箍挡应与轮辋密贴，严格限制缝隙的大小和长度。

轮箍的断面如图 3-24 所示。轮毂与钢轨顶面接触部分称为踏面，轮与钢轨内侧面接触的凸缘部分称为轮缘。离轮缘内侧面 73 mm 处踏面滚动圆直径为车轮的名义直径。我国干线电力机车车轮直径规定为 1 250 mm，其中：内燃机车车轮直径规定为 1 050 mm，左右两轮缘内侧距离为（1 353±3）mm，此尺寸保证了轮缘与钢轨有一定间隙。在轮对安装时必须严格检查尺寸，以使机车在直线上能稳定、安全地运行。

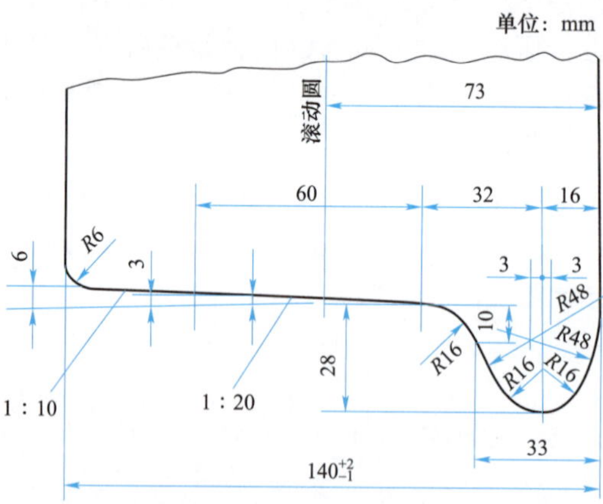

图 3-24　轮毂的断面

知识点 3.3.2　踏面形状

为了使轮对在钢轨上平稳运行，顺利通过曲线和道岔，减小踏面和轮缘的磨耗，延长使用寿命，对轮缘和踏面的外形尺寸有统一的规定，在加工后应使用样板进行检查。我国所规定的机车轮箍外形如下。

（1）轮缘的厚度为 33 mm，高度为 28 mm，轮缘外侧与水平面成 65°角（称为轮缘角）。轮缘的作用是导向，适当的轮缘角能保证机车安全通过曲线，并防止通过道岔时跳上钢轨。

（2）轮缘内侧面有倒角，以便引导车轮顺利通过护轨。

（3）踏面上有 1∶20 及 1∶10 的两段斜面，在外侧有 5×45°倒角。1∶20 的一段斜面经常和钢轨接触。

踏面上有两段斜面，在运行时的优缺点如下。

（1）通过曲线时减少滑行，减轻轮轨磨损。因为当轮对在曲线上运行时，随着轮对向外偏移，内、外轮以不同直径在内、外轨上滑动，内轨上滑动的距离小于外轨上滑动的距离，这样就减少了外轮滑行，从而减轻了轮轨的磨损。

（2）踏面上 1∶20 的斜面可使踏面磨耗到一定的程度时也能安全地通过道岔。因为 1∶20 的斜面经常与轨面接触，磨耗较快，使踏面形成凹陷，轮对进入小半径曲线或道岔时可能产生剧烈跳动。为避免这种现象，在 1∶20 的斜面外侧有一段 1∶10 斜面，1∶10 斜面仅在小半径弯道上才与轨面接触，这样就能顺利地通过曲线。同样，在踏面磨损到一定程度时也能安全通过道岔。

（3）在直线运行时轮对能自动对中，使轮箍磨耗均匀。踏面因有斜度，轮对在直线运行时因两轮以不同直径滚动，形成轮对的蛇行运动。这种蛇行运动可使轮对自动对中，有利于防止轮缘单靠，有利于降低轮缘和车轴端面的磨耗，使轮缘磨耗均匀。

（4）随着机车速度提高，蛇行运动会引起机车横向振动的加剧，使机车运行品质恶化，即机车在直线高速运行时，蛇行运动将加剧机车的水平振动，不断横向打击钢轨，严重时将导致机车脱轨。所以高速机车多用 1∶40 代替 1∶20 的斜率，以改善机车高速运行时的稳定性，实践证明，横向振动的恶化程度有所减轻，但踏面磨耗后，斜率显著增大，机车仅走行 5 万～8 万 km 就要旋轮。

为确保机车运行安全，轮箍磨耗到规定限度时需进行旋修。按照《铁路技术管理规程》（普速铁路部分）规定，轮缘的垂直磨耗量不超过 18 mm，并无碾堆；车轮踏面磨耗深度不超过 7 mm；车轮踏面擦伤深度不超过 0.7 mm。

锥形踏面与钢轨的接触面积很狭小，因此产生局部磨耗，使车轮踏面呈凹形，当踏面达到某种凹形程度时，外形便相对稳定。如果把踏面外形设计成磨耗型，踏面接触条件就能稳定。因此国外在 20 世纪 60 年代就提出了磨耗型踏面（或称凹形踏面，又称曲形踏面）的设计，磨耗型踏面的优点如下。

（1）延长旋轮公里，减少旋轮时的车削量。

（2）在同样接触应力下，允许更大的轴重。

（3）减小曲线上的轮缘磨耗。

磨耗型踏面的磨耗为平行磨耗，即磨耗时与原来的形状比较接近（锥形踏面的磨耗为凹陷状），因此运行品质能较长期地保持稳定，而且每次旋轮的车削量小，轮箍寿命长。

磨耗型踏面有减少轮缘磨耗的作用，因为具有锥形踏面的车轮向钢轨贴靠时，轮轨间呈两点接触，如图 3–25 所示，轮缘与钢轨的接触点 C 位置偏前，车轮转动时相对速度大，轮缘磨耗快。磨耗型踏面由于从踏面到轮缘的过渡是连续的，轮轨间呈一点接触、接触点 C' 的位置随轮缘力的大小而变化，接触处的轮缘角随轮缘力增加而增大，因此，车轮转动时，轮缘对钢轨的相对速度小，通过曲线时轮缘磨耗就减少。一般机车走行 10 万 km，磨耗型踏面轮缘磨耗量为 4.82 m，而 1∶20 锥形踏面轮缘磨耗量为 10.6 mm。

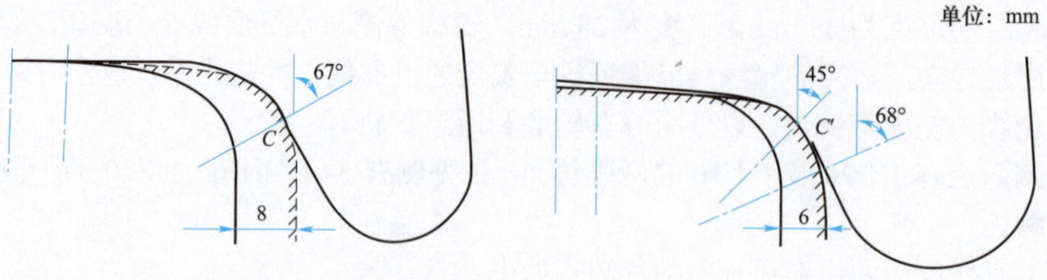

(a) 1∶20锥形踏面　　(b) 曲线踏面

图 3-25　轮轨的接触

现在，我国铁路已把磨耗型踏面定为标准轮箍外形，机车车辆车轮用轮缘踏面外形主要有五种，LM、LM_A、JM、JM_2、JM_3。JM_2、JM_3 型轮缘踏面外形及轮廓尺寸分别如图 3-26 和图 3-27 所示。

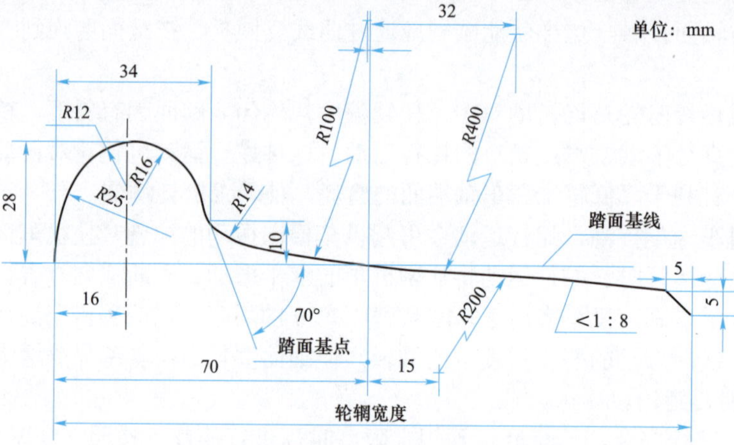

图 3-26　JM_2 型轮缘踏面外形及轮廓尺寸

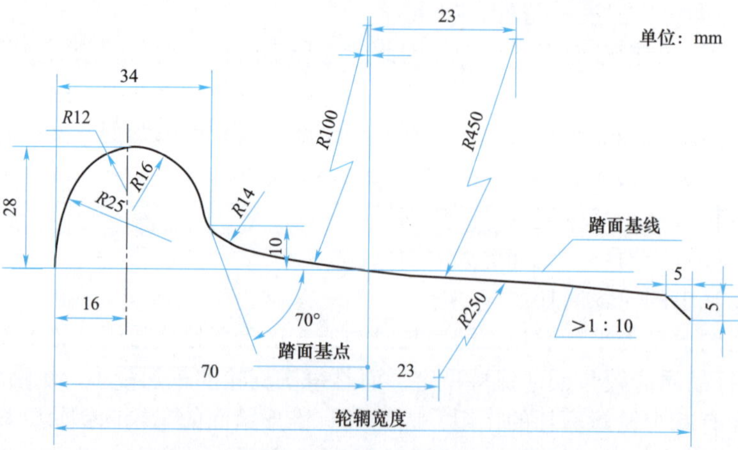

图 3-27　JM_3 型轮缘踏面外形及轮廓尺寸

过去我国内燃机车的车轮大都采用带有轮箍的组合式车轮，当时有些国家已经采用改进结构的整体式车轮，如苏联在 20 世纪 60 年代就在内燃机车上试装整体辗钢车轮，美国和日本也已在内燃机车上试用铸钢整体车轮，到 20 世纪 80 年代中期，美国整体铸钢车轮的产量已占车轮总产量的 80%。我国 21 世纪初的 SS_9 型电力机车和 HXN_5 型内燃机车开始使用整体辗钢车轮，目前和谐型电力机车大都采用整体式车轮。

整体式车轮与组合式车轮相比，其优点如下。

（1）随着列车速度的提高，不再存在轮箍松弛的问题。

（2）可以减小簧下质量，改善轮轨间的动作用力（如同时去掉长毂轮心，则每一轮对可减少约 500 kg 质量）。

（3）整体车轮比组合车轮生产成本低（即使整体车轮因旋削到限而报废，仍然是经济的）。

（4）整体车轮直径的旋削限度可以比组合车轮小，故使用寿命也有保证。

知识点 3.3.3 齿轮传动的分类

牵引电动机在机车上一般采用弹簧悬挂的安装方法，以减小动作用力对电机和线路的破坏作用。牵引电动机输出的功率和转矩，必须传递到机车的轮轴上，才能发挥其牵引作用。传动装置就是实现功率、转矩在电机和轮轴间传递的装置。

1. 齿轮传动的基本分类

（1）齿轮传动可分为单侧齿轮传动和双侧齿轮传动。单侧齿轮传动又叫单边齿轮传动，双侧齿轮传动又叫双边齿轮传动，如图 3-28 所示。

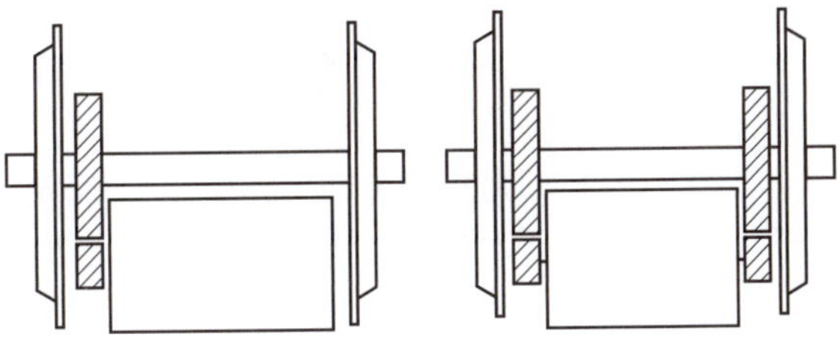

(a) 单侧齿轮传动　　(b) 双侧齿轮传动

图 3-28 齿轮传动

单侧齿轮传动的优点是牵引电动机的轴向尺寸可以加大，结构也较简单，制造成本低；缺点是传动时轮对受到偏于一侧的驱动力，左右车轮的受力不同。双侧齿轮传动的优点是传动时轮对受力均衡，左右车轮同时受到相同的驱动力，有利于提高运行品质；缺点是牵引电动机的轴向尺寸受到限制，结构复杂，制造成本增加。

（2）根据齿轮种类，齿轮传动可分为斜齿圆柱齿轮传动和直齿圆柱齿轮传动。单侧齿轮传动，一般用直齿轮，不用斜齿轮；双侧齿轮传动，一般用斜齿轮，不用直齿轮，而且双侧齿轮的齿斜方向要相反。这是因为直齿轮在啮合传动时，其啮合力仅仅作用在齿轮的切向，不存在轴向的分力；斜齿轮在啮合传动时，其啮合力是垂直于齿斜方向的，不仅有切向分力，而且有轴向分力，如图 3-29 所示。

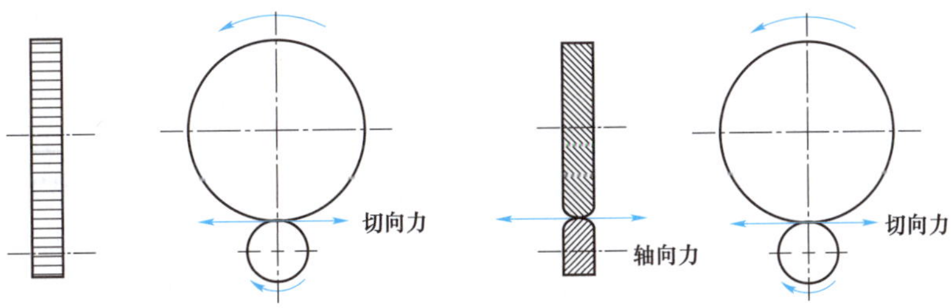

(a) 切向分力　　(b) 轴向分力

图 3-29 齿轮啮合力

单侧齿轮传动如果采用斜齿轮，其轴向力将可能引起轮对贴靠一侧钢轨运行；双侧齿轮传动如果用直齿轮的话，在轮对组装时必须保证双侧大齿轮齿形对应的精确度，否则必然引起双侧齿轮不能同时进入啮合，或双侧齿轮啮合力不等的问题。采用斜齿轮，并且双侧齿斜方向相反，则轴向力也相反，齿轮安装的误差，可由轴向力差值引起的轮对微小横动来得到纠正，这就保证了双侧齿轮传递转矩的均匀性。

（3）根据大齿轮轮心的结构，齿轮传动可以分为弹性齿轮传动和刚性齿轮传动。如果把大齿轮分为齿圈和齿轮心两部分，两部分互相用弹簧或橡胶组装在一起，则为弹性齿轮传动；大齿轮心如果制成刚性结构，则为刚性齿轮传动。至于小齿轮，一般都是刚性的。

2. 齿轮传动的比较

（1）弹性齿轮传动的优点是改善了沿齿宽方向的应力分布；能缓和来自钢轨的冲击，啮合力的传递比较柔和；改善了牵引电动机的工作条件。其缺点是增加了齿轮结构的复杂性，增加了制造成本。

（2）刚性齿轮传动的优点是结构简单，制造维修成本低；缺点是啮合条件差，齿轮磨损大，传动冲击大，对牵引电动机不利。

（3）在牵引电动机和齿轮传动的匹配设计中，传动比是一个重要的技术参数。传动比是从动齿轮齿数与主动齿轮齿数之比。由于牵引电动机转速高，轮对的转速低，所以机车上都是减速齿轮传动。减速齿轮传动，既可保持牵引电动机在高效率的转速范围内工作，又可以加大轮对的转矩，使机车在适宜的运行速度下充分发挥牵引力。

在选择齿轮的齿数和传动比时，必须力求轮齿的工作能均匀协调。在机车上，作用在齿轮圆周上的作用力是经常变化不定的，而且主、从动齿轮材质不同，表面硬化程度不同，因此，所选择的传动比的数值应当尽可能是个无理数，即无限不循环小数，或者是个无限循环的有理数。这样，一个齿轮上的每个轮齿将有机会同另一个齿轮上所有的轮齿啮合，以使轮齿得以均匀磨损。例如：HXD_3型电力机车齿轮传动比为 101/21，DF_{4B}型内燃货运机车齿轮传动比为 4.5。

一般高速客运电力机车的传动比取值偏低，货运电力机车传动比取值偏高。

知识点 3.3.4　电机悬挂的分类

电机悬挂方式和传动装置，有着不可分割的关系。不同的电机悬挂方式，传动装置也不同。根据牵引电动机和减速箱（齿轮箱）在转向架上的安装方式不同，牵引电动机的悬挂方式主要可分为架悬式、体悬挂、轴悬式三大类。轴悬式又称为半悬挂式，架悬式和体悬挂又称为全悬挂式。而轴悬式还有刚性及弹性之分。目前我国大多数内燃机车采用刚性轴悬式，简称轴悬式。

1. 刚性轴悬式电机悬挂

刚性轴悬式驱动装置是将牵引电动机的一端，经由抱轴瓦或滚动轴承刚性地支承在车轴的抱轴颈上，这一端叫作抱轴端，另一端通过牵引电动机悬挂装置弹性地悬挂在转向架构架横梁上，这一端叫作悬挂端，如图 3-30 所示。

这种悬挂方式结构简单，检修容易，拆装方便（在不起吊机车车体的情况下，牵引电动机可以在落轮坑内卸下），工作可靠，制造容易，成本低廉，广泛地用于国内外电力机车上。

这种悬挂方式的缺点主要有两点：一是簧下重量大（牵引电动机约一半的重量，属于簧下“死”重量），轮轨动载荷大；二是来自线路的冲击，直接传至牵引电动机，电机垂向加速度大，影响其工作可靠性及使用寿命。这一点在高速机车上表现尤其严重。通常认为，机车最大运用速度超 140～160 km/h，就应该采用牵引电动机全悬挂。

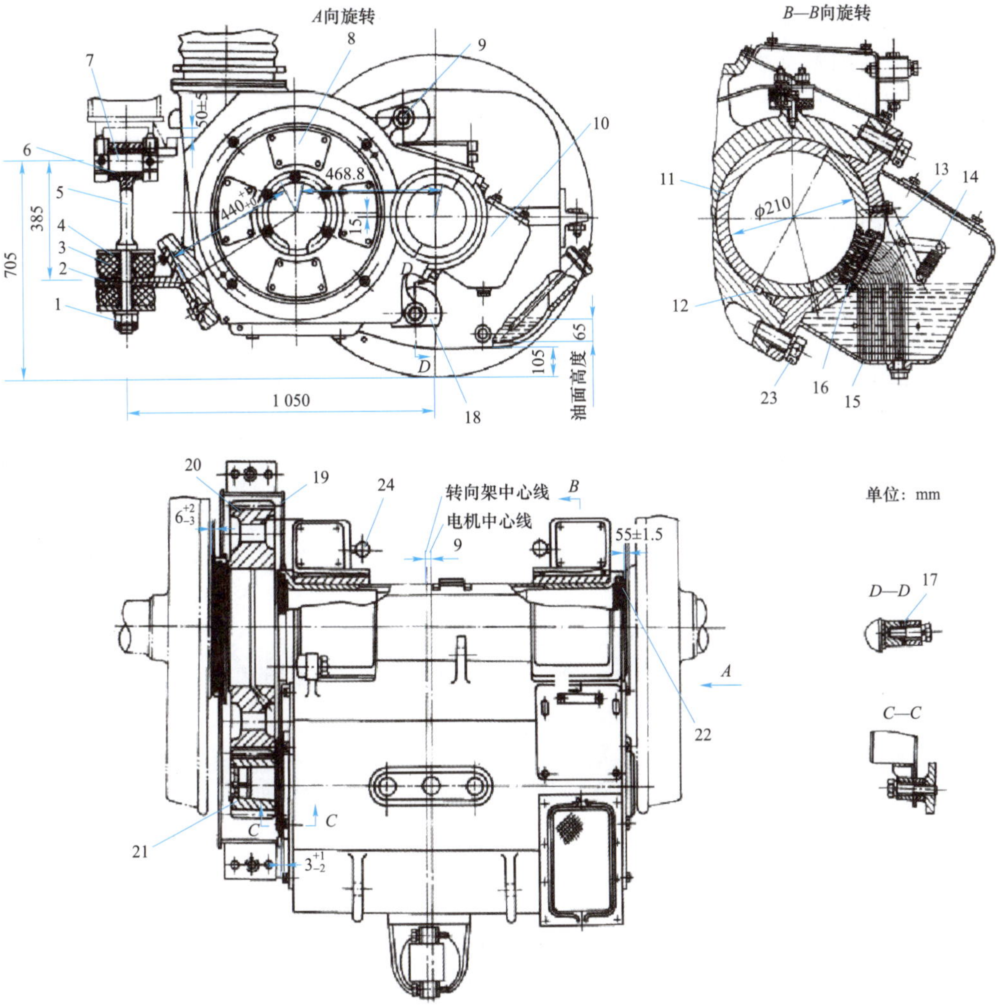

1—螺母；2—导杆座；3—橡胶座；4—垫板；5、6—吊杆；7—心轴；8—牵引电动机；9、23—螺栓；10—抱轴轴承座；11—抱轴瓦；12—键；13—刷架；14—弹簧；15—毛线垫；16—刷架框；17—调整垫片；18—座；19—齿轮罩；20—从动齿轮；21—主动齿轮；22—密封圈；23—油杯；24—防尘罩

图 3-30 刚性轴悬式驱动装置

2. 弹性轴悬式电机悬挂

弹性轴悬式电机的结构与刚性抱轴式电机相似，如图 3-31 所示。

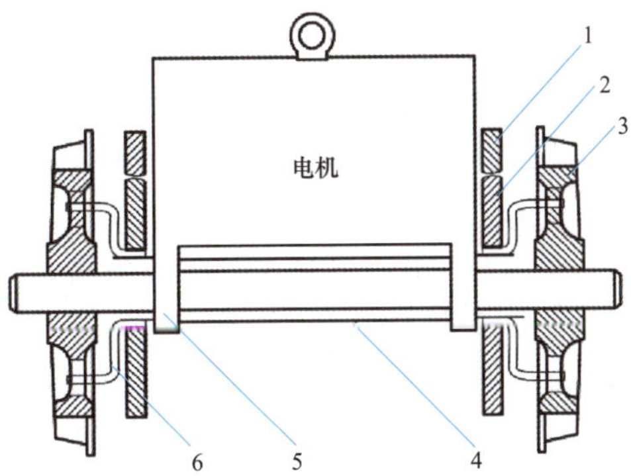

1—小齿轮；2—大齿轮；3—橡胶件；4—空心轴；5—抱轴承；6—驱动件

图 3-31 弹性轴悬式电机

牵引电动机的一端悬挂在转向架构架上，另一端仍通过抱轴承支承，但抱轴承不是直接支承在车轴上，而是支承在车轴外面套装的空心轴上，从动大齿轮也是固定装配在空心轴的端部。空心轴的两端再通过弹性元件支承在轮心上。牵引电动机传至大齿轮的力矩通过空心轴、弹性元件传至轮对。空心轴与车轴一同旋转。因此，装在轮心上的弹性元件既要支承牵引电动机约一半的质量及空心轴和大齿轮质量，还要传递牵引电动机传来的力矩。

由于牵引电动机的一半重量支承在轮对上，但中间经过了弹性元件，故称为弹性轴悬式。

这种悬挂方式的优点是减轻了动作用力的危害，有利于延长电机寿命和齿轮的正常啮合，也有利于提高机车的黏着性能。

3. 架悬式电机悬挂

架悬式电机悬挂的牵引电动机全部悬在转向架构架上，因此牵引电动机全部重量属于簧上重量，这就大大减小了簧下“死”重量，适应了高速运行的需要。同时，因线路不平顺和冲击所引起的轮对垂向和横向加速度，不会直接传到牵引电动机和牵引齿轮副上，电动机和齿轮副的工作条件大为改善，故障率减少，工作寿命延长。

架悬式悬挂的技术难题，是如何可靠地解决齿轮传动的啮合问题，因为牵引电动机布置在转向架构架上，它的振动规律和轮对的振动规律不一致，而大齿轮又必须装在轮轴上，在这种情况下怎样保证齿轮啮合的可靠性，的确是件困难的事。

解决架悬式电机悬挂的齿轮传动问题，各国采用的结构方案有很多。按驱动装置中弹簧联轴器的布置位置，架悬式驱动装置可分为三大类。

（1）轮对空心轴一级弹性驱动装置［见图 3-32（a）］。弹性联轴器置于空心轴与轮对之间，空心轴套在车轴外面，大齿轮直接固装在空心轴上，大齿轮的扭矩由空心轴两端经弹性联轴器传至左右轮对。

（2）轮对空心轴两级弹性驱动装置［见图 3-32（b）］。一个弹性联轴器联结大齿轮轮心与空心轴端部，另一个弹性联轴器置于空心轴的另一端与车轮轮心之间。大齿轮的扭矩经弹性联轴器驱动空心轴，空心轴的另一端又经弹性联轴器把扭矩传给该侧车轮，再通过车轴传至另一侧车轮。

我国的 SS_9 型电力机车采用此种驱动装置。

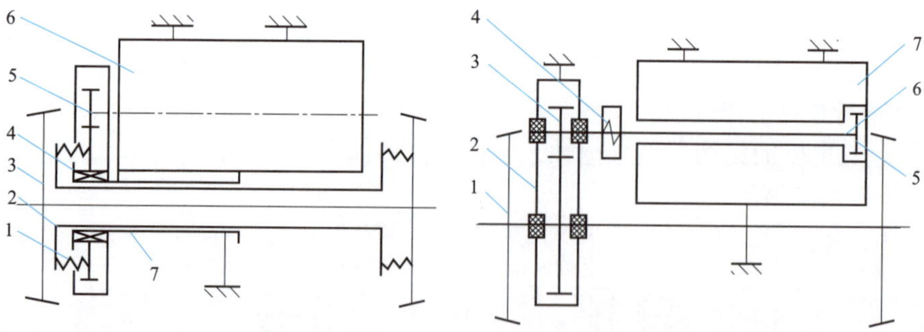

(a) 轮对空心轴一级弹性驱动装置

1—弹性元件；2—空心轴；3—轮对；4—轴承；5—牵引齿轮；6—牵引电动机；7—空心轴套

(b) 轮对空心轴两级弹性驱动装置

1—轮对；2—齿轮箱；3—小齿轮；4—弹性联轴器；5—牵引电动机；6—扭轴；7—齿形联结器

图 3-32　架悬式驱动装置

（3）电机空心轴驱动装置（见图 3-33）。弹性联轴器布置在扭轴端部与小齿轮之间，扭轴伸在空心的电枢轴内，扭轴内端通过齿轮联轴器与空心电枢轴相联。牵引电动机产生的扭矩经过空心电枢轴、齿轮联轴器、扭轴、橡胶、联轴器、小齿轮、大齿轮，传给轮对。

由上可知，不论采用哪种方案，都不可避免地带来了传动结构复杂、工艺要术高、制造和维修更加困难、成本增加等问题。

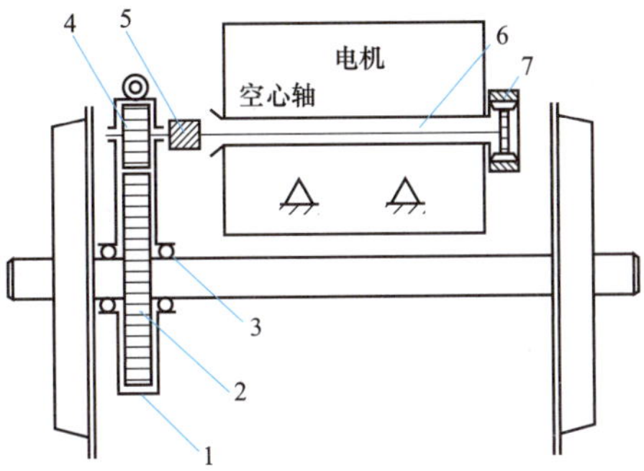

1—齿轮箱；2—大齿轮；3—滚动轴承；4—小齿轮；5—橡胶联轴节；6—旋转轴；7—内外齿联轴节

图 3-33　电机空心轴驱动装置

4. 牵引电动机体悬挂

体悬式的牵引电动机全部或大部分悬挂在车体上。机车的最大运行速度超过 200～250 km/h 时，为了进一步改善机车的动力学性能，通常把牵引电动机悬挂在车体的底部，使其成为二系弹簧以上的质量。这样，转向架的重量、转动惯量就会大为减小，更容易保持转向架高速运行时的蛇行稳定性，对减轻轮轨的垂向及横向动载荷也有所帮助。

图 3-34 所示为法国阿尔斯通公司 TGV 动力车的驱动装置。牵引电动机悬挂在车体上，其扭矩通过齿轮箱（装在车体上）、万向轴、小齿轮、大齿轮传至轮对。

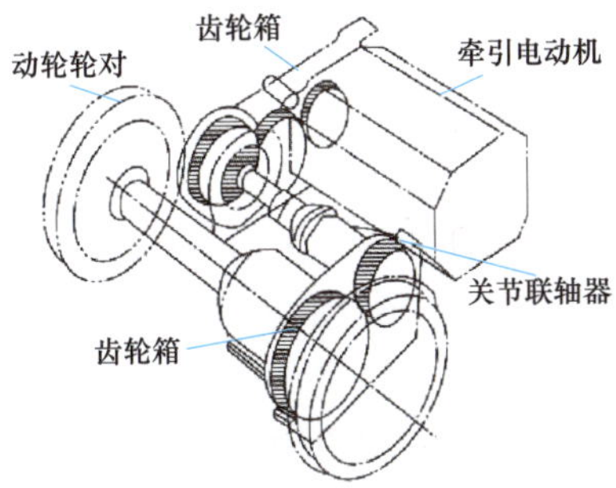

图 3-34　法国阿尔斯通公司 TGV 动力车的驱动装置

体悬式的牵引电动机，其驱动机构必须适应车体与转向架之间的相对运动及转向架与轮对之间的相对运动。万向关节联轴器就是用来适应车体与轮对之间的相对运动的，包括垂向、横向及回转方向的相对位移。此传递扭矩的万向轴必须制成长度能伸缩的，以适应车体与轮对间较大的相对运动。

知识点 3.3.5　典型机车齿轮传动及电机悬挂装置

1. HXD_3 型电力机车齿轮传动及电机悬挂装置

HXD_3 型电力机车电动机悬挂方式为滚动抱轴式半悬挂。牵引电机一端通过滚动抱轴箱装配支承在车轴上，另一端通过一根两端带橡胶关节的吊杆弹性悬挂在构架的横梁和后端梁上。电动机悬挂装置的吊杆一方面承受牵引电机的静载荷，另一方面承受牵引电机工作时产生的反力，同时在牵引电机工作过程中，它可以随电机纵向和横向自由摆动，并且橡胶关节可以衰减牵引电机传给构架的振动。

电动机悬挂装置由牵引电动机、吊杆装置和螺栓等组成，如图 3-35 所示。

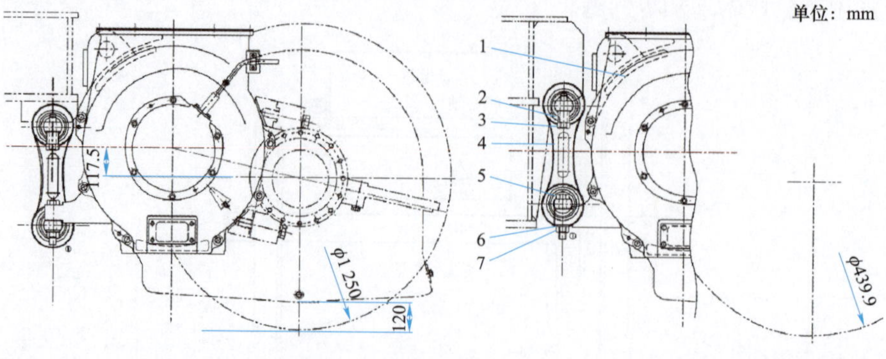

(a) 第2、3、4、5轴电机悬挂　　(b) 第1、6轴电机悬挂

1—牵引电动机；2—螺栓套管；3—螺栓 M30×130；4—吊杆装置；5—螺栓 M30×160；6—垫圈；7—螺母 M30

图 3-35　电动机悬挂装置

注意：在检修时应当注意电机吊杆螺栓的紧固力矩，一定要按规定的力矩紧固。运用中也要经常检查该螺栓是否有松缓的现象。电机吊杆是两端都带有橡胶关节的 42CrMo 锻钢零件。

2. HXD_1 型电力机车齿轮传动及电机悬挂装置

HXD_1 型电力机车转向架的传动装置采用抱轴驱动，主要由牵引电机、抱轴箱、传动齿轮、齿轮箱等组成。

1）传动齿轮

为进一步提高 HXD_1 型电力机车牵引齿轮的传动质量和可靠性，降低初始啮合时的动载荷、减小偏载、降低噪声，在设计时必须实施啮合修形方案，实施啮合修形以抵消齿轮加工误差、安装误差，以及齿轮变形造成的不利因素，改善齿轮的承载能力，降低噪声，减轻啮合开始时的冲击和滑动速度，有利于润滑油膜的形成，从而提高齿轮轮齿的抗咬合能力和耐磨性。轮齿的齿向修形是齿轮在工作状态下齿面均匀接触，减小载荷集中（偏载）的一个有效途径。HXD_1 型电力机车牵引齿轮的啮合修形分别实施为主动齿轮的齿廓修形和齿向修形、从动齿轮的齿廓修形。

由于小齿轮的结构强度限制，其与电机轴的配合采用了内锥式的独特结构，锥度为 1:20，压入量为 4.4 mm，如图 3-36 所示。

2）齿轮箱

HXD_1 型电力机车齿轮箱采用了独特的密封结构，如图 3-37 所示，车轮侧的迷宫密封与箱体做成一体，电机侧的迷宫密封采用球墨铸件，其结构既保证齿轮箱的密封，又保证齿轮

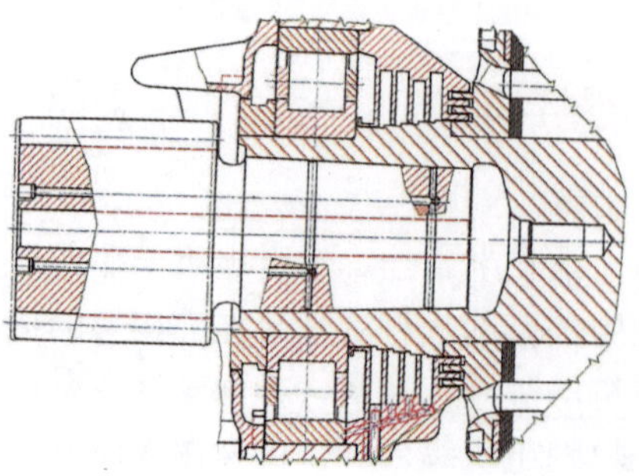

图 3-36　小齿轮与电机的连接

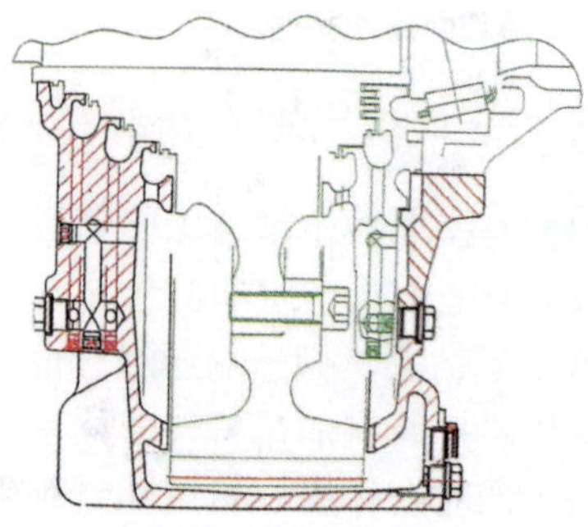

图 3-37　齿轮箱密封结构

润滑油不进入抱轴箱；箱体两边的迷宫密封均设置了合理的回油孔，实现了润滑油的合理回流并实现电机传动端轴承的油润滑。齿轮及电机传动端轴承润滑采用 SHC80W-140 润滑油润滑；滚动抱轴承采用 SHC220 合成润滑脂润滑。

为防止齿轮润滑油溅入抱轴箱轴承，靠电机侧（内侧）的齿轮毂设计为与齿轮侧密封环构成多重迷宫动密封，并带有两层台阶甩油环槽，齿轮箱侧密封环设计有长臂回油通道，可以使飞溅的润滑油回流到齿轮箱内，通道底部可以沉淀油泥，油泥可从底部螺堵处去除；车轮侧（外侧）的齿轮毂设计为四层台阶甩油环槽结构与齿轮箱迷宫式台阶领圈形成相应的动密封，齿轮箱的领圈下部凹槽处也设计有回油通道，通道底部可以沉淀油泥，油泥可从底部螺堵处去除。这种借助齿轮箱与齿轮（毂）本身的有机合理设计动密封技术，结构极为紧凑，设计理念非常先进，减少了零部件的数量，并使驱动单元系统润滑具有非常好的密封效果，基本可以保证机车运行一个中修期不会有漏油情况。

HXD_1 型机车齿轮箱体采用了铝合金材料，其牌号为符合欧洲标准的 AL-SI7MGWA 铸造铝合金，铝合金的采用极大地减轻了传动装置的质量。齿轮箱结构如图 3-38 所示。

3）抱轴箱

抱轴箱主要由抱轴箱体、圆锥滚子轴承，以及轴承间隙调整垫、非传动端密封环及轴领等组成，是驱动单元的一个关键部件，也是牵引电机抱轴式悬挂驱动的悬挂点所在。抱轴箱轴承采用的圆锥滚子轴承具有陶瓷绝缘性能，这种绝缘性能是目前世界上最新的轴承技术，也是国内机车行业首次采用轴承本身绝缘技术，它能够防止轴承产生电蚀，确保轴承的安全运用，延长轴承的维护使用周期，从而提高轮对驱动系统的可靠性能，抱轴承采用高性能合成润滑脂润滑。圆锥滚子轴承在最终装配状态时，抱轴箱具有一定的横动量，以保证整个驱动系统具有一定的横动量，可适应较小的横向运动。

HXD_1 型电力机车抱轴箱为球墨铸铁，铸件的外部不允许有裂纹。抱轴箱结构如图 3-39 所示。

牵引电动机与抱轴箱合口面由圆柱销定位，并通过 8 个 M30 螺栓刚性连接。为便于拆卸，抱轴箱设计有工艺螺栓孔结构。

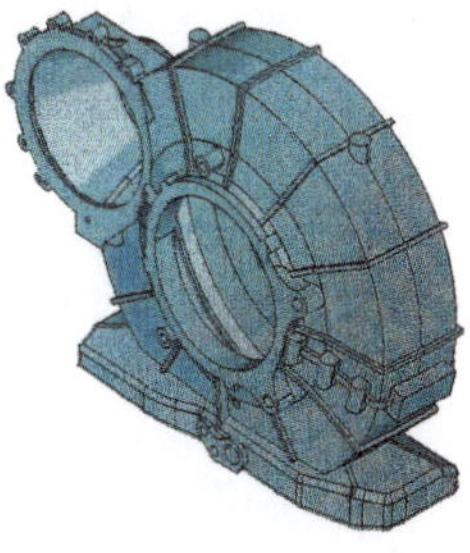

图 3-38 齿轮箱结构

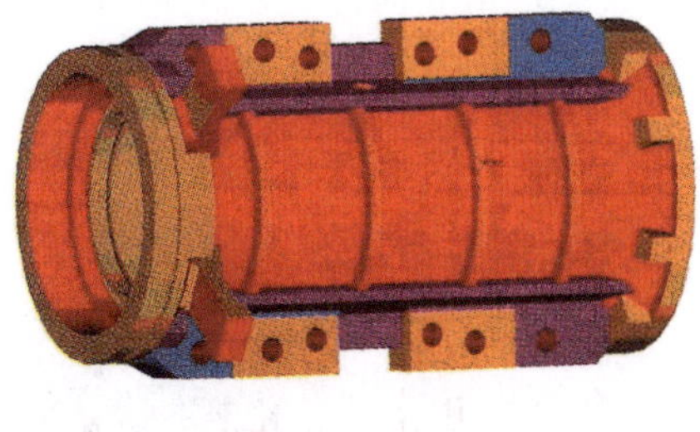

图 3-39 抱轴箱结构

齿轮箱大端的电机侧分别通过 2 个支点与电机及抱轴箱连接，使齿轮箱的固定成为超静定结构，连接方式为双螺纹（套筒式）无级间隙调节机构，这种设计可以根据齿轮箱实际安装间隙来进行调节，不需使用等级调整垫圈，可以做到间隙无级调节，以弥补齿轮箱的加工及安装误差，从而实现齿轮箱的无应力安装，改善齿轮箱的受力状态，是一种较先进的抱轴式齿轮箱安装方式。

3. FXD_1 型电力机车齿轮传动及电机悬挂装置

FXD_1 型电力机车弹性架悬式驱动装置由牵引电机、齿轮空心轴传动装置、电机悬挂横梁组成一个刚性整体，通过摆杆和电机悬挂座弹性地悬挂于构架上，如图 3-40 所示。大齿轮箱为承载式结构，采用 G–AlSi7Mg 铸造铝合金。小齿轮箱亦为承载式结构，采用球墨铸铁，为国内外成熟的六连杆空心轴传动结构，满足了高速传动的需要。

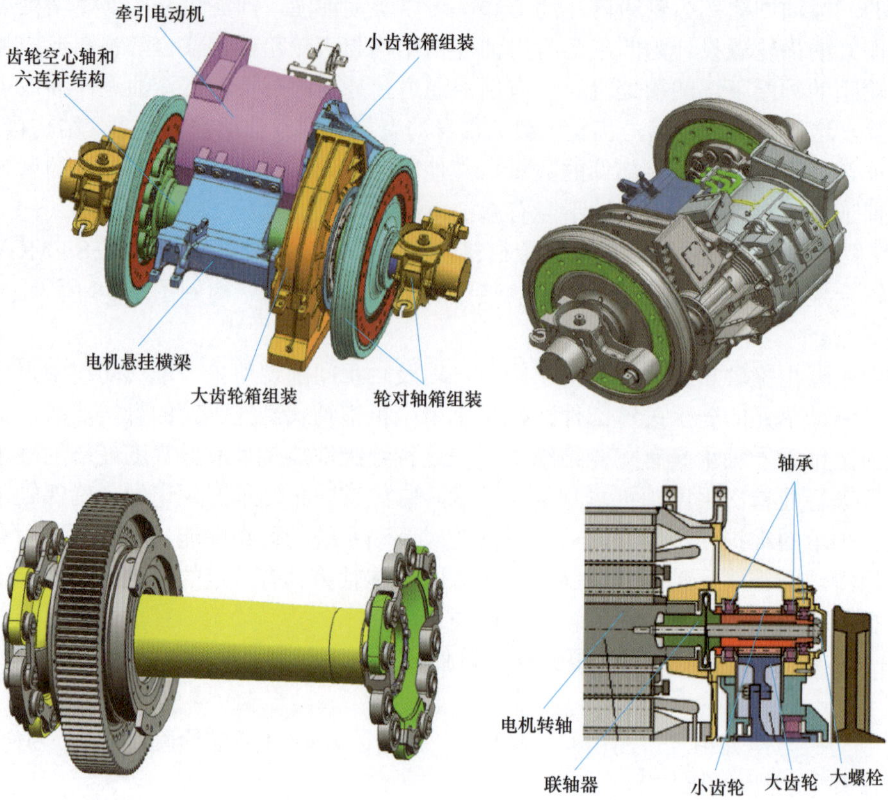

图 3-40　FXD_1 型电力机车齿轮驱动装置

驱动装置（含电机）通过三点式悬挂于构架上。电机悬挂装置还备有防电机脱落装置。电机悬挂装置摆杆端还设置有耦合减振器和限位止挡。平直道停靠时限位止挡间隙为 10 mm。FXD_1 型电力机车驱动装置悬挂如图 3-41 所示。

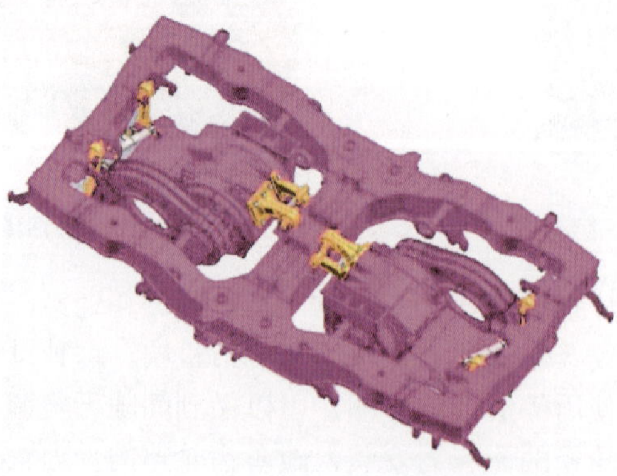

图 3-41　FXD_1 型电力机车驱动装置悬挂

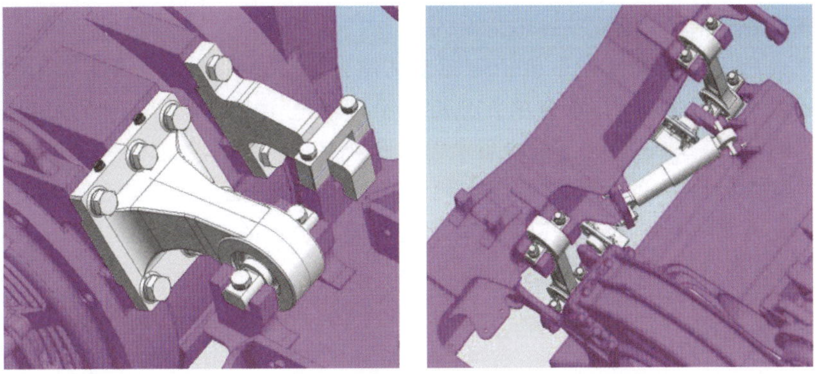

图 3-41 FXD$_1$型电力机车驱动装置悬挂（续）

素养与职业

齿轮传动系统智能化生产助力中国铁路追求极致质量

中国中车戚墅堰机车车辆工艺研究所有限公司（简称中车戚墅堰所）建有齿轮传动系统智能车间，综合应用先进智能制造技术，助力中国高铁追求极致质量。

齿轮传动系统智能车间搭建涵盖智能设计、智能运营、智能制造和智能决策的综合平台，无缝集成三维一体化、ERP 和 MES 系统，实现产品研发、工艺设计、仿真验证、制造执行及物料配送的自动化、网络化、智能化，车间运营成本降低 20%，产品研制周期缩短 50%，生产效率提高 30%。

从制造到智造追求极致质量

高铁是代表中国自主品牌的一张金名片。2016 年，中国标准动车组“金凤凰”与“蓝海豚”以时速 420 km 会车，创世界之最。

齿轮传动系统是高铁能量转换与传递的关键核心部件，相当于汽车的变速箱，其技术水平直接决定了高铁的性能。高铁引进之初，齿轮传动系统的技术、工艺等均为国外企业垄断，不仅价格昂贵，而且质量问题频发，掐住了高铁建设的“七寸”。

自 2007 年起，中车戚墅堰所开始攻关高铁齿轮传动系统。依托近 40 年齿轮传动系统研发制造经验，中车戚墅堰所 80 多名技术骨干连续 5 年攻坚克难，先后建设了 8 个试验台，进行了上千次试验，试制了 5 代样机，成功突破产品设计、材料工艺及试验验证等方面的瓶颈技术，完成高铁列车齿轮传动系统全面自主化研制，产品全面覆盖时速 160～350 km 全速度等级。高铁齿轮传动系统如图 3-42 所示。

图 3-42 高铁齿轮传动系统

轨道交通智能制造排头兵

中车戚墅堰所研发的高铁列车齿轮传动系统是国家《三基产业“十二五”发展规划》中最具标志性的成果，已获专利70余项，先后获中国铁道学会特等奖、中国发明专利优秀奖、中国机械工业科学技术奖一等奖、第四届中国工业大奖、国家科学技术进步奖二等奖等，并不断通过智能手段让产品智能化起来，实现智能诊断和预警；通过数据收集和分析加快技术优化，持续推进轨道交通领域智能改造和服务，瞄准更高速度、更高可靠性、更高安全性来发展齿轮传动系统。

任务考核与评价

阶段一：任务知识准备（30分）				
序号	考核要素	评价标准分值	自我评分（50%）	组内评分（50%）
1	是否积极参与任务书讨论，正确领会任务要求	5		
2	是否积极参与学习讨论，完全掌握学习内容	5		
3	是否积极参与计划制定，提出建设性计划内容	5		
4	是否制定了可行的任务方案	5		
5	是否认真履行个人角色，积极参与任务实施演练	10		
阶段二：任务实施展示（70分）				
序号	考核要素	评价标准分值	组间评分（50%）	教师评分（50%）
1	问题1：轮对的构成和作用是什么？	8		
2	问题2：磨耗型踏面有哪些优点？	8		
3	问题3：整体车轮与组合车轮相比有哪些优点？	10		
4	问题4：分析机车齿轮传动装置的作用和分类方式	10		
5	问题5：单侧齿轮传动有何优缺点？	8		
6	问题6：弹性齿轮传动有哪些优缺点？	8		
7	问题7：简述弹性轴悬式电机悬挂方式的优点	8		
8	问题8：简要说明铁路移动装备的智能化和数字化对中国铁路高质量发展有哪些促进作用？	10		
总评分值				

任务拓展

——新技术动态——

中车浦镇首列永磁直驱地铁列车将问世

从中国中车南京浦镇车辆有限公司（简称中车浦镇）传出捷报：下一代城市轨道交通列车——永磁直驱地铁列车研制取得重大突破，其核心部件——永磁直驱转向架样机通过行业专家评审，具备装车运用条件。这意味着中车浦镇研制的首列永磁直驱地铁列车即将问世。

永磁直驱转向架是一种新型地铁的“腿”，列车跑得快、跑得稳、刹得住全靠它，和一般地铁列车的“腿”相比，主要区别在于驱动系统。永磁直驱转向架是由电机直接与车轴刚性联接，车轴为转子，励磁线圈与电机壳结合为定子，电机直接驱动车轴旋转。因此减免了齿轮箱减速装置、联轴节等传动装置，减少了机械传动消耗，提高了电机的传动效率，降低了传动噪声，提高了再生制动时的发电效率。

永磁直驱列车在城市轨道交通节能环保、低建设成本方面具备明显优势。与普通地铁列车相比，它可降低牵引能耗 20%～30%，每列车一年可以节约电费约 30 万元，全寿命周期 30 年可节约近 900 万元；而且由于在同等条件下转弯半径缩小了一半，减少了对房屋的拆迁量，降低了线路规划难度和建设成本，让地铁线路的规划和走向更加科学可行。

近年来，中车浦镇公司以创新为驱动，紧盯轨道交通技术未来发展和市场新需求，致力于探索和研究下一代地铁列车，引领轨道交通技术向前发展。从 2012 年开始，历经 5 年，中车浦镇集中攻克了小轴距柔性构架、永磁直驱电机、直驱电机反力杆与一系定位解耦、多边形滚轮激振式振动冲击疲劳试验方法等四项关键技术难点后，终于研制出国际领先的永磁直驱转向架，成功提升了国内轨道交通转向架产品领域的技术水平，引领国内城市轨道交通向节能环保、低建设成本方向发展。永磁直驱转向架如图 3–43 所示。

图 3–43　永磁直驱转向架

永磁直驱转向架

强化练习

强化练习试题除涉及本任务介绍的知识与技能外，还可能涉及本任务未介绍的知识与技能，需通过阅读参考书、网络查找资料等方式进行自主学习后进行解答，在巩固课堂学习成果的同时，培养自主学习能力。

1.【填空题】轮心分为（　　）、轮辐、（　　）三个部分。

2.【填空题】轮对是机车走行部中最重要的部件之一。机车的（　　）都通过轮对传给钢轨；牵引电动机的转矩经过（　　）作用于钢轨，产生牵引力，通过轮对的滚动使机车牵引列车前进。

3.【填空题】刚性齿轮传动的优点是：结构（　　），制造维修成本低，缺点是（　　）条件差，齿轮磨损大，传动冲击大，对牵引电动机不利。

4.【填空题】机车上都是减速齿轮传动。减速齿轮传动，既可保持牵引电动机在高效率的转速范围内工作，又可以加大轮对的（　　），使机车在适宜的运行速度下充分发挥（　　）。

5.【填空题】实践证明，车轴的断裂都发生在以下三个区域：（　　）的圆肩部分、（　　）的外缘部分、车轴的中央部分。

6.【填空题】轮对一般由车轴、车轮和（　　）组成，分体车轮又由轮箍和（　　）组成。

7.【填空题】按照《铁路技术管理规程》（普速铁路部分）规定，车轮轮缘的垂直磨耗量不超过（　　）mm，车轮踏面磨耗深度不超过（　　）mm，车轮踏面擦伤深度不超过 0.7 mm。

8.【填空题】弹性齿轮传动的优点是改善了沿齿宽方向的应力分布，可缓和来自钢轨的冲击，啮合力的传递比较（　　），改善了牵引电动机的（　　）。

9.【填空题】根据大齿轮轮心的结构，齿轮传动可以分为（　　）齿轮传动和（　　）齿轮传动。

10.【填空题】机车的轮对驱动系统结构由（　　）、轴箱、牵引电机、齿轮箱、抱轴承等零部件组成。

11.【填空题】轮箍与钢轨顶面接触部分称为（　　）；轮箍与钢轨内侧面接触的凸缘部分称为（　　）。

12.【单选题】HXD_3 型电力机车转向架采用滚动抱轴承半悬挂结构，二系采用（　　）。

A. 旁承　　B. 橡胶堆　　C. 减振器　　D. 高圆螺旋弹簧

13.【单选题】由于牵引电动机的一半重量支承在轮对上，但中间经过了弹性元件，故称为（　　）。

A. 架悬式　　B. 弹性轴悬式　　C. 刚性轴悬式　　D. 体悬式

思考与小结：

任务复盘

补全任务 3.3 知识技能结构导图。

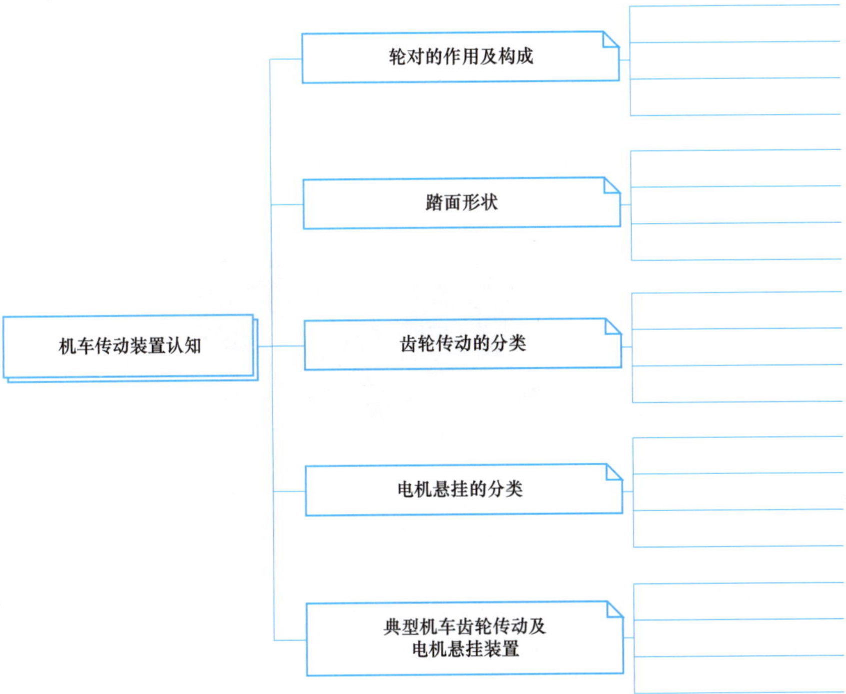

任务 3.4 认知轴箱装置

任务描述

轴箱装置（见图 3-44）装设在机车车轴两端的轴颈上，用来安设轴承，将全部簧上载荷，包括垂直方向的动载荷传给车轴，并将来自轮对的牵引力或制动力传到转向架构架上。此外，机车轴箱装置还传递轮对与构架间的横向作用力和纵向作用力。

图 3-44 轴箱装置

问题导入

先阅读问题，完成任务后再回答问题。

问题 1：简述轴箱的作用。 答：
问题 2：为什么拉杆式轴箱定位的两个轴箱拉杆不能安设在同一高度？ 答：
问题 3：简述拉杆式轴箱定位的优点。 答：
问题 4：简述 HXD_3 型电力机车轴箱的构成。 答：

问题 5：HXD_1 型电力机车轴箱采用何种轴承，该轴承具有哪些优点？
答：

问题 6：伍云飞是如何从一线员工快速成长并创立职工创新工作室的？
答：

任务分析

教学目标	素养目标	思想道德素质：培养学生养成爱岗敬业、脚踏实地和自主创新的职业精神 科学文化素养：培养学生刻苦钻研、严谨认真、勇于创新的素养，更好地服务轨道交通行业高质量发展，助推我国铁路装备自主创新
	知识目标	1. 了解电力机车轴箱的作用和组成 2. 理解电力机车轴箱的特点 3. 典型电力机车电机轴箱的维护和保养
	能力目标	1. 理解电力机车轴箱装置的作用和组成 2. 理解典型机车轴箱装置的维护和保养
教学重点		1. 电力机车轴箱的作用、组成，以及维护和保养 2. 典型电力机车轴箱装置的特点
教学难点		1. 典型机车轴箱的作用和组成 2. 典型电力机车轴箱装置的维护和保养

任务实施

知识点 3.4.1　轴箱定位方式

1. 轴箱定位的概念

轴箱与转向架构架的连接方式，统称为轴箱定位。轴箱定位的结构、性能对机车的运行品质有很大的影响。由于轴箱位置决定了轮对的位置，所以轴箱定位起到了固定轴距和限制轮对活动范围的作用。

轴箱对于转向架构架是个活动关节。对轴箱定位的要求是：应保证轴箱能够相对于转向架构架在机车运行中做垂向跳动，以保证弹簧装置能够充分发挥其缓冲的作用；在机车通过曲线时，轴箱应当能够相对于转向架构架做小量的横动，有利于机车通过曲线；在机车纵向上则要求有较大的刚度，以保证牵引力、制动力的传递（对普通转向架而言）。

综上所述，所谓轴箱定位，绝不意味着固定轴箱的位置，而是要保证轴箱按运行的需要进行恰当的位移，在不同的方向，位移的数值有不同的要求。所以，轴箱定位往往又被称为轴箱导向方式。

2. 轴箱定位方式的分类

轴箱定位方式分为导框定位和无导框定位两大类。导框定位曾经是机车、客货车辆轴箱定位的唯一方式，现在仍在一些机车，尤其是车辆上大量沿用。随着橡胶工业的发展和转向架技术的进步，取消了转向架上的轴箱导框或轴箱导筒，出现了无导框轴箱定位。无导框轴箱定位又有多种结构形式，目前通常采用的有轴箱拉杆定位和八字形橡胶堆式轴箱定位（SS_7型电力机车采用弹性导筒轴箱定位）。

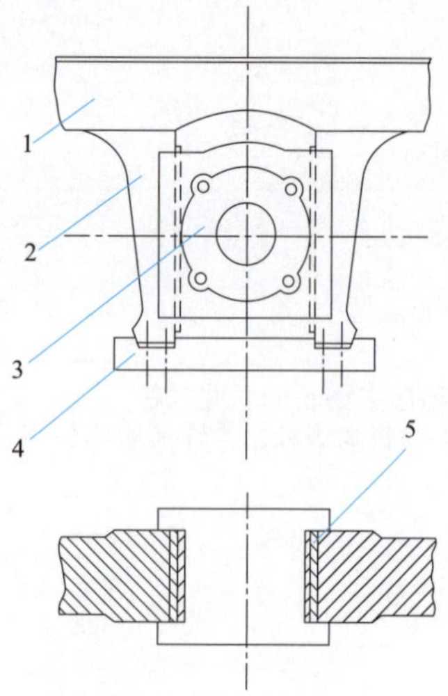

1—构架侧梁；2—轴箱导框；3—轴箱；4—托铁；5—衬板

图 3-45　导框轴箱定位

（1）导框轴箱定位。如图 3-45 所示，在构架的侧梁下面设轴箱导框；在轴箱体的前后两侧设有导槽；轴箱上的导槽与构架上的导框配合滑动，组成导框定位。轴箱在导框内沿导框上下移动，也可以在导框与导槽间隙允许的范围内适当横动，使轮对有一定的横动量。为了加固轴箱导框，防止轴箱脱出，在导框下面，安装轴箱托板。为了便于检修，在构架导框与轴箱导槽的摩擦面上，装设耐磨的衬板，并且经常加注润滑油，磨耗到限的衬板，应及时予以更换。

导框定位方式的缺点是：存在摩擦面，磨耗严重，增加了检修工作量和检修成本；运用中需经常加注油润滑，维修保养比较困难；磨耗松旷后产生异响；横向位移没有弹性，不利于降低轮轨之间的动作用力，动力曲线通过性能不好；等等。

（2）八字形橡胶堆式轴箱定位。八字形橡胶堆式轴箱定位，也称人字形橡胶弹簧轴箱定位，是在瑞典 Rc 系列电力机车上发展起来的轴箱弹簧装置，同时具有轴箱定位装置的功能，如图 3-46 所示。

这种轴箱定位方式，在每一轴箱的前后侧各装一个金属橡胶夹层弹簧（俗称“三明治”橡胶金属结构），一端与转向架构架固结，另一端与轴箱体固结。该种结构不仅能支承上部重量，而且还可以弹性地传递纵向力和横向力。改变夹层钢板的形状、数量和改变弹簧的安装角度，可使弹簧在各个方向达到所需要的不同刚度，适应承载和轴箱定位的需要。

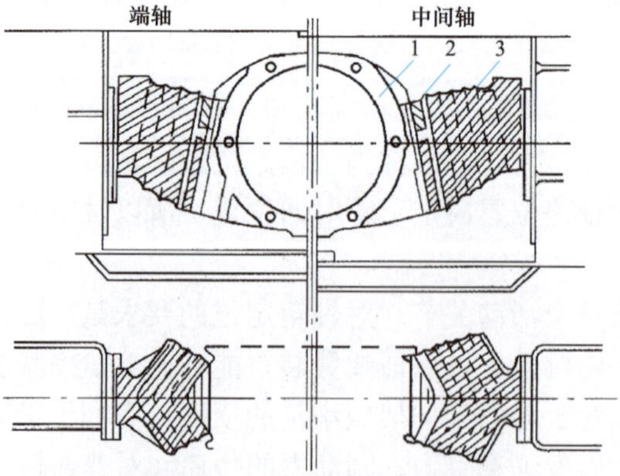

1—轴箱；2—金属夹层；3—橡胶元件

图 3-46　八字形橡胶堆式轴箱定位

这种轴箱定位的优点是重量轻，结构简单，能吸收音频振动，运行中没有噪声，不存在磨耗等，但由于这种装置取代了传统的一系弹簧悬挂装置，而橡胶弹簧目前还存在性能不够稳定，受温度影响大，制造工艺复杂等问题，所以只在一部分国家得到应用。

（3）拉杆式轴箱定位。拉杆式轴箱定位是目前各国认为比较先进可靠的、采用较普遍的一种无导框轴箱定位方式。它最早由法国阿尔斯通公司设计制造，所以又称阿尔斯通式轴箱定位，如图 3–47 所示。

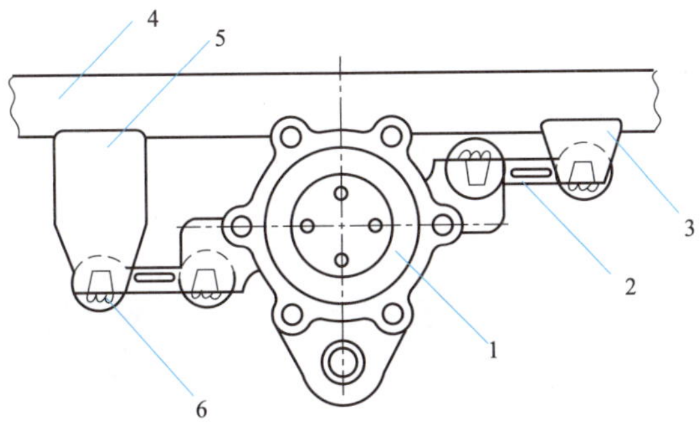

1—轴箱；2—拉杆；3—构架拉杆座；4—构架侧梁；5—构架拉杆座；6—螺栓

图 3–47 拉杆式轴箱定位

在轴箱体的前后两侧，伸出高低不同的两个轴箱耳，各连接一根轴箱拉杆，通过轴箱拉杆，将轴箱与转向架侧梁下焊装的轴箱拉杆座连接起来。轴箱拉杆两端处装有橡胶套，销子两端有橡胶垫。

采用这种带有橡胶关节的轴箱拉杆定位方式，轴箱可以依靠橡胶关节的径向、轴向及扭转弹性变形，实现各方向的弹性位移，使轮对与构架的联系成为弹性联系。适当选择它的横向刚度和纵向刚度，可以显著地改善机车运行的稳定性。

这种拉杆定位的纵向刚度一般比八字形橡胶堆式轴箱定位的纵向刚度大，更适合传递牵引力、制动力等纵向力的需要。

两个轴箱拉杆的位置高低不同，这种形式叫作双扭动式拉杆机构，其可满足轴箱垂向位移的需要。因为拉杆在纵向上刚度很大，不能伸长或缩短，如果将两个拉杆设在同一高度，轴箱的垂向位移势必因拉杆长度不能变化而受到极大的限制。把两个轴箱拉杆安排得一高一低，就可以允许轴箱在拉杆长度不变的条件下上下跳动。不过应注意，在轴箱上下位移时还伴随一定角度的转动，但这种转动是完全无碍的，如图 3–48 所示。

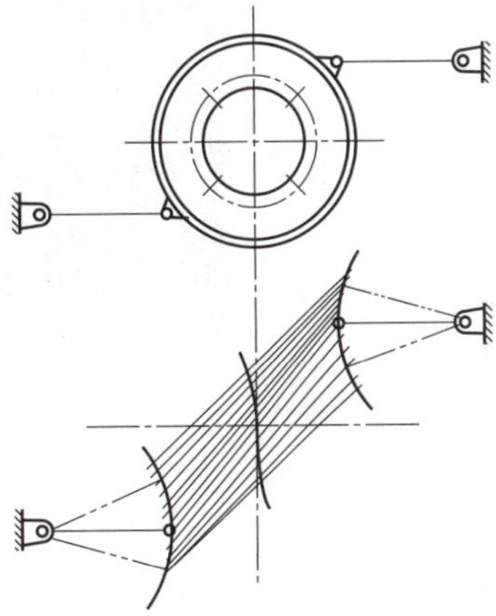

图 3 48 双扭动式拉杆定位轴箱垂向运动规律

这种轴箱定位的优点是没有磨耗件，不需要润滑，减少了保养工作量；有一定的横向刚度，轮对不能自由横动，有利于改善运行中的蛇行运动，轮缘磨耗较小；轴箱与构架的弹性联系具有缓和冲击和隔音作用；橡胶件起到了降低动作用力，提高运行平稳性的作用；不影响一系弹簧悬挂的单独设计，更易得到推广。但是采用这种方式定位，由于拉杆的约束，使一系弹簧悬挂的刚度有所增加。SS_4 改型、SS_9 型电力机车都采用双扭动式（弹性拉杆）轴箱定位。

知识点 3.4.2 HXD_3 型电力机车轴箱装置

HXD_3 型电力机车轴箱采用独立悬挂，即单拉杆与转向架的构架弹性相连，把机车簧上部分的重量传递给轮对，同时将来自轮对的牵引力、制动力、横向力等传递到构架上，如图 3−49 所示。轴箱相对构架的上、下和横向移动，靠弹簧、橡胶元件的弹性变形来获得。轴箱定位采用拉杆式定位轴箱的结构，轴箱主要由前后端盖、轴箱体、吊钩、轴承、压盖、接地装置、轴箱拉杆、一系弹簧和橡胶减振垫等组成，HXD_3 型电力机车轴箱装配如图 3−50 所示。

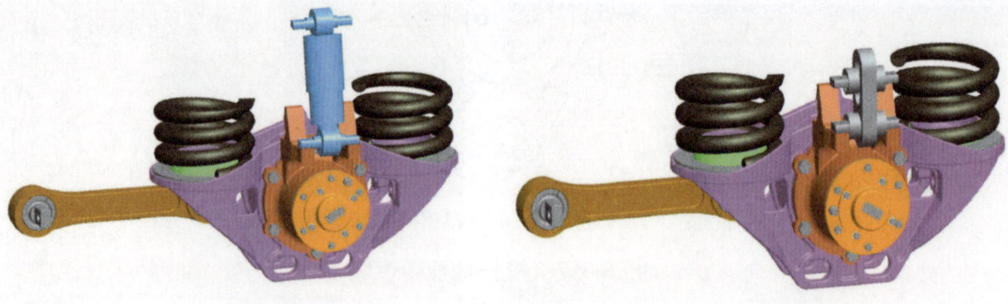

(a) 端轴轴箱　　(b) 中间轴轴箱

图 3−49 HXD_3 型电力机车轴箱

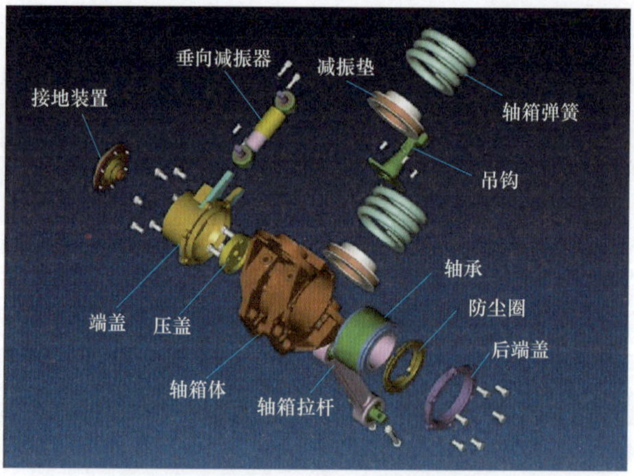

图 3−50 HXD_3 型电力机车轴箱装配

知识点 3.4.3 HXD_1 型电力机车轴箱装置

HXD_1 型电力机车轴箱采用的是整体式圆锥滚动轴承，型号为 SKF1639479−03，它便于控制轴箱横动量和保证轴承油脂不泄漏，实现 120 万 km 免维护；轴箱安装有接地装置、速度传感器、防滑速度传感器。

轴箱组装（带速度传感器）如图 3−51 所示，轴箱组装（带接地装置）如图 3−52 所示。

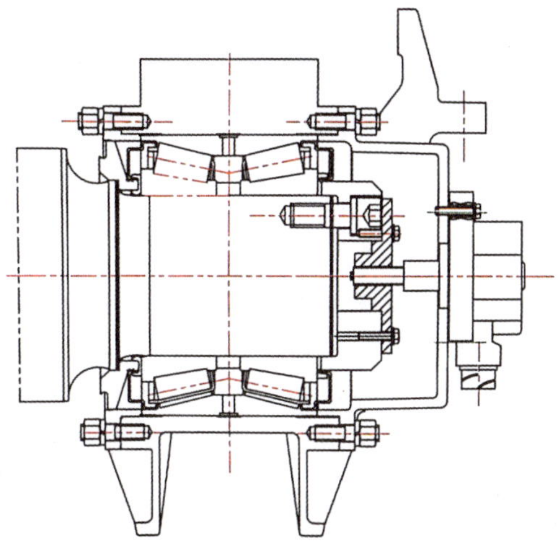

图 3-51 轴箱组装（带速度传感器）

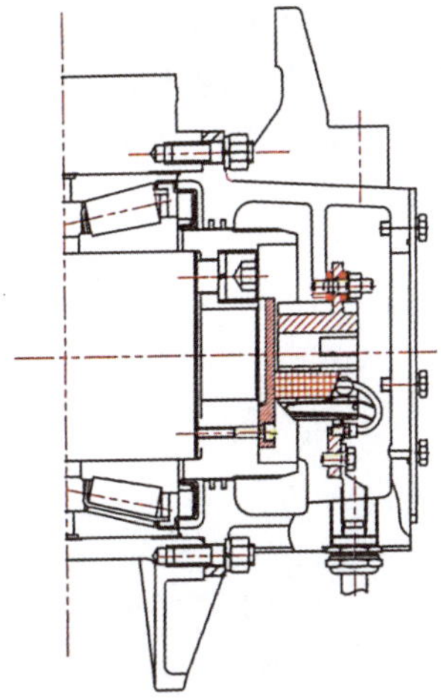

图 3-52 轴箱组装（带接地装置）

素养与职业

“小发明、大智慧”驱动检修高质量发展
——带您走进南京地铁人的追梦故事

南京地铁运营公司“E 客空间”和“车辆精益”职工创新工作室被南京市总工会认定为第四批南京市“职工创新工作室”。“车辆精益”职工创新工作室打造的《精益细胞操作法》被评为“南京市十大先进操作法”，“E 客空间”职工创新工作室研发的《地铁列车 PIM 牵引模块检测装置》被评为“南京市十大科技创新成果”。两个获奖项目的第一完成人伍云飞被授予“南京市五一劳动奖章”殊荣。

精益创新　自主研发

伍云飞于 2013 年加入南京地铁，最开始在车辆分公司的架大修中心工作，刚开始也有过疑惑，自己学的专业是设备，转行为车辆维修是否合适？但很快他便打消了顾虑，工作一段时间后伍云飞发现车辆系统有着很强的技术要求，也有着让个人能够发展的平台。2015 年，他通过自身的努力成为电机班工长，接到的任务是一个月之内要把第一台电机的自主维修工作启动起来，虽然前期进行过调研，但因为没有维修经验，而自主维修本身又是高技术含量的工作，在这过程中，很多班组成员都感觉这是不可能完成的任务，但在伍云飞的带领下所有班组成员都在现场进行技术攻关，从最开始的电机拆卸，到破解研究，再到重新装配，电机班组终于在规定的时间内完成了第一台电机的自主维修，并在 2～3 个月的时间内将一个月完成一台电机自主维修的生产进度提高到 12 天就能维修一台，目前技术已相当成熟并实现了标准化作业。在谈到研发项目时，伍云飞更是滔滔不绝，眼里都是对这份工作的热爱。他自主研发的这套牵引电机移动测试仪，大大提高了效率。过去，发现电机可能存在问题时，只能将电机拆卸出来再运输到库里进行检测，但因为一个牵引电机重达 700 多公斤，任何一个故障都会有异常的响声，用耳朵听音来判断是否有问题并不准确。有了这台牵引电机移动测试仪就可以不用拆卸电机，也可以判断这台电机是否有问题，且判断方法更科学严谨，伍云飞自己也进行了多次验证，做了大量的试验进行论证。除此之外，伍云飞现在还担负起培训员工的任务，主要是进行精益管理方面的培训，培养员工的动手能力并鼓励他们进行创新，希望引导更多的人参与到创新中来，走上创新的道路。图 3-53 为工作中的伍云飞。

从 2015 年到 2018 年，伍云飞将电机班从原先的 7 个人发展到现在的 18 个人。电机维修线也是车辆分公司第一条精细化生产线。他表示，牵引电机就相当于地铁的发动机，十分重要，南京地铁目前使用的牵引电机都是国内外知名厂商的电机，比如：阿尔斯通、ABB、庞巴迪，还有国内的中车电机，目前班组已经能实现所有品牌牵引电机的自主维修，并已自主维修超千台，解决了因发动机不能自主维修而造成的车辆大批量等待维修问题。电机班组也获得了许多荣誉，从 2015 年开始获得了运营公司“青年文明号”，南京市“青年文明号”，运营公司的科技创新二、三等奖，在全国性轨道交通行业劳动竞赛上也获得了“先进班组”的称号。谈到在工作中有没有遇到什么困难时，他说：“任何困难都是一种挑战，遇到困难，反而能让我得到提升和强化。”

图 3-53 工作中的伍云飞

任务考核与评价

阶段一：任务知识准备（30 分）				
序号	考核要素	评价标准分值	自我评分（50%）	组内评分（50%）
1	是否积极参与任务书讨论，正确领会任务要求	5		
2	是否积极参与学习讨论，完全掌握学习内容	5		
3	是否积极参与计划制定，提出建设性计划内容	5		
4	是否制定了可行的任务方案	5		
5	是否认真履行个人角色，积极参与任务实施演练	10		
阶段二：任务实施展示（70 分）				
序号	考核要素	评价标准分值	组间评分（50%）	教师评分（50%）
1	问题 1：简述轴箱的作用	10		
2	问题 2：为什么拉杆式轴箱定位的两个轴箱拉杆不能安设在同一高度？	12		
3	问题 3：简述拉杆式轴箱定位的优点	10		
4	问题 4：简述 HXD_3 型电力机车轴箱的构成	12		
5	问题 5：HXD_1 型电力机车轴箱采用何种轴承，该轴承具有哪些优点？	12		
6	问题 6：伍云飞是如何从一线员工快速成长并创立职工创新工作室的？	14		
总评分值				

任务拓展

技能拓展

韶山型机车轴箱拆装标准化作业

强化练习

强化练习试题除涉及本任务介绍的知识与技能外，还可能涉及本任务未介绍的知识与技能，需通过阅读参考书、网络查找资料等方式进行自主学习后进行解答，在巩固课堂学习成果的同时，培养自主学习能力。

1.【填空题】DF_{4B} 型内燃机车采用（　　）定位式（　　）轴承轴箱。

2.【填空题】八字形橡胶堆式轴箱定位的优点是：重量轻，结构简单，能吸收高频（　　），运行中没有噪声，不存在（　　）等。

3.【填空题】HXD_3 型电力机车轴箱采用（　　），轴箱相对构架上、下和横向移动，靠弹簧、橡胶元件的（　　）来获得。

4.【填空题】DF_{4B} 型内燃机车转向架采用四点支承摩擦式旁承，车体上部的载荷经旁承传给转向架（　　），再通过轴箱弹簧分配给各（　　）。

5.【填空题】组合后的轴箱拉杆形成一个整体弹性体，它承受传递（　　）和制动力及各种负荷，并缓和各种（　　）振动，改善机车性能。

6.【填空题】拉杆式轴箱定位的优点是：没有磨耗件，不需要（　　），减少了保养工作量；有一定的（　　）刚度，轮对不能自由横动，有利于改善运行中的蛇行运行机制，轮缘磨耗较小。

7.【填空题】轴箱装设在车轴两端的（　　）上，用来安设轴承，将全部簧上载荷，包括垂直方向的动载荷传给车轴，将来自轮对的牵引力或制动力传到（　　）上去。此外，它还传递轮对与构架间的横向作用力和纵向作用力。

8.【判断题】DF_{4B} 型内燃机车轴箱的两组圆弹簧均由内、中、外 3 圈圆弹簧组成，各圈弹簧旋向一致，由弹簧座上的定位凸台定位，互不接触。（　　）

9.【判断题】八字形橡胶堆式轴箱定位的优点是：重量轻，结构简单，能吸收音频振动，运行中没有噪声，不存在磨耗。（　　）

10.【单选题】轴箱定位起到了固定（　　）和限制轮对活动范围的作用。

A. 拉杆　　B. 轮对　　C. 轴距　　D. 传动装置

11.【单选题】轴箱与转向架构架的连接方式，通称为（　　）。

A. 轴箱拉杆　　B. 轴箱定位　　C. 轴箱导框　　D. 轴箱装置

12.【单选题】由于轴箱位置决定了轮对的位置，所以轴箱定位起到了固定（　　）和限制轮对活动范围的作用。

A. 拉杆　　B. 轮对　　C. 轴箱　　D. 轴距

思考与小结：

任务复盘

补全任务 3.4 知识技能结构导图。

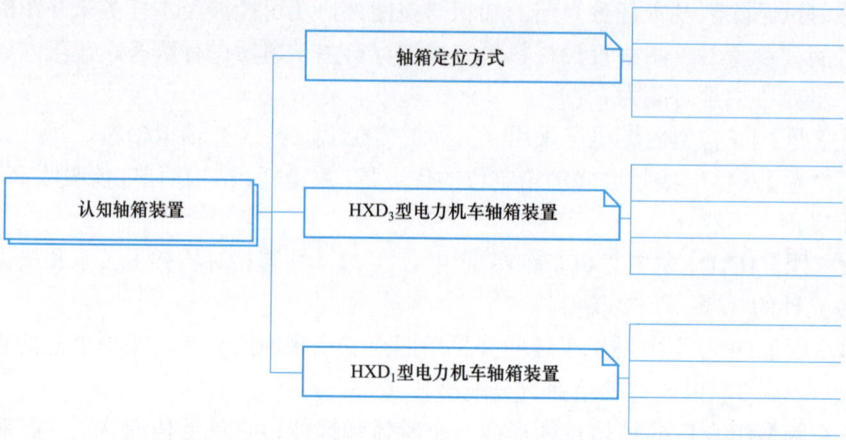

任务 3.5 认知机车弹簧悬挂装置

任务描述

机车弹簧悬挂装置包括弹性元件和减振器。机车弹簧悬挂装置如图 3-54 所示。

图 3-54 机车弹簧悬挂装置

问题导入

先阅读问题，完成任务后再回答问题。

问题 1：简述机车悬挂装置的作用。 答：
问题 2：简述机车油压减振器的作用和主要故障类型。 答：
问题 3：名词解释：簧上质量和簧下质量。 答：

问题 4：简述 HXD_3 型电力机车轴箱是由哪些部件组成的。 答：
问题 5：分析萨克斯铁路减振器的工作原理。 答：
问题 6：简述 HXD_1 型电力机车一系悬挂装置和二系悬挂装置的构成。 答：
问题 7：中国高铁列车之所以能平稳运行，主要原因是什么？ 答：

任务分析

教学目标	素养目标	思想道德素质：培养学生养成爱岗敬业、脚踏实地和自主创新的职业精神 科学文化素养：培养学生养成刻苦钻研、严谨认真、勇于创新的职业素养，更好地服务轨道交通行业高质量发展，助推我国铁路装备自主创新
	知识目标	1. 了解电力机车弹簧悬挂装置的作用和组成 2. 理解电力机车弹簧悬挂装置的特点 3. 了解典型电力机车弹簧悬挂装置的调整
	能力目标	1. 掌握电力机车弹簧悬挂装置的作用和组成 2. 理解典型机车弹簧悬挂装置的维护工艺
教学重点		1. 电力机车弹簧悬挂装置的作用、组成和维护保养 2. 典型电力机车弹簧悬挂装置的调整
教学难点		1. 典型机车弹簧悬挂装置的作用和组成 2. 电力机车弹簧悬挂装置调整检修工艺

任务实施

知识点 3.5.1　悬挂装置概述

1. 悬挂装置

机车动力性能的好坏，与悬挂装置的结构形式及参数选择密切相关。良好的悬挂装置，能使机车运行平稳，振动减小，对行车安全有积极意义。对线路来说，由于悬挂装置的缓冲作用，也可减轻机车簧上部分振动对线路的冲击破坏作用。

2. 弹性元件及减振器

弹性元件主要包括弹簧、橡胶堆；减振器主要包括油压减振器、摩擦减振器。

1）弹簧

弹簧调整（包括一系、二系悬挂）的主要目的是调整机车的轴重。通过调整车体支承重量的分配和转向架弹簧的受力情况，使车体、转向架保持水平状态，各轴轴重符合规定要求，以保证机车安全运行并发挥最大牵引力。

在弹簧下面加减垫块，是弹簧调整的有效方法。对于个别过硬或过软的弹簧，损坏的弹簧必须更换。

2）橡胶堆

由于橡胶堆是用橡胶和钢板硫化而成，在长时间外界环境作用下，橡胶容易发生老化龟裂，因此需要经常检查，必要时更换。

3）油压减振器

油压减振器的作用是衰减振动。它是将振动能量通过油液黏滞阻尼形式变为热量散发掉，从而使振动衰减，达到平稳运行的目的。

油压减振器的主要故障是上下盖之间漏油，漏油较多时减振作用失效，需更换油压减振器。检修好的减振器需倒置 24 h，无渗漏时方能装车使用。

3. 悬挂装置分类

机车大多采用两系悬挂装置，一系悬挂，设置在机车转向架构架与轴箱之间；二系悬挂，设置在机车车体底架与转向架构架之间。

采用两系弹簧悬挂，可以减小整个机车弹簧装置的合成刚度，增大机车的总静挠度，改善机车在垂直方向的运动平稳性，减少机车对线路的动作用力。对于速度较低的机车（V_{max}≤100 km/h），要求具有良好的黏着性能，其悬挂装置的特点是："一系软，二系硬"（能使轴重转移减少），总的静挠度不大（主要由一系悬挂来提供）。例如 DF_{4B} 型电力机车，一系悬挂静挠度为 123 mm，二系悬挂静挠度为 16 mm，总的静挠度为 139 mm。

对于速度较高的机车，机车振动加剧，运行的稳定性是主要问题，因此其悬挂装置的特点是："一系硬，二系软"，总的静挠度较大（主要由二系悬挂来提供）。二系悬挂软，可显著减小车体的振动加速度，有利于机车的高速平稳运行。例如，HXD_1 型电力机车，运用最高速度为 160 km/h，一系悬挂静挠度为 38 mm，二系悬挂静挠度为 104 mm，总的静挠度为 142 mm。

4. 簧上重量和簧下重量

我们常常把一系悬挂以上的重量，称为"簧上重量"，一系悬挂以下的重量，称为"簧下重量"或称为"死重量"，包括轴箱、轮对的重量（轴悬式电机悬挂转向架还包括部分电机重量）。簧下重量对线路产生较大的动作用力，危害很大，必须设法减轻，尤其是速度较高的机车。这就是为什么速度大于 140～160 km/h 的机车必须采用架悬式电机悬挂方式的主要原因。

知识点 3.5.2　HXD_3 型电力机车悬挂装置

1. 一系悬挂装置

HXD_3 型电力机车一系悬挂装置由一系弹簧和橡胶减振垫等组成。如图 3-55 所示，一系悬挂系统中共有四种轴箱，四种轴箱的结构基本相同，不同的是：轴箱（一）另外装有接地装置和垂向减振器；轴箱（二）另外装有接地装置；轴箱（三）另外装有速度传感器和垂向减振器。图 3-56 所示为轴箱（三）的内部结构。

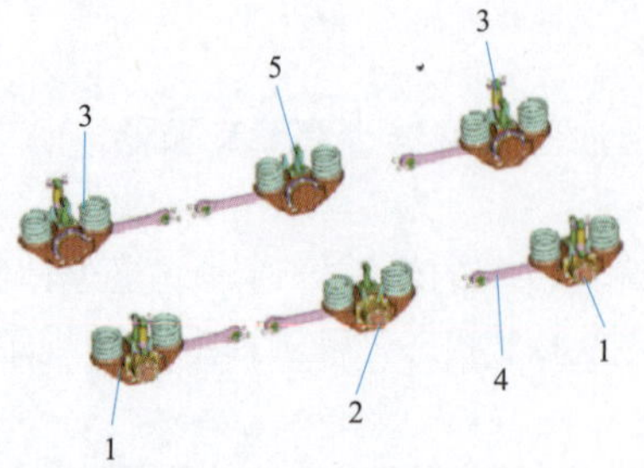

1—轴箱（一）；2—轴箱（二）；3—轴箱（三）；4—轴箱拉杆；5—轴箱（四）

图 3-55　一系悬挂系统

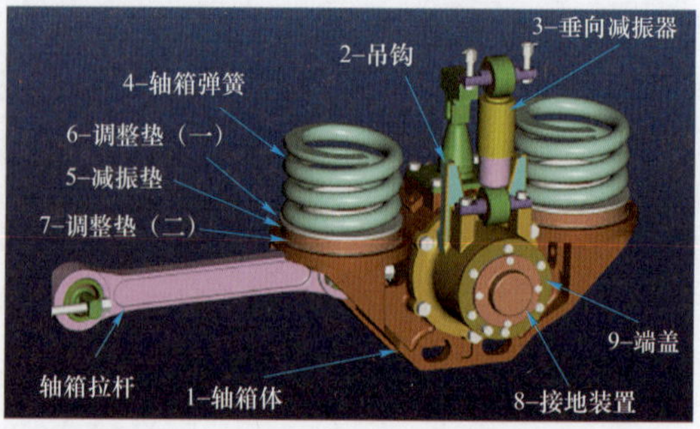

图 3-56　轴箱（三）的内部结构

2. 二系悬挂装置

二系悬挂装置即支承装置是由高圆弹簧与二系垂向减振器和横向布置的抗蛇行减振器组成的。每个转向架上有两组高圆弹簧（每组三个）布置在左右侧梁中央部分，两个垂向减振器和两个抗蛇行减振器，二系悬挂装置布置如图 3-57 所示。

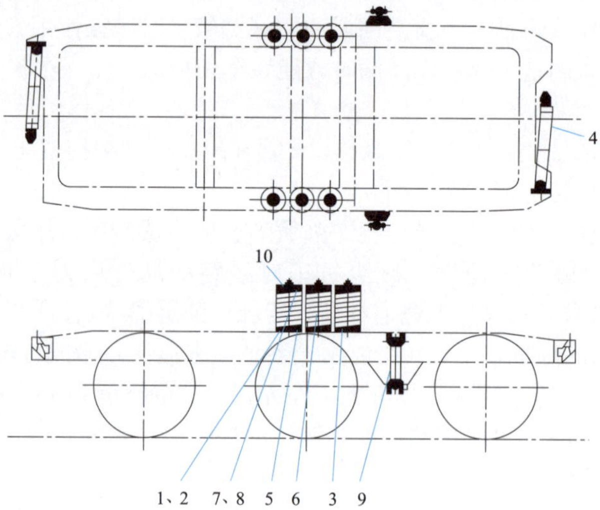

1、2—调整弹簧垫片；3—减振垫；4—抗蛇行减振器；5—连接座组成；6—高圆弹簧；7、8—调整垫片；9—垂向减振器；10—调整板；9—垂向减振器；10—调整板

图 3-57　二系悬挂装置布置

图中调整垫片（件 7、8）是调整车体不平的，加垫量不得大于 8 mm。高圆弹簧的自由高度是 $H_0=565^{+5}_{-2}$ mm，轴重 23 t 时在 P 为 63.7 kN 垂向载荷作用下，高度 $H_1=474^{+3}_{-2}$ mm。轴重 25 t 时，在 P 为 73.6 kN 垂向载荷作用下，高度 $H_2=460.8^{+3}_{-2}$ mm。轴重 25 t 时，在连接座组成（件 5）上安装厚度为 14 mm 的调整板（件 10）。

3. 减振器

1）一系垂向减振器

（1）结构。一系垂向减振器采用萨克斯铁路减振器（SACHS），其结构如图 3-58（a）所示，其组成为：工作缸 1、工作缸中带复原及压缩阀门的可移动活塞 2、活塞杆 3、防尘罩 4、带焊接底的外筒 5、带有压力及补油阀的底阀 6、在工作缸端的活塞杆导向器 7、螺纹环 8、杆密封件 9、工作缸密封件 10 和密封垫 11 作为低端和高端的紧固完成件。

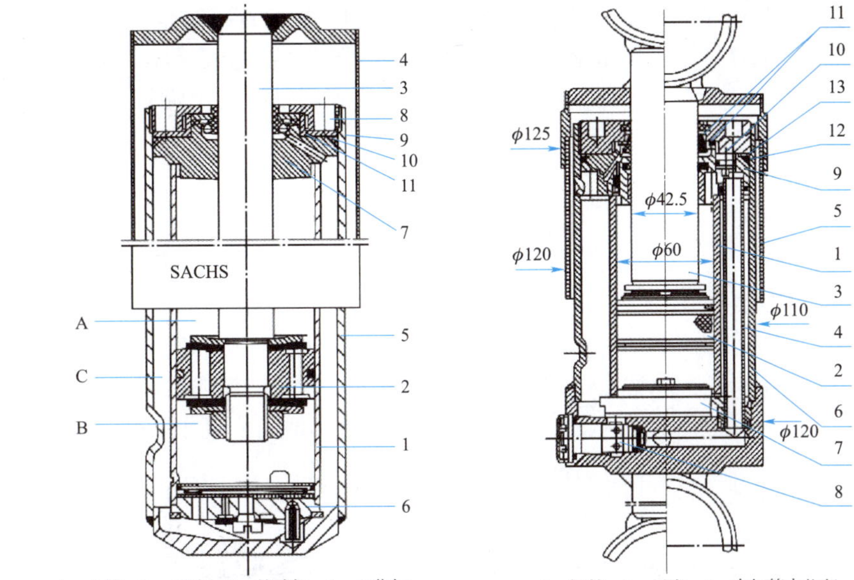

A—上腔；B—下腔；C—储油缸；1—工作缸；
2—工作缸中带复原及压缩阀门的可移动活塞；3—活塞杆；
4—防尘罩；5—带焊接底的外筒；6—带有压力及
补油阀的底阀；7—在工作缸端的活塞杆导向器；
8—螺纹环；9—杆密封件；10—工作缸密封件；
11—密封垫

(a) 一系垂向减振器结构

1—缸筒；2—活塞；3—在缸筒内往复
运动的连杆；4—导油管；5—螺纹
连接防尘罩；6—焊有底盖的外筒；
7—有回油阀的底阀；8—拉伸和压缩阻尼
调整阀；9—导向器；10—螺纹环；11—油封；
12—储油缸密封；13—支承垫片

(b) 二系横向抗蛇行减振器结构

图 3-58　减振器结构简图

（2）工作原理。工作缸由活塞分隔为一个上腔 A 和一个下腔 B，在回弹阶段，活塞杆被拉伸时，活塞上下的工作腔 A、B 分别产生阻尼力。工作腔中压力随活塞速度和通过活塞和底阀的流动阻力自动调整。

在活塞运动期间，储油缸中的油流入或流出储油腔，此腔上部是空气，下部是工作油。

在减振器工作时，活塞杆的移动产生了泵油过程，此过程由底阀控制。

在拉伸期间（回弹阶段），因活塞杆占有一部分体积，通过底阀上的补油阀从储油缸 C 内抽入下腔。同样，在压缩过程中活塞将一部分油通过底阀上压力阀被压进储油缸。这样，底阀上压力阀在车辆任何状态下都要进行阻力控制。由于始终是工作上腔 A 的压力大于储油缸压力，所以从活塞杆与杆导向间隙中抽入空气现象被避免了。

（3）阻尼力。减振器阻尼力基于活塞速度（随活塞速度增加而增加），阻尼力的增加依赖已设置的各阀所确定的阻力特性。在组装时，每一个减振器必须经过十分细心的调试及测试，只有通过测量才能精确控制减振器产生的阻尼力。在专用测试机上测试期间，减振器中活塞在预设速度下往复运动，产生的各个阻尼力以示功图方式记录。在相同测试行程 50 mm 下的不同速度通过改变测试机转速来获得。

（4）安装指南。在安装减振器时，必须确保安装座紧固在车辆的座上，以使最终的转动运动发生在橡胶关节上。同样，确保减振器的正确安装还包含定位销的紧固。在安装状态下，防尘罩必须始终在顶部。在水平安装时，必须注意外筒上标注的“向下”标志。

（5）维修。如果安装正确的话，萨克斯铁路减振器由于其特殊的结构不需要任何维修。但在车辆大修时，减振器应做相应的检查。

2）二系横向抗蛇行减振器

二系横向抗蛇行减振器结构如图 3-58（b）所示，其组成为：在缸筒内往复运动的连杆 3、活塞 2，以及与连杆焊接在一起的上部安装；导油管 4；螺纹连接防尘罩 5；焊有底盖的外筒 6；有回油阀的底阀 7；拉伸和压缩阻尼调整阀 8；导向器 9；螺纹环 10；油封 11；储油缸密封 12；支承垫片 13，以及上下安装连接。（上下安装连接部分图上没有介绍，因为其内部结构和作用都是一样的，与安装连接方式无关。）

知识点 3.5.3　HXD_1 型电力机车悬挂装置

HXD_1 型电力机车一系悬挂装置借鉴了高速动力转向架的悬挂装置，由钢圆簧+轴箱拉杆 +垂向减振器组成，如图 3-59 所示。轴箱采用单侧轴箱拉杆定位；轴箱拉杆两端采用球形橡胶关节，由于橡胶关节径向刚度大，回转刚度小，因而使轴箱纵向具有较大的定位刚度，并可使轴箱相对构架能自由地沉浮及绕本身轴线回转。该种结构的特点是结构简单，且可实现一系纵向、横向弹性参数相对独立，一系纵向刚度大，横向刚度小，有利于提高临界速度，保持驱动系统稳定，提高黏着利用率及改善曲线通过性能。

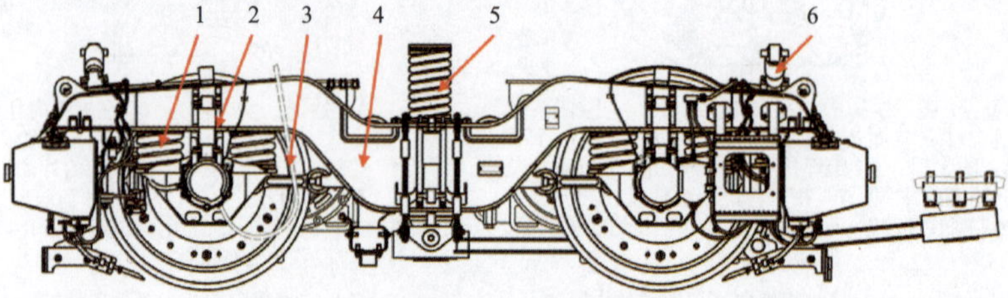

1—一系悬挂；2—一系减振器；3—轴箱拉杆；4—转向架构架；5—二系悬挂；6—二系减振器

图 3-59　HXD_1 型电力机车一系悬挂装置

二系悬挂装置设置在转向架与车体之间，采用高挠钢弹簧+橡胶垫+垂向减振器+端部水平减振器组成，并设置了垂向和横向止挡，如图 3-60 所示，具体为构架每侧设置三组高圆弹簧，垂向减振器和横向减振器每侧各设一个，横向减振器呈斜对称布置安装在构架端梁上，同时起到抗蛇行减振器的作用。

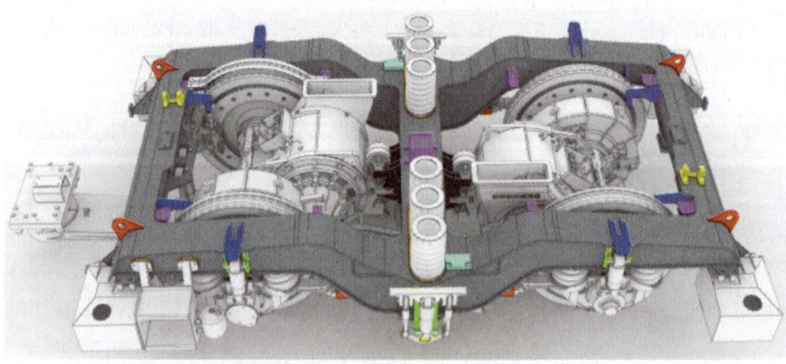

图 3-60　HXD_1 型电力机车悬挂系统布置

动力学计算表明：二系弹簧采用横向布置可减小弹簧最大变形量，改善弹簧的受力状态；二系横向减振器布置在构架端梁，可以降低轮轴横向力。

机车运行 50 万～60 万 km 后，需检查一、二系弹簧的自由高、工作高，检测结果必须符合限度要求。否则，需更换弹簧。机车转向架解体时，一、二系弹簧同调整垫需做好记号，再组装时，一、二系弹簧必须同调整垫一起原位放回，不能混装，更换的弹簧需保证与旧弹簧的工作高度一致；同时一、二系弹簧的安装需保证横向偏移标记位置正确。

知识点 3.5.4 FXD_1 型电力机车悬挂装置

FXD_1 型电力机车一系悬挂装置由内外圈下端加橡胶垫的螺旋钢弹簧组、一系垂向减振器及转臂橡胶关节组成，如图 3-61 所示。转向架构架和轮轴之间经一系弹簧橡胶垫隔开，绝缘良好，从而避免轴承的电腐蚀。轴箱体与构架之间设置有整体起吊连接装置，实现轮对与转向架整体起吊。

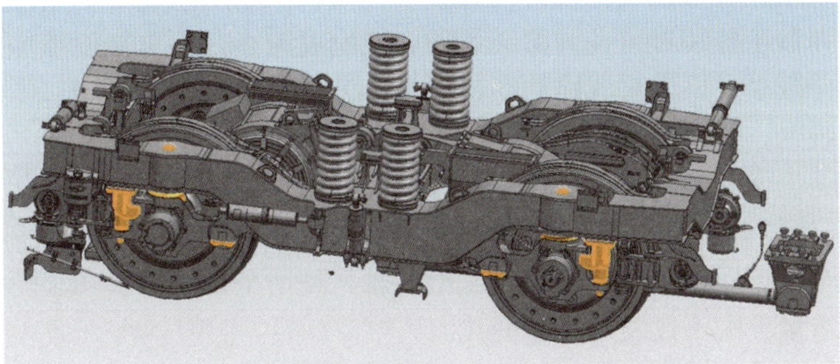

图 3-61 FXD_1 型电力机车一系悬挂装置（黄色阴影）

二系悬挂装置由两端加橡胶垫的高圆弹簧和各向减振器组成。构架每侧设置两组高圆弹簧。垂向减振器居中左右对称布置。左右抗蛇行减振器斜对称布置。二系横向减振器端梁斜对称布置，FXD_1 型电力机车一、二系悬挂系统布置如图 3-62 所示，FXD_1 型电力机车止挡布置（黄色阴影）如图 3-63 所示。

(a) 一系悬挂系统　　(b) 二系悬挂系统

图 3-62 FXD_1 型电力机车一、二系悬挂系统布置

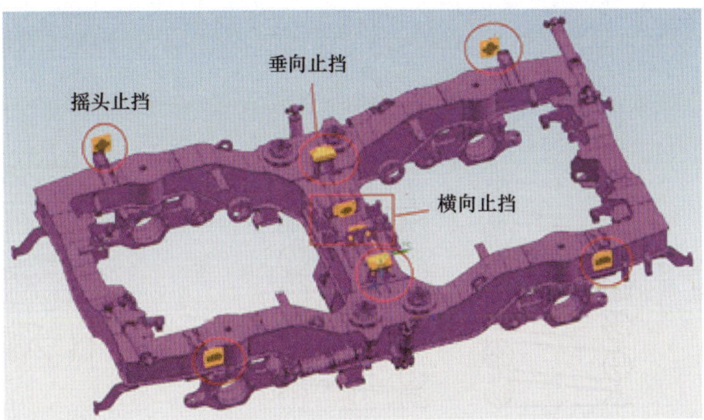

图 3-63 FXD_1 型电力机车止挡布置（黄色阴影）

知识点 3.5.5　DF_{4B}型内燃机车悬挂装置

内燃机车转向架的弹簧装置作为机车安全平稳运行的必要设施，对机车黏着重量利用率、机车垂向运行平稳性，以及机车电机仪表的工作可靠性都有很大影响。内燃机车的弹簧装置主要由弹簧（圆弹簧、板弹簧及橡胶弹簧）和减振器等组成。

随着机车速度的提高，一系弹簧悬挂装置已不能满足机车高速运行的要求，因此，除构架与轴箱之间的一系弹簧悬挂装置以外，还在车体与转向架之间设置二系弹簧悬挂装置。内燃机车采用二系弹簧悬挂装置可使弹簧装置的合成刚度减小，而总挠度增加，改善了机车垂向运行的平稳性并减小了机车对线路的动作用力。DF_{4B}型、DF_{4D}型、DF_{11}型等内燃机车均采用二系弹簧悬挂装置。

1. 弹簧装置

1）弹簧装置的作用

（1）保证机车簧上质量按一定比例分配给各轴，使所分配的重量在车轮行经线路不平处或车轮不圆时，重量分配不致发生显著变化。

（2）当机车行经线路不平处或车轮不圆而发生冲击时，弹簧装置可缓和其对机车的冲击。

应当指出，弹簧受附加载荷后所储存的势能随之又会释放出来，引起簧上部分的振动。这种振动可能与线路变化发生共振，所以必须采取措施避免共振或安装减振器来控制共振时的振幅。

2）圆弹簧、板弹簧及橡胶弹簧的特性

（1）圆弹簧。机车圆弹簧采用含碳 0.55%的硅锰钢条制成。对承载繁重的高柔度圆弹簧则采用抗疲劳较好的 50CrVA 弹簧钢。圆弹簧相邻两圈之间留有间隙，以备承受变形。圆弹簧两端各有 3/4 圆磨平作为支撑面，这部分承载时不发生变形，称为死圈，中间各圈称为工作圈或有效圈（圆弹簧的自由高度和全压缩高见图 3-64）。圆弹簧尺寸及簧条直径在受安装空间限制时，常采用双圈或三圈圆弹簧来代替单圈圆弹簧，并使它们同心布置，构成组合圆弹簧，如图 3-65 所示。为防止因振动而使内外圈卡死，两相邻弹簧旋向应相反。

（2）板弹簧。板弹簧又称叠板弹簧，由若干片弹簧钢（硅锰钢）制成的簧片根据等强度梁的原理叠制而成，所以板弹簧簧片长短不等地重叠，中间用簧箍箍紧，如图 3-66 所示。簧片中线处经过冲压使其背面呈筋，腹面呈槽，以防在工作中发生片间错移。

板弹簧的缺点是：重量大，制造和维修复杂，灵敏性差，直接向车体传递来自线路的高频振动，进一步增大静挠度困难。因此现代机车上已很少应用板弹簧。

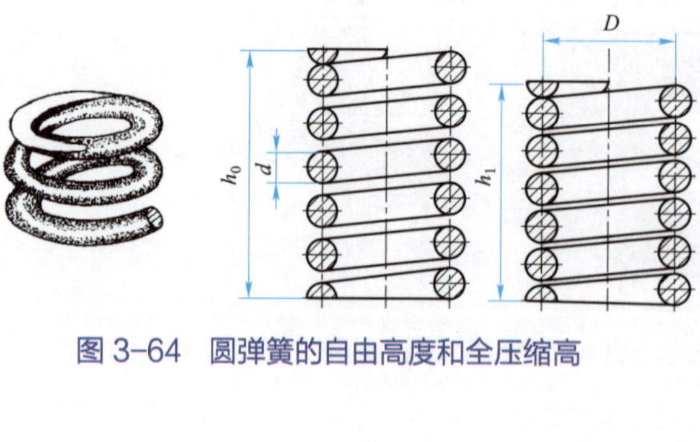

图 3-64　圆弹簧的自由高度和全压缩高

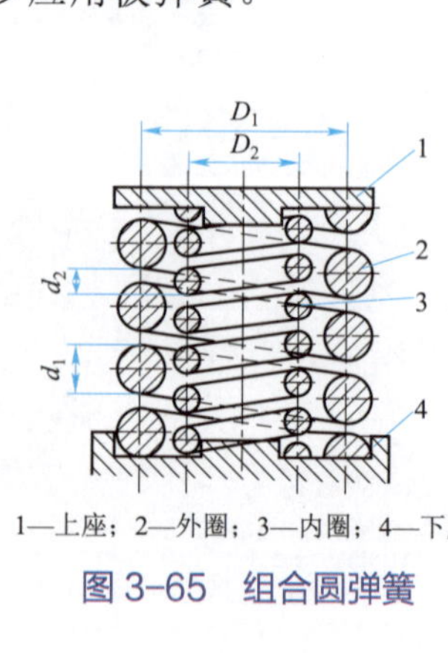

1—上座；2—外圈；3—内圈；4—下座

图 3-65　组合圆弹簧

（3）橡胶弹簧。橡胶弹簧减振性能好，通过内摩擦吸收高频振动，减少噪声，没有突然的破损，运用中不需经常检查，重量轻，比重仅为钢的 1/6。因此，橡胶弹簧在机车上得到了广泛的应用。

图 3-67 所示为 DF_{4B} 型内燃机车用作二系弹簧的橡胶弹簧，承受压力的橡胶弹簧由若干橡胶块及隔板相间组成，钢板主要起散热作用和防止在压力作用下结合面发生径向蠕变。

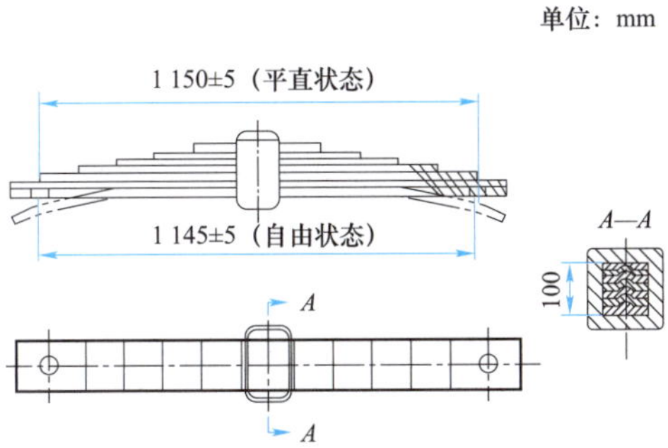

图 3-66 板弹簧结构

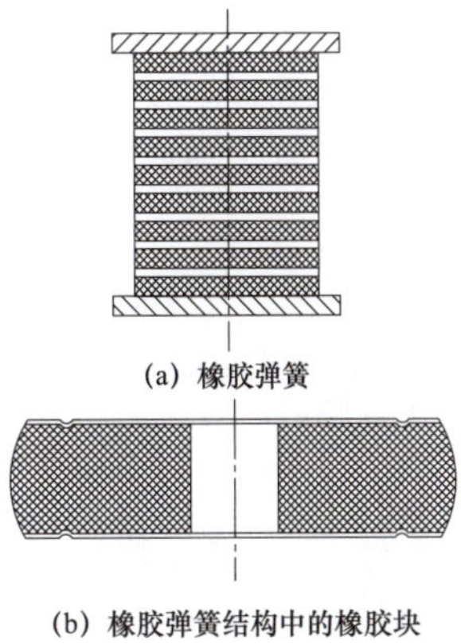

图 3-67 DF_{4B} 型内燃机车用作二系弹簧的橡胶弹簧

橡胶弹簧的静刚度不是定值，它的弹性特性和耐久性与温度有关。温度增加，则刚度下降；温度降低，则刚度上升，但在实际应用中，橡胶弹簧能从振动中获得能量，低温下刚度的影响并不明显。

橡胶弹簧的另一个特性是挠度随使用时间的增加而增大，但除去载荷后仍能恢复原来的形状，这种变化称为蠕变。

橡胶弹簧的主要缺点是制造工艺复杂，性能误差大，工作温度大于 60℃会逐渐老化，温度过低易变硬脆化。

3）DF_{4B} 型机车的弹簧装置

DF_{4B} 型机车的弹簧装置如图 3-68 所示。

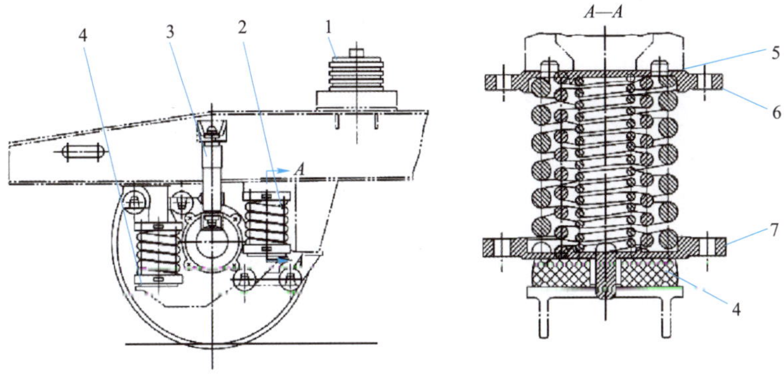

1—橡胶弹簧；2—圆弹簧；3—油压减振器；4—橡胶垫；5—调整垫；6—上弹簧座；7—下弹簧座

图 3-68 DF_{4B} 型机车的弹簧装置

DF_{4B}型机车采用二系弹簧悬挂装置。一系弹簧悬挂装置由圆弹簧、油压减振器和橡胶垫组成，静挠度为 123 mm。二系弹簧悬挂装置采用橡胶弹簧，静挠度为 16 mm。采用一系挠度大、二系挠度小的布置方式可减小机车的轴重转移，提高机车在高速运行时的平稳性。二系悬挂采用橡胶弹簧可有效地吸收机车运行时的高频振动。

轴箱两组圆弹簧均由外、中、内 3 圈圆弹簧组成，如图 3-69 所示，各圈弹簧旋向左右相间布置，由弹簧座上的定位凸台定位，互不接触。上下弹簧座的圆柱销分别插入轴箱体和构架弹簧座的定位孔内，以使弹簧定位。

圆弹簧组装（见图 3-70）在油压机上预压缩至超过弹簧工作高度 20～30 mm，再用专门预紧拉环借助上下弹簧座上的耳环将弹簧拉紧。落车后取下拉环。架车检修时，必须先装上拉环再进行架车，以免造成轴箱拉杆橡胶关节的损坏。

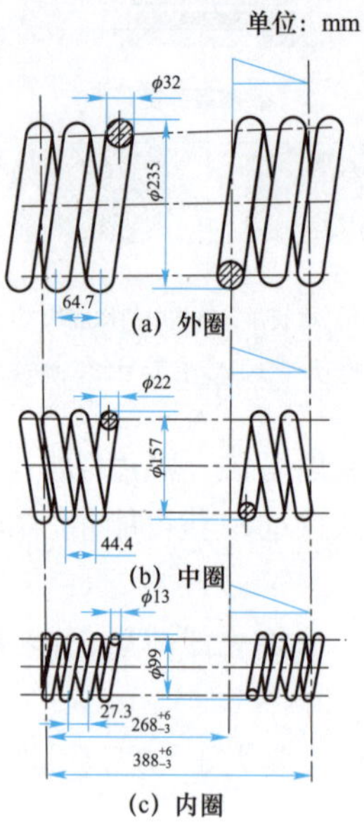

图 3-69 轴箱弹簧

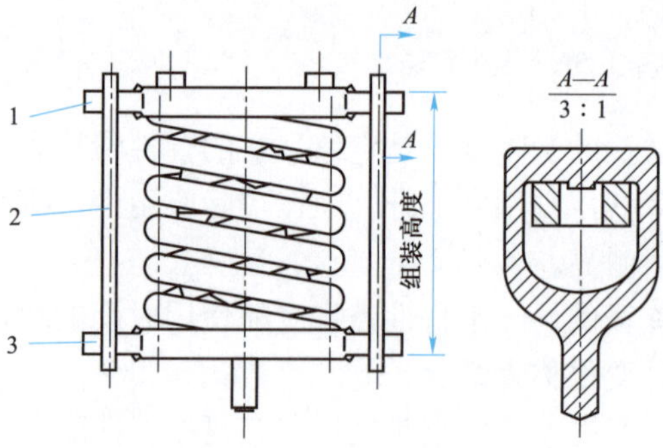

1、3—上下弹簧组的耳环；2—拉环

图 3-70 圆弹簧组装

为使各轮受力均匀，可用垫片进行调整，使每组弹簧在工作载荷下的高度为(268±2) mm，在轴箱与下弹簧座间串联一个橡胶垫，以衰减和吸收来自簧下轮对的高频振动，橡胶垫上下表面各有一块 2 mm 厚的钢板，与橡胶合成一体。

每台转向架上部有 4 组二系弹簧悬挂装置，每组采用 4 个橡胶弹簧，分别套在 4 个球头杆上。

2. 减振器

现代内燃机车广泛采用圆弹簧与减振器相结合的模式，以达到既能衰减振动，又保持弹簧装置工作灵敏性的目的。减振器不但用在铅垂方向，也用在横向和水平方向。减振器有摩擦式和液压式两种，目前液压式减振器更为普遍。

1）SFK1 型液压减振器

DF_{4B}型内燃机车每台转向架两端轴的左右各有一台液压减振器与一系弹簧并联，每台机车共装有 8 台 SFK1 型液压减振器用以衰减机车的垂向振动。减振器的阻尼系数为 80 N • s/mm。

SFK1 型液压减振器（见图 3-71）主要由活塞部、进油阀部、缸端密封部及连接部组成。

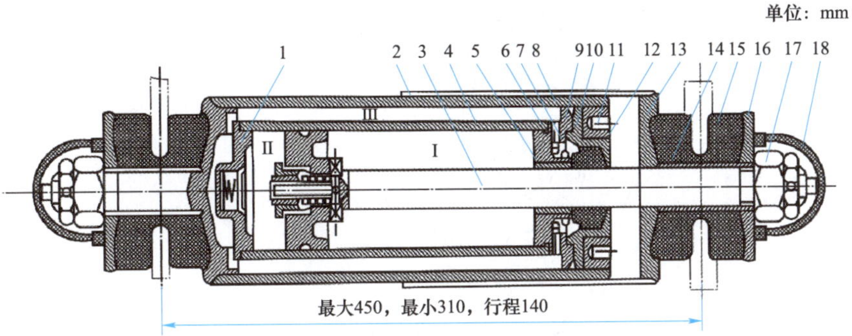

1—进油阀；2—储油缸；3—活塞部；4—缸筒；5—导向套；6—密封弹簧；7—托垫；8—缸端；9—油封圈；10—密封盖；11—螺盖；12—密封圈；13—防尘罩；14—套；15—胶垫；16—压盖；17—螺母；18—防锈帽；Ⅰ、Ⅱ、Ⅲ—油腔

图 3-71　SFK1 型液压减振器

2）摩擦旁承

DF_{4B} 型内燃机车转向架采用四点支承摩擦式旁承，车体上部的载荷经旁承传给转向架构架，再通过轴箱弹簧分配给各车轴。摩擦式旁承利用平面摩擦副产生的摩擦力矩来控制转向架在直线运行时的蛇行运动。这种旁承不产生复原力矩。为了使转向架易于通过曲线，并在走出曲线后恢复到中央位置，摩擦力矩不宜过大，故采用摩擦系数较小的摩擦副。

DF_{4B} 型内燃机车摩擦式旁承由旁承体、下摩擦板、上摩擦板、球面座及球头等组成，如图 3-72 所示。这种旁承结构简单、工作可靠，使用维护方便。

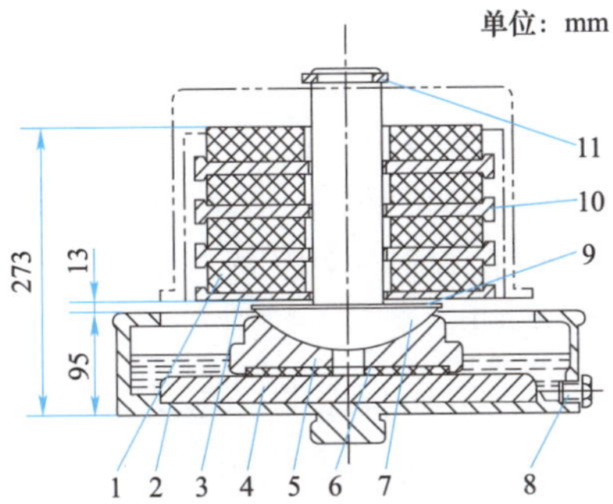

1—橡胶垫；2—旁承体；3—托板；4—下摩擦板；5—球面座；6—上摩擦板；7—球头；8—加油管；9—垫；10—间隔板；11—挡圈

图 3-72　DF_{4B} 型内燃机车摩擦式旁承

旁承体用 ZG230-450 铸钢制成，以其底部 $\phi 70$ 圆柱销和构架旁承孔定位，用 4 个 M20 螺栓紧固在构架旁承座上，旁承体内储有润滑油（柴油机机油），以润滑摩擦面：油量至下摩擦板上表面以上（25±2）mm 为准。为保持油箱内的清洁，箱体与车体间设有帆布防尘罩。旁承体下部设有油堵，检修时可放出存油。

下摩擦板材料为 45 号钢，表面进行磨削加工，采用过渡配合镶在旁承体内。

上摩擦板采用 MC 尼龙制成，尼龙板摩擦面上有润滑油沟，如图 3-73 所示，以便充分润滑。钢与 MC 尼龙的湿摩擦系数为 0.03～0.06。

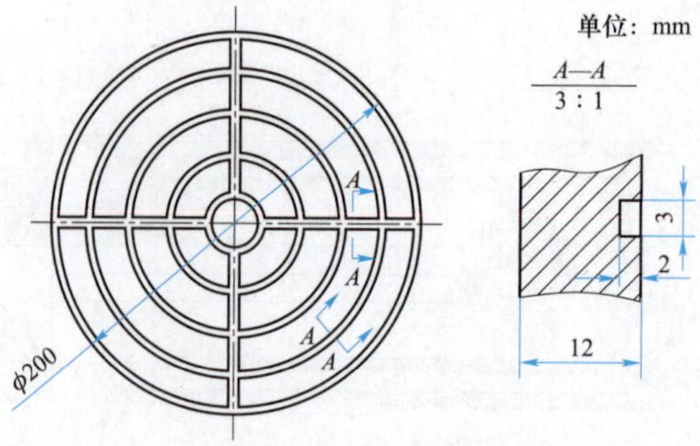

图 3-73　MC 尼龙摩擦板

球头和球面座均用 45 号钢制成。球头和橡胶弹簧用固定板和螺栓连接在车体旁承上。一个橡胶块在 112.7 kN 压力下，挠度为（4±0.5）mm，一组橡胶弹簧在 112.7 kN 压力下，总挠度为（16±1）mm。每台转向架的 4 组橡胶弹簧总静挠度相差不得大于 2 mm，所以在组装时，可以选择橡胶块厚度来满足总挠度的要求。橡胶弹簧在架修时要进行检查，不允许有裂纹、外观损坏和挤伤。

机车在落座于转向架时，球头与球面座能够自动对中，使镶在球面座下部的 MC 尼龙板与下摩擦板能够密贴接触，不产生间隙，为保证车体上部重量均匀作用在转向架上，在落车前需测量 8 个旁承座面的高度差，再用调整垫片厚度找平。在同一转向架上不平度允差 1 mm，前后两台转向架允差 2 mm，但是，每个旁承必须有不少于 2 mm 的基准调整片，同时最大加垫量不允许超过 10 mm。

旁承在转向架上的配置要兼顾各方面的要求。旁承横向间距为 2 050 mm，纵向间距为 1 800 mm，相应的摩擦阻力矩为 19 100～38 200 N • m。从横向看，左右跨度较大，旁承正好放在侧梁纵向中心线上，对提高机车横向平稳性、改善转向架构架受力状态有利；从纵向看，旁承纵向间距较大，有利于减小机车轴重转移，又能使转向架回转时的摩擦阻力矩增大，有利于抑制直线上运行时转向架的蛇行，但是摩擦阻力矩太大，将使机车通过曲线时产生过大的构架力，所以纵向间距必须适当选择。

在运用中如发现机车在高速时产生摇头振动，这是由于旁承下摩擦板磨耗较大（一般磨耗量不大于 0.06 mm），摩擦系数变小，抑制不住转向架的蛇行造成的。

素养与职业

舒适的背后，是科技的支撑

在一列以时速 300 km 飞驰的复兴号列车上，一枚硬币竟能在窗台上屹立 8 min 不倒。而这一“奇迹”的出现，靠的正是复兴号列车上的弹簧悬挂装置。转向架相当于复兴号的“腿脚”，在列车车身和车轮之间搭起一座桥梁保证复兴号平稳运行，悬挂装置相当于“腿脚”的关节，保证腿脚活动利索、稳定。悬挂的核心作用是减震。

空气弹簧是轨道交通列车弹簧悬挂系统的重要部件，安装于列车车体和转向架之间，可减小行驶中产生的振动，提高行驶平稳性和乘坐舒适性，同时可实现车体在不同载客量状态下始终与站台高度保持一致。

空气弹簧工作时，腔体内充满压缩空气，形成压缩空气柱。随着振动载荷的增加，弹簧高度降低，空腔容积减小，弹簧刚度增加，空腔内空气柱的有效承载面积增加。此时，弹簧的承载能力增加。当振动载荷减小时，弹簧高度增加，空腔容积增大，弹簧刚度减小，空腔内空气柱的有效承载面积减小。此时，弹簧的承载能力降低。

这样，在有效行程内，空气弹簧的高度、空腔容积和承载能力会随着振动载荷的增减而平滑、灵活地传递，振幅和振动载荷得到有效控制，还可以通过增减充气量来调节弹簧的刚度和承载能力，也可以附加辅助气室实现自动调节。空气弹簧系统如图 3-74 所示。

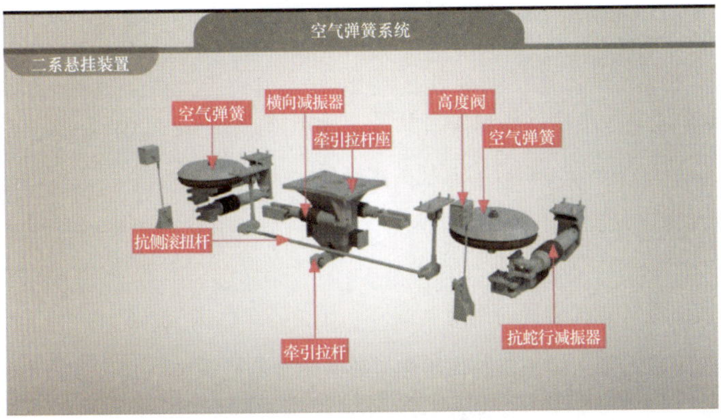

图 3-74　空气弹簧系统

复兴号列车“减震测试”如图 3-75 所示。

图 3-75　复兴号列车“减震测试”

高度调整阀，通过动态感知车辆高度变化，及时完成进气或者排气的动作，以调节空气弹簧（气囊）的高度，改善驾乘人员舒适性，同时防止路面受到车轮冲击而损坏。若空气弹簧里面压力一定，那么列车的载荷量势必会影响列车的高度。这时候就需要它的“好帮手”高度调整阀了，列车可以根据载荷量，通过高度调整阀来控制空气弹簧里面的气压，比如乘客较多时导致车体下沉，高度调整阀就会控制相关设备向空气弹簧里充气；乘客较少时就会排气，这样列车就可以始终和站台的高度保持一致。

任务考核与评价

阶段一：任务知识准备（30 分）				
序号	考核要素	评价标准分值	自我评分（50%）	组内评分（50%）
1	是否积极参与任务书讨论，正确领会任务要求	5		
2	是否积极参与学习讨论，完全掌握学习内容	5		
3	是否积极参与计划制定，提出建设性计划内容	5		
4	是否制定了可行的任务方案	5		
5	是否认真履行个人角色，积极参与任务实施演练	10		

阶段二：任务实施展示（70 分）				
序号	考核要素	评价标准分值	组间评分（50%）	教师评分（50%）
1	问题 1：简述机车悬挂装置的作用	8		
2	问题 2：简述机车油压减振器的作用和主要故障类型	10		
3	问题 3：名词解释：簧上质量和簧下质量	10		
4	问题 4：简述 HXD_3 型电力机车轴箱是由哪些部件组成的	10		
5	问题 5：分析萨克斯铁路减振器的工作原理	10		
6	问题 6：简述 HXD_1 型电力机车一系悬挂装置和二系悬挂装置的构成	10		
7	问题 7：中国高铁列车之所以能平稳运行，主要原因是什么？	12		
总评分值				

任务拓展

技能拓展

CRH380 系列动车组转向架钢弹簧检修技术

强化练习

强化练习试题除涉及本任务介绍的知识与技能外，还可能涉及本任务未介绍的知识与技能，需通过阅读参考书、网络查找资料等方式进行自主学习后进行解答，在巩固课堂学习成

果的同时，培养自主学习能力。

1.【填空题】我们常把一系悬挂以上的重量称为（　　），一系悬挂以下的重量，称为（　　）或称为“死”重量，包括轴箱、轮对的重量。

2.【填空题】悬挂装置也称（　　）装置，包括弹性元件及减振器。机车动力性能的好坏，与悬挂装置的（　　）及参数选择密切相关。

3.【填空题】采用两系弹簧悬挂，可以减小整个机车弹簧合成刚度，增大机车的总静挠度，改善机车在（　　）方向的运动平稳性，减少机车对线路的（　　）。

4.【填空题】良好的悬挂装置，能使机车（　　），振动减小，对行车安全有积极的意义。对线路来说，由于悬挂装置的缓冲作用，也可减轻机车簧上部分振动对线路的（　　）作用。

5.【判断题】悬挂装置中的弹簧调整（包括一系、二系悬挂）的主要目的是要调整机车的轴重。（　　）

6.【判断题】圆弹簧的优点为：结构简单，质量小，形体小，制造修理比较容易，成本低，工作灵活，静挠度小。（　　）

7.【判断题】现代电力机车都采用两系悬挂装置。一系悬挂，又称主悬挂，设置在机车转向架构架与车架之间。（　　）

8.【单选题】减振器为衰减振动而设。将振动冲击能量通过各种阻尼形式变为（　　）散发掉，从而使振动衰减，达到平稳运行的目的。

A. 摩擦力　　B. 热量　　C. 机械能　　D. 动能

9.【单选题】HXD_1 型电力机车二系悬挂装置设置在转向架与车体之间，采用高挠钢弹簧+橡胶垫+（　　）+端部水平减振器组成。

A. 旁承　　B. 橡胶堆　　C. 垂向减振器　　D. 横向减振器

10.【单选题】现代电力机车采用两系悬挂装置，一系悬挂又称主悬挂，设置在机车（　　）之间。

A. 转向架与轴箱　　B. 车体底架与转向架构架
C. 轴箱与车体底架　　D. 转向架与车轴

思考与小结：

任务复盘

补全任务 3.5 知识技能结构导图。

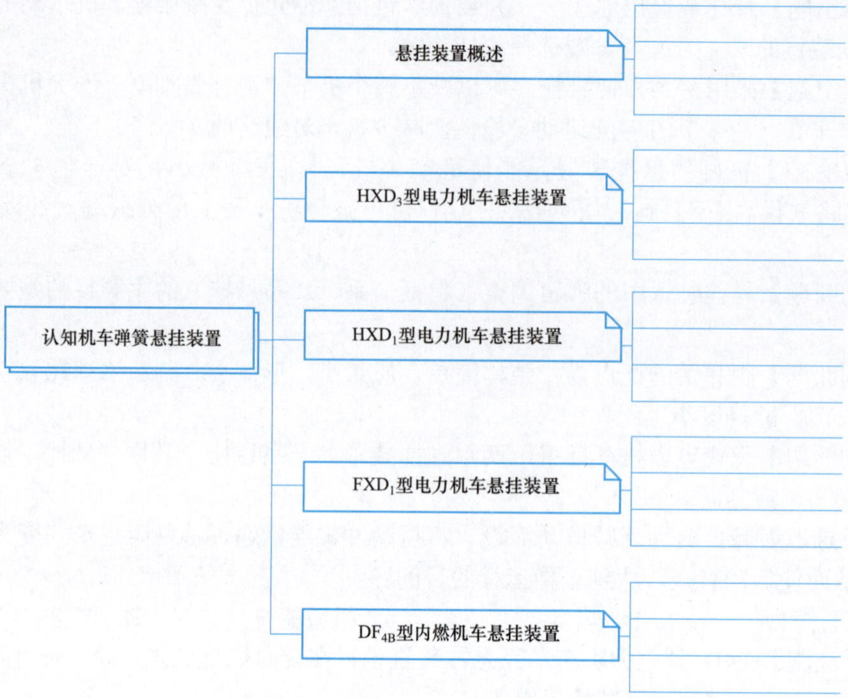

任务 3.6　机车基础制动装置检查与维护

任务描述

列车制动装置是实现列车减速或停止运行，保证行车安全的设备。列车制动装置由装在机车上的供风系统和自动制动阀、分装在机车和车辆上的制动机和基础制动装置，以及贯通全列车的制动管（又称列车管）组成。整个制动系统中充以压缩空气。司机可通过扳动自动制动阀手柄，控制制动管的排风或充风，使装在机车和车辆上的基础制动装置动作，最终使列车减速或停止。列车制动装置如图 3-76 所示。

图 3-76　列车制动装置

问题导入

先阅读问题，完成任务后再回答问题。

问题 1：简述机车制动和缓解。 答：
问题 2：简述机车盘形制动的工作原理。 答：
问题 3：简述盘形制动的优点。 答：
问题 4：HXD_3 型电力机车采用何种制动方式，其制动装置在机车转向架上是如何布置的？ 答：
问题 5：HXD_1 型电力机车采用何种制动方式，其制动装置在机车转向架上是如何布置的？ 答：

问题 6：简述 FXD_1 型电力机车踏面清扫装置的作用及特点。 答：
问题 7：郴州“6·29”事故的原因是什么？我们能从该次事故中获得哪些启示？ 答：

任务分析

教学目标	素养目标	思想道德素质：培养学生养成爱岗敬业、坚守岗位和一丝不苟的职业精神 科学文化素养：培养学生严谨认真和遵章守纪的素质，更好地服务轨道交通行业的发展，助推我国铁路装备制造自主创新
	知识目标	1. 了解电力机车基础制动装置的作用和分类 2. 掌握 HXD_3 型电力机车基础制动装置的工作原理 3. 理解电力机车几种常用的制动方式及其工作原理
	能力目标	1. 理解电力机车基础制动装置的作用、组成和工作原理 2. 理解典型机车基础制动装置的特点
教学重点		1. 基础制动装置的分类 2. HXD_3 型电力机车基础制动装置的特点
教学难点		1. 制动方式和基础制动装置的分类 2. HXD_3 型电力机车基础制动装置的特点

任务实施

知识点 3.6.1　机车制动的概念及分类

1. 制动的概念

列车制动就是人为地制止列车的运动，包括使它减速、不加速或停止运行。对已制动的列车解除或减弱其制动作用，则称为缓解。为施行制动和缓解而安装在机车、车辆上的一整套设备，统称为“制动装置”。“制动”和“制动装置”俗称为“闸”。施行制动常简称为“上闸”或“下闸”，施行缓解则简称为“松闸”。“列车制动装置”包括机车制动装置和车辆制动装置。不同的是，机车除了具有像车辆一样使它自己制动和缓解的设备外，还具有操纵全列车制动作用的设备。

2. 制动方式

铁道机车制动的主要方式如下。

1）闸瓦制动

铁道机车车辆采用的制动方式最普遍的是闸瓦制动。用铸铁、树脂合成或其他材料制成的瓦状制动块，在制动时抱紧车轮踏面，通过制动块和车轮踏面摩擦使车轮停止转动。在这一过程中，制动装置要将巨大的动能转变为热能消散于大气之中。这种制动方式效果的好坏，主要取决于摩擦热能的消散能力。使用这种制动方式时，闸瓦摩擦面积小，大部分热负荷由车轮来承担。列车速度越高制动时车轮的热负荷也越大。如用铸铁闸瓦，温度可使闸瓦熔化；即使采用先进的合成闸瓦，温度也会高达 400～450℃。当车轮踏面温度增高到一定程度时，就会使车轮踏面磨耗，产生裂纹或剥离，既影响车轮使用寿命也影响行车安全。可见，传统的踏面闸瓦制动已适应不了高速机车运行的需要，需要一种新型的制动装置以满足要求。

2）盘形制动

盘形制动是在车轴上或在车轮辐板侧面安装制动盘，用制动夹钳使以合成材料或者粉末冶金制成的两个制动闸片压紧制动盘摩擦面，通过制动闸片和制动盘之间的摩擦产生制动力，使列车停止前进。由于摩擦作用力不在车轮踏面上，盘形制动可以大大减轻车轮踏面的热负荷和机械磨耗。另外其制动平稳，噪声小。盘形制动的摩擦面积大，而且可以根据需要安装若干套，制动效果明显高于踏面制动，尤其适用于时速 120 km 以上的列车，这正是各国普遍采用盘形制动的原因所在，但车轮踏面没有闸瓦的磨刮，将使轮轨黏着恶化，车轮踏面不圆度也增加；制动盘使簧下质量及振动冲击增大，运行中消耗牵引功率。因此，现代高速机车或动车组更多地采用的是盘形制动，并辅以踏面清扫装置，以提高车轮踏面的表面粗糙度，提高轮轨间的黏着系数，进而提高轮轨黏着力。

踏面制动和盘形制动都要通过轮轨之间的黏着来实现，因此都属于黏着制动。

3）再生制动

再生制动是将牵引电动机的电动机工况转变为发电机工况，将列车动能转化为电能，电能通过转换电器和受电弓反馈给供电接触网，可提供给相邻运行的列车使用的制动方式。其适用于接触网导线供电的电力机车和电动车组。

4）电阻制动

电阻制动用于电力机车、电动车组和电传动内燃机车。在制动时将原来驱动轮对的牵引电动机改变为发电机发电，并将电流通往专门设置的电阻器，采用强迫通风，使电阻器产生的热量消散于大气，从而产生制动作用。

5）线性涡流制动

线性涡流制动是把电磁铁悬挂在转向架侧梁下面同侧的两个车轮之间。制动时电磁铁不与钢轨接触。利用电磁铁与钢轨相对运动使钢轨感应出涡流，产生电磁吸力作为制动力，把列车动能转化为热能，消散于大气。线性涡流制动既不受黏着限制也没有磨耗问题。

6）盘形涡流制动

盘形涡流制动是在车轴上装金属盘，制动时金属盘在电磁铁形成的磁场中旋转，金属盘的表面被感应出涡流，产生电磁吸力并发热消散于大气，从而起制动作用。盘形涡流制动要通过轮轨黏着才能产生制动力，类似盘形制动，因此也要受黏着限制。

7）磁轨制动

磁轨制动是在转向架侧梁下面同侧的两个车轮之间，各安置一个制动用的电磁铁（又称电磁靴），制动时将它放下并利用电磁吸力紧压钢轨，通过电磁铁上磨耗板与钢轨间的滑动摩擦产生制动力，把列车动能转化为热能，消散于大气，属于黏着制动范畴。

8）液力制动

液力制动应用于液力传动内燃机车上，在液力传动装置内装液力制动器（液力耦合器），制动时向它充入液体，车轮带动它旋转时液体与液体之间、液体与耦合器之间摩擦生热。再经由散热器消散于大气，从而产生制动作用。

知识点 3.6.2　基础制动装置

1. 定义

基础制动装置是指在机车车辆制动装置中，从制动缸活塞杆推杆到闸瓦或闸片之间一系列杠杆、拉杆、制动梁、吊梁（或吊挂）等各种零部件所组成的机械装置。基础制动装置是制动系统的执行部件。其作用是把充入制动缸的压缩空气在活塞上产生的推动力增大若干倍后，均匀地传给各个闸瓦或闸片，使之压紧车轮踏面或制动盘而产生制动作用。

2. 基础制动装置分类

基础制动装置的形式，按设置在每个车轮上的闸瓦块数及其作用方式，可分为单侧闸瓦式、双侧闸瓦式、盘形基础制动式和多闸瓦式等。

（1）单侧闸瓦式：只在车轮一侧设有闸瓦的制动方式，我国目前绝大多数货车都采用这种形式。其特点是闸瓦单位面积承受的压力过大，容易造成闸瓦熔化，加速闸瓦磨耗，使制动力衰减，因此，推荐使用合成闸瓦。

（2）双侧闸瓦式：在车轮两侧均设有闸瓦的制动方式。目前在机车、客车、特种货车上均有使用。其特点是制动力大，闸瓦单位面积承受压力较小。可降低闸瓦与踏面温度。减少闸瓦磨耗量。

（3）盘形基础制动式：制动时用制动闸片压紧制动盘而产生制动作用的制动方式。其包括两种类型，一种是制动盘安装在车轴上的，即“轴盘式”；另一种是制动盘安装在车轮辐板上的，即“轮盘式”。盘形基础制动式的特点是：① 直接安装在转向架上，能减轻车辆自重；② 不使用闸瓦直接磨耗车轮踏面，可延长车轮使用寿命；③ 制动性能比较稳定，可减小车辆纵向冲动；④ 制动缸安装在转向架上，制动时动作迅速，制动效率高。

知识点 3.6.3　典型机车基础制动装置

1. HXD_3 型电力机车基础制动装置

HXD_3 型电力机车基础制动装置采用的是轮盘制动方式，每个车轮安装一套独立的单元制动器，其中每个转向架装有一套单元制动器带弹簧停车储能制动，安装在第一和第六轴车轮上，如图 3-77 所示。当机车制动时，制动单元得到压缩空气，通过制动缸鞲鞴推动卡钳，通过闸瓦，将压力作用到安装在车轮辐板的摩擦盘上，使闸瓦与摩擦盘间产生摩擦，消耗功率，将动能转变为热能散发掉，从而使机车达到减速或停车的目的。

HXD_3 型电力机车采用的三点吊挂盘式制动夹钳如图 3-78 所示。HXD_3 型电力机车轮盘制动单元外形如图 3-79 所示。

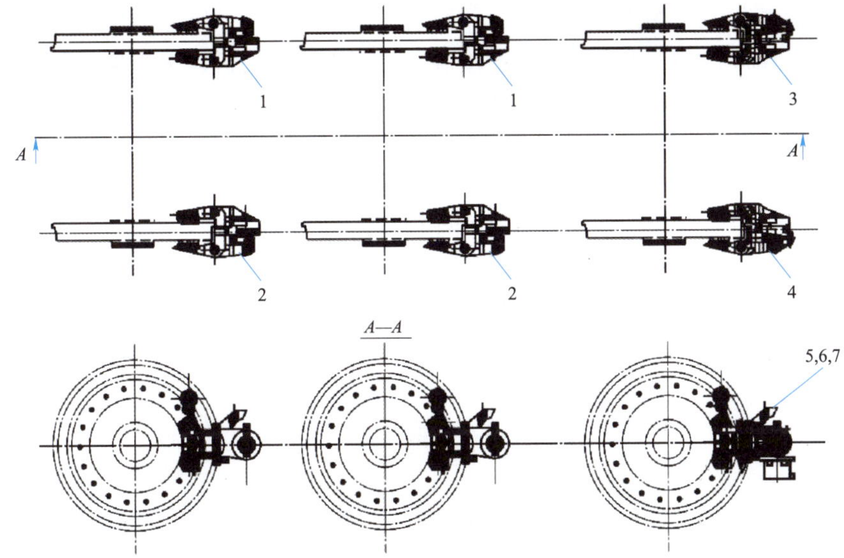

1—制动单元（右）；2—制动单元（左）；3—制动单元（弹簧停车左）；4—制动单元（弹簧停车右）；
5—螺栓 M16×70；6—螺母 M16；7—弹簧垫圈 M16

图 3-77　HXD$_3$型电力机车基础制动装置布置图

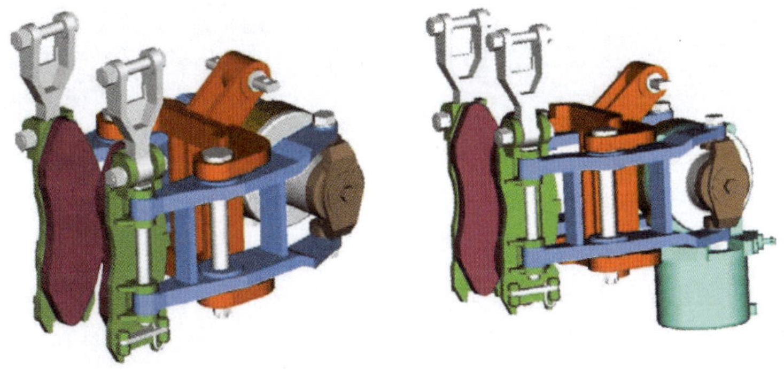

(a) 三点吊挂夹钳（不带停放制动）　　(b) 三点吊挂夹钳（带停放制动）

图 3-78　HXD$_3$型电力机车采用的三点吊挂盘式制动夹钳

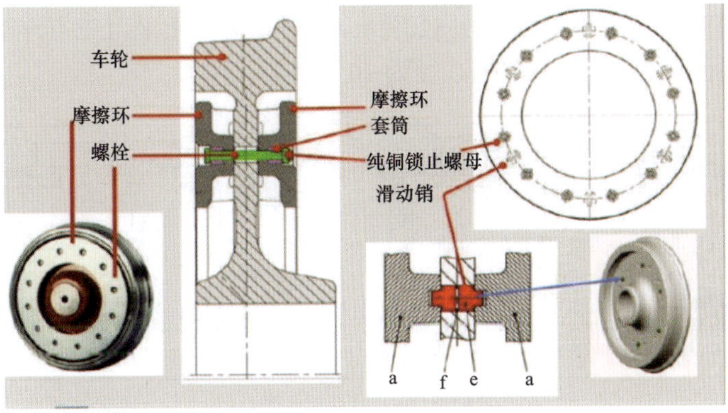

图 3-79　HXD$_3$型电力机车轮盘制动单元外形

2. HXD$_1$ 型电力机车基础制动装置

HXD$_1$ 型电力机车基础制动装置采用轮盘制动方式，制动机构采用单元制动缸和浮动夹钳机构，在第一、三轴位设有带停放缸的单元制动器以实现停放制动，如图 3-80 所示。轮装制动盘采用铸钢整体结构，在制动盘靠轮辐一侧设计有散热筋。每两个轮盘为一组，用 18 个 M12 螺栓、膨胀套及防松螺母和 6 个定位键安装在车轮轮辐两侧，每个螺栓的预紧力矩为 60 N • m，在 18 个 M12 螺栓达到预紧力矩后两个制动盘的摩擦面基本上呈平行状态，其端面轴向跳动量不大于 0.5 mm。HXD$_1$ 型电力机车闸片间隙调整和闸片更换示意图如图 3-81 所示。

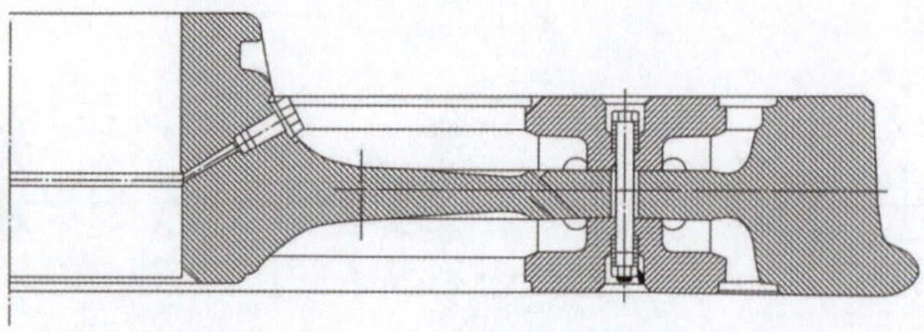

图 3-80　HXD$_1$ 型电力机车轮盘制动装置

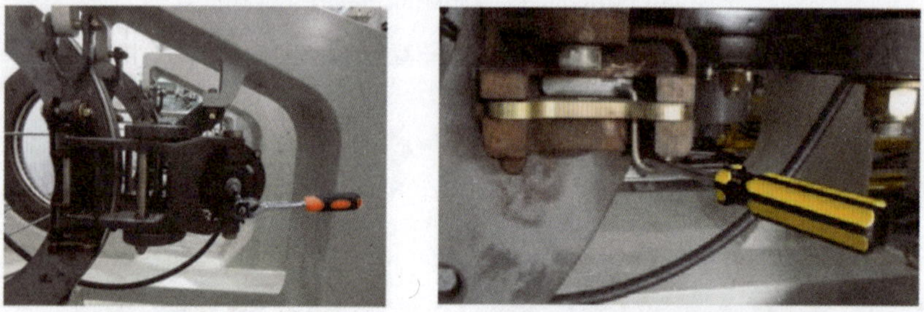

(a) 闸片间隙调整　　(b) 闸片更换（用螺丝刀向外撬动弯销）

图 3-81　HXD$_1$ 型电力机车闸片间隙调整和闸片更换示意图

HXD$_1$ 型电力机车每个轮对有两套制动装置，其中一个带有蓄能制动装置，用于驻车制动。

3. FXD$_1$ 型电力机车基础制动装置

FXD$_1$ 型电力机车基础制动装置包括制动夹钳单元、制动盘（包含连接件）、制动闸片三部分。

制动夹钳单元分为带停放制动和不带停放制动两种，在转向架上成斜对称布置，FXD$_1$ 型电力机车基础制动装置示意图如图 3-82 所示。制动夹钳单元采用三点浮动的方式吊挂在转向架构架上，夹钳倍率为 2.0，制动缸缸径为 10 英寸。

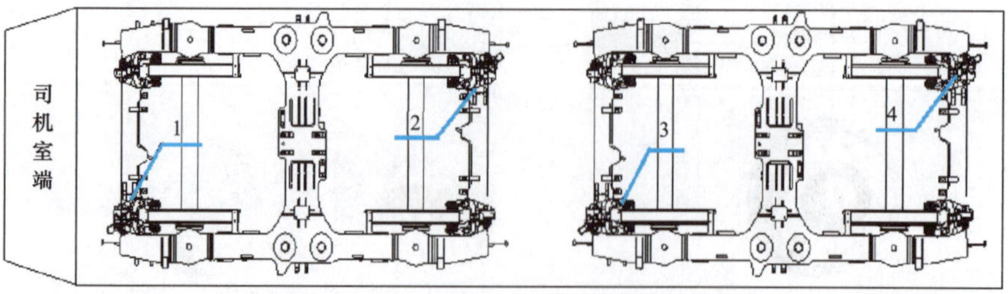

1、2、3、4—带停放制动的制动夹钳

图 3-82　FXD$_1$ 型电力机车基础制动装置示意图

制动盘为整体铸钢制动盘，在制动盘摩擦面的反面设置散热筋，并通过 18 个螺栓螺母、

6 个销等连接件将制动盘固定在车轮幅板两侧。

基础制动满足在平直道上，制动初速为 200 km/h 时紧急制动距离在 1 700～2 000 m 之间。停放制动实施时，机车能在 30‰坡道上安全停放。

FXD_1 型电力机车盘形制动装置与 HXD_1 型电力机车类似，转向架四角安装单元式制动器，每轴有一个制动器带停放功能，制动盘为铸钢盘，安装在车轮上。

图 3-83 FXD_1 型电力机车踏面清扫装置安装实物图

FXD_1 型电力机车除了装有盘形制动装置外，还增设踏面清扫装置，以提高轮轨间的黏着力，如图 3-83 所示。踏面清扫装置具有以下特点。① 自动控制：当动力车紧急制动时或动力车起动运行且速度≥30 km/h 时，踏面清扫装置自动清扫一次，踏面清扫装置动作 3～4 s；动力车运行过程中，动力车司控器每次置于电制位时，踏面清扫装置自动清扫一次，踏面清扫装置动作 3～4 s。② 手动控制：操作台设置带自显灯自复位式踏面清扫按钮。按下按钮，自显灯亮，踏面清扫装置动作，松开按钮，自显灯灭，踏面清扫装置停止工作。③ 动力车踏面清扫装置需同步动作并实现互控，若另一端为控制车，控制车可以控制其他动力车踏面清扫装置正常动作。

4. DF_{4B} 型内燃机车基础制动装置

DF_{4B} 型内燃机车转向架上的基础制动装置由制动缸、杠杆系统和制动闸瓦等组成。

DF_{4B} 型内燃机车采用单侧单闸瓦、带闸瓦间隙自动调节器的制动装置，每个车轮有一套独立的制动装置，如图 3-84 所示。它由制动缸、横杆、闸瓦间隙调节器、竖杆、吊杆和闸瓦等组成。

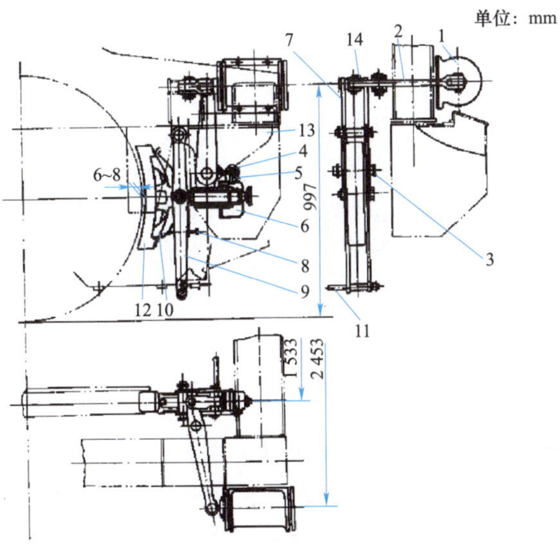

1—制动缸；2—横杆；3—销；4—摆杆；5—连杆；6—闸瓦间隙调节器；7—竖杆；8—调整螺栓；9—吊杆；10—闸瓦托；11—拉杆；12—闸瓦；13—支座；14—叉杆

图 3-84 DF_{4B} 型内燃机车基础制动装置

DF_{4B} 型内燃机车基础制动装置作用原理如图 3-85 所示。当施行制动时，压缩空气由总风缸进入制动缸，推动活塞，压缩缓解弹簧，使横杆 AB 以 C 点为支点逆时针旋转。因为 AC ∶ CB=3.3，所以 B 点的作用力为 A 点作用力的 3.3 倍。通过叉杆 BD，将作用力传到竖杆 DF 上，

使 DF 以 E 点为支点逆时针旋转。因为 DF∶EF=3.72，所以在 F 点处作用力又增大 3.72 倍。最后通过闸瓦间隙自动调节器 FG，把 F 点的力通过闸瓦压到车轮踏面上，从而产生制动作用。活塞推力经过杠杆系统得到放大，放大倍数为（AC/CB）×（DF/EF）=3.3×3.72=12.3，这个倍数被称为制动倍率。

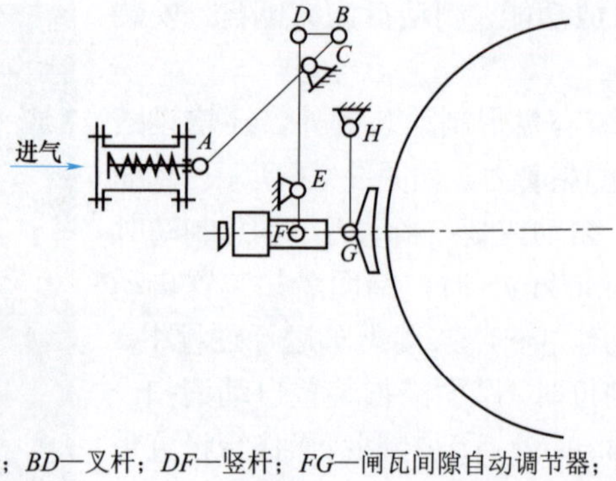

AB—横杆；BD—叉杆；DF—竖杆；FG—闸瓦间隙自动调节器；GH—吊杆

图 3-85　DF_{4B} 型内燃机车基础制动装置作用原理

每台转向架上有 6 个制动缸，各用 4 个 M16 螺栓紧固在构架上的制动缸座上。

闸瓦间隙的调整有人工调整和自动调整两种。装新闸瓦时需人工调整到 6～8 mm 间隙，以后便可利用闸瓦间隙自动调节器自动调整，直到闸瓦磨耗到限为止。

闸瓦与车轮踏面上下间隙不均匀时，可调节螺母来压缩（或放松）弹簧，使间隙均匀。运用中要保持制动装置各杆件系统及销子连接处动作灵活，缓解时，各制动缸活塞杆应恢复到零位。运用中如发现闸瓦间隙过小，或制动缸活塞杆行程过大，要检查各销、套磨损后间隙是否过大，必要时应进行更换和修理。

运用中如发现缓解不良或因某种原因卡住，使闸瓦间隙过小，为保证行车安全，可用木楔等物在构架椭圆孔处将活塞杆塞住，使其不能制动，待回段后再进行处理。

在特殊线路（如长大坡道）上，为确保下坡道安全，用闸瓦间隙自动调节器上的手轮将闸瓦间隙调小到 6 mm 左右（相应的活塞杆行程为 74～100 mm）后，再行下坡。独立作用式基础制动装置的优点是：结构简单，重量轻，运用和检修方便，特别是构架下部空间大，给闸瓦的更换和调整带来方便，但这种装置需配置较多的制动缸。

素养与职业

时刻紧绷安全弦——制动保障安全

2009 年 6 月 29 日 2 时 31 分，广州铁路集团公司广州机务段司机黄少穆、徐爱军驾驶的 K9017 次列车在郴州站第五道计划停车时，发生制动失效，导致挤坏 118 号道岔，并以 55 公里/小时的速度，与第三道正在开出的 K9063 次列车发生侧向冲撞，致使 K9063 次机车和第 1、2 节车厢脱轨，K9017 机车和第 1 到 5 节车厢脱轨。本次事故共造成 3 人死亡，其中旅客 2 人，居民 1 人，受伤 63 人，其中重伤 6 人。京广铁路郴州段的行车一度中断，部分列车晚点或停驶。

原铁道部事故调查小组查明造成这起事故的直接原因是：K9017 次列车第二位车辆制动软管在安装作业中操作人员违反操作规定，将防尘堵底盖遗留在折角塞门内，堵塞制动主管风道，列车制动动力突然丧失而造成的责任事故。

K9017 次列车编组 18 辆，由原中国南车股份有限责任公司南京浦镇车辆有限公司生产，

2009 年 6 月 24 日投入运用。该车在生产中，在安装第二位车辆制动软管时，工位工人冯龙违反操作规定，在没有确认折角塞门防尘堵是否全部取出的情况下，就安装了制动软管，致使防尘堵底盖遗留在折角塞门内，该防尘堵底盖在制动风管内呈游离状态。6 月 29 日凌晨，列车运行至京广铁路郴州站，司机在进站前进行减速制动时，制动管风压将防尘堵底盖吸附在软管接头端部，造成制动主管风道堵塞，列车第二至第十八位车辆制动力突然丧失，导致 K9017 次列车与刚刚起动正在出站的 K9063 次客运列车机车侧面相撞。

这起事故告诫我们：作为铁路从业者，要时刻紧绷安全弦，严格注意产品质量验收，把好检修质量关，共同维护铁路运输安全。

任务考核与评价

阶段一：任务知识准备（30 分）				
序号	考核要素	评价标准分值	自我评分（50%）	组内评分（50%）
1	是否积极参与任务书讨论，正确领会任务要求	5		
2	是否积极参与学习讨论，完全掌握学习内容	5		
3	是否积极参与计划制定，提出建设性计划内容	5		
4	是否制定了可行的任务方案	5		
5	是否认真履行个人角色，积极参与任务实施演练	10		
阶段二：任务实施展示（70 分）				
序号	考核要素	评价标准分值	组间评分（50%）	教师评分（50%）
1	问题 1：简述机车制动和缓解	8		
2	问题 2：简述机车盘形制动的工作原理	10		
3	问题 3：简述盘形制动的优点	10		
4	问题 4：HXD_3 型电力机车采用何种制动方式，其制动装置在机车转向架上是如何布置的？	10		
5	问题 5：HXD_1 型电力机车采用何种制动方式，其制动装置在机车转向架上是如何布置的？	10		
6	问题 6：简述 FXD_1 型电力机车踏面清扫装置的作用及特点	10		
7	问题 7：郴州“6·29”事故的原因是什么？我们能从该次事故中获得哪些启示？	12		
总评分值				

任务拓展

闸片更换和故障处置方法

强化练习

强化练习试题除涉及本任务介绍的知识与技能外，还可能涉及本任务未介绍的知识与技能，需通过阅读参考书、网络查找资料等方式进行自主学习后进行解答，在巩固课堂学习成

果的同时，培养自主学习能力。

1.【填空题】HXD_3型电力机车基础制动装置采用的是（　　）制动方式，每个车轮安装一套独立的单元制动器，其中每个转向架装有一套单元制动器带（　　）储能制动，安装在第一和第六轴车轮上。

2.【填空题】基础制动作用是把充入制动缸的压缩空气在活塞上产生的（　　）增大若干倍后均匀传给各个闸瓦或闸片，使其压紧车轮踏面或制动盘而产生（　　）作用。

3.【填空题】“列车制动装置”包括（　　）制动装置和（　　）制动装置。

4.【填空题】当使用动力制动时，牵引电动机作为（　　）电机。

5.【填空题】停放制动作为一种（　　）制动，用来防止机车停放时意外溜放。

6.【填空题】为在轮轨黏着状况不佳的情况下，提高车轮与钢轨间的（　　），改善机车的牵引制动性能，HXD_1型（大功率）电力机车设有（　　）。

7.【判断题】FXD_1型电力机车动力车除装有盘形制动装置外，还设有踏面清扫装置，以提高轮轨间黏着力。（　　）

8.【判断题】DF_{4B}型电力机车内燃机车闸瓦间隙的调整只能通过人工调整。（　　）

9.【判断题】FXD_1型电力机车动力车的基础制动装置包括制动夹钳单元、制动盘（包含连接件）、制动闸片三部分。（　　）

10.【判断题】DF_{4B}型内燃机车基础制动装置由制动缸、杠杆系统和制动闸瓦等组成。（　　）

思考与小结：

任务复盘

补全任务 3.6 知识技能结构导图。

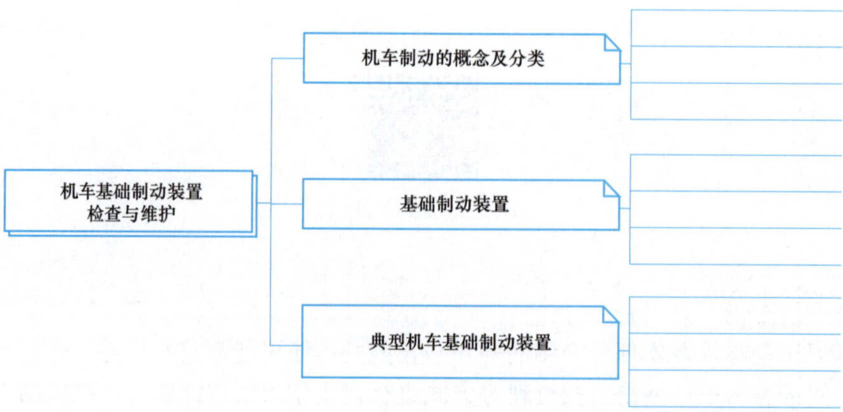

任务 3.7　轮对测量与检修

任务描述

轮对是电力机车最关键的部件之一，其在工作时一方面要承受来自转向架及车体的垂直重力，另一方面要承受来自轮轨之间的牵引力和制动力，除此之外还要承受来自轨道或道岔的侧向力或冲击力，其受力复杂且数值大，易造成踏面产生裂纹、擦伤和剥离等损伤，轮对工作性能的好坏直接关系行车安全，因此在机车使用过程中，要定期对轮对进行测量和检修。轮对测量和检修如图 3-86 所示。

图 3-86　轮对测量和检修

问题导入

先阅读问题，完成任务后再回答问题。

问题 1：简述踏面圆周磨耗。 答：
问题 2：简述轮缘高度。 答：
问题 3：简述轮缘垂直磨耗到限。 答：

问题 4：简述轮缘厚度。 答：
问题 5：简述轮辋宽度。 答：
问题 6：简述车轮直径 d。 答：
问题 7：简述轮对内距。 答：
问题 8：检车大师黄望明在践行“交通强国、铁路先行”过程中，做出了哪些表率？ 答：

任务分析

教学目标	素养目标	思想道德素质：培养学生踏实工作、严谨认真、团结协作的铁路职业精神 科学文化素养：培养励志奋发、潜心学习的态度，勇于创新的科学精神，树立严谨、精益求精的实践态度
	知识目标	1. 熟练掌握轮对检修范围及操作要点 2. 熟练使用各种轮对检修测量专用工具 3. 熟练掌握轮对常见故障形式及相应检测方法
	能力目标	1. 能正确使用轮对检测工具，对轮对各项尺寸进行测量 2. 能根据轮对实际测量结果，判定轮对是否需要镟修
教学重点		依据铁道机车运用与维护专业职业能力标准，结合人才培养目标及轨道交通车辆检修1+X证书（机车车辆轮对检修实作项目）要求，深入剖析知识点、技能操作之间的依托关系，立足学而有用、学而会用，确立教学重点：轮对检修测量工具的规范使用
教学难点		1. 轮对踏面尺寸检测位置的确定 2. 第四种检查器的规范使用

任务实施

知识点 3.7.1 轮对测量与检修实训指导书

1. 实训目的

（1）熟练掌握轮对测量和检修的范围及重点；

（2）熟练使用各种轮对检修测量专用工具；

（3）熟练掌握轮对常见故障及采取相应的检测方法。

2. 实训设备

车轮检测器；内距测量仪；轮径测量仪；轮对备品（若干）。

3. 实训要求

（1）整齐穿戴实训服，做好自身安全防护。

（2）服从教师的安排，分组练习，单人单考。

（3）实训期间正确操作实训设备，不得随意脚蹬、攀爬实训设备，不得在实训室内追逐打闹，不得随意离开实训场地。

4. 实训内容

1）车轮踏面擦伤的检修规程

检修规程要求：擦伤达到以下限度需要镟轮加工：

（1）一处以上大于 75 mm。

（2）两处以上在 50～75 mm 之间。

（3）四处以上在 25～50 mm 之间。

（4）深度大于 0.8 mm。

2）车轮踏面剥离的检修规程

技术指标：剥离达到以下限度需要镟轮加工。

（1）剥离长度：1 处≥30 mm；2 处（每一处长）≥20 mm。

（2）剥离深度：≥1 mm。

（3）车轮踏面磨耗深度（包括沟槽）：≥4 mm。

3）车轮几何型面检查

车轮踏面尺寸如图 3-87 所示。

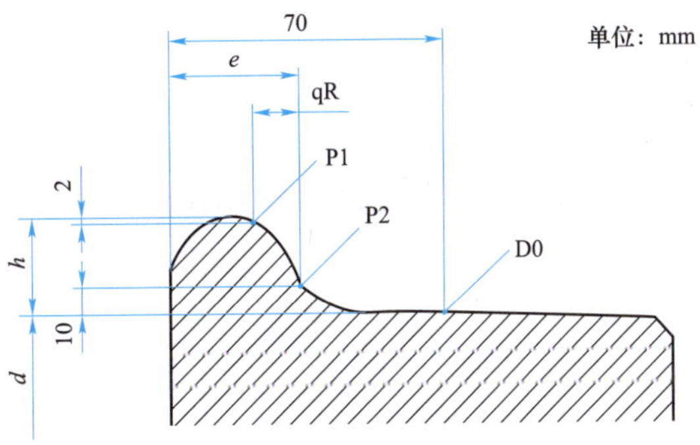

图 3-87 车轮踏面尺寸

（1）D0：滚动圆位置，距车轮内侧面 70 mm 处。

（2）h：踏面圆周磨耗及轮缘高度。

① 移动轮辋宽度测尺尺框，使定位销落入销孔内，然后锁紧螺钉。

② 将定位角铁与车轮内侧面密贴，并使轮辋宽度测头与车轮踏面接触。

③ 推动踏面磨耗测尺使其测量面与车轮轮缘接触，从左边游标读取踏面磨耗值，从右边游标读取轮缘高度值。测量范围：圆周磨耗为0～10 mm，轮缘高度为22～37 mm。

（3）*e*：轮缘厚度及垂直磨耗。

① 同测量踏面圆周磨耗及轮缘高度的步骤①、②。

② 推动轮缘厚度测尺使其测量头与轮缘接触，从游标中读取轮缘厚度值。轮缘厚度测量范围：22～35 mm。

③ 推动垂直磨耗测尺使其测量头与轮缘接触，如果黑框右边与“0” 刻线对齐或测量值小于0，则说明轮缘垂直磨耗到限了。

（4）轮辋厚度。

同测量踏面圆周磨耗及轮缘高度的步骤①、②，读取轮辋厚度测尺刻线中与轮辋内侧边缘对齐的数值，该数值即为轮辋厚度。测量范围：0～75 mm。

（5）轮辋宽度。

推动轮辋宽度测尺尺框，使其测量头与车轮外侧面贴靠，从游标中读取轮辋宽度值。如果踏面有碾宽，应减去碾宽值。测量范围：70～145 mm。

（6）*d*：车轮直径检查，用轮径尺测量。

（7）轮对内距测量，用内距尺测量。

5. 记录测量数据

轮对测量与检修记录如表3–1。

表3–1 轮对测量与检修记录

姓名：__________ 班级：__________ 学号：__________

序号	测量与检修项目	测量与检修数据			分值	得分
1	踏面圆周磨耗/mm				9	
2	轮缘高度/mm				9	
3	轮缘垂直磨耗是否到限？				6	
4	轮缘厚度/mm				9	
5	轮辋宽度/mm				9	
6	车轮直径 *d*/mm				9	
7	轮对内距/mm				9	

知识点3.7.2 LJ–4C型机车车轮第四种检查器使用方法

1. 概述

LJ–4C型机车车轮第四种检查器（以下简称四检器）用于测量各种型号机车车轮踏面圆周磨耗、轮缘厚度、轮缘高度、轮箍厚度、轮箍宽度、轮缘垂直磨耗、避开距、踏面擦伤深度和长度、踏面剥离深度和长度、车轮碾宽等。

2. 结构参数

四检器主要由尺身、轮缘高度及踏面磨耗测尺、轮缘厚度测尺、轮缘垂直磨耗测尺、轮箍宽度测尺、车轮碾宽测量刻线、避开距刻线、定位角铁、定位销、轮缘高度及踏面磨耗测尺锁紧螺钉、轮箍宽度测尺锁紧螺钉、轮缘厚度测尺锁紧螺钉、轮箍宽度测尺尺框、轮箍厚度测尺等组成，如图 3-88 所示。

3. 操作方法

（1）踏面圆周磨耗及轮缘高度（见图 3-89）。

① 移动轮箍宽度测尺尺框，使定位销落入销孔内，然后锁紧其锁紧螺钉。

② 将定位角铁与车轮内侧面密贴，并使轮箍宽度测头与车轮踏面接触。

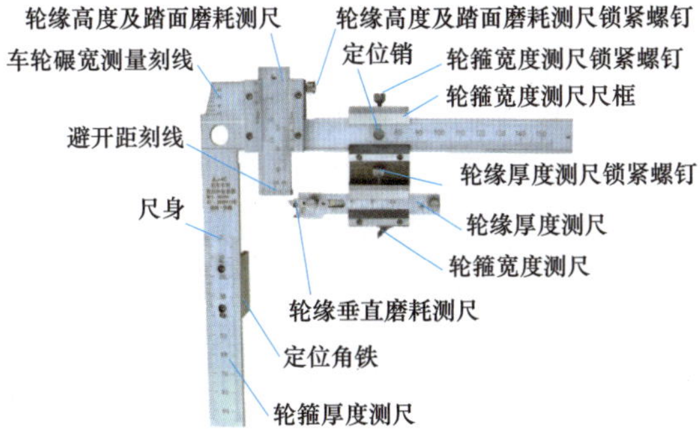

图 3-88 四检器

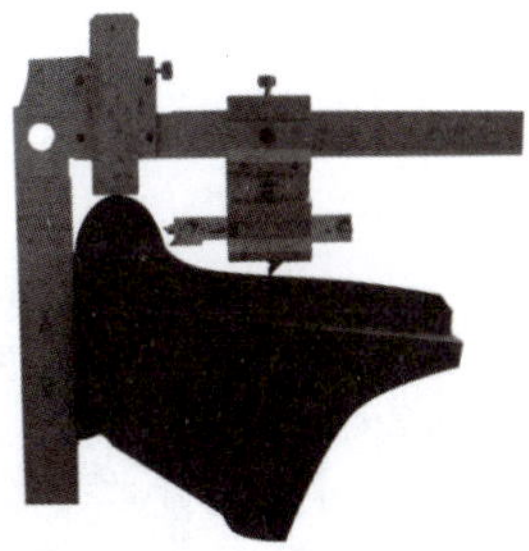

图 3-89 踏面圆周磨耗及轮缘高度

③ 推动踏面磨耗测尺使其测量面与车轮轮缘接触，以左边游标读取踏面磨耗值，从右边游标读取轮缘高度值。测量范围：圆周磨耗为 0～9 mm。

（2）轮缘高度为 22～37 mm。

轮缘厚度及垂直磨耗（见图 3-90）。

① 同测量踏面圆周磨耗及轮缘高度的步骤①、②。

② 推动轮缘厚度测尺使其测量头与轮缘接触，从游标中读取轮缘厚度值。轮缘厚度测量范围：22～35 mm。

③ 推动垂直磨耗测尺使其测量头与轮缘接触，如果测量头上“0”刻线与下面轮缘厚度测尺左端“0”刻线对齐，则说明轮缘垂直磨耗到限度了。

（3）轮箍厚度。

同测量踏面圆周磨耗及轮缘高度的步骤①、②，读取轮箍厚度测尺刻线中与轮箍内侧边缘对齐的数值，该数值即为轮箍厚度。测量范围：0～90 mm。

（4）轮箍宽度（见图 3-91）。

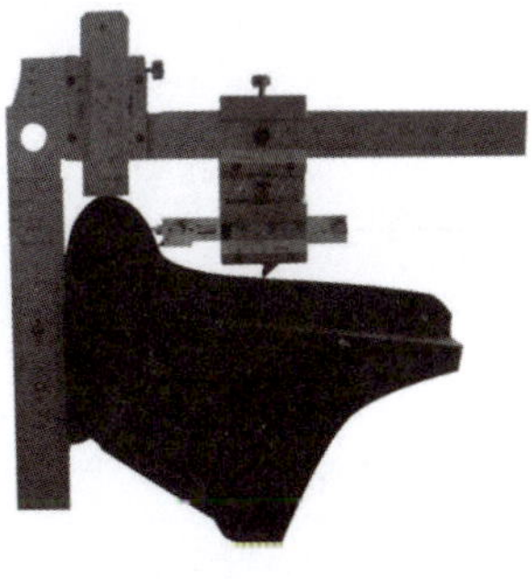

图 3-90 轮缘厚度及垂直磨耗

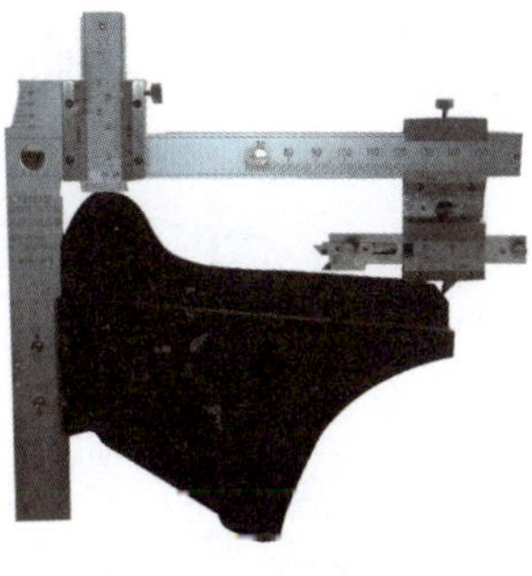

图 3-91 轮箍宽度

① 同测量踏面圆周磨耗及轮缘高度的步骤①、②。

② 推动轮箍宽度测尺尺框，使其测量头与车轮外侧面贴靠，从游标中读取轮箍宽度值。如果踏面有碾宽，应减去碾宽值。测量范围：70～145 mm。

（5）踏面擦伤深度。

① 同测量踏面圆周磨耗及轮缘高度的步骤②。

② 移动轮箍宽度测尺尺框，使其测头落入擦伤最深处，测量此处轮缘高度值记作 h_1。

③ 测量同一圆周，未擦伤处，轮缘高度值记作 h_2，擦伤深度为 h_1-h_2 的差值。测量范围：0～9 mm。

（6）踏面擦伤长度。

用四检器的轮箍厚度测尺的外刻线，沿车轮圆周方向测量擦伤部位的长度。测量范围：0～90 mm。

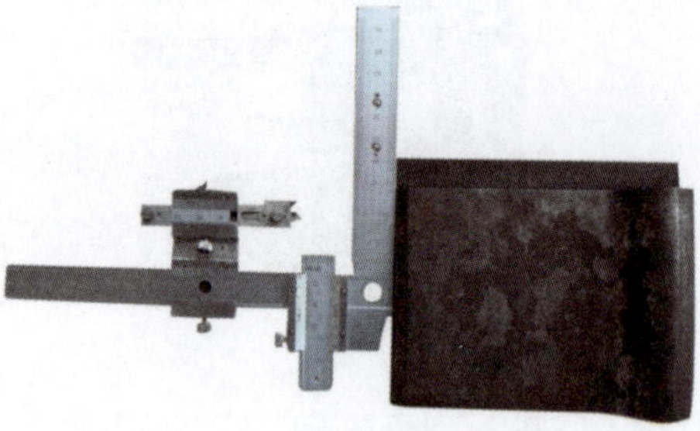

图 3-92　车轮碾宽

（7）踏面剥离深度。

测量方法同踏面擦伤深度的测量。

（8）踏面剥离长度。

测量方法同踏面擦伤长度的测量。

（9）车轮碾宽（见图 3-92 所示）。

将尺身垂直外边贴紧轮箍外侧面，用碾宽测量刻线测量碾宽，读取碾宽最宽处所对准刻线数值，即为车轮碾宽值。测量范围：3～6 mm。

（10）避开距测量。

当把四检器放在轮箍上进行测量时，避开距刻线部分正好与轮缘顶处尖点接触，则读取接触点处所指示的数值即为避开距。

4. 检定方法

依照《机车车辆车轮检查器检定规程》［JJG(铁道) 171—2001］进行检定。

知识点 3.7.3　机车车辆轮对内距尺使用方法

1. 概述

机车车辆轮对内距尺用于测量铁道机车、车辆轮对内侧距离。读数方式分刻线式和电子数显两种。

2. 结构参数

轮对内距尺结构如图 3-93 所示。

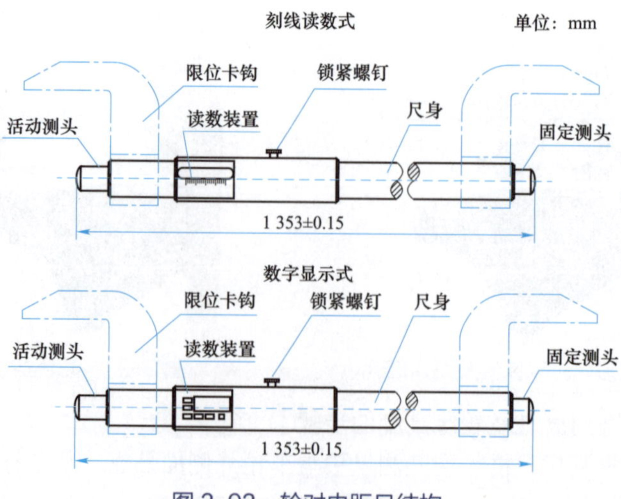

图 3-93　轮对内距尺结构

机车车辆轮对内距尺主要技术参数见表 3-2。

表 3-2　机车车辆轮对内距尺主要技术参数

型号	测量范围	分度值	示值误差	读数及结构
GF218	1 345～1 365 mm	0.1 mm	≤0.15 mm	刻线一体式
GF218-ZD		0.01 mm		刻线组合式
GF982S				数显一体式
GF982S-ZD				数显组合式

3. 操作方法（以刻线一体式读数轮对内距尺为例）

（1）将内距尺锁紧螺钉松开，使活动测杆处于自由状态。

（2）两手握住内距尺，将其放置于两车轮内侧，使两限位钩落在两车轮轮缘最高部位。在圆周方向移动内距尺活动测头端，找到最小的读数，即为轮对内距。

4. 检定方法

按机车车辆轮对内距尺检定的相关规定进行。

知识点 3.7.4　机车车辆车轮外径测量仪使用方法

1. 概述

机车车辆车轮外径测量仪用于测量轨道机车车辆车轮滚动圆直径。

2. 结构参数

机车车辆车轮外径测量仪由构架、测量块、测头、指示表、定位架等组成，如图 3-94 所示。

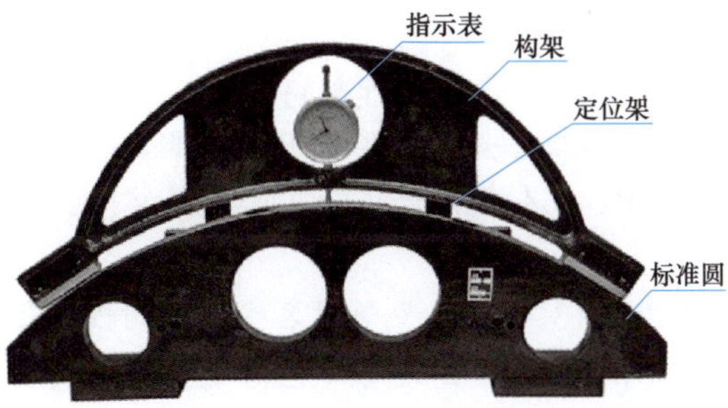

图 3-94　机车车辆车轮外径测量仪

3. 操作方法

1）在标准圆上校对“零位”

（1）拧紧指示表测头和测量仪测头，以免校对“零位”或测量时测头松动而带来测量误差。

（2）在测量仪上装指示表。

（3）将测量仪放置在标准圆上，保证两测量块均与标准圆弧面接触良好，定位架与标准圆定位端面密贴，然后通过上下移动指示表，将指示表读数调整为标准圆直径值。

2）测量轮径

测量时，两手握住测量仪两端的构架部位，放置在被测车轮上，使定位架与车轮内侧面靠紧（因为有磁性，只要一接触就能保证密贴），两手轻轻压一压，使两测量块均与车轮踏面接触到位，这时即可从指示表中读出直径值。

4. 检定标准

依据《铁路机车、车辆轮径专用量具检定规程》[JJG(铁道) 111—2002] 进行检定。

素养与职业

“精细检修”保障机车运行安全——检车大师：黄望明

“检车神探”“检车状元”“技能大师”……在中国铁路武汉局集团有限公司武昌客车车辆段，一提起这些头衔，大家都不约而同地指向黄望明。从事客车车辆检修工作的 29 年里，他始终怀揣着“靠技术吃饭永远不落伍”的朴素想法，几十年如一日地尽职尽责、精益求精、矢志创新，先后获得全国铁路劳动模范、湖北省技能大师称号，以及火车头奖章等 30 余项荣誉。

他是客车安全的把关人。在长期的勤学苦练中，黄望明练就了“听音辨症”的独门技能，在 2005 年首届全国铁路职业技能竞赛上一举包揽了个人全能第二名、理论第一名和单车检查第三名。凭着一个手电筒、一把检车锤、一身硬本领、一颗责任心，他检修客车 70 余万辆，先后发现、整治车辆安全隐患 3 000 多起，经他检查把关的列车累计安全运行 900 余万公里。

他是先进作业法的创始人。每天，黄望明在整备场徒步近 10 公里，为数万个车辆零部件进行“体检”，一次次地在练功车下钻进钻出，一遍遍地把各种配件拆装分解，逐渐总结摸索了一套“四站、五蹲、二钻”的单车检车作业法，其检车“要诀”被编入了段《客车转向架单车技术作业标准》。他怀着对工作的满腔热情，善于发现、乐于解决安全生产中的问题，总结推广先进作业法 117 项、200 余条，发明小改小革生产工具 26 个，为单位节约生产成本共计 500 余万元。

他是传道授业的解惑人。丹心化春雨，桃李满园香。黄望明把精力放在传技能、带队伍上，将自己积累的 10 余万字的笔记、心得整理成册发给职工，与青工结对子搞好传帮带，手把手带出 47 名技术骨干。其中，6 人获得武汉局集团公司奖励，21 人获得段级奖励，1 人荣获湖北省技术能手称号。

他是技术攻关的领头人。2013 年，以黄望明名字命名的铁路技能大师工作室正式成立。他集结优秀人才成立“创新军团”，紧紧围绕客车检修质量和运用安全两大重点，先后完成客车轴温故障调研、集控线故障处理、客车空气制动机故障攻关等 24 个重点攻关项目，取得管系故障途中应急处理包、Z 字形活节扳手等 35 项技术革新成果。其中，“宜万线旅客列车闸片偏磨调整器的研制”等 5 项技术成果荣获国家级、省部级表彰。

追求卓越永无止境，技术创新永远在路上。在“不忘初心、牢记使命，交通强国、铁路先行”的号召下，黄望明正带领着他的“创新军团”在更加广阔的天地里，为确保旅客列车运行安全攻关前行。黄望明认真作业如图 3–95 所示。

图 3–95 黄望明认真作业

任务考核与评价

阶段一：任务知识准备（30 分）				
序号	考核要素	评价标准分值	自我评分（50%）	组内评分（50%）
1	是否积极参与任务书讨论，正确领会任务要求	5		
2	是否积极参与学习讨论，完全掌握学习内容	5		
3	是否积极参与计划制定，提出建设性计划内容	5		
4	是否制定了可行的任务方案	5		
5	是否认真履行个人角色，积极参与任务实施演练	10		
阶段二：任务实施展示（70 分）				
序号	考核要素	评价标准分值	组间评分（50%）	教师评分（50%）
1	问题 1：简述踏面圆周磨耗	9		
2	问题 2：简述轮缘高度	9		
3	问题 3：简述轮缘垂直磨耗到限	6		
4	问题 4：简述轮缘厚度	9		
5	问题 5：简述轮辋宽度	9		
6	问题 6：简述车轮直径 d	9		
7	问题 7：简述轮对内距	9		
8	问题 8：检车大师黄望明在践行“交通强国、铁路先行”过程中，做出了哪些表率？	10		
总评分值				

任务拓展

——轨道交通车辆检修“1+X”职业资格考证——
轨道交通车辆检修职业技能等级证书实操考核样题

实作项目名称：车轮尺寸测量

序号	关键操作及评分标准	操作结果不合格 在不合格项“□”内画“×”		备注
		不合格项	扣分分值（负值）	
一、作业前准备（10 分）				
1	**安全防护用品穿戴整齐（5 分）**	□		
2	**检修工具选用正确（3 分）** 1. 车辆车轮第四种检查器 2. 防护信号旗 3. 笔 4. 记录单 扣分标准：每缺少一项扣 1 分	(1) □ (2) □ (3) □ (4) □		

3	**作业前检查（2分）** **手指口呼：**第四种检查器定检不过期 扣分标准：未检查工具状态扣2分	□		
二、开始作业（80分）				
1	**插设防护号志（5分）** 扣分标准： 1.未“上”信号就作业，信号未展开扣5分，未全展开扣1分 2.作业中信号“落地”扣5分	(1) □ (2) □		
2	**测量轮缘厚度（10分）** 扣分标准： 1.误差每超过±0.1mm扣1分 2.测量方法不正确每次扣1分 3.测量时未对基线扣5分 4.磕碰量具一次扣2分 5.作业过程中受伤不能工作者全项失格；损坏量具，造成量具不能使用全项失格	(1) □ (2) □ (3) □ (4) □ (5) □		
3	**测量踏面圆周磨耗（10分）** 扣分标准： 1.误差每超过±0.1mm扣1分 2.测量方法不正确每次扣1分 3.测量时未对基线扣5分 4.磕碰量具一次扣2分 5.作业过程中受伤不能工作者全项失格；损坏量具，造成量具不能使用全项失格	(1) □ (2) □ (3) □ (4) □ (5) □		
4	**测量轮辋厚度（10分）** 扣分标准： 1.误差每超过±0.5mm扣1分 2.测量方法不正确每次扣1分 3.测量时未对基线扣5分 4.磕碰量具一次扣2分 5.作业过程中受伤不能工作者全项失格；损坏量具，造成量具不能使用全项失格	(1) □ (2) □ (3) □ (4) □ (5) □		
5	**测量踏面擦伤深度（25分）** 扣分标准： 1.误差每超过±0.1mm扣2分 2.测量方法不正确每次扣1分 3.磕碰量具一次扣2分 4.作业过程中受伤不能工作者全项失格；损坏量具，造成量具不能使用全项失格	(1) □ (2) □ (3) □ (4) □		
6	**测量踏面剥离长度（20分）** 扣分标准： 1.误差每超过±1mm扣2分 2.测量方法不正确每次扣1分 3.磕碰量具一次扣2分 4.作业过程中受伤不能工作者全项失格；损坏量具，造成量具不能使用全项失格	(1) □ (2) □ (3) □ (4) □		
四、作业完毕（10分）				
1	**撤除防护旗（5分）**	□		
2	**收拾整理工具（5分）** 扣分标准：工具没有归回原位扣5分	(1) □ (2) □		
满分100分，扣分：__________得分：__________ 考评员签字：__________日期：____年___月___日				

强化练习

轨道交通车辆检修职业技能等级证书实操技能演练

思考与小结：

任务复盘

补全任务 3.7 知识技能结构导图。

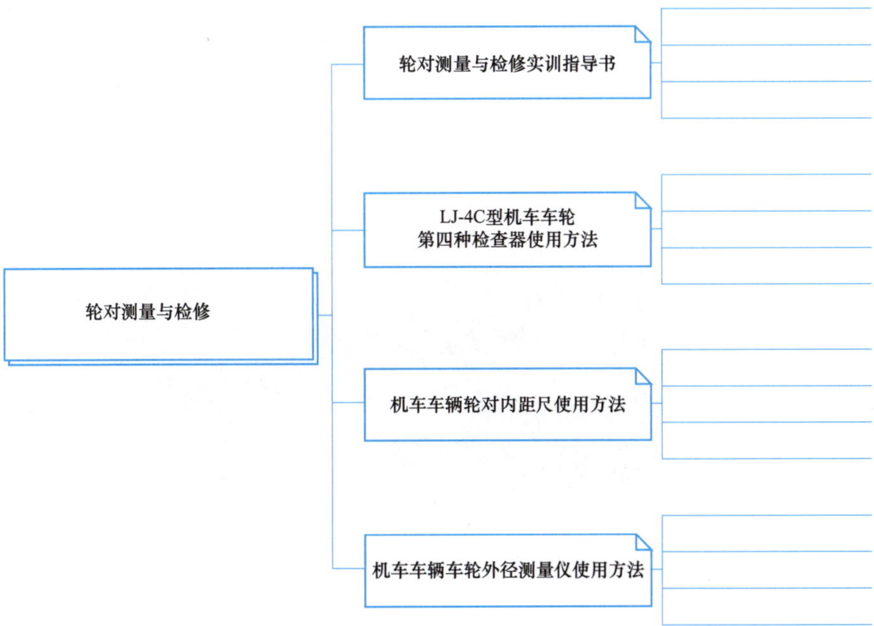

项目 4

牵引和车钩缓冲装置构造及检修

牵引和车钩缓冲装置是机车车体与转向架、机车与机车或车辆之间的连接装置，其传递牵引力和制动力，以及缓冲机车运行时产生的振动和冲击，其工况恶劣，受力复杂，是机车核心部件之一。

任务 4.1　认知机车牵引连接装置

任务描述

电力机车来自轮轨间黏着产生的牵引力（由牵引电动机提供）或制动力（由基础制动装置提供）传递给机车转向架构架，再通过车钩传递给其他机车或车辆。机车牵引连接装置就是机车车体与转向架的连接装置，其既是承载装置，又是牵引装置，还起到作为车体与转向架之间活动关节的作用，将转向架的牵引力或制动力传递给车体。机车牵引连接装置如图 4–1 中虚线框内所示。

图 4–1　机车牵引连接装置

问题导入

先阅读问题，完成任务后再回答问题。

问题 1： 分析机车牵引连接装置的作用。

答：

问题 2：简述机车牵引连接装置的类型。 答：
问题 3：简述 HXD_3 型电力机车牵引连接装置的结构形式和主要构成。 答：
问题 4：简述 HXD_3 型电力机车牵引连接装置的保养要求。 答：
问题 5：简述 HXD_1 型电力机车牵引连接装置的结构形式和主要构成。 答：
问题 6：简述 FXD_1 型电力机车牵引连接装置的保养要求。 答：
问题 7："为国分忧、艰苦奋斗"的"铁牛号"精神是如何一代一代传承的？ 答：

任务分析

教学目标	素养目标	思想道德素质：培养学生负重争先、勇于超越和为国分忧的精神 科学文化素养：培养学生追求卓越、对标一流和勇于创新的职业精神
	知识目标	1. 了解电力机车牵引连接装置的作用 2. 掌握牵引连接装置的分类方式 3. 理解电力机车不同类型牵引连接装置的特点
	能力目标	1. 理解电力机车车体与转向架的牵引连接装置的结构 2. 掌握车体与转向架的牵引连接装置的类型
教学重点		电力机车车体与转向架的牵引连接装置的结构
教学难点		1. 电力机车车体与转向架的牵引连接装置的结构 2. 典型机车牵引连接装置的特点

任务实施

知识点 4.1.1 机车牵引连接装置的作用

车体与转向架的连接装置，既是承载装置，又是牵引装置，还起到车体与转向架之间活动关节的作用。车体与转向架的连接装置的作用如下。

（1）传递重力。传递车体及其内部设备的重量，并按设计要求进行重量分配，保证各转向架载荷均等，各轴重符合规定要求。

（2）传递纵向力和横向力。传递转向架所产生的牵引力、制动力及机车在运行中转向架与车体受到的各种横向作用力。

（3）改善机车的动力学性能。改善机车在振动、曲线通过时的动力学性能，特别是横向动力学性能。

（4）保证机车的灵活性和稳定性。保证机车在曲线通过时的灵活性和稳定性，并使车体相对转向架经常处于平衡位置。

（5）缓和钢轨对机车的冲击和振动，改善部件的工作可靠性和乘务员的舒适度。由于机车在线路上运行时，受到来自钢轨的冲击，同时机车本身又产生各种形式的振动，所以现代电力机车大多采用弹性的支承装置，这样，既可缓和传到车体上的冲击，又可增加机车总的静挠度；还因为隔离了机车的振动质量，从而降低了车体的自振频率，提高了机车运行的平稳性指标。

知识点 4.1.2 机车牵引连接装置的类型

车体与转向架的连接装置的类型很多，主要分为有心盘（或中心销）连接装置和无心盘连接装置两大类。

1. 有心盘（或中心销）连接装置

在转向架的转动中心，设置心盘，它既是传递重力及水平力的装置，又是转向架绕车体回转时的转轴。机车曲线运行时，转向架绕心盘回转，如图 4–2 所示。目前使用心盘（或中心销）连接装置的机车已基本淘汰。

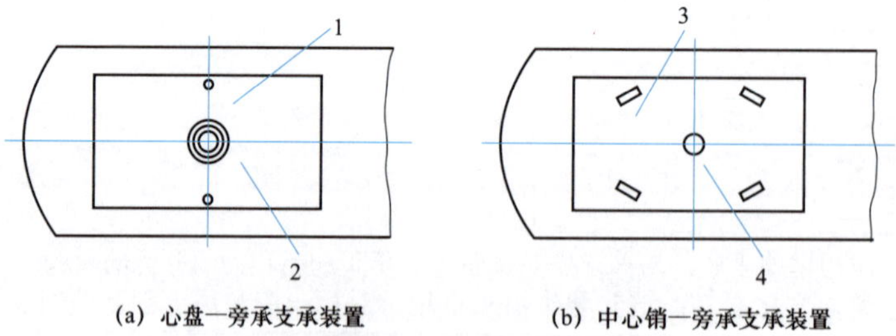

(a) 心盘—旁承支承装置　(b) 中心销—旁承支承装置

1、3—旁承；2—心盘；4—中心销

图 4–2 有心盘（或中心销）连接装置

2. 无心盘连接装置

无心盘连接装置，不设心盘，也没有中心销。转向架没有明确的回转中心，只能绕一个假想的回转中心回转，还可以相对车体进行适当的横移。可见，转向架假想的回转中心在一定的范围内变动，而不是一个确定的点。现有的铁道机车车体与转向架连接装置的结构都不尽相同，但其主要结构大都使用牵引杆连接部件。

知识点 4.1.3　典型机车牵引连接装置的特点

1. HXD_3 型电力机车牵引连接装置

机车运行时要求牵引连接装置不应该存在着对运动的约束，且能适应机车车体与转向架之间的各种相对运动。

HXD_3 型电力机车牵引连接装置结构形式为推挽式中央平拉杆。

HXD_3 型电力机车牵引杆如图 4–3 所示，其主要部件包括牵引销装配、托板、牵引杆体等，HXD_3 型电力机车牵引连接装置结构如图 4–4 所示，HXD_3 型电力机车牵引杆装配如图 4–5 所示。

图 4–3　HXD_3 型电力机车牵引杆

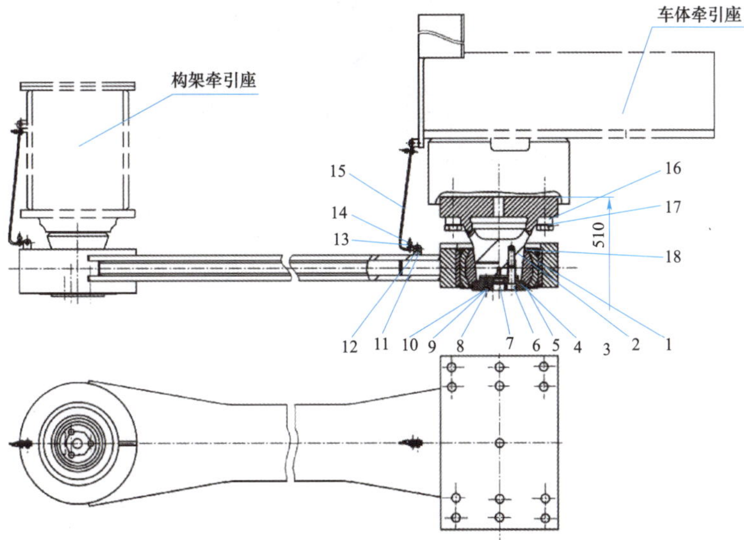

1—关节装配；2—牵引销装配；3—牵引杆体；4—托板；5—O 形圈；6—螺钉 M24×130；7—螺堵（一）；8—橡胶垫（一）；9—螺堵（二）；10—橡胶垫（二）；11—安全索座；12—销轴 B12×45；13—销 2×16；14—绳夹；15—钢丝绳；16—螺栓套管；17—螺栓；18—O 形圈

图 4–4　HXD_3 型电力机车牵引连接装置结构

图 4–5　HXD_3 型电力机车牵引杆装配

HXD$_3$型电力机车连接装置日常保养要求如下。

（1）检查各紧固件螺栓等，应无松动现象。

（2）检查牵引销、橡胶关节及托板等，状态应良好。

（3）检查橡胶垫、O 形圈等，不得磨损，磨耗不得超限。

（4）检查牵引连接装置离轨面的最小距离，不得超限。

2. HXD$_1$型电力机车牵引连接装置

HXD$_1$型电力机车采用低位斜拉杆推挽式牵引拉杆，构架强度高，结构合理，适合于重载牵引。牵引连接装置的强度和刚度必须考虑 5 倍转向架质量惯性力的冲击载荷；同时为了减少轴重转移，牵引点距离轨面的距离尽可能低；为了保证转向架与车体的相对运动，牵引连接装置采用了橡胶关节和销套结构；为了有效传递牵引力和制动力、牵引连接装置纵向刚度要尽量大，HXD$_1$型电力机车牵引连接装置纵向刚度达到 50 MN/m。HXD$_1$型电力机车牵引连接装置由牵引杆（一）、牵引杆（二）、连杆及橡胶关节组成，如图 4-6 所示，牵引杆（一）和牵引杆（二）为 16MnDR 钢板焊接结构，连杆为 16MnDR 锻造结构、牵引杆（一）和牵引杆（二）之间的连接采用销套结构，如图 4-7 所示，连杆与牵引杆之间采用橡胶关节，如图 4-8 所示，牵引杆与构架和车体之间采用橡胶关节连接。

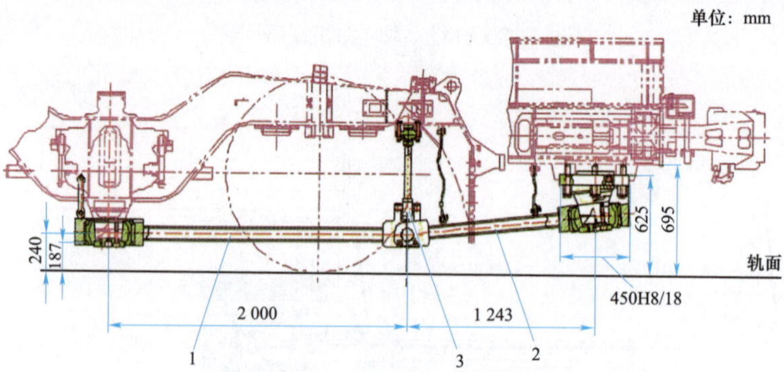

1—牵引杆（一）；2—牵引杆（二）；3—连杆

图 4-6　牵引连接装置结构

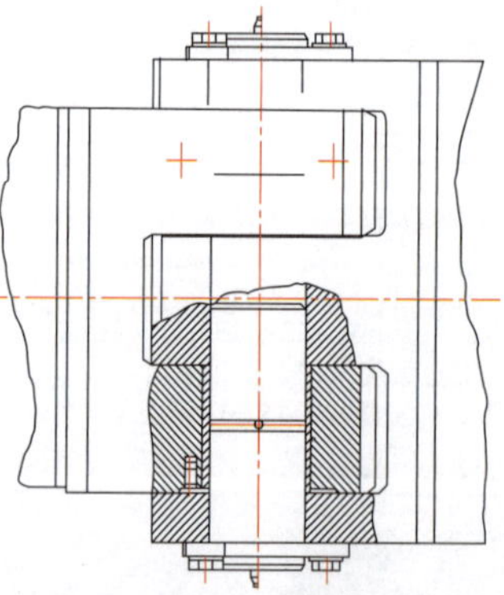

图 4-7　牵引销结构

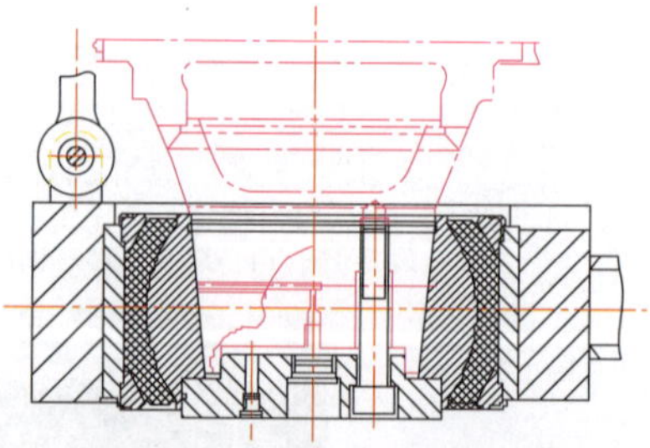

图 4-8　牵引球铰连接结构

HXD$_1$型电力机车牵引连接装置日常维护保养要求如下。

（1）每日检查牵引杆螺栓的紧固性。

（2）每半年检查牵引杆安全钢丝绳，观察牵引杆及牵引座筒有无点蚀和裂纹。

3. FXD$_1$型电力机车牵引连接装置

FXD$_1$型电力机车牵引连接装置采用推挽式低位单牵引杆，如图 4-9 所示。牵引杆两端装有橡胶关节，能适应转向架和车体间的相对运动，有效传递牵引力和制动力并实现无磨耗。

图 4-9 FXD_1 型电力机车牵引连接装置

FXD_1 型电力机车牵引连接装置日常保养要求如下。

（1）目视检查牵引装置是否有损坏（裂纹、变形、脱落等），如有则必须更换有缺陷的零部件。

（2）目视检查牵引杆主要焊缝是否有开裂的现象，如有则应根据实际情况进行补焊处理。

（3）目视检查各紧固件、孔用弹性挡圈是否有松动、脱落的现象，如有则应对其重新进行紧固或更换。

（4）目视检查牵引橡胶关节是否有裂纹或严重变形的情况，如有则应进行更换。

（5）目视检查牵引杆、牵引座（车体端）、牵引托板等油漆是否损坏，如有则应对其进行补漆。

（6）目视检查安全钢丝绳是否有断股、松脱。

4. DF_{4B} 型内燃机车牵引连接装置

DF_{4B} 型内燃机车采用牵引杆装置传递水平载荷。牵引杆装置由与转向架纵中心线呈对称的 2 根牵引杆、2 个拐臂、1 根连接杆、球面关节轴承及牵引销等组成，如图 4-10 所示。

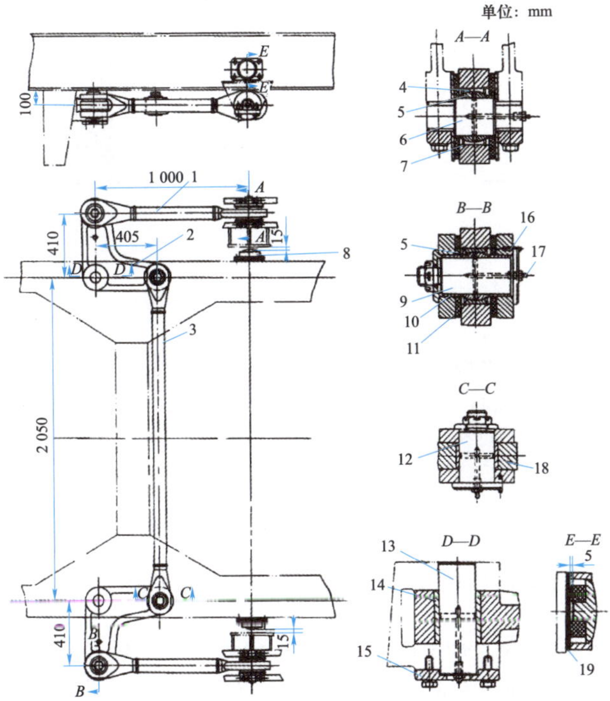

1—牵引杆；2—拐臂；3—连接杆；4—球面关节轴承外套；5—球面关节轴承；6—牵引销；7—卡环；8—侧挡；9—牵引杆销；10、14、18—套；11—橡胶垫；12—连接杆销；13—拐臂销；15—盖板；16—销钉；17—注油嘴；19—调整垫片

图 4-10 DF_{4B} 型内燃机车牵引杆装置

牵引杆一端通过牵引销与车体牵引座连接，另一端通过牵引杆销与拐臂连接。2 个拐臂分别用 2 个拐臂销和止板安装在构架侧梁下方的拐臂座上。中间的连接杆两端通过连接杆销与 2 个拐臂连接，使左右牵引杆受力均匀。

牵引杆中心线离轨面高度 725 m，采用这种低位牵引杆装置可以减小牵引力作用下的轴重转移，减少空转。

在转向架上设有球形侧挡，其作用是限制转向架对于车体的横动量和传递横向力。转向架侧挡的安装和调整在落车时进行。侧挡每侧自由横动量为 15 mm，调整时，左右自由横动量相加为 30 mm 即可。为了使左右间隙相等，要求在加装左右侧挡的调整垫片时，应使其厚度相等，以保证机车车体的纵向中心线与转向架纵向中心线相重合。此外，为缓和机车的横向冲击，在转向架侧挡内还装有橡胶垫，如图 4-11 所示。橡胶垫具有 5 mm 的弹性压缩量，这样车体和转向架间每侧总横动间隙为 20 mm。由于转向架与车体的横向位置受侧挡的限制，纵向位置受牵引杆装置的限制，这样，当机车通过曲线，转向架相对于车体自由偏转时，转向架的回转中心只能在一定范围内变动。

由于横动量的存在和二系弹簧的设置，车体与转向架之间在水平方向和垂直方向都有相对移动，因此牵引杆两端必须采用球面关节轴承连接，才能满足上述运动的要求。球面关节轴承和它的外套都采用轴承钢制成，并经表面淬火提高硬度。关节轴承及其销、套均需润滑，为此在各销子端设有注油嘴，润滑脂从此注入，经销子内孔通到润滑表面。

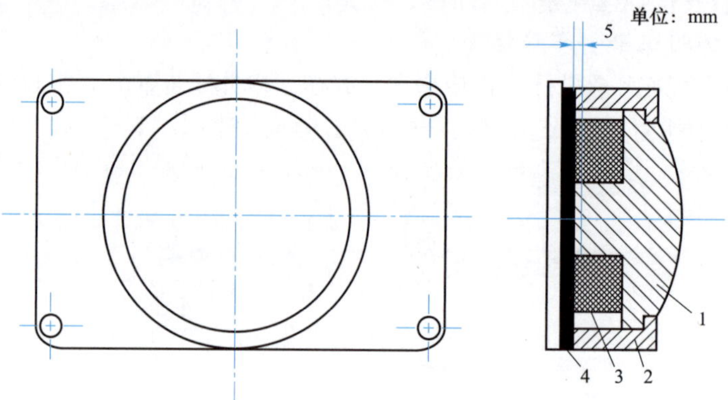

1—侧挡；2—侧挡体；3—缓冲器；4—调整垫片

图 4-11　DF_{4B} 型内燃机车侧挡

由于牵引杆装置直接传递牵引力和制动力，其主要部件的强度、焊接质量的优劣对机车的安全运行影响极大，虽然设计上考虑了足够的安全系数，但出厂时仍需对焊缝进行探伤检查，机车运用中乘务人员应经常进行外观检查。

素养与职业

“铁牛号”精神：挺起“为国分忧、艰苦奋斗”的钢铁脊梁

英雄机车诞生在英雄年代，英雄年代奔驰着英雄机车。70 多年前，“铁牛号”机车受命于困境之时，奉命于危难之际，命名即叫响、鸣笛即领跑、上线即建功；是党和人民的选择，更是时代的召唤，只要有命令就擂鼓出征，只要有任务就开足马力，只要有动力就竭尽所能。“为国分忧、艰苦奋斗”的“铁牛号”精神贯穿蒸汽、内燃、电力三个动力时代，成为一代代

中国铁路人爱党爱国、求实创新、开拓进取的精神写照。

1947 年，东北铁路总局党委响应毛主席、党中央“打倒蒋介石，解放全中国”的号召，开展了一场轰轰烈烈的“死机复活”运动。

1947 年 7 月，经过艰辛努力，绥化机务段检修工人终于把一台早已报废的 96 号机车修复，但由于零件老化，机车的状态不好。司机杜先扬知道后，主动请缨包乘这台机车。经过他的精心保养，96 号机车重获新生，在 18 个月的时间里创造了安全走行 10.6 万公里的纪录。

1949 年 2 月 15 日，为表彰 96 号机车所做的突出贡献，哈尔滨铁路管理部门把 96 号机车正式命名为“铁牛号”，寓意“铁道线上昂首奋进、苦干实干、任劳任怨的老黄牛”。

1949 年 5 月 1 日，在东北铁路总局和东北铁路总工会召开的首届职工代表及劳模大会上，“铁牛号”机车组荣获集体一等功，杜先扬被评为特等英雄。在这次大会上，东北铁路总局局长余光生正式发出“开展‘铁牛号’先进生产者竞赛运动”的号召。从此，“铁牛运动”在东北铁路蓬勃开展起来。

新中国成立后，原铁道部部长滕代远指出：“毛泽东号”“朱德号”“铁牛号”“884 号”机车不仅是东北铁路的旗帜，也是全国的旗帜，要在全国推行。从 1950 年开始，“铁牛运动”发展到全国，为支援抗美援朝、恢复国民经济，作出了重要贡献。

奔驰向前是“铁牛号”精神的集中体现，彰显了中国铁路人历久弥新的价值取向。1987 年 8 月 16 日，原铁道部部长吕正操为绥化机务段题字：“铁牛运动发源地”。同年 10 月 31 日，哈尔滨铁路局举行了隆重的“铁牛运动”纪念碑揭幕仪式。

70 多年来，从“铁牛运动”的开路先锋到“满超五”时期的运输标杆，从解放战争的威武之师到抗美援朝的英雄机组，从社会主义建设的岗位精英到改革开放的铁道尖兵，“铁牛号”机车组始终听党话、跟党走，成为中国铁路人一面永不褪色的旗帜。

历史车轮滚滚向前，榜样引领火红年代。70 多年风雨历程，70 多年书写辉煌。截至 2021 年 2 月末，“铁牛号”机车已安全走行 612 万公里，相当于绕地球 153 圈。机车组及成员相继荣获全路工人先锋号、全路先进班组、全国铁路劳动模范等荣誉 150 余项。“铁牛号”机车班组如图 4-12 所示。

图 4-12 “铁牛号”机车班组

一代人有一代人的使命，一代人有一代人的担当。今天，让我们探寻“铁牛号”机车拼搏奋斗的光辉历程，感受这台英雄机车“敢教日月换新天”的壮志豪情、“越是艰险越向前”的赤胆忠诚，传承和弘扬“为国分忧、艰苦奋斗”的“铁牛号”精神，让铁路大动脉的交响曲演绎得更雄壮、更铿锵、更嘹亮！

任务考核与评价

阶段一：任务知识准备（30 分）				
序号	考核要素	评价标准分值	自我评分（50%）	组内评分（50%）
1	是否积极参与任务书讨论，正确领会任务要求	5		
2	是否积极参与学习讨论，完全掌握学习内容	5		
3	是否积极参与计划制定，提出建设性计划内容	5		
4	是否制定了可行的任务方案	5		
5	是否认真履行个人角色，积极参与任务实施演练	10		
阶段二：任务实施展示（70 分）				
序号	考核要素	评价标准分值	组间评分（50%）	教师评分（50%）
1	问题 1：分析机车牵引连接装置的作用	8		
2	问题 2：简述机车牵引连接装置的类型	10		
3	问题 3：简述 HXD$_3$ 型电力机车牵引连接装置的结构形式和主要构成	10		
4	问题 4：简述 HXD$_3$ 型电力机车牵引连接装置的保养要求	10		
5	问题 5：简述 HXD$_1$ 型电力机车牵引连接装置的结构形式和主要构成	10		
6	问题 6：简述 FXD$_1$ 型电力机车牵引连接装置的保养要求	10		
7	问题 7：“为国分忧、艰苦奋斗”的“铁牛号”精神是如何一代一代传承的？	12		
总评分值				

任务拓展

————新技术应用————

新一代重载机车技术创新

强化练习

强化练习试题除涉及本任务介绍的知识与技能外，还可能涉及本任务未介绍的知识与技能，需通过阅读参考书、网络查找资料等方式进行自主学习后进行解答，在巩固课堂学习成果的同时，培养自主学习能力。

1.【单选题】牵引杆装置是用来传递机车牵引力、制动力的装置，可以安设于较低的位置，实现低位牵引，有利于（　　）的充分发挥。

A. 轴向力　　B. 制动力　　C. 爬坡力　　D. 黏着牵引力

2.【单选题】DF_{4B} 型内燃机车牵引杆装置结构形式为（　　）。

A. 推挽式中央平拉杆　　B. 推挽式低位单拉杆

C. 水平双牵引杆　　D. 推挽式中央斜拉杆

3.【单选题】车体与转向架的连接装置，既是承载装置，又是（　　），是车体与转向架的中间连接装置。

A. 牵引装置　　B. 制动装置　　C. 减震装置　　D. 动力装置

4.【单选题】牵引杆是传递机车牵引力或制动力的关键部件，必须保证其具有足够的强度和（　　）。

A. 弹性　　B. 刚度　　C. 减震性能　　D. 抗挠性能

5.【单选题】HXD_3 型货运电力机车牵引杆装置主要部件包括：牵引销装配、（　　）、托板、牵引杆体等。

A. 缓冲器　　B. 橡胶关节　　C. 制动缸　　D. 减振弹簧

6.【单选题】有心盘（或中心销）的连接装置既是传递重力及水平力的装置，又是转向架绕车体回转时的（　　）。

A. 支点　　B. 导向　　C. 力臂　　D. 转轴

7.【单选题】机车车体与转向架之间的各种相对运动包括：转向架相对于车体的横动、在水平面内的回转，转向架相对车体的浮沉振动、点头振动及（　　）。

A. 垂向振动　　B. 横向振动　　C. 纵向振动　　D. 侧滚振动

8.【填空题】车体与转向架的连接装置的类型很多，主要包括（　　）连接和（　　）连接两大类。

9.【填空题】DF_{4B} 型内燃机车在车架与转向架间，设有弹性侧挡。当机车在曲线上运行时，弹性侧挡可与（　　）系统一起形成一个假想的中心区域，以便转向架绕此中心区域相对（　　）作回转运行。

10.【判断题】FXD_1 型动力车牵引装置采用推挽式低位单牵引杆。（　　）

11.【判断题】DF_{4B} 型内燃机车的牵引装置的结构形式为中间推挽式牵引杆。（　　）

12.【判断题】无心盘或中心销的连接装置，垂直载荷可由心盘集中承载，也可由心盘和旁承共同承载。（　　）

思考与小结：

任务复盘

补全任务 4.1 知识技能结构导图。

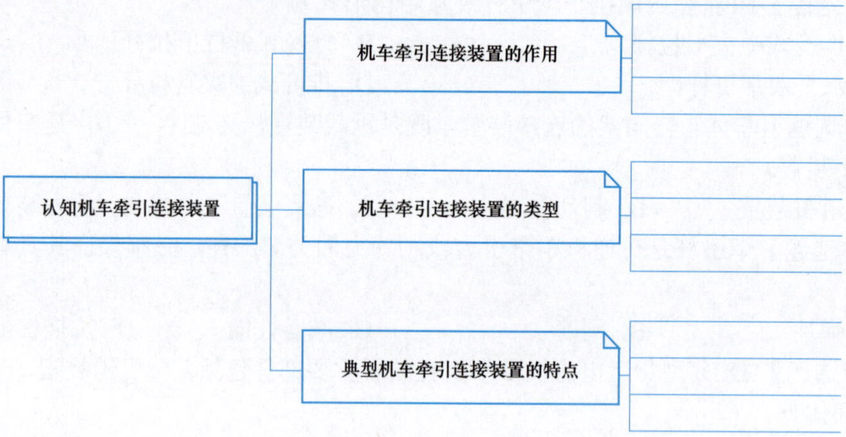

任务 4.2　车钩构造和摘挂作业

任务描述

车钩缓冲装置（见图 4-13）包括车钩和缓冲装置，安装在车体底架两端的牵引梁内，共同实现机车与机车或机车与车辆或车辆与车辆之间的连挂。车钩缓冲装置传递牵引力、制动力，以及吸收连挂和运行时产生的纵向冲击振动。机车与机车或机车与车辆之间进行编组时，需要对车钩进行摘挂作业，摘挂作业是机车副司机的基本功。

图 4-13　车钩缓冲装置

问题导入

先阅读问题，完成任务后再回答问题。

问题 1：简述机车车钩的作用。 答：
问题 2：简述机车车钩的几种分类方式。 答：
问题 3：简述对车钩的设计要求。 答：
问题 4：简述下作用式 13 号车钩的主要构成。 答：

问题 5：何谓车钩三态作用？ 答：
问题 6：简述摘车作业流程。 答：
问题 7：大国重器“神 24”肩负的历史使命是什么？ 答：

任务分析

教学目标	素养目标	思想道德素质：培养学生严谨认真、遵章守纪和爱岗敬业的素养 科学文化素养：增强学生的民族自豪感和自信心，培养学生刻苦学习、一丝不苟和甘于奉献的职业精神
	知识目标	1. 理解车钩的基本构成、分类和设计要求 2. 熟悉机车车钩的受力分析、车钩状态和常见故障 3. 熟练掌握车钩摘挂的作业步骤和规范
	能力目标	1. 掌握车钩的要求和车钩的构成 2. 熟知车钩的三态作用和对应尺寸规定 3. 掌握车钩摘挂作业要求
教学重点		1. 车钩构成和车钩三态作用 2. 车钩摘挂作业的要求
教学难点		1. 车钩构成和车钩三态作用 2. 车钩摘挂作业的要求

任务实施

知识点 4.2.1　车钩的作用和要求

1. 车钩的作用和分类

车钩是机车牵引缓冲装置的主要部件之一，起连挂车列或其他机车、传递牵引力和制动力的作用。

车钩的种类很多，但其基本类型有两种：非刚性车钩和刚性车钩。

非刚性车钩指传统车钩，它允许两个相连接的车钩钩体在垂直方向上有相对位移。当两个车钩的纵轴线存在高度差时，两个车钩呈阶梯形状，并且各自保持水平位置。非刚性车钩较普遍地应用于一般铁道机车车辆。

刚性车钩也称密接式车钩，其电气与风管连接器通常与车钩组合成一复合部件，构成全车低压电气系统及空气系统的通路。它不允许两连挂车钩在连接处存在垂向相对位移，如果在机车车辆连挂之前两车钩的纵向轴线高度已有偏差，那么在连挂后，两车钩的轴线处在同一条直线上并呈倾斜状态。刚性车钩运行平稳，磨耗小，但结构复杂，强度低，且较难实现两车钩纵向中心线高度偏差较大的机车车辆之间的连挂，其主要应用于动车组和城轨车辆。

根据车钩的开启方式，可以将车钩分为上作用式及下作用式两种。由设在钩头上部提升机构开启的，称为上作用式；由设在钩头下部推顶机构开启的，称为下作用式。

按照车钩连接的操作方式还可分为非自动车钩和自动车钩。非自动车钩是由人工操作来完成机车车辆的连挂，而自动车钩则通过相关机构实现自动连挂的功能。

车钩的型号常用数字来表示。我国铁路规定的标准车钩，有 1 号、2 号、10 号、13 号、13A 型、15 号等多种。国内各型电力机车主要采用下作用式 13 号、13A 型（E 级钢）自动车钩和 13B 型（E 级钢）自动车钩。SS_4 改型、SS_9 型电力机车和 DF_{4B} 型内燃机车均采用下作用式 13 号车钩，HXD_3 型电力机车采用下作用式 13A 型（E 级钢）自动车钩，HXD_1 型电力机车采用下作用式 13B 型（E 级钢）自动车钩，FXD_1 型电力机车采用 10 号密接式机械车钩。

2. 对车钩的要求

无论哪种型号的车钩，都必须满足下列要求。

（1）有足够的强度。

（2）容易辨识其连接状态，以免误认而造成列车分离事故。

（3）不能因运行振动而造成自动解锁脱钩。

（4）不能因各部件稍有磨耗而影响其作用和挂钩作业的安全。

（5）结构简单、操作方便，拆装容易，运用保养成本低。

知识点 4.2.2 车钩的构造

1. 下作用式 13 号车钩

下作用式 13 号车钩（简称 13 号车钩）由钩体、钩舌、钩舌销、钩锁、钩舌推铁和下锁销装配等部件组成，内燃、电力机车车钩（下作用）如图 4–14 所示。

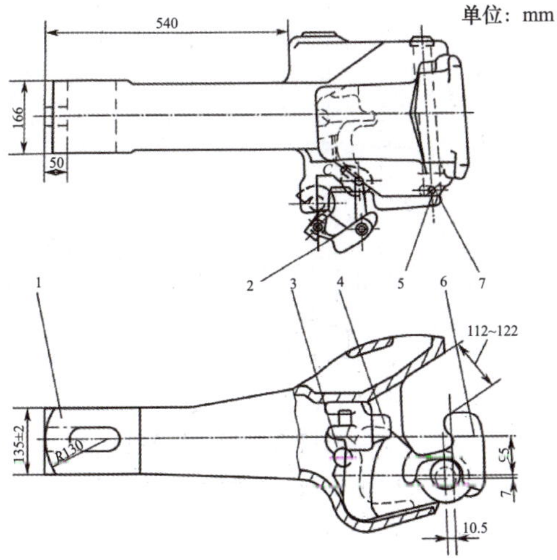

1—钩体；2—下锁销装配；3—钩舌推铁；4—钩锁；5—销；6—钩舌；7—钩舌销

图 4–14 内燃、电力机车车钩（下作用）

1）钩体

钩体由铸钢铸成，是车钩的主体件，按部位可分为钩头、钩身、钩尾三部分。整个钩体像个半张开的拳头。

（1）钩头。钩头前部空腔用来安装其他车钩零件。13 号车钩钩头如图 4-15 所示。

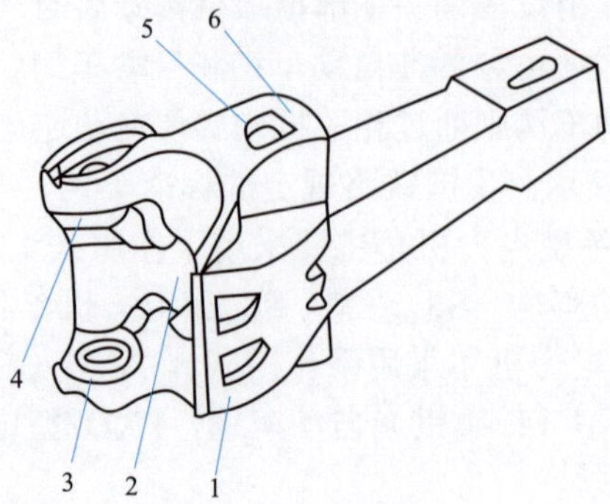

1—钩腕；2—钩锁腔；3—下钩耳及孔；4—上钩耳及孔；5—上锁销孔；6—钩肩

图 4-15　13 号车钩钩头

① 钩腕：可容纳对方钩舌。

② 钩耳：分上、下钩耳，安装固定钩舌用。

③ 钩锁腔：钩头中空部，容纳并安装钩锁、钩舌推铁等零件。13 号车钩钩锁腔内部结构如图 4-16 所示。

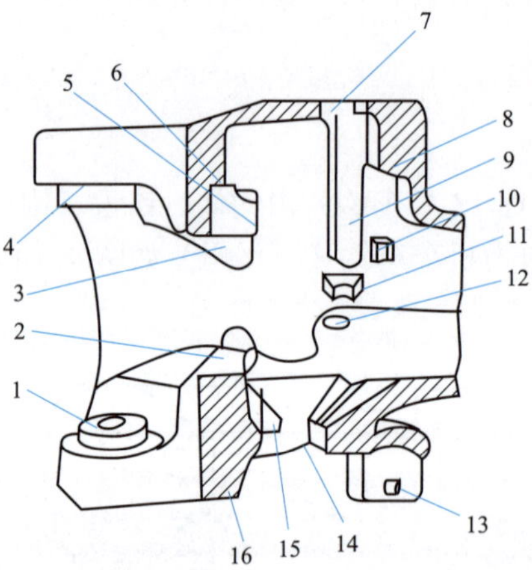

1—下护销突缘；2—下牵引突缘；3—上牵引突缘；4—上护销突缘；5—导向挡；6—全开作用台；7—上锁销孔；8—上防跳（脱）台；9—钩锁导向壁；10—钩锁后部定位挡；11—钩舌推铁挡块；12—钩舌推铁轴孔；13—下锁销转轴；14—下锁销孔；15—下防跳（脱）台；16—二次防跳（脱）台

图 4-16　13 号车钩钩锁腔内部结构

（2）钩身。钩身铸成中空断面结构。

（3）钩尾。钩尾分叉并设销孔，用来连接车钩尾框，在尾框内设缓冲器。

2）钩舌

钩舌是一个形状复杂的铸钢件，按部位可分为钩舌和钩舌尾部。钩舌是挽钩部分，钩舌尾部是锁钩、开钩的控制部分，并且是车钩承受拉压载荷的部分。

在钩舌转轴处，设一垂向销孔，通过钩舌销把钩舌装在钩头上，并可以适当转动，呈张开或闭拢状态。张开时可以进行挂钩，闭拢并锁住后即为连挂好以后的状态。

3）钩舌销

钩舌销是锻钢制成的圆形长销。它穿在钩头及钩舌的销孔内，把钩舌装在钩头上，并保证钩舌可以绕其适当转动。

钩舌销顶部有凸边，可以防止掉落；下部有开口销孔，以穿入开口销，避免钩舌跳出脱落。

4）钩锁

钩锁是一个形状复杂的铸钢件，它有相当大的自重，安放在钩头空腔内，处于钩舌尾部适当位置。当钩舌转到闭拢位置时，钩舌尾部和钩头空腔内壁之间转出一个空间，钩锁因自重落下，卡住钩舌尾部，使钩舌不能张开，即成锁钩状态。

在钩锁的下端尾部，有一销孔，用来连接下锁销；在钩锁的上部，还设有一个短梁，这是为上作用式车钩连接提锁零件用的，如图 4−17 所示。

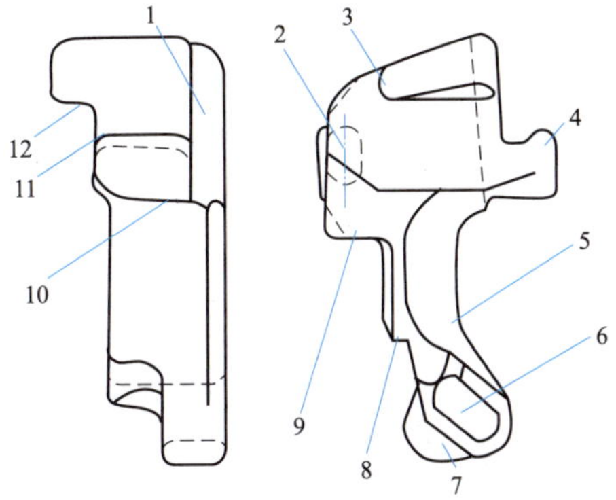

1—前导向面；2—上锁销杆转轴；3—后导向面；4—全开回转支点；5—锁腿；6—下锁销轴孔；7—后踢足面；8—开锁坐锁面；9—后坐锁面；10—前坐锁面；11—锁面；12—侧坐锁面

图 4−17　13 号车钩钩锁

5）钩舌推铁

钩舌推铁是一个弯曲形状的铸钢件，平置于钩头空腔内，处于钩舌尾部的后面，下部有一短圆销作为转轴。当钩锁被提起时，钩锁推动钩舌推铁的一端，使它绕轴转动一定角度，其另一端则拨动钩舌尾部，使钩舌张开成为全开状态。在挂钩后，钩舌尾部又将它转回原位，如图 4−18 所示。

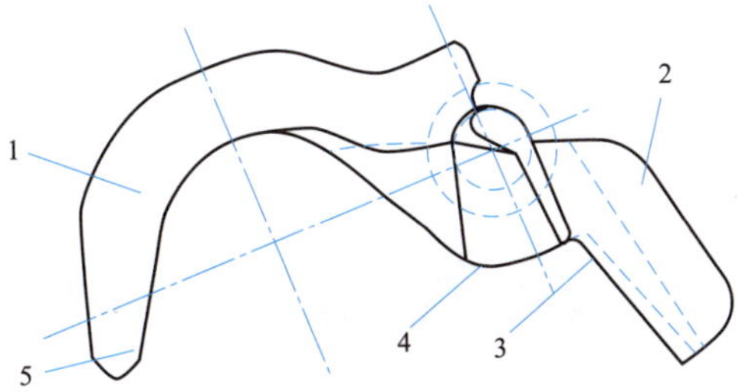

1—钩舌推铁腿；2—锁座；3—踢足推动面；4—踢足导向面；5—推铁踢足

图 4−18　13 号车钩钩舌推铁

6）下锁销装配

下锁销装配由下锁销轴、下锁销体和下锁销钩组成，为下作用式车钩顶起钩锁用，如图 4−19 中的 5、6、7 所示，用沉头铆钉活动连接。下锁销钩以转轴孔和钩头下锁销钩转轴连接，另一端和下锁销体相连；下锁销体另一端和下锁销相连，其上有二次防脱（跳）尖端，中部有回转挡和钩提杆止挡；下锁销另一端由下锁销轴和钩锁轴的下锁销孔相连，13 号车钩下锁销钩装配如图 4-20 所示。

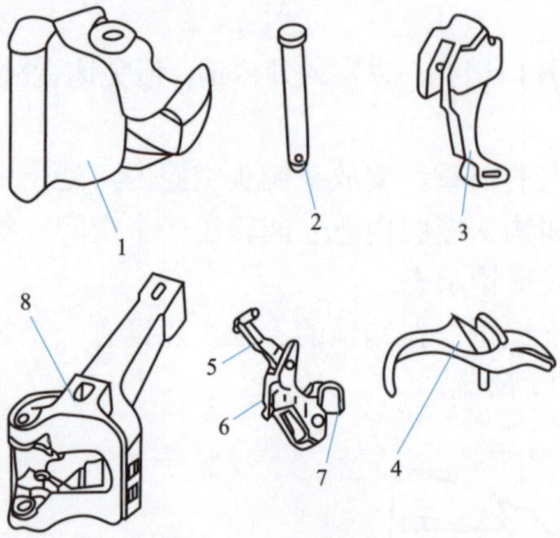

1—钩舌；2—钩舌销；3—钩锁；4—钩舌推铁；5—下锁销轴（下作用式）；6—下锁销体（下作用式）；7—下锁销钩（下作用式）；8—钩体

图 4-19　13 号车钩零件

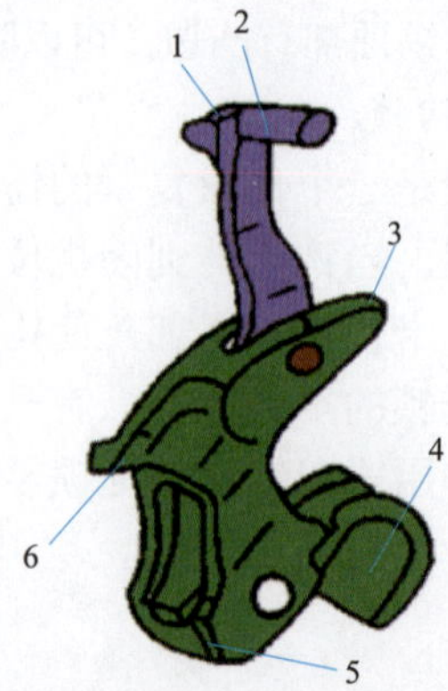

1—下锁销防跳（脱）台；2—下锁销轴；3—二次防跳（脱）台；4—转轴孔；5—回转挡；6—车钩提杆止挡

图 4-20　13 号车钩下锁销装配

2. 下作用式 13A 型（E 级钢）车钩

为满足我国铁道运输高速重载的发展需要，大功率 HXD_3 型和 HXD_1 型电力机车采用 E 级钢下作用式 13A 型车钩（简称 13A 型车钩）。

13A 型车钩与 13 号车钩结构原理基本相同。其主要区别在于：13A 型车钩采用 E 级钢和小间隙钩舌，并在钩体下方增加了钩身磨耗板。13A 型车钩的连挂间隙为 11.5 mm，比普通的 13 号车钩连挂间隙 19.5 m 减小了 8 m，可有效降低列车的纵向冲动，改善列车的动力学性能。

E 级钢车钩采用 ZG25MnCrNiMo 铸造，主要部件的最小破坏载荷为：钩舌——3 430 kN；钩体——4 005 kN；钩尾框——4 005 kN。

HXD_1 型电力机车 13A 型车钩由钩体、钩舌、钩尾销等组成，如图 4-21 所示。车钩通过钩尾销与钩尾框连成一体，在钩尾框内安装有从板和 QKX100 型缓冲器。车钩钩肩距牵引梁前端冲击座≥90 mm。钩身装入牵引梁车钩箱内以保持钩体位置正确。车钩尾部设有扁销孔，以便通过扁销与钩尾框连接。

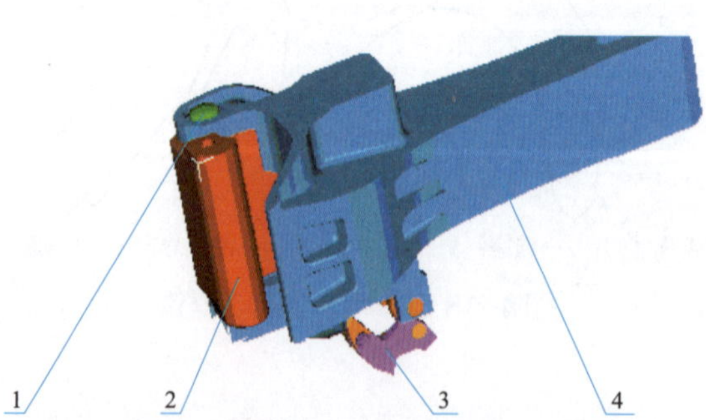

1—钩舌销；2—钩舌；3—下锁销装置；4—钩体

图 4-21　HXD_1 型电力机车 13A 型车钩

3. 105 型车钩缓冲装置

FXD_1 型电力机车采用 105 型车钩缓冲装置，这是一种能自动连接两列列车的车钩缓冲装置（钩缓装置），它能自动连接两列列车的电、气和机械连接。它由 10 号车钩、电气连接器、风管连接器、缓冲器、安装吊挂装置、连接卡环组成。车钩基本的技术参数如下。

车钩长度：1 360 mm；抗拉强度：≥1 000 kN；抗压强度：≥1 500 kN；缓冲器行程：≤73 mm；缓冲器容量：≥40 kJ；最大水平转角：不小于±25°；最大垂直转角：不小于±6°。

知识点 4.2.3　车钩三态和摘挂作业

1. 车钩三态

车钩的各种零件处于不同的位置时，起着不同的作用，从而使车钩具有闭锁、开锁、全开三种作用，俗称车钩的三态作用。所谓自动车钩，就是具有自动连挂性能的车钩。

1）闭锁位置

闭锁位置是车钩连挂好以后的状态，如图 4-22 所示。此时钩舌尾部转入钩锁腔内，钩锁以自重落下，其后锁面和侧坐锁面分别坐在钩舌推铁的锁座和钩舌尾部侧面的钩锁承台上，卡在钩舌尾部侧面及钩锁腔侧壁面之间，拦住钩舌不能张开。当钩锁以自重落下后，下锁销沿钩锁腿部的下锁销轴孔下滑，使下锁销的防跳台处于下锁销孔中防跳台下方，起防跳作用。同时，二次防跳尖端卡在下锁销孔的前沿二次防跳台下，再次限制钩锁的跳动。

2）开锁位置

开锁位置是一种闭而不锁的状态，如图 4-23 所示，此时钩舌虽未张开，但钩锁已被人为操纵顶起一定高度，解除了对钩舌的锁闭。操作时，适当用力扳动车钩提杆，推动下锁销轴沿钩锁腿部的下锁销轴孔斜向上滑动，脱离防跳位置；另外，下锁销从下锁销孔顶起钩锁，使之上移，并使钩锁腿部向后转动，开锁座锁面坐在钩舌推铁的锁座上，使钩锁不能落下，形成开锁位置。

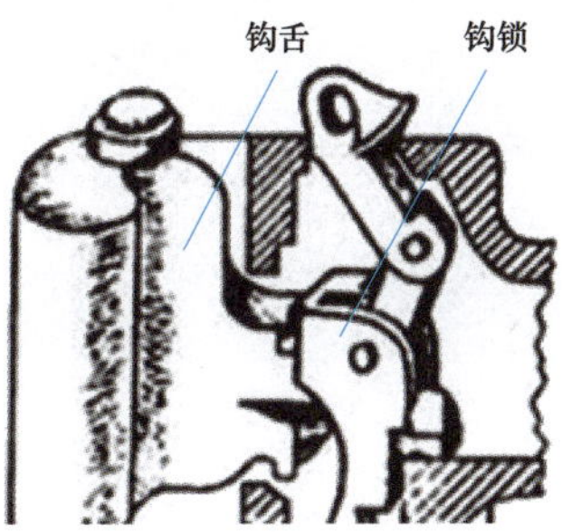

图 4-22　车钩闭锁位置

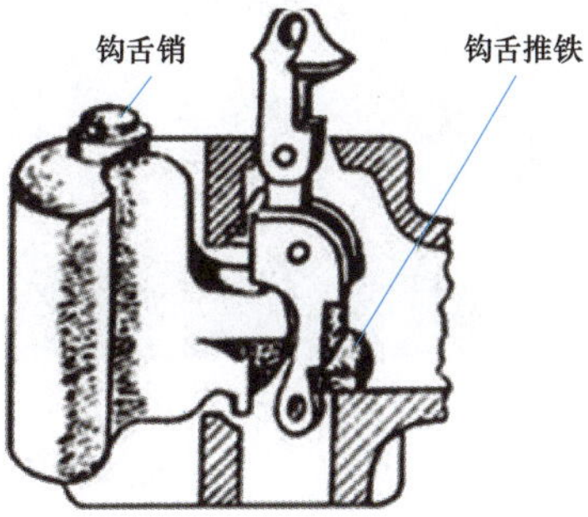

图 4-23　车钩开锁位置

3）全开位置

全开位置是车钩钩舌完全张开的状态，为车钩再次连挂的准备位置，如图 4-24 所示，由闭锁或开锁位用力提起车钩提杆（若在闭锁位置先脱离防跳），下锁销推动钩锁充分使其上升，

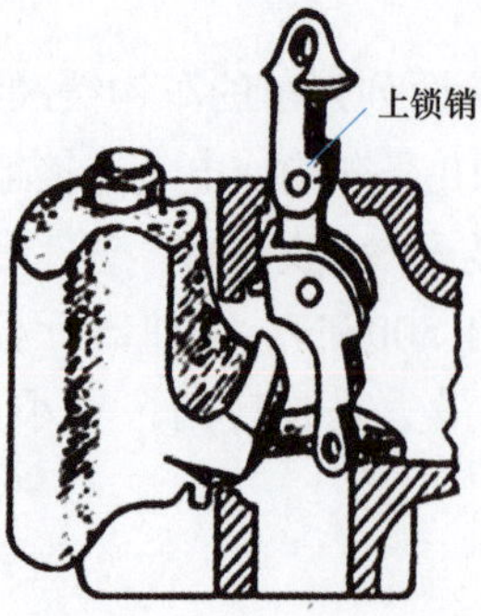

图 4-24　车钩全开位置

钩锁全开回转支点以钩锁腔前壁全开作用点为支点，钩锁的腿部向后转动，后踢足踢动钩舌推铁的踢足推动面，使钩舌推铁以其轴转动，推铁踢足踢动钩舌尾部侧面，使钩舌以钩舌销为轴张开，形成全开位置。在全开位置，钩锁坐落在钩舌尾部上方，不能落下。

在挂钩时，相互连挂的两个车钩，必须有一个处于全开位置，另一个则处于什么位置都可以。也就是说，挂钩的充分必要条件是其中一个车钩处于全开位置。

由此可知，全开位置是连挂车钩的准备位置。

2. 车钩挂车作业

1）连挂车辆前作业准备

（1）收车后，确认各仪表显示正常、安全锁销状态良好、作业装置锁定到位，车下无障碍物。

（2）检查走行传动系统、制动系统等状态是否良好。

2）主要工具、机具和材料

信号旗（白天）、信号灯（夜晚）、车载防护电台、手持防护电台。

3）防护办法

连挂时，确认邻线无车后，连挂车下防护人员站在两线间本线一侧距作业人员 2～3 m 内，负责对连挂人员进行防护，随时监听和观察邻线车辆情况。

4）连挂车辆时

（1）在直线上：一般应将一方车钩置于全开位置［见图 4-25（a）］，另一方车钩置于闭锁位置［见图 4-25（b）］。

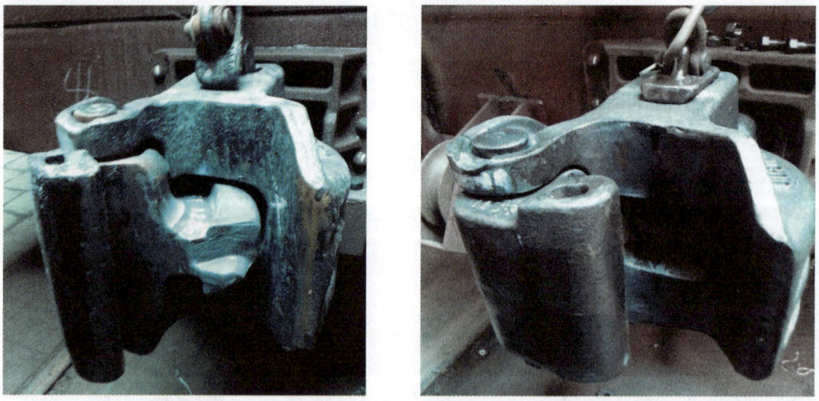

(a) 全开位置　　(b) 闭锁位置

图 4-25　车钩连挂前准备

（2）在曲线上：由于两车钩纵向中心线偏离，可将两车钩向曲线内侧扳动，使两车钩的纵向中心线接近，并将两车钩钩舌各开六七成，则易于连挂。

5）连挂后的检查

如发现车钩未完全形成闭锁位置（钩锁未充分落下），又不能重新连挂时，可用适当的器物（木棍、旗杆等）由钩头下部锁销孔向上触动钩锁的足部（下端），使其充分落下即可形成闭锁位置。

3. 车钩摘车作业

1）摘车流程

（1）检查机车两侧防护设施。

（2）摘车时一关前（机车折角塞门）、二关后（车辆折角塞门）、三摘管、四挂堵、五提钩。

（3）指挥机车向显示人方向稍行移动的信号：昼间——拢起的红色信号旗直立平举，再用展开的绿色信号旗左右小动；夜间——绿色灯光下压数次后，再左右小动，如图 4-26 所示。

图 4-26 车钩摘挂指挥

（4）等机车、车辆分离后显示停车信号，挂好防护设施，挂好防尘堵。作业完成，撤走防护信号。

2）摘钩原理

可扳动任何一方的车钩提杆，使钩锁上升成开锁位置。此时，钩舌虽未张开，但只要车辆移动，则钩舌立即被拉开从而摘开车钩。

知识点 4.2.4 车钩受力及磨耗情况

1. 车钩的受力

车钩在牵引或推进运行时，分别受着拉力或推力。这些力都作用在钩舌和钩体上，如图 4-27 所示。

当机车牵引运行时，载荷经钩舌尾部凸起的 m 及 n 处分别作用于钩头的内缘 o 及 p 处；在推进运行时，载荷经钩头的 g 及 r 处分别作用于钩舌的 s 及 t 处。在这两种情况下，钩舌销都不受力，因而它只起钩舌旋转轴的作用（钩舌销与钩舌销孔、钩头销孔的间隙，大于上述接触受力部位的间隙）。

实践证明，在牵引或推进运行中，万一钩舌销折损，只要车钩确实处于相互连接而且完全锁闭的状态下，钩舌并没有自动落下或被拉脱的危险；只有当互扣的钩舌解开后，钩舌方可取下。这种设计，起到保障列车运行中车钩安全而可靠地连接的作用。

2. 车钩的磨耗

列车在运行中的纵向冲击和垂直振动，使得互相连接的两车钩，经常发生相对运动。特别是在路基较软、曲线较多的行车线路上行车时，车钩经常处于相互摩擦状态，这就必然导致磨耗。钩舌的磨耗情况如图 4–28 所示。

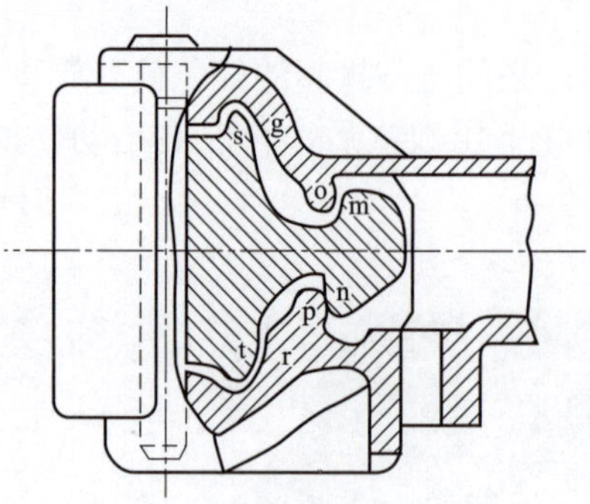

图 4–27　车钩受力状态图

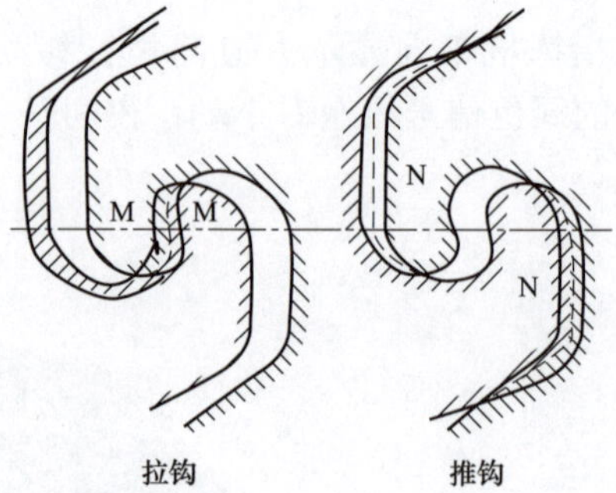

图 4–28　钩舌的磨耗情况

牵引运行时，钩舌内侧面 M 处易磨耗；推进运行时，钩舌外侧面 N 处易磨耗。因而车钩长期使用后，钩舌会逐渐磨薄。钩舌厚度磨薄后，强度自然要减弱，而且由于钩舌磨耗过薄，相互连接的车钩必然松旷过大，致使列车冲动增加，钩舌容易相互脱离，造成列车分离事故。

另外，钩舌尾部与钩头接触受力的部分，也会因磨耗而逐渐减弱。为保证行车安全，应按照车钩磨耗限度，随时注意检查，及时修复或更换新品。

素养与职业

神 24 电力机车——“国之重器、重载智能”

2020 年 7 月 29 日下线的全球最大牵引力电力机车“神 24”，拥有最大单机功率、最大单机牵引力和制动力、最大车长、最多轴数四个世界第一，刷新了轨道交通装备动力的世界纪录，是名副其实的国之重器。

能源，国之血液，铁路，国之动脉。在沟壑纵横的黄土高原上，全长 2 408 公里的路网，从漠北荒原一路向南，跨黄河、越沙漠，国家能源集团的运煤专列穿梭其中，为中国工业的快速发展提供着源源不断的能源支撑，同时，又创造了许多“世界第一”。

为响应新发展格局下的能源需求，国家能源集团以安全、绿色、高效、智能体系建设为目标，不断提高重载铁路的运输能力，与中国中车持续深化现代能源运输产业链建设合作，2020 年 7 月 29 日，坐拥四项全球之最，被誉为“重载铁路动力之王”的 24 轴电力机车下线，2021 年 6 月 25 日，24 轴电力机车上线试运行，2022 年 9 月 28 日，24 轴电力机车安全走行超 25 万公里，正式上线运营，其动力性能强，连刷四项纪录，成就“重载铁路动力之王”。国家能源需求不断增长，重载铁路不断增载、加密和稳速，在此背景下，国家能源集团运煤专列载重由 5 000 吨增加到 1 万吨、2 万吨甚至 3 万吨，这对列车的牵引能力提出了新的要求，“神 24”应时而生。神 24 电力机车如图 4–29 所示。

图 4-29 神 24 电力机车

神 24 电力机车，其轴数为 24，全车长为 106 米，单机最大功率为 2 880 千瓦，牵引力为 2 280 千牛。其刷新了轨道交通运输牵引动力的四项世界纪录，被称为“重载铁路动力之王”。

以神 24 电力机车为典型代表的重载牵引方式，充分运用互联网+、大数据、云计算、人工智能等一系列新的技术，向世界展示了中国重载铁路智能控制、智能检测、智能养护、智能运输、智能管理的智慧化，展现了国家能源集团重载铁路在保障国家能源安全供应上发挥的“稳定器”和“压舱石”的作用，切实提高了我国能源运输大动脉的运输效率，满足重载运输、智慧引领、绿色环保的战略需求。

任务考核与评价

阶段一：任务知识准备（30 分）				
序号	考核要素	评价标准分值	自我评分（50%）	组内评分（50%）
1	是否积极参与任务书讨论，正确领会任务要求	5		
2	是否积极参与学习讨论，完全掌握学习内容	5		
3	是否积极参与计划制定，提出建设性计划内容	5		
4	是否制定了可行的任务方案	5		
5	是否认真履行个人角色，积极参与任务实施演练	10		
阶段二：任务实施展示（70 分）				
序号	考核要素	评价标准分值	组间评分（50%）	教师评分（50%）
1	问题 1：简述机车车钩的作用	8		
2	问题 2：简述机车车钩的几种分类方式	10		
3	问题 3：简述对车钩的设计要求	10		
4	问题 4：简述下作用式 13 号车钩的主要构成	10		
5	问题 5：何谓车钩二态作用？	10		
6	问题 6：简述摘车作业流程	10		
7	问题 7：大国重器“神 24”肩负的历史使命是什么？	12		
总评分值				

任务拓展

——新技术应用——

动车组全自动车钩工作原理

强化练习

强化练习试题除涉及本任务介绍的知识与技能外，还可能涉及本任务未介绍的知识与技能，需通过阅读参考书、网络查找资料等方式进行自主学习后进行解答，在巩固课堂学习成果的同时，培养自主学习能力。

1.【单选题】车钩在全开状态时，车钩开度应为（　　）mm。

A. 210～240　　B. 210～250　　C. 220～250　　D. 220～260

2.【单选题】13 号车钩在闭锁状态时，车钩开度应为（　　）mm。

A. 110～122　　B. 110～130　　C. 120～130　　D. 120～135

3.【单选题】车钩在闭锁状态时，钩锁铁向上活动量应为（　　）mm。

A. 5～20　　B. 8～20　　C. 10～25　　D. 12～25

4.【单选题】刚性车钩也称密接式车钩，主要应用于（　　）。

A. 旅客列车　　B. 货物列车　　C. 调车机车　　D. 动车组

5.【单选题】车钩在牵引或推进运行时，分别受着拉力或（　　）。

A. 冲击力　　B. 横向力　　C. 推力　　D. 阻力

6.【判断题】车钩是机车牵引缓冲装置的主要部件之一，起连挂车列或其他机车、传递牵引力和制动的作用。（　　）

7.【判断题】非自动车钩是由人工操作来完成机车车辆的连挂，而自动车钩则通过相关机构具有自动连挂的性能。（　　）

8.【判断题】HXD_1 型电力机车采用的是下作用式 13B 型（E 级钢）非自动车钩。（　　）

9.【判断题】列车中相连接的两车钩中心水平高度差不得超过 75 mm。（　　）

10.【填空题】刚性车钩也称（　　）车钩，其电气与风管连接器通常与车钩组合成一复合部件，构成全车低压电气系统及空气系统的（　　）。

思考与小结：

任务复盘

补全任务 4.2 知识技能结构导图。

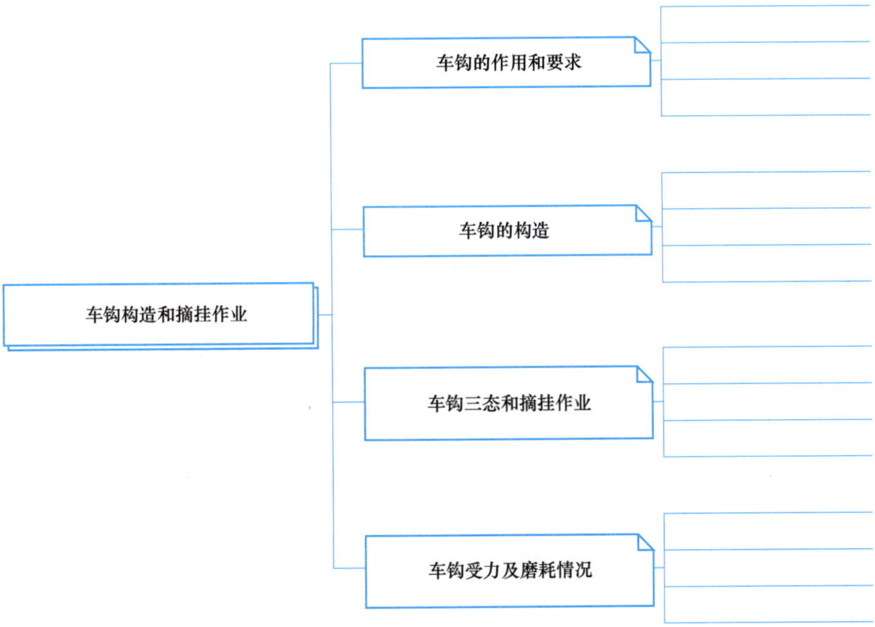

任务 4.3　机车缓冲装置构造与组装

任务描述

机车缓冲装置（即缓冲器）是机车车辆牵引连挂装置的重要组成部分，主要用来减小列车在运行中由于机车牵引力或制动力的变化或起动、制动及调车挂钩时机车车辆相互碰撞而引起的冲击和振动，从而减少机车车辆的破损、货物的损伤，提高列车运行的平稳性。机车缓冲装置如图 4-30 所示。

图 4-30　机车缓冲装置

问题导入

先阅读问题，完成任务后再回答问题。

问题 1：简述机车缓冲器的作用。 答：
问题 2：简述机车缓冲器的主要性能参数。 答：
问题 3：简述 QKX100 型胶泥缓冲器的主要构成。 答：

问题 4：简述 QKX100 型胶泥缓冲器的主要特点。 答：
问题 5：在车钩缓冲装置安装过程中，为何要确保垫块已掉下？ 答：
问题 6：分析机车复原装置的作用。 答：
问题 7：分析机车在牵引运行时，缓冲装置纵向力的传递顺序。 答：
问题 8：保障中国高铁安全的核心是什么？ 答：

任务分析

教学目标	素养目标	思想道德素质：培养学生树立民族自豪感和爱国热情 科学文化素养：培养学生树立攻坚克难的职业精神
	知识目标	1. 理解缓冲器的作用、分类和工作原理 2. 掌握车钩与缓冲器的安装流程 3. 熟悉车钩复原装置和力的传递
	能力目标	1. 熟知车钩缓冲器的作用和分类 2. 熟知车钩与缓冲器的安装 3. 掌握车钩缓冲装置力的传递
教学重点		1. 车钩与缓冲器的安装 2. 车钩缓冲装置力的传递
教学难点		1. 车钩与缓冲器的安装 2. 车钩缓冲装置力的传递

任务实施

知识点 4.3.1 缓冲器的作用和种类

缓冲器的工作原理与减振器相同。它一方面借助压缩弹性元件来缓和冲击作用力，另一方面在弹性元件变形过程中利用摩擦和阻尼吸收冲击能量。

缓冲器的种类很多，可以分为弹簧式、摩擦式、摩擦橡胶式、弹性胶泥式、液压式等。其中弹簧式缓冲器借助弹簧的作用来缓和冲击力，但它不能吸收冲击能量，因而不适用于大的冲击力。

我国铁路规定的标准型缓冲器有多种，机车上常用的有 MX-1 型橡胶摩擦式缓冲器、MT-3 型弹簧摩擦式缓冲器和 QKX100 型胶泥缓冲器等，其中 SS_4 改型电力机车采用 MX-1 型橡胶摩擦式缓冲器，SS_9 型电力机车采用 MT-3 型弹簧摩擦式缓冲器，DF_{4B} 型、DF_{4D} 型内燃机车采用的是全钢摩擦式二号缓冲器，而 HXD_3 型和 HXD_1 型电力机车均采用 QKX100 型胶泥缓冲器。

缓冲器的主要性能参数如下。

（1）行程。缓冲器受力下产生的最大变形量称为行程。此时，弹性元件处于压死状态，当继续增加外力时，变形量不再增加。

（2）作用力。作用力是指缓冲器变形量达到行程时的作用外力。

（3）容量。容量是指缓冲器在全压缩过程中，外力所做的功。压缩缓冲器时，作用力在其行程上所做的功的总和，即为容量。容量是衡量缓冲器缓冲能力大小的主要数据。如果缓冲器的容量过小，则在冲击力作用下，其将常常被“压死”，产生刚性冲击。

（4）能量吸收率。缓冲器在压缩过程中，有一部分冲击能量被阻尼所消耗。其消耗部分能量与容量（总能量）之比，称为能量吸收率。它表明缓冲器吸收冲击的能力。吸收率越大，则反作用力越小。

知识点 4.3.2 缓冲器的构造

1. QKX100 型胶泥缓冲器

HXD_3 型和 HXD_1 型电力机车均采用 QKX100 型胶泥缓冲器，它由壳体 1、连接板 2、预压板 3、弹性胶泥芯子 5、垫块 6、减磨套 7、紧固件等组成，如图 4-31 和图 4-32 所示。QKX100 型胶泥缓冲器安装在机车车体的车钩箱里面，当机车牵引或制动时利用缓冲器的弹性胶泥之间的相互摩擦运动而对车钩产生的冲击起缓冲吸能作用。

（1）产品特点：容量大，阻抗小，结构简单，性能稳定。

（2）主要用途：缓冲吸能。

（3）型号：QKX100。

（4）使用环境条件：-40 ～+50℃。

QKX100 型胶泥缓冲器自由状态下的外部轮廓尺寸：长（572^{+2}_{-1} mm）×宽（318±2 mm）×高（230 mm）。

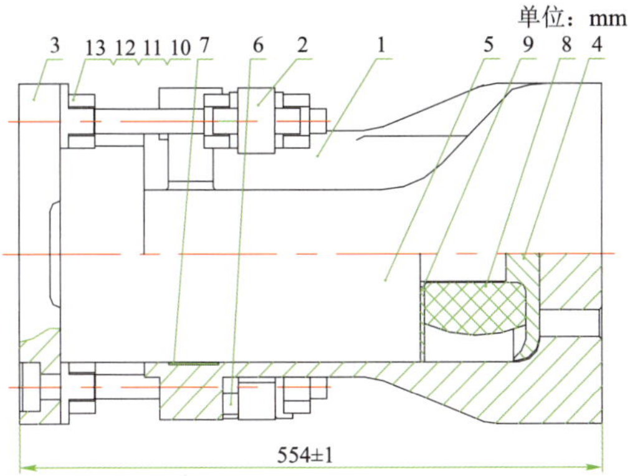

1—壳体；2—连接板；3—预压板；4—护板；5—弹性胶泥芯子；6—垫块；7—减磨套；8—弹性体；9—垫片；10、11、12、13—螺母防松板、螺杆、螺母、垫圈

图 4-31 QKX100 型胶泥缓冲器结构

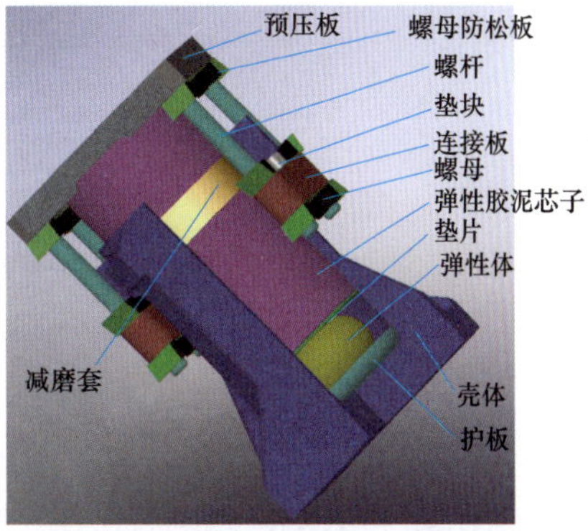

图 4-32 QKX100 型胶泥缓冲器结构三维图

QKX100 型胶泥缓冲器主要技术参数如表 4-1 所示。

表 4-1 QKX100 型胶泥缓冲器主要技术参数

项目	初压力/kN		最大阻抗力/kN		行程/mm		冲击速度/（m/s）	吸收率/%	
	静态	动态	静态	动态	静态	动态		静态	动态
指标	≤250	≤250	≥1 200	≤2 500	≤83	≤83	≥10	≥45	≥80

QKX100 型胶泥缓冲器，采用性能稳定可靠的进口密封件和弹性胶泥材料，具有容量大、阻抗小、性能稳定、检修周期长，调车连挂速度高的特点，具有拆卸安装方便的预缩短装置，并能与既有的缓冲器互换使用，标准化程度高，运用检修方便。

QKX100 型胶泥缓冲器还满足如下应用要求：用于总重 100 t 车辆的允许联挂速度不低于 10 km/h; 1/3 行程时的阻抗力不小于 800 kN; 缓冲器的使用寿命不小于机车车辆的一个厂修周期。

2. 105A 型车钩缓冲装置

FXD_1 型电力机车机车和车辆之间采用 105A 型车钩缓冲装置，其是一种能自动连接两列列车的车钩缓冲装置，它能自动连接两列列车。105A 型车钩缓冲装置由小间隙车钩、缓冲器、安装吊挂装置、连接卡环组成，如图 4-33 所示。其主要技术参数如下。

（1）车钩长度：1 360 mm；最小拉伸破坏载荷：1 800 kN。

（2）缓冲器行程：≤73 mm；缓冲器容量：≥80 kJ。

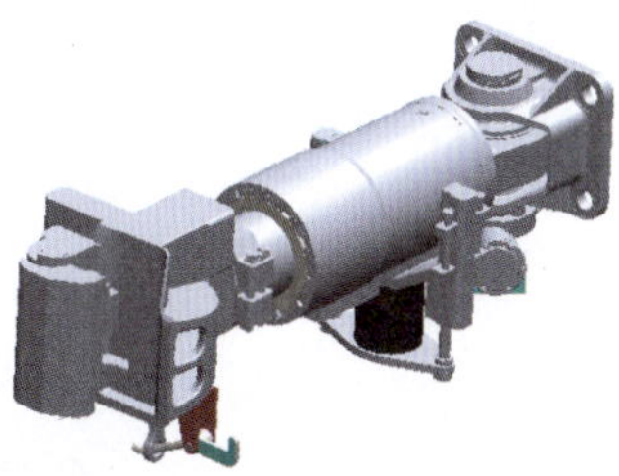

图 4-33 105A 型车钩缓冲装置

3. 全钢摩擦式二号缓冲器

DF_{4B} 型和 DF_{4D} 型内燃机车牵引缓冲装置均采用全钢摩擦式二号缓冲器。全钢摩擦式二号缓冲器由盒体，盒盖，内、外环弹簧，底板等零件组成（见图 4-34）。该缓冲器额定容量为 30 kJ，额定阻抗力为 1 275 kN，额定行程为 67.7 mm。缓冲器能部分地吸收机车车辆间的冲击能量，可有效地缓和冲击。

牵引缓冲装置的车钩中心线距轨面高度为 815～890 mm，如因轮缘偏磨等原因使车钩高度超过限度，可在磨耗板下和尾框托板内加调整垫，以恢复车钩的使用高度。

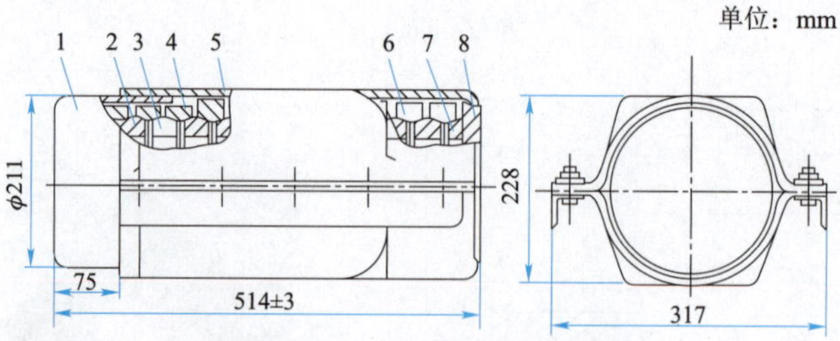

1—盒盖；2—内环弹簧；3—开口内环弹簧；4—外环弹簧（小）；5—盒体；
6—外环弹簧（大）；7—半环弹簧

图 4-34　全钢摩擦式二号缓冲器

知识点 4.3.3　车钩与缓冲器的安装和车钩复原装置

1. HXD_3 型和 HXD_1 型电力机车车钩缓冲装置安装

将预压缩的缓冲器放入车钩钩尾框内，如图 4-35 和图 4-36 所示，胶泥缓冲器安装于钩尾框中并与车钩、钩尾销组装在一起后，放进牵引梁车钩箱中，然后将车钩拖板、均衡梁等安装好；在机车连挂或试用时，由于机车车辆间的相互撞击，使缓冲器上的垫块（见图 4-31 中件 6）掉下，胶泥缓冲器完全夹紧于从板和变形元件之间，在机车车辆运行过程中，起到缓冲、吸收冲击能量的作用。要求在机车车辆连挂完成后检查垫块是否已经掉下，如果没有掉下，要重新连挂，使垫块掉下，并在出厂前检查垫块是否掉下，确保垫块在厂内掉下而不是在线路上掉下。

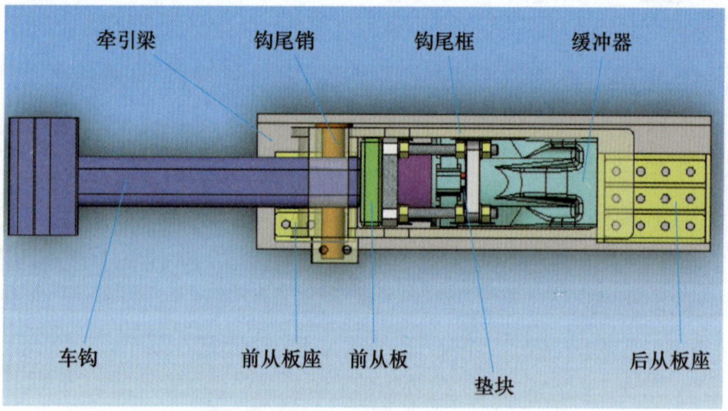

图 4-35　缓冲器安装示意图

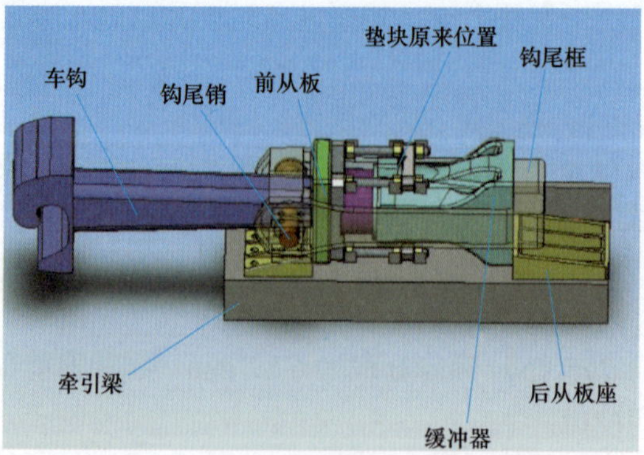

图 4-36　缓冲器连挂后示意图

2. 车钩复原装置

铁道机车在曲线运行时，车钩中心线与车体中心线之间必将产生一个偏角，即车钩将发生左右的摆动。为了防止车钩偏倚时钩身与车体牵引梁相碰而产生障碍，在牵引梁的中间开有较宽的钩门。

电力机车的车钩，允许有一定的横向偏倚量。这不但有利于曲线运行，而且便于在弯道上挂车。

为了使车钩在偏倚后能及时恢复正常位置，避免车钩左右任意摆动不稳，减小摘挂车钩时的困难，在车钩钩头的后面，钩身的下部，装设了车钩复原装置。

常用的复原装置有两种。图 4-37（a）所示为弹簧式复原装置，它由钩身托板 3、复原弹簧托 4、复原弹簧鞍 2、复原弹簧 5、弹簧垫板 1 及心杆等零件组成。车钩钩身坐落在复原弹簧鞍内。当车钩偏倚时，弹簧鞍压缩下部一侧的弹簧垫板及弹簧，此时弹簧的复原力就可使弹簧鞍恢复到正位，起复原作用。

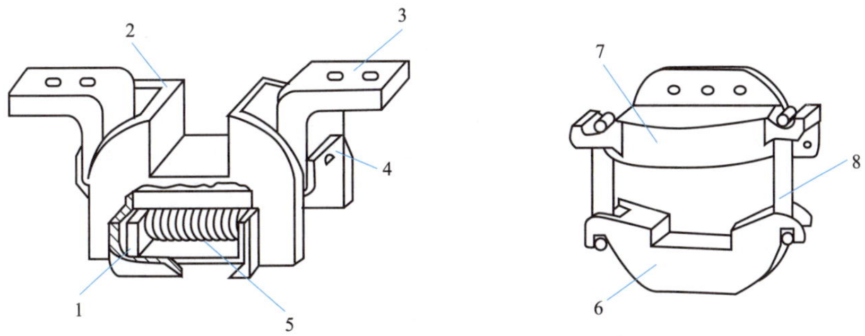

(a) 弹簧式复原装置　　(b) 吊杆式复原装置

1—弹簧垫板；2—复原弹簧鞍；3—钩身托板；4—复原弹簧托；5—复原弹簧
6—摆块；7—冲击座；8—摆块吊杆

图 4-37　车钩复原装置

另一种复原装置为吊杆式复原装置，如图 4-37（b）所示。它由摆块 6、摆块吊杆 8 等组成。钩身卡在摆块上，摆块两端支承在吊杆下。当车钩向一侧偏倚时，车钩本身重力的水平分力将使自身和摆块恢复到原来的正常位置，这种设计增加了车钩摆动的灵活性，增强了车钩的复原能力。这种吊杆式复原装置结构简单、很少有磨损，所以被标准化，并得到广泛应用。SS_4 改型、SS_9 型及 HXD_3 型电力机车均采用吊杆式复原装置。

知识点 4.3.4　缓冲装置力的传递

车钩钩体尾部通过钩尾销连接车钩尾框。在车钩尾框内，安装前从板、缓冲器及后从板（有时不设后从板），如图 4-38（a）所示。

车钩尾框和前后从板，是牵引缓冲装置中传递纵向力的构件。它们和车钩、缓冲器组装以后，一同安装在车体底架前后两端的牵引梁内。前后从板及缓冲器卡装在牵引梁前后从板座之间。

1. 牵引运行时纵向力的传递顺序

牵引运行时，牵引力由车体底架传至车钩，如图 4-38（b）所示，其传力顺序为：车体底架→牵引梁→前从板座→前从板→缓冲器→后从板→车钩尾框→钩尾销→车钩。

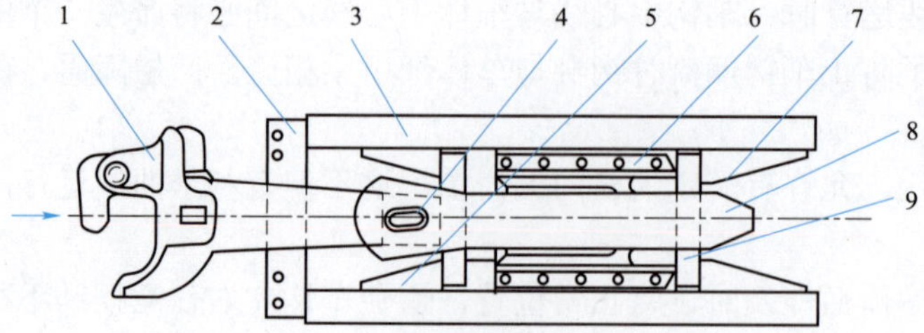

(a) 安装位置关系

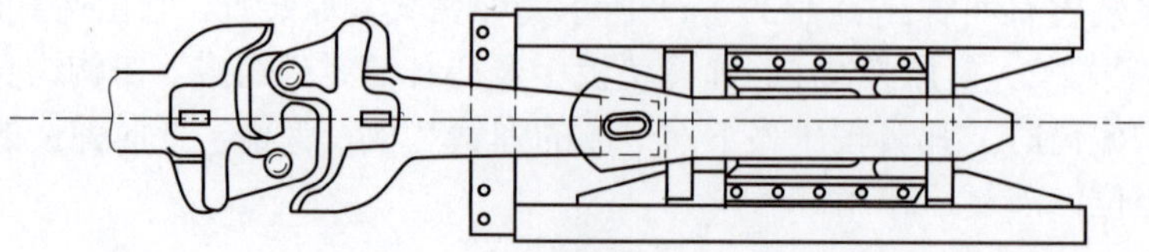

(b) 牵引运行

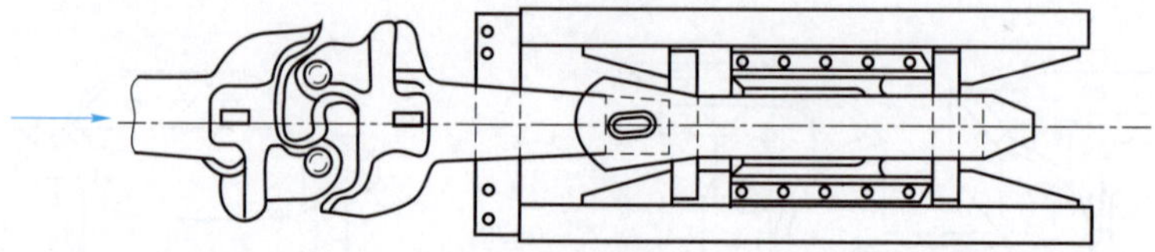

(c) 推进运行

1—车钩；2—冲击座或复原装置；3—牵引梁；4—钩尾销；5—前从板座；
6—缓冲器；7—后从板座；8—车钩尾框；9—后从板

图 4-38　车钩缓冲装置力的传递

2. 推进运行时纵向力的传递顺序

推进运行时，机车推力也由底架传至车钩，如图 4-38（c）所示，其传力顺序为：车体底架→牵引梁→后从板座→后从板→缓冲器→前从板→车钩尾框→钩尾销→车钩。

由以上可知，车钩缓冲装置无论在牵引运行还是在推进运行中，机车的纵向力都经过缓冲器传递，而且缓冲器都受到了进一步的压缩，起到了缓冲作用，减轻了纵向冲动，改善了运行品质。

由于车钩专用于机车和车辆之间的连接，所以各种机车车辆的车钩高度，必须统一。我国统一规定车钩中心线距轨面的高度为（880±10）mm。如果不符合这一规定，可在钩尾框托板上加垫或改变冲击座下方吊杆装置均衡梁上的磨耗板厚度来进行调整，必要时也可稍微改变吊杆头上的垫板厚度来调整车钩高度。

素养与职业

中国高铁到底有多安全？

近日，央视新闻推出《梦想照进现实 顶级实验室》节目，带领观众探访中国高铁顶级实验室，其中轨道车辆碰撞试验实验室成为焦点。

轨道车辆碰撞试验实验室

轨道车辆碰撞试验实验室于 2017 年建立，旨在对轨道车辆和零部件进行碰撞安全测试。实验室通过对产品的横向稳定性、纵向压缩性和垂向跳动性进行评价，来鉴定产品是否满足安全性能要求。该实验室在前期可进行 52 公里和 76 公里的整车碰撞试验，其中 76 公里的试验创下了世界最高车辆碰撞纪录。

材料吸能装置的关键作用

高铁车头位置安置一款关键材料吸能装置——五孔吸能管。这种吸能管在碰撞时能够以惊人的 75%的压缩比压缩，作为被动安全吸能装置的一部分，它在复兴号等高铁车型中发挥着重要作用。此外，复兴号的车头还配备了车钩、排障器、防滑器和主吸能结构等安全装置，全方位保障旅客的安全。

关键测试指标

吸能结构的可控有序变形：在设定的撞击速度下，轨道车辆的吸能结构应能够实现可控的有序变形。这意味着吸能装置能够吸收碰撞能量，并将变形过程控制在安全范围内，以保护乘客和车辆的安全。

乘客舱变形量的控制：在碰撞试验中，要求乘客舱的变形量尽可能小，以保持司乘空间的完整。通过合理设计车辆结构和采用吸能装置等措施，可以最大程度减少乘客舱的变形，提高旅客的安全性。

符合车体纵向评价加速度要求：高铁列车在碰撞过程中，车体纵向评价加速度应符合相关要求。通过合理的车体设计和安全装置的应用，可以控制车体在碰撞中受到的加速度，减少乘客受伤风险。

防止爬车现象的发生：在碰撞试验中，要求车辆不出现爬车现象，即车辆在碰撞后不会发生异常爬升或倾斜。通过科学的设计和严格的试验，可以确保车辆在碰撞后保持稳定，不产生危险情况。中国高铁碰撞试验电视节目画面如图 4–39 所示。

图 4–39 中国高铁碰撞试验电视节目画面

总结

中国高铁碰撞试验实验室的建立及其中使用的关键技术和装置，为保障高铁旅客的安全提供了有力支持。通过合理的设计、材料吸能装置的应用和严格的测试，中国高铁技术在碰撞安全方面取得了显著成就。未来，中国高铁将继续致力于技术创新，不断提升碰撞安全性能，为乘客提供更加安全可靠的出行体验。

任务考核与评价

阶段一：任务知识准备（30 分）				
序号	考核要素	评价标准分值	自我评分（50%）	组内评分（50%）
1	是否积极参与任务书讨论，正确领会任务要求	5		
2	是否积极参与学习讨论，完全掌握学习内容	5		
3	是否积极参与计划制定，提出建设性计划内容	5		
4	是否制定了可行的任务方案	5		
5	是否认真履行个人角色，积极参与任务实施演练	10		

阶段二：任务实施展示（70 分）				
序号	考核要素	评价标准分值	组间评分（50%）	教师评分（50%）
1	问题 1：简述机车缓冲器的作用	8		
2	问题 2：简述机车缓冲器的主要性能参数	8		
3	问题 3：简述 QKX100 型胶泥缓冲器的主要构成	10		
4	问题 4：简述 QKX100 型胶泥缓冲器的主要特点	8		
5	问题 5：在车钩缓冲装置安装过程中，为何要确保垫块已掉下？	8		
6	问题 6：分析机车复原装置的作用	8		
7	问题 7：分析机车在牵引运行时，缓冲装置纵向力的传递顺序	10		
8	问题 8：保障中国高铁安全的核心是什么？	10		
总评分值				

任务拓展

新方法应用

重载机车车辆状态远程监控方案和机车发生断钩分离非正常处置办法

列车发生断钩分离非正常处置办法

强化练习

强化练习试题除涉及本任务介绍的知识与技能外，还可能涉及本任务未介绍的知识与技能，需通过阅读参考书、网络查找资料等方式进行自主学习后进行解答，在巩固课堂学习成果的同时，培养自主学习能力。

1.【单选题】车钩缓冲器受力下产生的最大变形量称为（　　）。

A. 行程　　B. 扭力矩　　C. 复原力　　D. 能量吸收率

2.【单选题】DF_{4B} 型内燃机车车钩缓冲器采用的是（　　）。

A. 弹簧摩擦式缓冲器　　B. 胶泥缓冲器

C. 橡胶摩擦式缓冲器　　D. 全钢摩擦式缓冲器

3.【单选题】HXD_3 型电力机车的车钩缓冲器采用的是（　　）。

A. 弹簧摩擦式缓冲器　　B. 胶泥缓冲器

C. 橡胶摩擦式缓冲器　　D. 全钢摩擦式缓冲器

4.【填空题】缓冲器用来减小列车在运行中由于机车（　　）的变化或起动、制动及调车挂钩时机车车辆相互碰撞而引起的（　　）和振动，从而减少机车车辆的破损，货物的损伤，提高列车运行的平稳性。

5.【填空题】车钩缓冲器受力下产生的最大变形量称为（　　）。

6.【填空题】缓冲器在全压缩过程中外力所做的功，称为（　　）。

7.【填空题】在机车车辆连挂完成后，检查（　　）是否已经掉下，如果没有掉下，要重新连挂。

8.【填空题】车钩复原装置有两种：一种是弹簧式复原装置，另一种是（　　）。

9.【填空题】车钩钩体尾部通过（　　）连接车钩尾框。

10.【填空题】我国统一规定车钩中心线距轨面的高度为（　　）±10 mm。

思考与小结：

任务复盘

补全任务 4.3 知识技能结构导图。

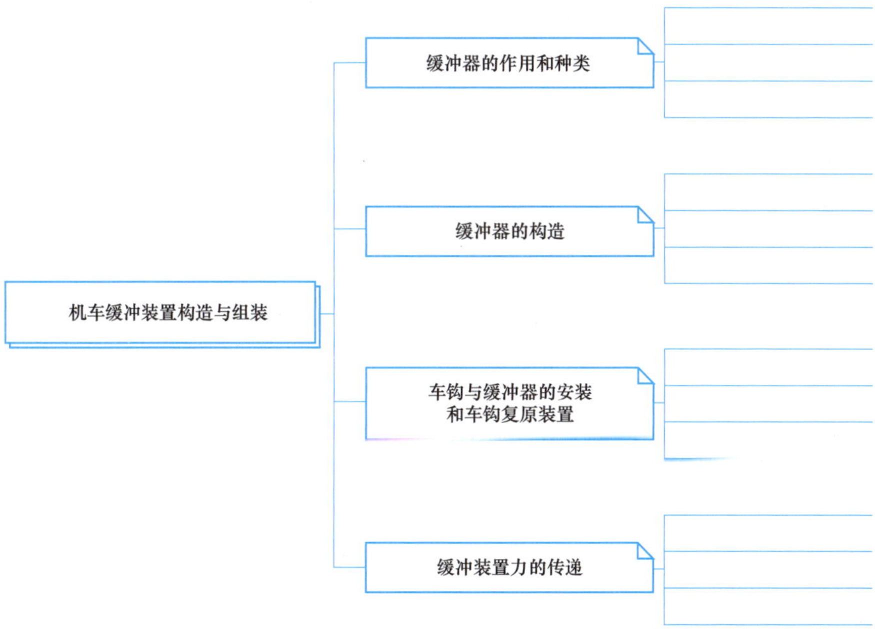

任务 4.4　典型车钩分解与组装

任务描述

机车车钩缓冲装置是机车车辆牵引连挂装置的重要组成部分，主要用来减小列车在工作过程中机车车辆相互碰撞而引起的冲击和振动，提高列车运行的平稳性。列车在运行中的纵向冲击和垂直振动，使得相互连接的两车钩，经常发生相对运动，特别是在路基较软，曲线较多的行车线路上行车时，车钩经常处于相互摩擦状态，这就必然导致车钩磨耗。为了保证行车安全，应定期对车钩进行分解，检查车钩磨耗限度，及时修复或更换新品。

问题导入

先阅读问题，完成任务后再回答问题。

问题 1：简述典型车钩分解与组装作业前的准备工作。 答：
问题 2：简述解体操作。 答：
问题 3：简述检查操作。 答：
问题 4：简述组装操作。 答：
问题 5：简述试验操作。 答：

问题 6：简述作业结束工作。 答：
问题 7：我们要从驼峰连结员陈林身上学习哪些职业素养？ 答：

任务分析

教学目标	素养目标	思想道德素质：培养学生安全作业、严谨认真、团结协作的铁路职业精神 科学文化素养：培养励志奋发、潜心学习的态度，追求卓越的科学精神，树立爱岗敬业和精益求精的实践态度
	知识目标	1. 熟练掌握 13 号车钩的分解与组装 2. 熟练掌握车钩分解与组装过程中的技术要求 3. 正确使用车钩检查的工具和量具
	能力目标	1. 能正确使用车钩检查的工具和量具，开展车钩的检修作业 2. 能掌握车钩分解和组装的技术要求
教学重点		依据铁道机车运用与维护专业职业能力标准，结合人才培养目标及铁道机车行业技能大赛（机车车钩分解和组装实作项目）要求，深入剖析知识点、技能操作之间的依托关系，立足学而有用、学而会用，确立教学重点：车钩分解与组装的技术要求
教学难点		1. 车钩分解与组装的技术要求 2. 正确使用车钩检查的工具和量具

任务实施

知识点 4.4.1　13 号车钩检修项目实训指导书

1. 实训目的

（1）熟练掌握 13 号车钩的检修范围及重点。

（2）正确穿戴劳动保护用品，做到安全作业。

（3）熟练掌握车钩解体、检查、组装和试验作业。

2. 实训设备

设置 2 个 13 号车钩的操作实训台，配备手锤、撬棍、内卡钳、外卡钳、钢板尺、游标卡尺、车钩高度测量尺、开口销等。

3. 实训要求

（1）整齐穿戴实训服，做好自身安全防护。

（2）服从教师的指导，分组练习，单人单操。

（3）实训期间正确操作实训设备，不得随意脚蹬、攀爬实训设备，不得在实训室内追逐打闹，不得随意离开实训场地。

4. 操作要领

按照铁路检修规程中的相关要求，开展机车检修人员车钩解体与组装操作实训。学生应按照相关要求，对车钩进行解体组装及检查作业，能正确使用工、量具，掌握车钩的解体、组装及检查操作，不错不漏，准确口述每个步骤，做到眼到、手到。

1）作业前的准备

（1）穿戴齐备劳动保护用品。

（2）做好防护措施（只口述，不操作）：进行车钩的自检自修作业时，须做好防溜措施，拧紧手制动机，打好止轮器，在机车前后端挂好禁动牌。

（3）工量具准备：自行领取工、量具，并确认材料的准备是否到位。

手锤、撬棍、内卡钳、外卡钳、钢板尺、游标卡尺、车钩高度测量尺、开口销等。

（4）检查工作台状态是否良好。

（5）参训选手报告：车钩解体与组装准备完毕，请指示。

裁判（或教师）：作业开始（计时开始）。

外观检查。

2）解体操作

（1）将车钩提至全开位。

（2）用手锤、小撬棍将钩舌销的开口销取下。

（3）抽出钩舌销。

（4）取下钩舌。

（5）取出钩锁铁。

（6）取出钩舌推铁。

3）检查操作

（1）检查钩锁腔。

（2）检查钩舌销套、钩耳套。

（3）检查钩舌与钩体的上下承力面。

（4）检查钩舌销。

（5）检查钩锁铁。

（6）检查钩舌推铁。

（7）测量钩舌销孔内径、钩舌销直径，报出钩舌销与销孔径向间隙数据。

4）组装操作

（1）装入钩舌推铁、钩锁铁、钩舌及钩舌销。

（2）装入开口销，将开口销两脚打开为 60°。

5）试验操作

（1）扳动车钩钩舌，钩舌被锁铁锁死，不能转动打开，测量钩舌开度并读出数据，闭锁位作用良好。

（2）缓慢提起钩提杆，使锁铁上移，手动扳动钩舌至全开位，开锁位作用良好。

（3）锁闭钩舌，提起钩提杆至全开位，钩舌全部打开，测量钩舌开度并读出数据，全开位作用良好。

（4）锁闭钩舌，找出车钩中心线，测量车钩中心线高度并读出数据。

6）结束工作

整理作业台面，清点工、量具，清理作业场地。

报告：作业完毕（计时结束）。

5. 评分标准

车钩解体与组装评分依据如表 4-2 所示。

表 4-2　车钩解体与组装评分依据

项目	内容及要求	配分比例	备注
作业前的准备	劳动保护用品是否穿戴齐备 防护措施是否到位 工、量具的准备是否到位	10%	
解体操作	解体前进行外观检查 掌握车钩解体流程 正确使用工具熟练分解车钩	20%	
检查操作	掌握车钩各部件检修要求及标准 正确使用工、量具检查各部件	20%	
组装操作	掌握车钩组装流程 正确使用工具熟练组装车钩	20%	
试验操作	掌握车钩三态试验方法 正确使用工、量具测量车钩参数	20%	
结束工作	整理作业台面 清点工、量具 清理作业场地	10%	

6. 考核评分表

13 号车钩检修项目考核评分表如表 4-3 所示。

表 4-3　13 号车钩检修项目考核评分表

学生编号				
考核内容	考　核　标　准	扣分	扣分次数	扣分合计
准备工作（A）	1. 着装不符合要求	2		
	2. 安全防护不到位，工、量具错、少	2		
	3. 其他错漏	2		
时间（B）	1. 超过规定时间	2		
	2. 超过规定时间 2 分钟	4		
	3. 超过规定时间 3 分钟	失格		
作业过程（C）	1. 检查、测量、调整方法不当或误操作	3～4		
	2. 工序错乱	5		
	3. 漏拆、漏检、漏测、漏修	5		
	4. 零部件或工、量具脱落	5～10		
	5. 违反规程或违反安全注意事项	10		
	6. 口述内容有遗漏、错误或无法听清	2		
	7. 工作中返工	10		
	8. 作业后未按要求恢复、整理	3		
其他（D）	1. 裁判认为有其他不当之处	2～5		
	2. 责任性损坏工、量具和设备者	失格		
	3. 发生工伤者	失格		
	4. 备注			
总分	总分=（100−A、B、C、D 合计扣分）		合计扣分	

知识点 4.4.2　车钩中心高度测量尺使用方法

1. 概述

车钩中心高度测量尺是一种用于测量车钩中心高度的工具，通常用于安全检查和维修工作。

2. 结构参数

测量尺主要由横尺、竖尺、车钩中心高度测板、左测座、右测座、车钩中心高度尺框、棘爪、锁紧螺钉等组成。车钩中心高度测量尺如图 4-40 所示。

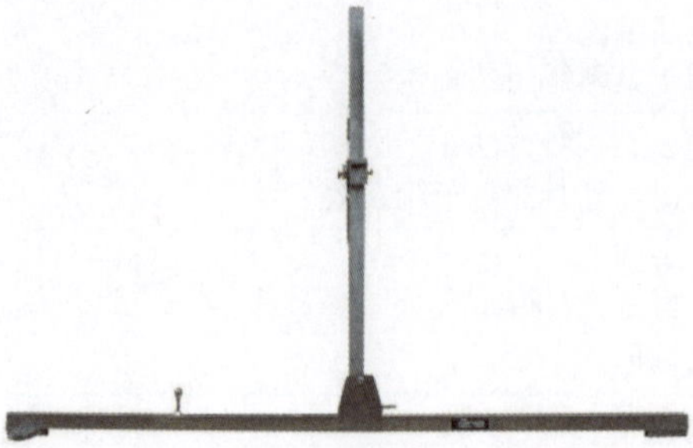

图 4-40　车钩中心高度测量尺

3. 操作方法

（1）打开竖尺，使棘爪复位后固定。

（2）将测量尺置于两钢轨上，移动尺框并摆动钩舌测板使车钩中心高度测板两斜边至正好卡住钩舌的上下边缘，测量时也应同时移动横尺，使用车钩中心高度测量尺竖尺垂直于钢轨面，如果竖尺未垂直于钢轨面，则会影响测量结果的准确性。

（3）通过游标可以直接读出车钩中心高度值。

4. 使用注意事项与保养

（1）严禁摔碰测量尺，以免影响测量准确性。

（2）测量尺使用后要妥善保管。

5. 检定方法

按照《铁路机车车辆车钩中心高度测量尺检验办法》（JJG 1150—2018）进行检定。

素养与职业

驼峰连结员 陈林

夜晚的郑州北站编组场灯火通明，机车的轰鸣声、对讲机里的呼叫声此起彼伏。陈林和同事们随货物列车来回奔跑，快速摘开连接车辆的风管、车钩，把去往同一方向的车辆集结到新的股道。

21 时，陈林接到了今晚的“大任务”——JSQ6 型车溜放作业。在下行驼峰场奋战十年，陈林对各种车型的解钩作业都烂熟于心。

JSQ6 型车是铁路双层运输汽车专用车，因其长度长、离地间隙低等特点，不能通过驼峰溜放。运用郑州局集团公司研发的 JSQ6 型车辆车底动态检测系统，抬高改造驼峰坡道，他们实现了全站溜放。

接到作业指令后，陈林反复核对作业计划单的钩数、钩位，牢牢记住作业内容，带着提钩器大步走出提钩房，在提钩位置站好，看着列车缓缓向西峰推进。

起初，他们作业时存在 15 辆以上的 JSQ6 型大组车列溜放不到位的情况，影响解体效率。陈林和同事们一起研究，改进作业方案，经多次试验，形成了根据车组数量设置不同提钩地点的作业办法，解决了溜放问题。

驼峰解体是十分关键的作业环节，一刻也耽误不得。夜间光线不如白天，陈林时刻提醒自己，要更加细心。陈林全神贯注，把握好提钩时机，确保钩钩准确，三四秒间就让连在一起的货车车辆分离……直到列车解体完毕，陈林回到提钩房休息时，才意识到工作服已经被汗水浸湿了。

在提钩房里，班组长为陈林和他的同事们切好了西瓜。陈林快速吃完一块后，马上又投入工作。当前是运输高峰期，陈林和他的同事们的工作关系着货物能否按时抵达。想到这里，使命感油然而生，陈林顿时不觉得累了。工作中的陈林如图 4-41 所示。

图 4-41　工作中的陈林

23 时，陈林站在驼峰台环顾四周，不远处居民楼灯火阑珊，而编组场依然一片繁忙。这里办理京广、陇海两大干线的货运列车作业，每天都有大量货车昼夜不停地集结、中转，再开往全国各地。确保国计民生物资快速运往目的地，是陈林的职责，也是这份工作带给陈林的成就与自豪。

任务考核与评价

阶段一：任务知识准备（30 分）				
序号	考核要素	评价标准分值	自我评分（50%）	组内评分（50%）
1	是否积极参与任务书讨论，正确领会任务要求	5		
2	是否积极参与学习讨论，完全掌握学习内容	5		
3	是否积极参与计划制定，提出建设性计划内容	5		
4	是否制定了可行的任务方案	5		
5	是否认真履行个人角色，积极参与任务实施演练	10		

续表

阶段二：任务实施展示（70分）				
序号	考核要素	评价标准分值	组间评分（50%）	教师评分（50%）
1	问题1：简述典型车钩分解与组装作业前的准备工作	10		
2	问题2：简述解体操作	8		
3	问题3：简述检查操作	10		
4	问题4：简述组装操作	12		
5	问题5：简述试验操作	8		
6	问题6：简述作业结束工作	10		
7	问题7：我们要从驼峰连结员陈林身上学习哪些职业素养？	12		
总评分值				

任务拓展

全国职业院校铁道机车专业学生职业技能大赛
下作用式13号自动车钩检修项目技能竞赛方案

思考与小结：

任务复盘

补全任务 4.4 知识技能结构导图。

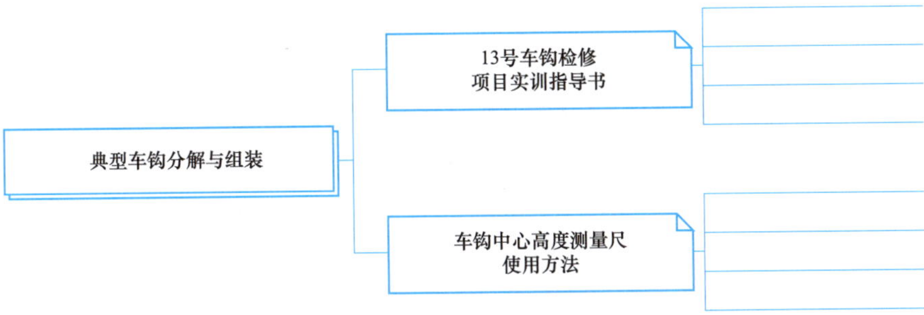

项目 5

通风及空气管路系统检查与维护

机车通风及空气管路系统一方面冷却机车上发热的电气设备，另一方面通过制备压缩空气，为机车制动机和其他辅助管路系统供风，实现机车制动、升降弓、鸣笛、撒砂等功能，保障机车安全、稳定、可靠地工作。

任务 5.1　机车通风冷却系统检查与维护

任务描述

机车上有很多电气设备，如牵引电动机、主变压器、整流装置及电阻柜等部件，在工作时会产生大量的热量，如不能及时散发出去，使电气设备的温度超出允许的范围，就会影响各电气设备的正常工作，甚至会烧毁设备。因此必须采用通风冷却系统对电气设备进行强制性通风，保障设备稳定工作。机车通风冷却系统如图 5–1 所示。

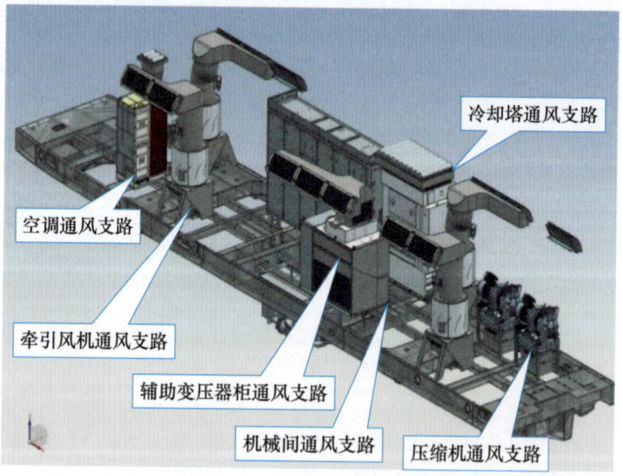

图 5–1　机车通风冷却系统

问题导入

先阅读问题，完成任务后再回答问题。

问题 1：简述机车有哪些通风冷却方式。 答：

问题 2：对比分析离心式和轴流式通风机的特点。 答：
问题 3：简述 HXD_3 型电力机车冷却系统的特点。 答：
问题 4：分析 HXD_3 型电力机车复合冷却系统油循环回路工作原理。 答：
问题 5：分析 HXD_3 型电力机车复合冷却系统水循环回路工作原理。 答：
问题 6：分析 HXD_3 型电力机车牵引电动机通风冷却支路空气走向。 答：
问题 7：分析 HXD_1 型电力机车冷却塔复合散热器的工作原理。 答：
问题 8：机车通风冷却系统类似人体的肺部，我们日常使用时如何保障机车“肺部”清洁和可靠工作？ 答：

任务分析

教学目标	素养目标	思想道德素质：培养学生爱岗敬业的职业素养 科学文化素养：培养学生勇于创新实践，追求卓越的职业意识，为实现中华民族伟大复兴做出自己的贡献
	知识目标	1. 了解通风机的分类方式和特点 2. 理解通风机在机车上的作用 3. 掌握典型机车通风冷却系统各通风支路的工作原理
	能力目标	1. 理解机车通风机的类型 2. 掌握机车通风机的特点 3. 掌握典型机车通风冷却系统的构成和工作原理
教学重点		1. 机车通风系统的典型循环支路 2. 典型机车通风冷却系统各通风支路的工作原理
教学难点		1. 机车通风冷却系统的典型循环支路 2. 典型机车通风冷却系统各通风支路的工作原理

任务实施

知识点 5.1.1　通风冷却系统概况

机车上电气设备很多，机车车体的空间又十分有限，因此机车通风冷却系统通常数量较少，为此既要求充分利用有限的风源，又要求进风速度低，减少尘埃侵入，同时还要求风道短、弯道少且圆滑过渡，以减少风压损失。铁道机车通风方式通常有两种：一种是独立通风，即设置专用风道，便于集中去尘，空气净化效果较好；另一种是车体通风，即风由侧墙吸入车体内，再自行分配进入各风道，这两种通风方式也可以混合采用。对于分布在车体内不同部位的需要强制冷却的电气设备通常要将它们就近分为若干组，根据不同部件和冷却要求，采用合适的通风机和冷却风道，共同构成一个布置合理、适应要求的通风冷却系统。机车的设备布置往往要统筹考虑，做到兼顾各方，科学合理。

目前和谐系列和复兴系列电力机车均采用独立通风方式，DF_{4B} 型内燃机车则采用车体通风。

知识点 5.1.2　通风冷却系统的组成和特点

1. 通风机的类型

按工作的原理，通风机可分为两大类型。

1）离心式通风机

离心式通风机又称鼓风机，如图 5-2 所示。离心式通风机有一个蜗壳状的壳体。在壳体内装有叶轮，叶轮由电动机驱动。

当叶轮在蜗壳内做高速旋转时，叶片间的空气也被迫做高速旋转，在离心力的作用下，沿叶轮甩出来，以一定的速度沿蜗壳经出风口进入风道，由于叶轮间形成真空，外界空气不断从进风口吸入。

离心式通风机风压较大，风力比较集中，出风体积大，适用于较远距离通风，但转速较低（受叶轮形状和强度的影响），效率也较低。

2）轴流式通风机

轴流式通风机通常称为风扇，如图 5-3 所示。叶轮轴与风道平行（也可不设风道），叶轮在电动机驱动下高速旋转，由于叶片有一定的斜度，形成空气的轴向流动，叶轮背面形成真空，外界空气不断补入。

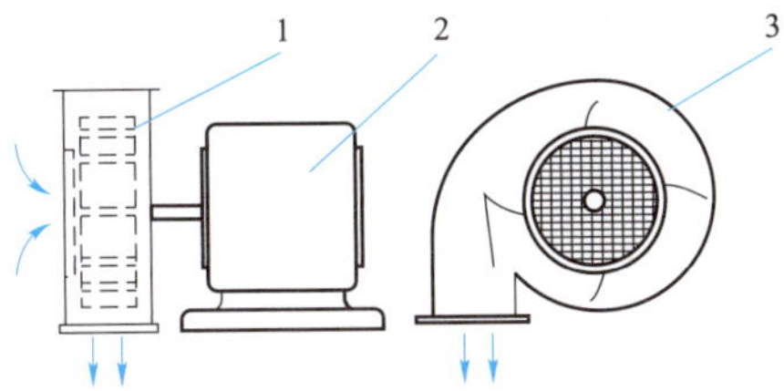

1—叶轮；2—电动机；3—蜗壳

图 5-2 离心式通风机

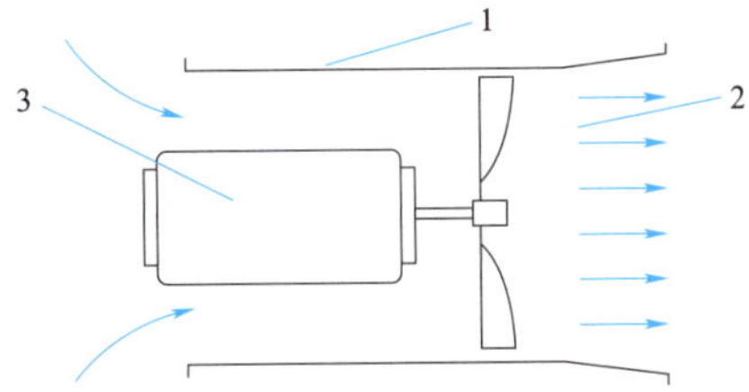

1—风道；2—叶片；3—电动机

图 5-3 轴流式通风机

轴流式通风机具有风压小、风力较分散、体积小、转速高、效率较高等特点，因此不适宜远距离送风。

2. 通风机在电力机车上的应用

离心式通风机和轴流式通风机在铁道机车通风冷却系统中均被采用。铁道机车的通风机都安装在车体内部，对于一些距离车体较远的设备，如安装在转向架上的牵引电动机，通常用离心式通风机冷却；对于距离通风机比较近的发热设备，如制动电阻柜，通常用轴流式通风机冷却，这样通风效率高，节约机车内部空间。

由于机车车体空间有限，有时会使用一台通风机冷却多台电气设备，将冷却设备分别布置于通风机的进风口或出风口。不论采用何种方式，都必须计算风道的流通阻力和冷却空气的流量，以保证冷却效果。以上两种冷却方式可以单独使用，也可混合使用。

知识点 5.1.3 典型机车通风冷却系统

1. HXD_3 型电力机车通风冷却系统

HXD_3 型电力机车通风冷却系统的主要特点如下。

（1）通风系统采用独立通风冷却技术，具有结构简单、进风面积大、风阻小、各通风风量分配均匀等特点。

（2）通风冷却系统的冷却空气净化较好。如牵引电动机通风冷却系统采用惯性过滤器，并有自动排尘功能。

（3）主变压器油冷却和牵引变流器水冷却使用复合冷却器。

（4）轴通风机组使用进口单列深沟球轴承，具有较高密封性，防尘性能好，平时不需要加润滑脂，日常维护方便，运用寿命长。

1）机车通风冷却系统组成和风量分配

（1）通风冷却系统组成。

HXD_3 型电力机车通风冷却系统如图 5-4 所示，其主要包括：① 牵引电动机通风机组；② 主变压器与牵引变流器复合冷却通风器；③ 辅助变流器；④ 司机室通风；⑤ 空气压缩机通风和车内通风。

（2）机车通风冷却系统风量分配。

机车通风冷却系统风量分配如图 5-5 所示，每台机车有 6 个牵引通风冷却系统，而通风冷却系统、空气压缩机通风冷却系统、司机室通风系统每台机车各 2 个。

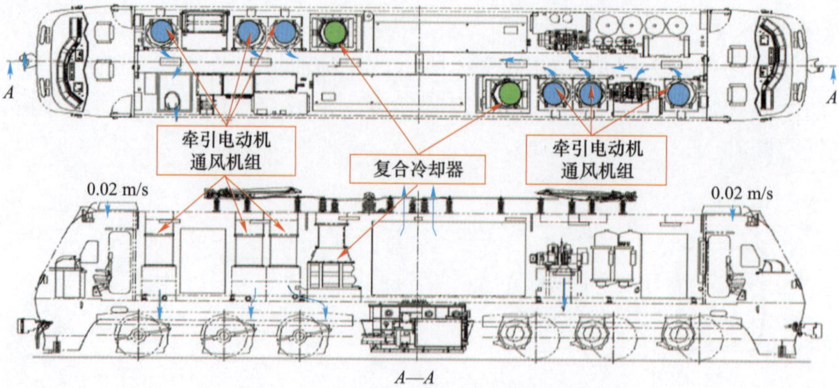

图 5-4　HXD$_3$型电力机车通风冷却系统

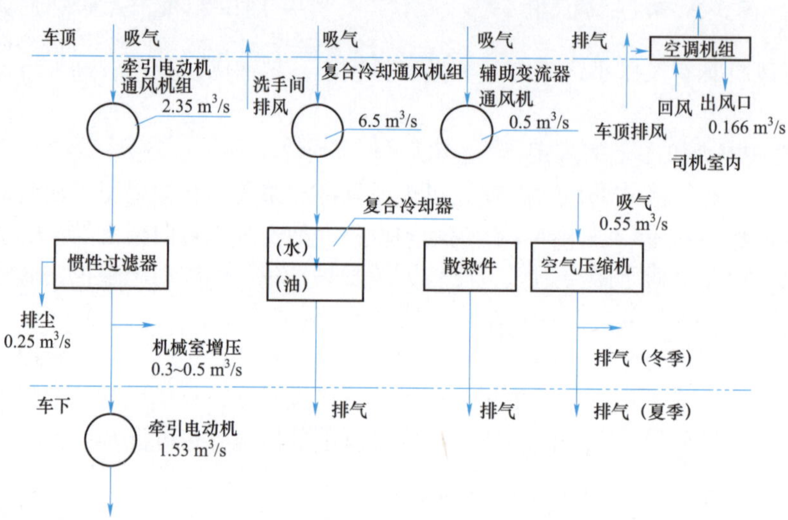

图 5-5　机车通风冷却系统风量分配

2）复合通风冷却系统

（1）通风支路路径。

由复合冷却器等部件组成的复合通风冷却系统分别对 2 台复合冷却器进行冷却。HXD$_3$型电力机车复合冷却器如图 5-6 所示。

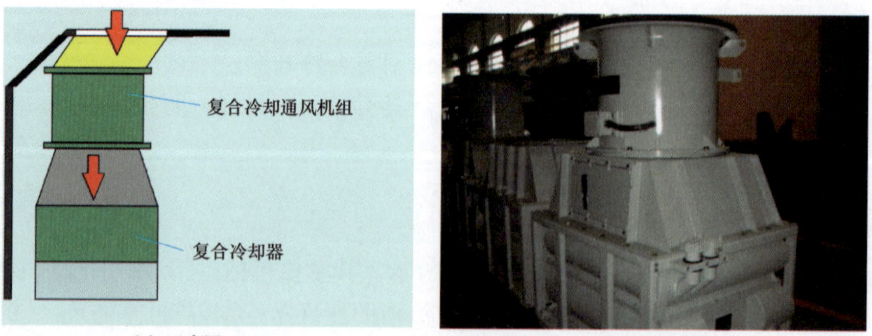

(a) 示意图　　(b) 实物图

图 5-6　HXD$_3$型电力机车复合冷却器

冷却空气由车顶滤网经过进风道进入复合通风冷却机组，再经过异径风道进入复合冷却器对油、水冷却，然后从车底部排入大气。具体冷却空气走向：车外空气→滤网→复合通风冷却系统→异径风道→复合冷却器→车底大气。

（2）复合冷却器工作原理。为减少体积和质量，简化机车冷却系统，将主变压器的冷却油和牵引变流器的冷却水（纯水加乙二醇混合液）共用一套强制通风冷却的复合冷却系统。每台机车安装有 2 台复合通风冷却系统，斜对称布置在机车中心线两侧，每台复合冷却系统负责对一台牵引变流器的水和变压器的油（1/2 油）进行冷却。

HXD_3 型电力机车复合通风冷却系统循环过程如图 5−7 所示。

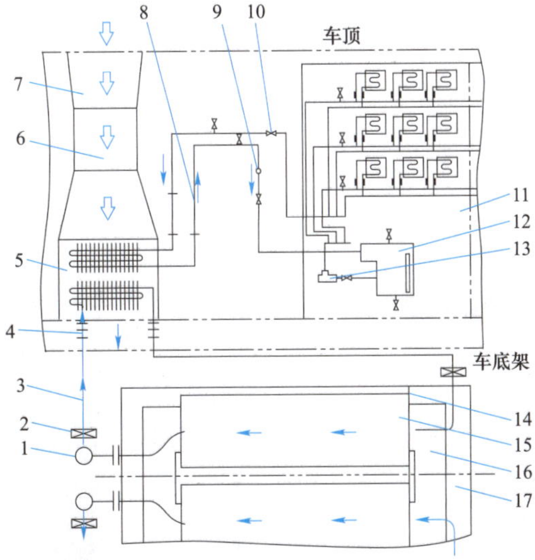

1—油泵；2—蝶阀；3—ϕ100 连接管；4—波纹管；5—复合冷却器；6—复合冷却通风机组；7—风道；8—ϕ80 波纹管；9—流量计；10—闸阀；11—牵引变流器；12—水箱；13—水泵；14—止油隔板；15—线圈；16—铁芯；17—主变压器

图 5−7　HXD_3 型电力机车复合通风冷却系统循环过程

① 油循环回路。主变压器的两个油路，被隔热分隔成两个区，一端为进油区，另一端为出油区。进、出油区均有管路连接，保持两端油压平衡。出油区热油被油泵抽出，经油流继电器、蝶阀、连接管，波纹管送入复合冷却器油散热器，经吹风冷却后再经波纹管、连接管、蝶阀、油箱进油侧进入变压器油箱，冷却变压器绕组，形成油循环回路，如图 5−8（a）所示。

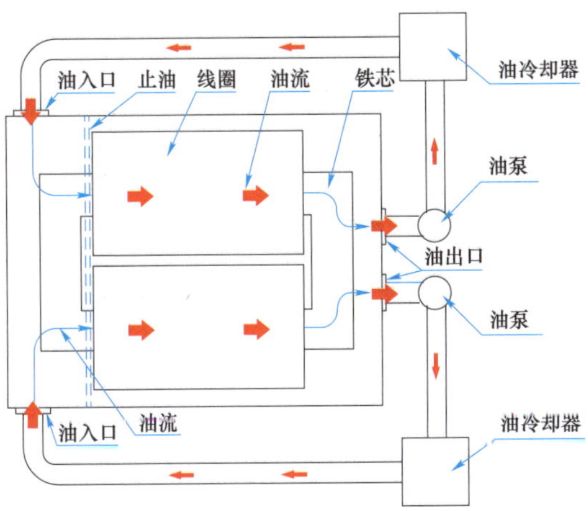

(a) 油循环回路示意图

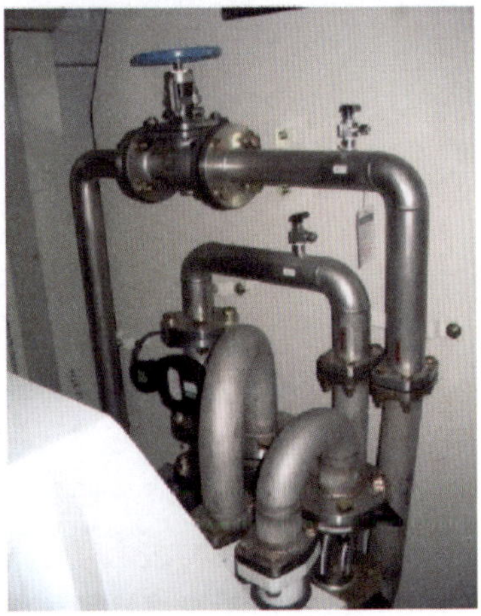

(b) 主变流器水冷设备实物

图 5−8　HXD_3 型电力机车冷却系统油循环回路示意图与主变流器水冷设备实物

② 水循环回路。冷却水通过设置在牵引变流器装置内的水泵进行循环，主变流器水冷设备实物如图 5-8（b）所示。从水箱中被水泵抽出来的冷却水，分成三路，分别流入变流器各分路，通过与散热片交换热量来冷却半导体元件。三路冷却半导体元件的冷却水在一根总管内汇集，从装置左侧面的出水口流出，经过闸阀、波纹管、复合冷却器入口到水散热器，经吹风冷却后再经波纹管、流量计、闸阀返回水箱，形成水循环回路。

复合冷却通风机组内的通风机，从车顶吸入冷却空气，先进入通风机，经过异径风道进入复合冷却器，先冷却复合冷却器上层牵引变流器的冷却水，然后冷却下层的主变压器的冷却油，空气从车底排出。

3）牵引电动机通风冷却系统

6 台由牵引风机组等部件组成的牵引电动机通风冷却系统分别对 6 台牵引电动机进行冷却。HXD_3 型电力机车牵引电动机通风冷却系统如图 5-9 所示。

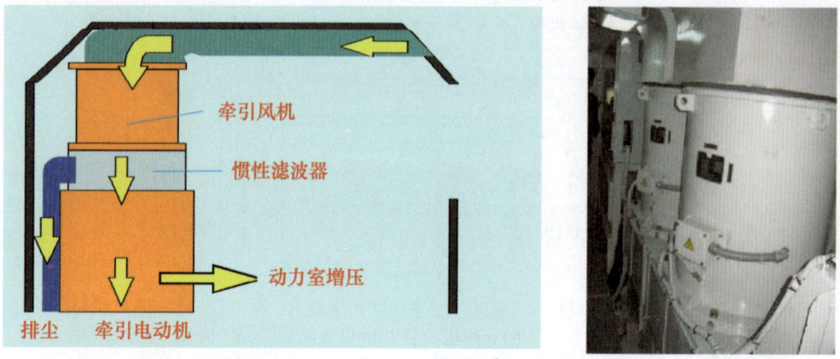

(a) 示意图　　(b) 实物图

图 5-9　HXD_3 型电力机车牵引电动机通风冷却系统

机车可拆卸顶盖的夹层作为进风道，大气通过百叶窗、顶盖夹层进入牵引通风机组，再经风道内的惯性过滤器进入牵引电动机，对电动机进行冷却，然后排向车外大气。

通过惯性过滤器的冷却空气还有两个支路。一个支路是经过自动排尘装置排入大气，另一个支路是经过牵引通风机底座的风道侧旁风口，通过金属过滤网向车内排风，以确保机械间空气的清洁并在机械间内形成对流，及时带走机械间各电气部件散发的热量，有效地降低机械间温度，具体冷却空气走向如下：

车外空气→百叶窗→夹层风道→弯道→牵引通风机组→惯性过滤器→牵引风机底座→车体风道→牵引电动机→车底大气

↓　↓

车外←排尘器　旁风口→过滤网→机车内→车体出风口→车外

4）辅助变流器通风冷却系统

机车具有 2 台辅助变流器装置，分别安装在 2 台牵引变流装置柜内，具有各自独立的通风冷却系统。辅助变流器通风系统如图 5-10 所示。

冷却空气由车顶侧滤网进入辅助变流器装置柜进风口，经柜内通道、离心通风机、散热元件到柜排风口，然后从车底排入大气，具体冷却空气走向为：车外空气→车顶滤网→辅助变流器装置柜进风口→通道→离心通风机→各散热元件→风道→柜出风口→车底大气。

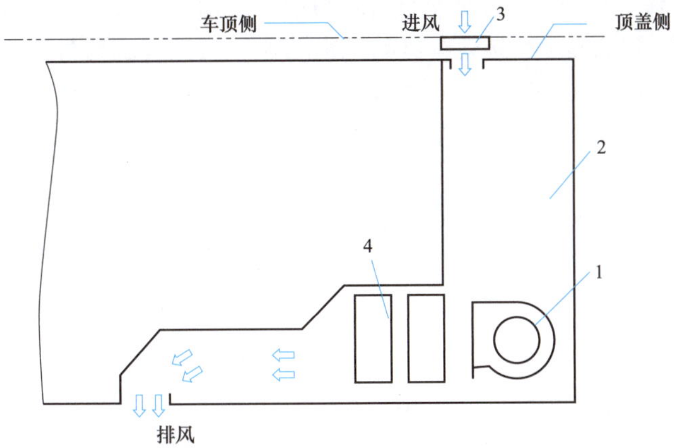

1—通风机；2—通道；3—滤网；4—散热片

图 5-10　辅助变流器通风系统

5）司机室通风系统

HXD_3 型电力机车司机室通风系统采用单元式空调机组，安装在机车Ⅰ、Ⅱ端司机室顶部。司机室空调机组如图 5-11 所示。

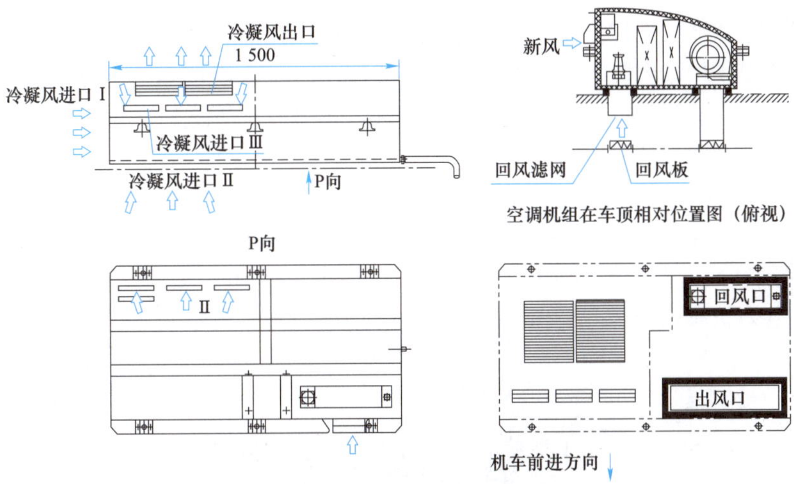

图 5-11　司机室空调机组

（1）司机室降温通风支路。司机室内的循环空气由空调机组内的通风机组经过装有滤尘网的回风道吸入，再通过空调机组内的蒸发器进行冷却，冷却后的空气经过出风口处的可调出风栅送入司机室内，使司机室内温度降低。

（2）司机室升温通风支路。司机室内的循环空气被空调机组内的通风机吸入，通过空调机组内的电加热器加热，被加热的空气由通风机送入司机室内，使司机室内温度上升。

6）空气过滤装置

（1）概述。空气过滤装置的设计，随冷却部件所要求的空气洁净度和所需风量而定，并力求减小系统的空气阻力。由于牵引电动机要求空气洁净度较高，故采用 V 形百叶窗加过滤效果较好的惯性过滤器，以提高过滤效率和降低系统阻力，增强防雨性能，而在辅助交流器通风冷却系统中采用离心沉降式百叶窗，在复合通风冷却系统中采用 V 形进气网。

（2）惯性过滤器。每台牵引电动机通风冷却系统风道中安装一块过滤器，每块惯性过滤器上有 262 个管滤芯，惯性过滤器具有自动排尘功能。惯性过滤器外形如图 5–12 所示。

惯性过滤器的过滤原理：外界压力空气经过并联的管滤芯，空气中的大部分粉尘和雨水因重力作用而沉降落在沉积室，随后通过排尘风道被排出车外。

（3）过滤器。每台辅助变流器通风冷却系统车顶进风口安装有离心沉降过滤器，在机车左右侧共设有两组，过滤器断面结构如图 5–13 所示。

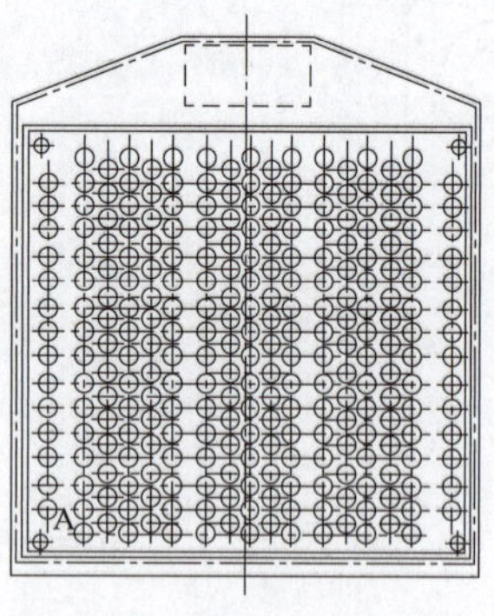

图 5–12　惯性过滤器外形

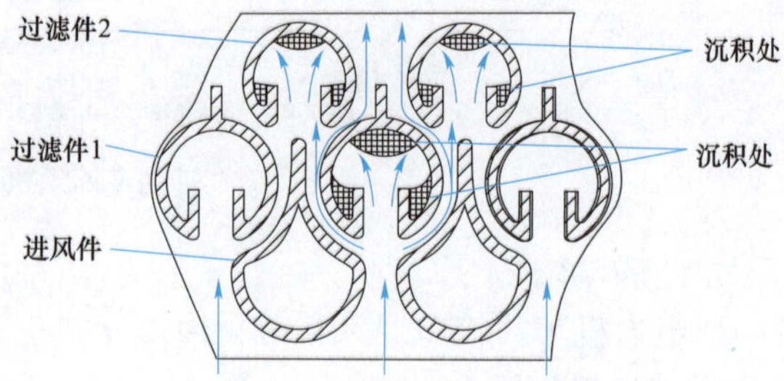

图 5–13　过滤器断面结构

离心沉降过滤器的过滤原理：进入风道的空气在进风口处加速，加速后的灰尘和水滴因含有较高的冲量而进入过滤件 1 和过滤件 2 并减速，由于本身的重力而下坠至沉积室，排到车顶侧墙外侧。离心沉降过滤器的优点：低压降、低噪声、免维修、质量轻。

2. HXD_1 型电力机车通风冷却系统

HXD_1 型电力机车采用独立通风系统，其两节车的通风系统是相同的。每节车的通风系统主要有 4 种通风支路：牵引电机通风支路、冷却塔通风支路、辅助变压器柜及车内通风支路、司机室空调通风支路。4 条通风支路相互独立。

HXD_1 型电力机车通风系统示意图如图 5–14 所示。

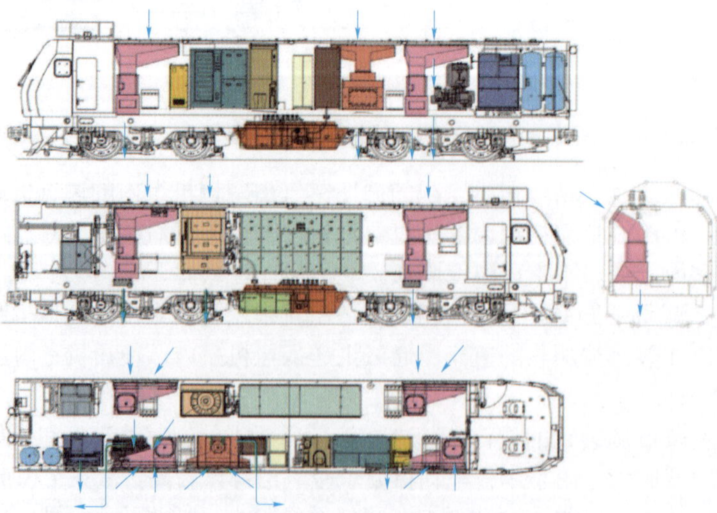

图 5–14　HXD_1 型电力机车通风系统示意图

1）牵引电机通风支路

每节车有 4 条完全相同的牵引电机通风支路，其冷却空气的走向为：环境空气→空气进口侧墙过滤器→风道→牵引风机→风道支架→软风道→牵引电机→车底大气。牵引电机通风支路如图 5-15 所示。

牵引电机通风机由变流器提供变频、变压电源。机车控制系统根据牵引电机的温度，自动调节其运行电压和频率，来改变风机的转速，以使风量适合于牵引电机当时的冷却需要。

2）冷却塔通风支路

冷却塔通风支路冷却空气的走向为：环境空气→车顶进口处的进风栅格→主冷风机→板翅式复合散热器→车底大气。冷却塔冷却系统如图 5-16 所示。

冷却塔通过管路分别与主变流器和变压器连接。复合散热器由两个隔开的流体支路组成。

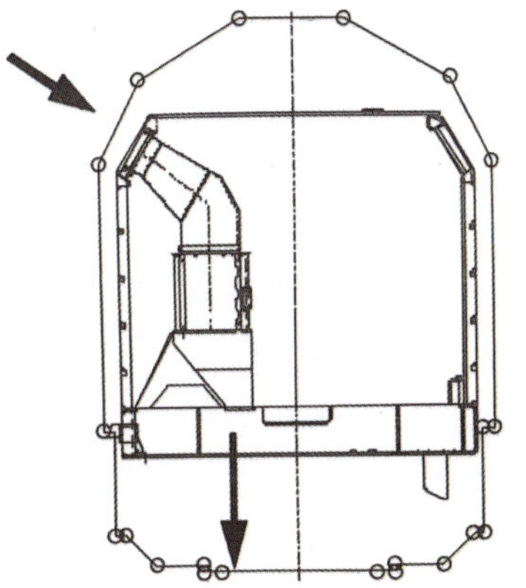

图 5-15　牵引电机通风支路

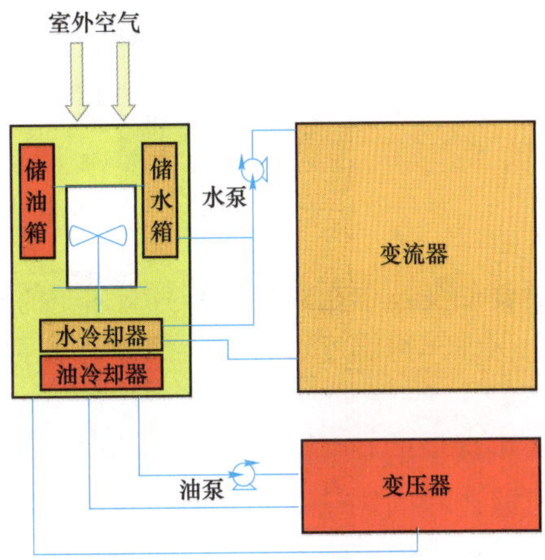

图 5-16　冷却塔冷却系统

在 HXD_1 型电力机车上采用板翅式复合散热器进行空气和需冷却液体的热量交换，在主变流回路中，采用了水冷技术，在主变压器回路中，采用了油冷技术，主变流柜和变压器共用一个复合式散热器，简化了变压器冷却系统和主变流器冷却系统。

冷却塔通风机由变流器提供变频、变压电源。机车控制系统根据变压器支路的油温和主变流支路的水温，自动调节其运行电压和频率，来改变风机的转速，以使风量适合于变压器和主变流器当时的冷却需要。

主变流支路中，使用水/防冻剂的混合物作为传热介质；主变压器支路中，使用矿物油为传热介质。水泵和油泵的运行转速是固定的。

复合散热器是本支路的专用热交换设备，主变流器的冷却水进入散热器上层，主变压器油进入散热器下层，主变流器和主变压器的热量，在复合散热器中与空气进行交换，使水、油冷却到要求的温度。被冷却后的水和油，分别进入主变流器和主变压器，对主变压器和主变流器进行降温。

3）辅助变压器柜及车内通风支路

辅助变压器柜和车内通风支路冷却空气的走向如下。

环境空气→空气进口侧墙过滤器→风道→辅助变压器柜风机→辅助变压器→旋风除尘器过滤→ 机械间→车内设备→空气出口侧墙过滤器→车外大气

　　　↓　　　　　　　↓

　　车底大气　　　　空气制动系统（间歇工作）

辅助变压器柜通风支路示意图如图 5-17 所示。

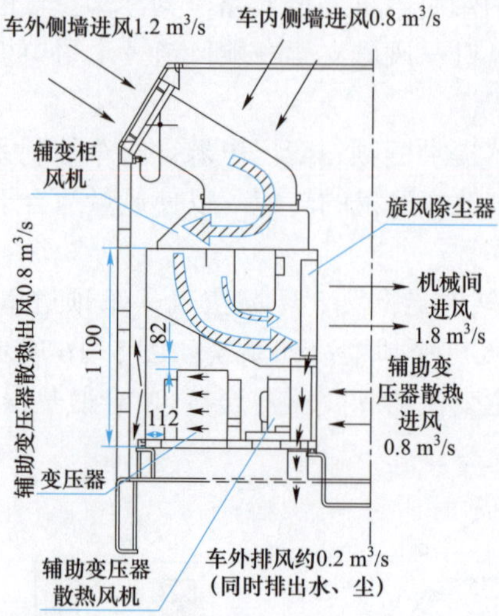

图 5-17　辅助变压器柜通风支路示意图

由于辅助变压器柜风机的作用，车内保持正压，本通风支路给机车提供一个车内的空气循环，以保证车内温度、压力、风速等参数满足设计值，给机车内的设备提供一个适当的运行气候环境。

送入机械室的空气，略大于从排风口排出的空气，送入空气量与排风口和制动系统所消耗的空气量之和的风量之差，通过机械室不严密处渗出，机械室的正压等于排风的阻力。辅助变压器风机以恒定频率工作，因此其风量是恒定的，有利于保证车内空气正压。

4）司机室空调通风支路

司机室空调机组位于司机操纵台中部的台面下，空调通风支路有两个独立的空气支路：空气处理系统和压缩冷凝系统，即通常所说的室内空气循环和室外空气循环。

司机室空调通风支路如图 5-18 所示。

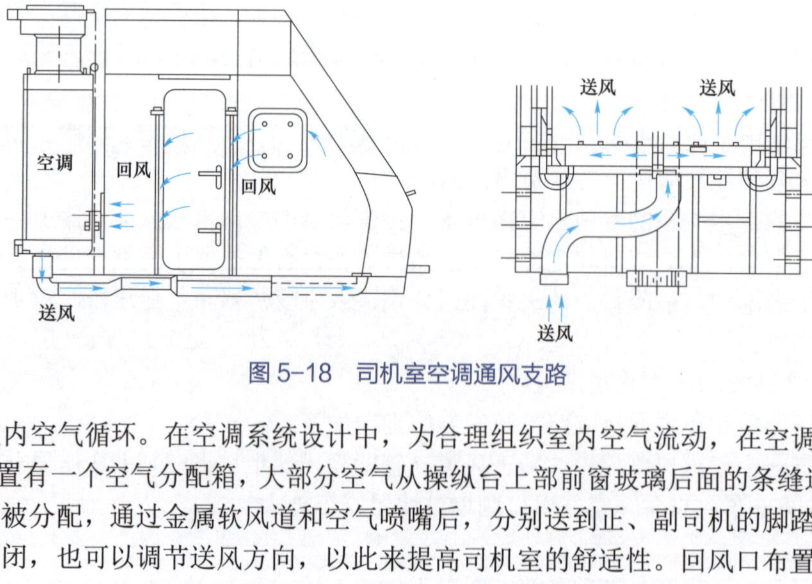

图 5-18　司机室空调通风支路

（1）室内空气循环。在空调系统设计中，为合理组织室内空气流动，在空调系统的送风风道中，设置有一个空气分配箱，大部分空气从操纵台上部前窗玻璃后面的条缝送入司机室，少部分空气被分配，通过金属软风道和空气喷嘴后，分别送到正、副司机的脚踏位置，且该喷嘴可以关闭，也可以调节送风方向，以此来提高司机室的舒适性。回风口布置在司机室柜内，并设置了 1 个旁风口和 2 个送风支管，该送风方式有助于均衡室内速度场及温度场分布，降低室内风速。

在空调系统的新风入口，设置有组合式空气过滤器，过滤器内部有两级过滤装置：旋风过滤器和纸过滤器，使进入司机室的空气洁净度较高。

室内空气循环设有两个进风口：一个是经过空调底板上为新风进入的新风进口；另一个是空调前端板处的室内循环空气进口，室内循环空气和新风比例由回风风阀控制。在送风量变化时，通过新风/回风风阀的联动，改变风阀的开度，来保证新风量始终满足设计值。而且在通风状态时，关闭回风口，送入司机室的全是新风。同时，在司机室地板上，设有一个废排风口，在风口处安装有一个纸过滤器，纸过滤器的作用是防止空气倒流时将室外粉尘带入司机室内。由于新风风机的作用，送入司机室的新风使司机室保持一定的微正压，以防止外界空气从司机室的不严密处渗入，从而破坏司机室的洁净度，同时正压使废气从该排风口排出，完成司机室与外界的空气交换。

另外，在司机室左、右后墙柜内，分别安装有司机室后墙暖风机，暖风机从侧面进风正面出风。

（2）室外空气循环。室外空气循环的空气从司机室前端的进风口进入，首先经过空调冷凝器，吸收冷凝器的热量，然后进入冷凝室，吸收压缩机的热量，再由冷凝风机加压后，进入车体上的排风风道，最后经排风口处的过滤器后排向车底大气。

5）过滤除尘装置

为了使机械室有较高的洁净度，一方面采用独立通风方式，大幅减少进入机械室的风量；另一方面，需要提高空气的过滤效率，以减少带入机械室内的灰尘。

机械室的恒正压控制，也能保证车外的脏空气不会从车体的不严密处渗入，有利于保证机械室的洁净度。

所有进入机械室的空气，都经过两级除尘，一级除尘器是一个侧墙百叶窗（惯性式除尘器）；二级除尘器是一个旋风式除尘器，具有较高的过滤效率，两级除尘总效率约为 95%。

（1）侧墙百叶窗。侧墙百叶窗安装在牵引通风支路、辅助变压器柜通风支路的进风口，进风口设置在车体侧墙上部的斜面处。

侧墙百叶窗具有自动排灰功能，能有效阻挡雨水和雪进入后层过滤装置，所过滤的粉尘进入下部的灰斗，并从下部的条缝中排出，无须清洗和维护，进入内层的二级除尘器的粉尘量大大减少。

侧墙百叶窗结构如图 5-19 所示，侧墙百叶窗过滤管断面如图 5-20 所示。

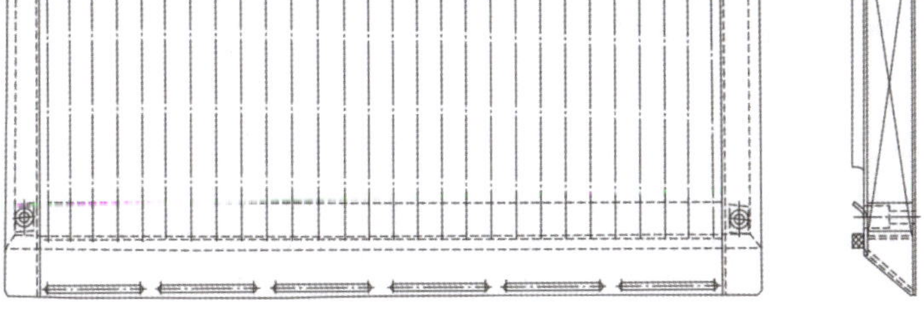

图 5-19 侧墙百叶窗结构

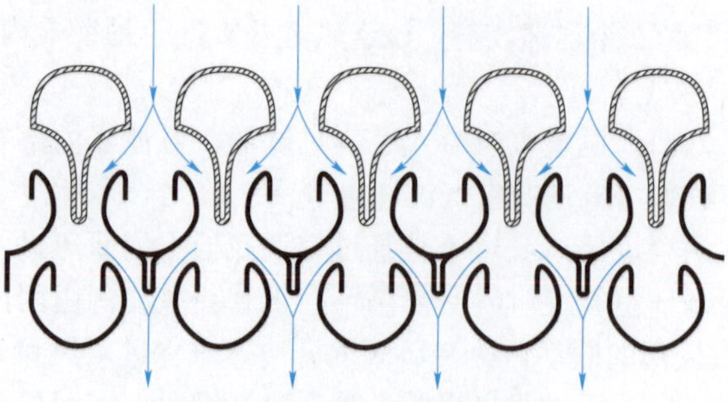

图 5-20　侧墙百叶窗过滤管断面

（2）旋风式除尘器。旋风式除尘器由多孔板、旋风单元、框架，以及前板组成。

每节机车装有一个旋风式除尘器，为箱体结构，内部布有多个旋管，每个旋管上有固定式导向叶片。

空气在涡旋管导向叶片的作用下，产生极强的离心力，将空气中的粉尘和水分等杂质甩向管壁，进入框架的箱体内，经旋风式除尘器下方的排尘口，由部分空气直接将粉尘吹到车外。除尘后的空气经中心管进入机械室内。

旋风式除尘器结构如图 5-21 所示，旋风式除尘器旋风除尘单元如图 5-22 所示。

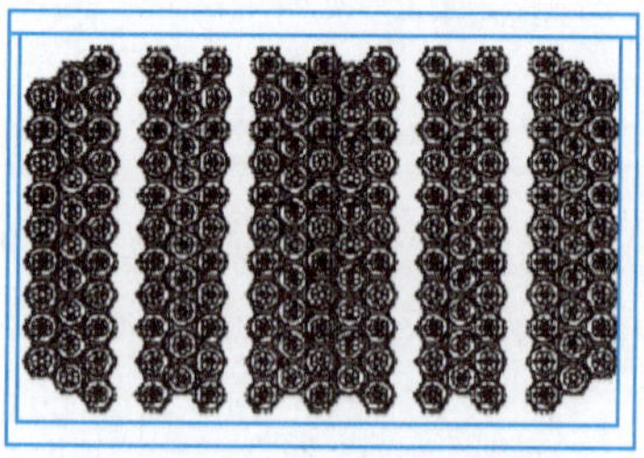

图 5-21　旋风式除尘器结构

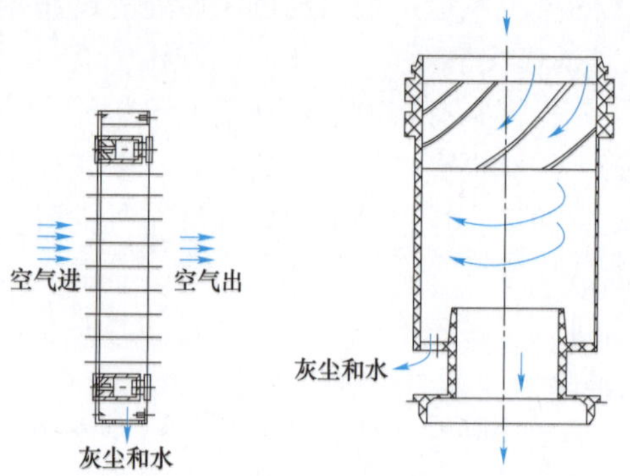

图 5-22　旋风式除尘器旋风除尘单元

两种过滤装置均能自动排尘，都有免维护的优点，无须人工排灰，不需要清洗，大大降低了人工维护成本。

3. FXD_1 型电力机车通风冷却系统

FXD_1 型电力机车的动力车通风系统采用独立通风方式。通风系统主要由牵引电机通风支路、冷却塔通风支路、辅助变压器柜通风支路、压缩机通风支路、机械间通风支路及空调通风支路组成，如图 5-23 所示，各通风支路工作原理与 HXD_1 型电力机车类似。

4. DF_{4B} 型内燃机车通风冷却系统

在内燃机车机器间内，由于柴油机、传动装置及某些辅助装置连续工作，若无通风设施，温度就会越来越高。因此，在车体侧壁和底架上设有各种通风口和通道，以满足车内各机组、设备的通风要求。在设置通风设施时，应使进入车体内部的空气保持足够的清洁，因此，DF_{4B} 型内燃机车各进风口设有带滤网的自动或手动百叶窗。机车在运用中，应将各门关闭，动力室顶部 4 个天窗也应关闭，促使大量空气由侧壁百叶窗经过滤网进入车体内部。为排除动力室内的油气烟雾，动力室顶部装有 2 台车体通风机。

DF_{4B} 型内燃机车各室的空气分配如下。

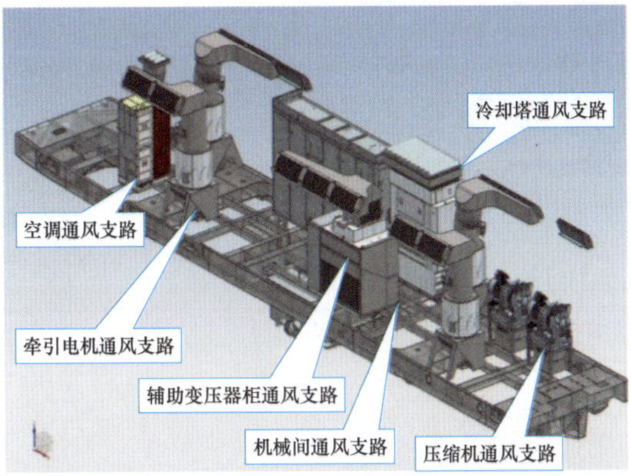

图 5-23　FXD_1 型电力机车的动力车通风系统

（1）电气室。空气由侧壁的 4 个手动百叶窗经过滤网进入室内，部分空气经硅整流柜冷却硅元件后，由前转向架牵引电动机通风机吸入，经过底架风道进入前转向架，分别冷却 3 台牵引电动机后排入大气。装有电阻制动的机车，空气又经底架下部过滤网，被制动电阻的风机吸入，冷却制动电阻后，吹开顶部活动百叶窗排出车外。

（2）动力室。一部分空气经侧壁上的旋风式除尘器及空气滤清器进入柴油机增压器。另一部分空气经动力室侧壁的手动百叶窗进入动力室内，由底架下部过滤网被主发电机吸入。冷却主发电机后，一部分空气由主发电机下排风口排至车外，另一部分空气由主发电机上排风口排入动力室内，促使动力室内有一定的正压。动力室内的气体由车体通风机排至车外。

（3）冷却室。空气由侧壁上、下百叶窗进入室内，大部分空气冷却散热器后，再经车顶活动百叶窗排至大气。另一部分空气被后转向架牵引电动机通风机吸入，经底架风道冷却后转向架的三台牵引电动机后排入大气，还有一部分空气供空气压缩机使用。

为改善司机的工作条件，提高舒适性，DF_{4B} 型机车两端司机室内各装有一台 ZK4.5 型空调器组，可使司机室温度保持在 20～29℃范围内。

素养与职业

提早行动，消除隐患：确保机车“呼吸畅通”

机务部门确保机车“呼吸畅通”电子画报，如图 5-24 所示。

图 5-24　机务部门确保机车“呼吸畅通”电子画报

任务考核与评价

阶段一：任务知识准备（30 分）				
序号	考核要素	评价标准分值	自我评分（50%）	组内评分（50%）
1	是否积极参与任务书讨论，正确领会任务要求	5		
2	是否积极参与学习讨论，完全掌握学习内容	5		
3	是否积极参与计划制定，提出建设性计划内容	5		
4	是否制定了可行的任务方案	5		
5	是否认真履行个人角色，积极参与任务实施演练	10		
阶段二：任务实施展示（70 分）				
序号	考核要素	评价标准分值	组间评分（50%）	教师评分（50%）
1	问题 1：简述机车有哪些通风冷却方式。	8		
2	问题 2：对比分析离心式和轴流式通风机的特点。	8		
3	问题 3：简述 HXD_3 型电力机车冷却系统的特点。	10		
4	问题 4：分析 HXD_3 型电力机车复合冷却系统油循环回路工作原理。	8		
5	问题 5：分析 HXD_3 型电力机车复合冷却系统水循环回路工作原理。	8		
6	问题 6：分析 HXD_3 型电力机车牵引电动机通风冷却支路空气走向。	8		
7	问题 7：分析 HXD_1 型电力机车冷却塔复合散热器的工作原理。	10		
8	问题 8：机车通风冷却系统类似人体的肺部，我们日常使用时如何保障机车“肺部”清洁和可靠工作？	10		
总评分值				

任务拓展

——产品创新升级——

一种 CRH5G 动车组高寒抗风沙牵引电机用冷却通风机

强化练习

强化练习试题除涉及本任务介绍的知识与技能外，还可能涉及本任务未介绍的知识与技能，需通过阅读参考书、网络查找资料等方式进行自主学习后进行解答，在巩固课堂学习成果的同时，培养自主学习能力。

1.【填空题】HXD_3 型电力机车的复合冷却通风支路的冷却空气走向为：车外冷空气→滤网→（　　）→异径风道→（　　）→车底大气。

2.【填空题】机车通风方式通常有两种：一种是（　　）通风，即设置专用风道，便于集中去尘；另一种是（　　）通风，即风由侧墙吸入车体内，再自行分配进入各风道。

3.【填空题】目前 HX 系列和 FX 系列电力机车均采用（　　）通风方式，DF_{4B} 型内燃机车则采用（　　）通风方式。

4.【填空题】HXD_1 型电力机车冷却塔的作用是通过封闭的油回路冷却（　　）的油温，同时通过封闭的水回路冷却（　　）的水温。冷却塔主要装有冷却塔通风机、油/水散热器、水泵、膨胀水箱、变压器副油箱等设备。

5.【填空题】HXD_1 型电力机车牵引电机通风支路走向：环境空气、空气进口侧墙过滤器、风道、（　　）、风道支架、软风道、（　　）、车底大气。

6.【填空题】HXD_1 型电力机车控制系统根据牵引电机的温度，自动调节牵引风机电机的运行（　　）和（　　），从而改变风机的转速，以使风量适合于牵引电机当时的冷却需要。

7.【填空题】HXD_1 型电力机车牵引通风机由侧墙上的（　　）吸风后，经过独立的风道，然后将冷却风吹向牵引电机，带走牵引电机工作时产生的（　　）。

8.【单选题】HXD_3 型电力机车牵引电机采用由顶盖百叶窗进风的（　　）通风冷却方式。

A. 混合　　B. 独立　　C. 串联　　D. 并联

9.【单选题】HXD_3 型电力机车复合冷却器采用油冷对主变压器冷却，采用（　　）对主变流装置冷却。

A. 风冷　　B. 水冷　　C. 混合方式　　D. 油冷

10.【单选题】HXD_1 型电力机车控制系统根据变压器支路的油温和主变流器支路的水温，自动调节辅助变流器的（　　），来改变冷却塔通风机的转速，以使风量适合于变压器和主变流器当时的冷却需要。

A. 电压和电流　　B. 电流和频率　　C. 电压和频率　　D. 频率

思考与小结：

任务复盘

补全任务 5.1 知识技能结构导图。

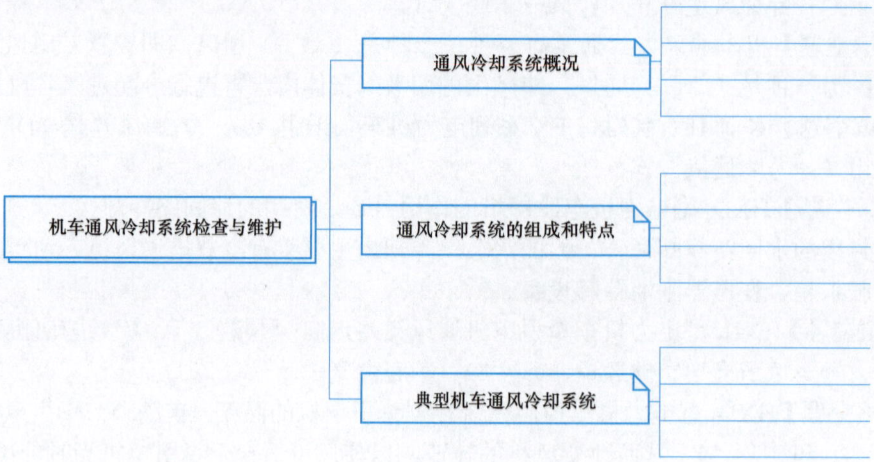

任务 5.2　机车风源系统检查与维护

任务描述

铁道机车空气管路系统包括制动机管路系统、风源系统、控制管路系统，以及辅助管路系统。风源系统是由螺杆式空气压缩机、双塔干燥器、微油过滤器和风缸组成的。空气压缩机的开停状态由总风压力开关进行自动控制，也可以通过手动按钮强行控制开、停。空气干燥器位于空气压缩机和总风缸之间，具有过滤压缩空气中油、水，降低压缩空气露点的功能，保证空气管路系统在正常使用时不会出现液态水。机车空气管路系统如图 5-25 所示。

图 5-25　机车空气管路系统

问题导入

先阅读问题，完成任务后再回答问题。

问题 1：简述机车风源系统的作用。 答：
问题 2：简述 HXD_1 型电力机车主风源系统的组成。 答：
问题 3：简述 HXD_3 型电力机车风源管路的工作原理。 答：

问题 4：分析 HXD_3 型电力机车空气压缩机具有的特点。 答：
问题 5：简述 HXD_3 型电力机车空气压缩机启停工作模式。 答：
问题 6：分析 HXD_1 型电力机车空气干燥器的作用和构成。 答：
问题 7：分析电力机车辅助风源系统的作用和主要部件。 答：
问题 8：我们要从“蓝领院士”段学斌身上学习哪些优秀品质？ 答：

任务分析

教学目标	素养目标	思想道德素质：培养学生挑战极限，勇创一流的职业素养 科学文化素养：培养学生刻苦学习、钻研岗位技能和不断挑战自我的职业精神
	知识目标	1. 熟练掌握电力机车风源系统的构成 2. 掌握机车空气管路系统的特点和作用 3. 理解空气压缩机、空气干燥器和辅助管路系统的工作原理和基本组成
	能力目标	1. 理解机车空气压缩机的构成和工作原理 2. 掌握空气干燥器的工作原理 3. 理解辅助管路装置的工作原理
教学重点		1. 机车空气压缩机的工作原理 2. 空气干燥器的工作原理
教学难点		1. 机车空气压缩机的工作原理 2. 双塔式干燥器的工作原理

任务实施

知识点 5.2.1　风源系统的组成

风源系统是机车空气管路与制动系统的基础，它为机车与车辆制动系统及全列车气动辅助装置提供高质量的洁净、干燥和稳定的压缩空气。

1. HXD_1 型电力机车风源系统

HXD_1 型电力机车由两节机车组成，每节机车上均设置了一套完整的空气管路与制动系统，可以单独运用。通过空气管路与制动系统的重联环节可实现两节或多台 HXD_1 型电力机车空气管路与制动系统重联，其空气管路与制动系统主要由风源系统、制动机系统和其他气动辅助装置组成。

HXD_1 型电力机车整车空气管道连接设计采用非焊接的连接技术，空气管路采用奥氏体冷拔不锈钢无缝钢管，保证了空气管道系统的清洁度，减少了制动机因管路堵塞造成的各种故障。

HXD_1 型电力机车风源系统分为两个相对独立的部分：一部分为主空气压缩机组、主空气干燥器等组成的主风源系统；另一部分为辅助压缩机组、辅助干燥系统、风缸及连接管路等组成的辅助风源系统。

HXD_1 型电力机车主风源系统由主空气压缩机组、压力控制器、安全阀、主空气干燥器、微油过滤器、总风缸安全网、总风缸、止回阀、限流阀、折角塞门及连接管路组成。

HXD_1 型电力机车主风源系统可分为压缩机的生产、压力控制、净化处理、储存、风源保护等环节。

HXD_1 型电力机车主风源系统如图 5-26 所示。

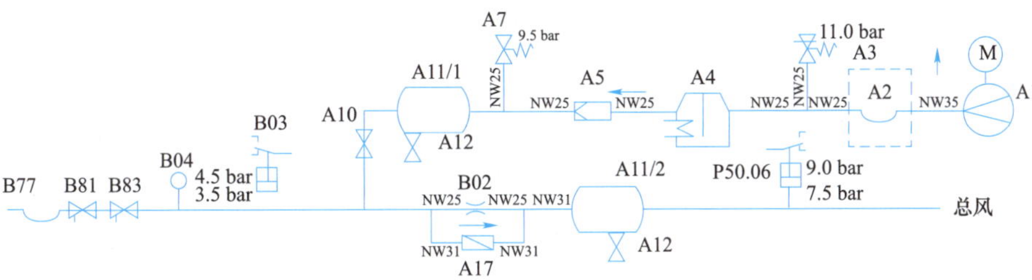

A1—主空气压缩机；A2—连接软管；A3—安全阀；A4—主空气干燥器；A5—微油过滤器；A7—总风缸安全阀；A10—塞门；A11—总风缸；A12—总风缸排水塞门；A17—止回阀；B02—限流阀；B03—压力开关；B04—压力测试口；B77—总风软管连接器；B81—折角塞门；B83—防撞塞门

图 5-26 HXD_1 型电力机车主风源系统

HXD_1 型电力机车主风源系统工作原理如下。

HXD_1 型电力机车每单节车采用一台主空气压缩机 A1，用于产生压缩空气。压力控制器 P50.06 位于空气管路柜压力开关模块内，用于压力控制，其整定值为 750～900 kPa。主空气压缩机后设置一台主空气干燥器 A4 及一个微油过滤器 A5，空气干燥器用于风源净化处理，微油过滤器用于清除经空气干燥器处理过的压缩空气中较小的油微粒，进一步提高空气质量。

HXD_1 型电力机车两个 500 L 总风缸 A11（A11/1 和 A11/2），用于压缩空气的储存。压缩机排出的压缩空气经连接管路进入主空气干燥器，经空气干燥器处理后的压缩空气经微油过滤器、止回阀进入主风缸备用。两个安全阀 A3、A7，分别设于压缩机与干燥器及微油过滤器与总风缸之间，用于压力过高时起保护作用，A3 整定值为 1 100 kPa（11 bar），A7 整定值为 950 kPa（9.5 bar）。两个总风缸串联布置，总风联管设在两个总风缸之间，总风联管上设有止回阀 A17、限流阀 B02、压力开关 B03，可在断钩时迅速产生断钩保护作用并避免压缩空气快速损失，保证断钩机车停车时制动系统所需风量。限流阀 B02 通径为 ϕ6 mm，压力开关 B03 的动作值为 350～450 kPa。两节机车总风通过总风软管连接器相连。

2. HXD_3 型电力机车风源系统

HXD_3 型电力机车风源系统采用两台螺杆式空气压缩机组。配套使用两个双塔干燥器和两个微油过滤器作为风源系统滤水、滤油的处理装置。另外机车采用 4 个容积均为 400 L 的风缸串联作为压缩空气的储存容器，风缸采用车内立式安装，如图 5-27 所示。

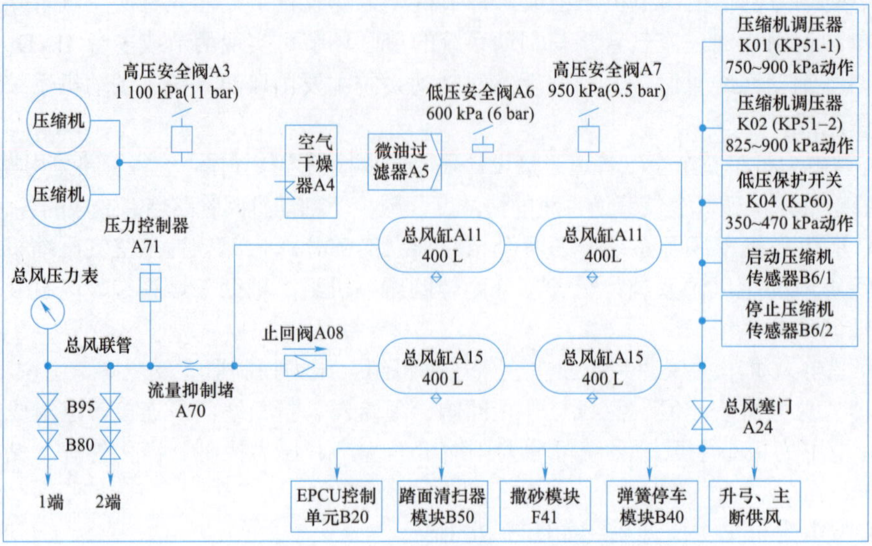

图 5-27　HXD_3 型电力机车风源系统

3. FXD_1 型电力机车风源系统

FXD_1 型电力机车的供风系统设计充分借鉴既有和谐系列机车的设计及运用经验，基于模块化、功能化、集成化、简统化的设计理念，选用成熟、稳定、性能可靠的既有产品，提高系统可靠性和可维护性。按功能原理可划分为风源及干燥系统、撒砂系统和辅助设备等六大部分。

每台动力车配置一套风源及干燥系统，包括 2 台主压缩机、1 台空气干燥器、2 个安全阀、4 个总风缸、1 台辅助压缩机组，FXD_1 型电力机车风源及干燥系统如图 5-28 所示。

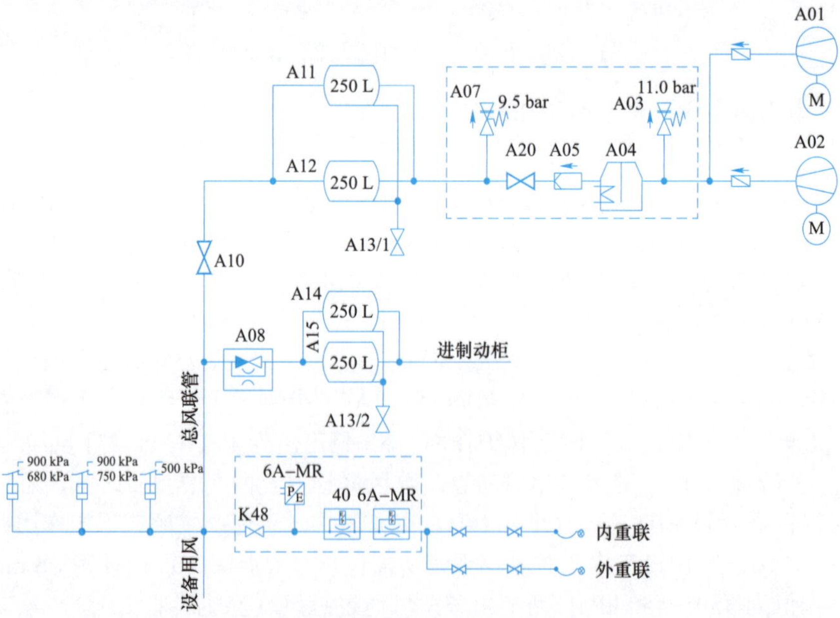

A01、A02—主压缩机；A03—安全阀 11.0 bar（1 100 kPa）；A04—空气干燥器；A05—微油过滤器；A10、A20、K48—塞门；A07—安全阀 9.5 bar（950 kPa）；A11、A12、A14、A15—总风缸；A13—总风缸排水塞门；A08—逆流止回阀

图 5-28　FXD_1 型电力机车风源及干燥系统

知识点 5.2.2　主风源系统的主要部件

1. 空气压缩机

1）HXD_1 型电力机车空气压缩机

HXD_1 型电力机车每单节采用一台 BT−3.0/10AD 或 TSA−230AD 型号的螺杆空气压缩机组（见图 5−29），一台双节机车装有两台相同型号的压缩机，压缩机位于机械间空气管路柜旁边。HXD_1 型电力机车压缩机组由四大主要部件构成：驱动装置、空气压缩机机体、风冷却装置和底座。它们用螺栓连接在一起，组成一个紧凑的底座支承的机组，采用弹性减振器平稳地固定在一个钢制共用底座上。共用底座将其余 3 个部件联成一个整体，通过底座下方的 4 个安装孔与机车固定。

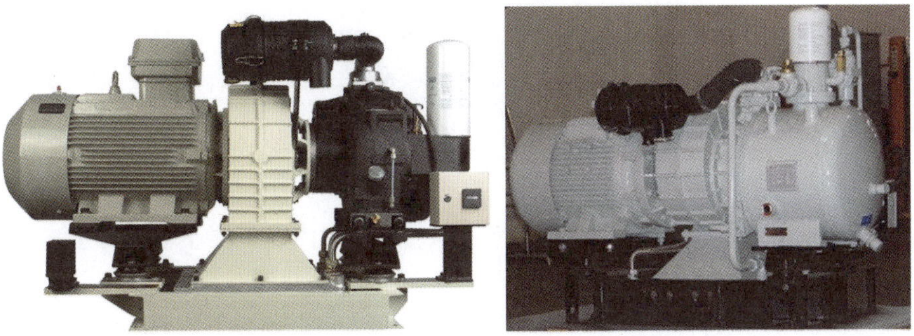

(a) BT−3.0/10AD　　(b) TSA−230AD

图 5−29　螺杆空气压缩机组

2）HXD_3 型电力机车空气压缩机

HXD_3 型电力机车空气压缩机组为 SL22−47 型螺杆式空气压缩机组，排风量为每台 2 750 L/min，其驱动电机为 KB/26−180LB 型交流电机。此空气压缩机组具有温度、压力控制装置，可以实现无负荷启动。空气压缩机组的开停状态由总风压力开关进行自动控制，也可以通过手动按钮强行控制开停。冷却器排风口由下向车内排风。SL22−47 型螺杆式空气压缩机组包含以下主要部件：三相电机、压缩机、弹性支座、电气系统和空滤器，如图 5−30 所示。

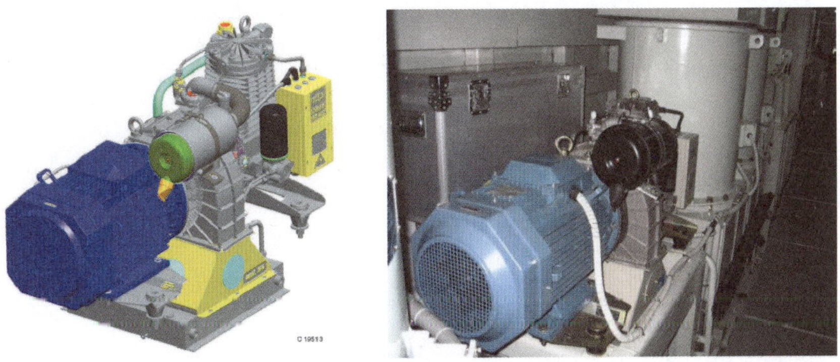

图 5−30　HXD_3 型电力机车空气压缩机组

HXD_3 型电力机车装有两台间歇工作制的空气压缩机组，动作值为 825 kPa 时启动，为 1 000 kPa 时停止，在正常使用状态下，只有一台空气压缩机组投入运用。当总风缸压力下降速度过快使得总风压力降至 750 kPa 以下时，两台空气压缩机组同时投入运用。

螺杆压缩机有两个螺杆形的转子。空气输送几乎没有波动，1 000 kPa 的压缩空气压力是一级压缩产生的。HXD_3 型电力机车空气压缩机工作原理如图 5-31 所示。

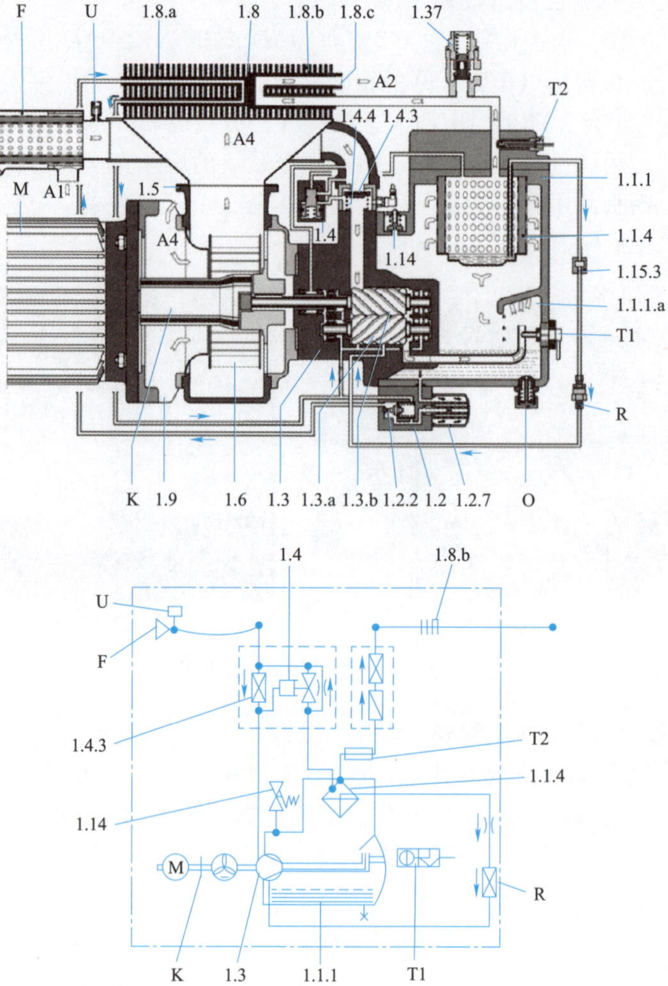

1.1.1—压缩机壳；1.1.1a—挡板；1.1.4—油细分离器；1.2—油控制单元；1.2.2—温控器；1.2.7—油过滤器；1.3—压缩机体；1.3.a—阳转子；1.3.b—阴转子；1.37—最小压力阀；1.4—减压阀；1.4.3—单向阀；1.4.4—弹簧；1.5—蜗壳；1.6—离心风扇；1.8—冷却器；1.8.a—油冷却器；1.8.b—空气冷却器；1.8.c—压缩空气出口；1.9—适配器壳；1.14—安全阀；1.15.3—回油过滤器；O—排油阀；K—联轴器；F—空滤器；M—三相电机；T1—温度开关；T2—温度传感器；U—真空指示器；R—止回阀；A1—进气口；A2—压缩空气出口；A4—冷却空气

图 5-31　HXD_3 型电力机车空气压缩机工作原理

（1）空气压缩过程。车外空气通过空滤器（F）和单向阀（1.4.3）吸入压缩机体（1.3）。空气被压缩后，通过与转子连接的输送口被推进压缩机壳（1.1.1）。如果压缩启动时，压缩机壳里无空气压力，最小压力阀（1.37）将保持关闭状态、以便使压缩机壳内迅速建立起空气压力。空气压力建立后，润滑油开始循环。

当压缩机壳内空气压力达到大约 650 kPa 时，最小压力逆止阀打开并将压缩空气送出。送出的压缩空气达到系统的规定压力后，压缩机受总风压力开关控制自动停机，最小压力阀将自动关闭，将系统和压缩机壳内的通路隔断。

每次压缩机停机后，压缩机壳内的空气压力被自动释放。压缩机停机后，最小压力阀

(1.37)和单向阀(1.4.3)关闭。在进气口，由于压缩机体空气逆流而压力升高、导致减压阀(1.4)打开。压缩机壳(1.1.1)里压缩空气可通过减压阀流进空滤器后排向大气，从而快速将压缩机壳里空气压力降低到约 180 kPa。剩余的压力通过减压阀上的缩孔被缓慢排放至 0 kPa。停机时间 $t>6$ s 后，可以实现空压机的无负荷再启动。

(2)油循环过程。当压缩机运转时，在压缩机壳(1.1.1)里建立起的空气压力将壳内的润滑油通过油过滤器输送到轴承、传动装置和压缩机体内油喷射点。这些油用于润滑密封转子凸轮尖部，带走空气压缩产生的热量。

由压缩机传送的空气/油混合物通过输送口交互式打在壳上的挡板(1.1.1a)上：这一过程属于油粗级过滤。之后，压缩空气又经过油细分离器(1.1.4)进行精级过滤。精级过滤分离的油被收集到油细分离器底部，在压缩壳内空气压力作用下，通过回油过滤器(1.15.3)和止回阀(R)返回到压缩机体。

(3)其他。当压缩机运转时，如果在压缩机壳内没有建立起空气压力，压缩机就不能被充分润滑和冷却。在这种情况下，转子可能损坏。

当润滑油温度高于 83℃时，油控制单元(1.2)中温控器(1.2.2)打开到油冷却器(1.8.a)的通道，对润滑油进行冷却。当润滑油温度低于 83℃时，油冷却器的通道保持关闭，油被直接传送到压缩机体。通过这种方式可达到润滑油的最佳操作温度，可有效避免机油乳化。

压缩机壳里空气/油混合物的温度由输送口的温度开关(T1)监测。如果温度高于设定值 112℃，温度开关动作，压缩机停止工作。

若环境温度较低(−20℃以下)，压缩机可以通过一个油加热器对润滑油进行预热后再启动空气压缩机。

3)FXD_1 型电力机车空气压缩机

FXD_1 型电力机车每台动力车装有 2 台螺杆式压缩机，排量为 1 600 L/min，FXD_1 型电力机车空气压缩机结构和实物如图 5-32 所示，其中，进气阀 6：停机止回，泄压至 300 kPa；压力维持阀 9：(600±50)kPa 开启，止回；温控阀 12：84℃/100℃，控制油路是否经过油冷却器 17；温度开关 14：(112±6)℃。

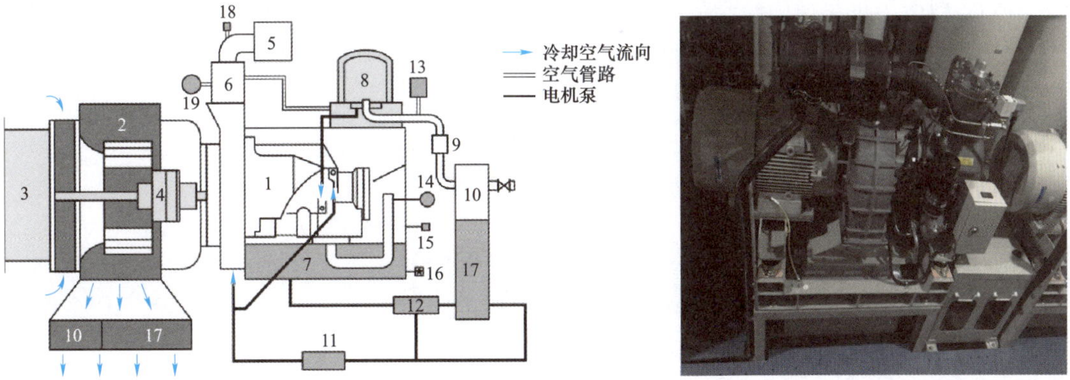

(a) 结构　　(b) 实物

1—机体；2—冷却风扇；3—电机；4—联轴器；5—空气过滤器；6—进气阀；7—油气桶；8—油气分离器；9—压力维持阀；10—后冷却器；11—油过滤器；12—温控阀；13—安全阀；14—温度开关；15—视油镜；16—泄油口；17—油冷却器；18—真空指示器；19—压力开关

图 5-32　FXD_1 型电力机车空气压缩机结构和实物

FXD_1 型电力机车空气压缩机启停控制逻辑原理如图 5-33 所示。

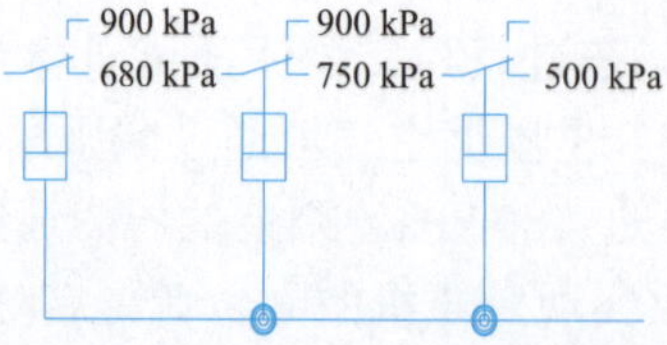

图 5-33 FXD_1 型电力机车空气压缩机启停控制逻辑原理

单泵模式：总风压力开关检测到总风缸压力降至 750 kPa 时，启动 1 台；降至 680 kPa 时，2 台同时启动；总风压力升至 900 kPa 时，压缩机停止泵风。

双泵模式：总风压力开关检测到总风缸压力降至 750 kPa 时，2 台同时启动；总风压力升至 900 kPa 时，压缩机停止泵风。

连续运转模式：总风压力升至 900 kPa 后，压缩机停止泵风，并进入连续运转模式 5 min。连续运转期间允许执行主压缩机启动指令。总风压力低于 500 kPa 时，牵引封锁。

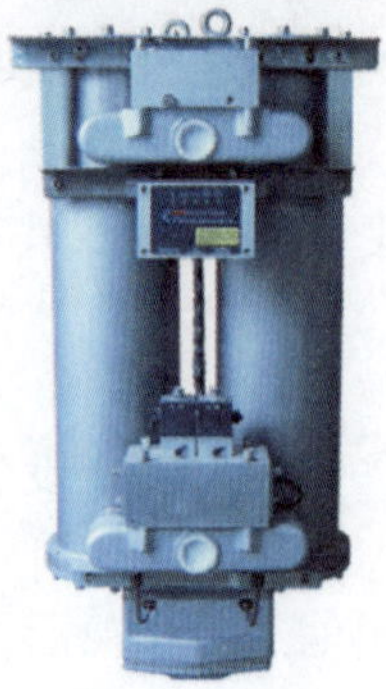

图 5-34 TAD-4.8-H 型空气干燥器

2. 空气干燥器

1）HXD_1 型电力机车空气干燥器

HXD_1 型电力机车每单节车采用一台 TAD-4.8-H 型空气干燥器（简称干燥器），如图 5-34 所示，其空气处理量为 4.8 m^3/min。干燥器是一种清除压缩空气中水、油、尘埃等杂质的装置。采用此装置可防止机车、车辆制动系统产生锈蚀、堵塞、凝结水、结冰等现象。干燥器通过干燥器安装架垂直安装在空气压缩机组旁边的车体侧墙上。

TAD-4.8-H 型空气干燥器是一种 2 室吸附式双塔干燥器，并带有含自动排水功能的冷凝器和干燥器控制单元。干燥器由 2 个干燥塔、进气阀、排气阀、出气止回阀、电控器、离心式油水分离器及安装架等组成。通过电控器和电控阀对进气阀、排气阀和出气止回阀的控制，使 2 个干燥塔定时在吸附、再生和充气 3 种状态下周期性转换，保证处理后的空气达到相应指标，满足机车、车辆的用风要求。

2）HXD_3 型电力机车空气干燥器

HXD_3 型电力机车使用的空气干燥器的型号为 LTZ3.2-H 型空气干燥器，其属于双塔吸附式干燥器，LTZ3.2-H 型空气干燥器结构如图 5-35 所示，该干燥器具有低温加热功能，位于

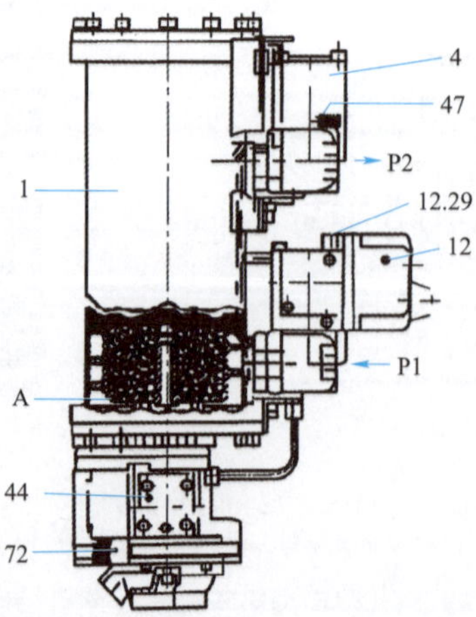

1—干燥器塔；4—双逆止阀；12—脉冲电磁阀；12.29—压力指示器；44—排放阀；47—节流孔；72—消声器；A—油分离器；P1—压缩空气入口；P2—压缩空气出口

图 5-35 LTZ3.2-H 型空气干燥器结构

空气压缩机组和总风缸之间，具有过滤压缩空气中油、水，降低压缩空气露点的功能，保证空气系统在正常使用时，不会出现液态水。该干燥器主要包括：两个干燥器塔（1）、每个塔内集成一个油分离器（A）、带有计时功能的脉冲电磁阀（12）、带可更换再生节流孔（47）的双逆止阀（4）、排放阀（44）、消声器（72）等。

每个电磁阀的工作状态用一个气动压力指示器显示。当电磁阀作用时，压力指示器弹起，对应的塔处于再生状态。

HXD_3 型电力机车空气干燥器工作原理如图 5-36 所示。

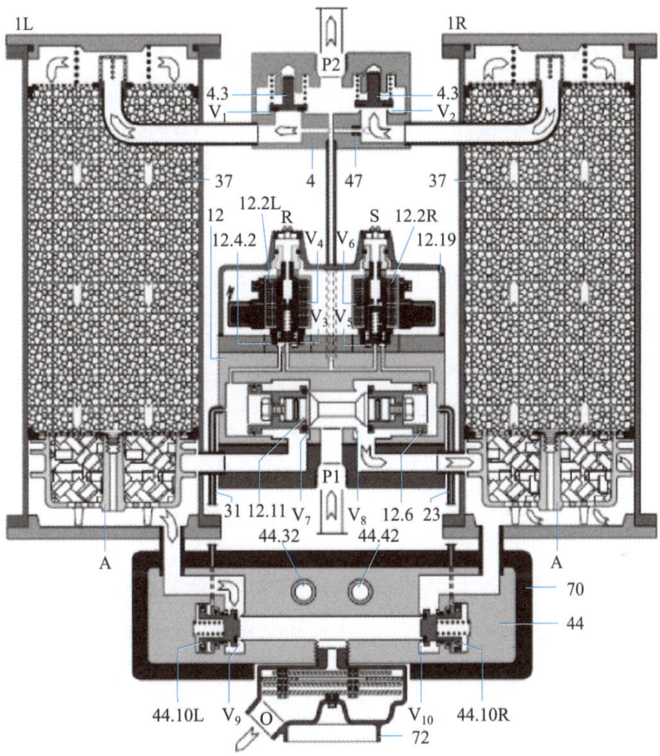

1 L/R—干燥塔（左/右）；4—双逆止阀；4.3—单向阀；12—脉冲电磁阀；12.19—电磁阀盖；12.2 L/R—电磁阀（左/右）；12.4.2—再生状态指示器；12.6—K 环；12.11—进气阀；23、31—控制管路；37—干燥剂；44—排放阀；44.10 L/R—排放阀（左/右）；44.32—加热器；44.42—温控器；47—再生节流孔；70—绝热层；72—消声器；A—油分离器；P1—压缩空气入口；P2—压缩空气出口；O—再生空气排放口；R、S—电磁阀排放口；V_1～V_{10}—阀座

图 5-36 HXD_3 型电力机车空气干燥器工作原理

无热吸附式双塔干燥器的再生和吸附工作在两个塔中同时进行，当压缩空气在一个塔内通过干燥剂进行干燥时，另一塔内的干燥剂被干燥的空气吹扫进行再生处理。

到达干燥器的饱和压缩空气里的油和冷凝物在通过油分离器时首先被提取出来。饱和压缩空气接着通过干燥塔的干燥剂，压缩空气里水分子被吸收，干燥器出口压缩空气的相对湿度达到 35%以下。

部分干燥后的压缩空气通过再生节流孔（47）进入再生塔，吸收饱和干燥剂的水分，并将其排放到大气。

两个工作塔交替作为干燥塔和再生塔进行工作。

干燥和再生流程如下。

如图 5-36 所示，空气干燥器在工作状态，其中塔（1R）处于干燥阶段，塔（1L）处于再生阶段。

脉冲电磁阀（12）的电磁阀（12.2L）得电工作。阀座 V3 打开，V4 关闭。由于电磁阀（12.2R）失电，V5 是关闭的。

压缩空气从 P1 口和打开的阀座 V8 进入干燥塔（1R），在油分离器里进行旋转，在离心力的作用下将油和水滴甩向油分离器的内壁后收集到排放阀（44）。压缩空气随后通过干燥剂，压缩空气中的水及水蒸气被吸收，使干燥器出口的压缩空气的相对湿度小于 35%。

压缩空气通过双逆止阀阀座 V2 和 P2 口从干燥器排出之前，部分干燥的压缩空气通过再生节流孔（47），进入再生塔（1L），带走干燥剂表面的液态水后从排放阀（44）左侧排放至大气。再生塔中的干燥剂得到干燥。

电磁阀（12.2L）在半个工作周期（4 min）前 60 s 失电，阀座 V3 关闭，V4 开放。控制管路中压缩空气通过阀座 V4 排放到大气，排放阀口（44.10L）在弹簧力作用下动作，阀座 V9 关闭。通过再生节流孔（47），再生塔（1L）中空气压力将增加到与干燥塔（1R）相同的空气压力。半个周期时（4 min），原干燥塔变为再生塔，原再生塔变为干燥塔。电磁阀（12.2）得电，进气阀（12.11）左侧开放，阀座 V10 开放。

当压缩机停止工作时，干燥器也同时停止工作。

干燥器的两个电磁阀都失电，控制管路（23）和（31）被排空，排放阀（44.10）两侧均关闭，进气阀（12.11）停留在干燥器停止工作时的位置。

3）FXD_1 型电力机车空气干燥器

压缩空气进入制动系统前，经过干燥装置处理，干燥装置控制原理如图 5-37 所示。干燥器 A04、安全阀 A03/A07、微油过滤器 A05、塞门 A20 组成干燥器模块。

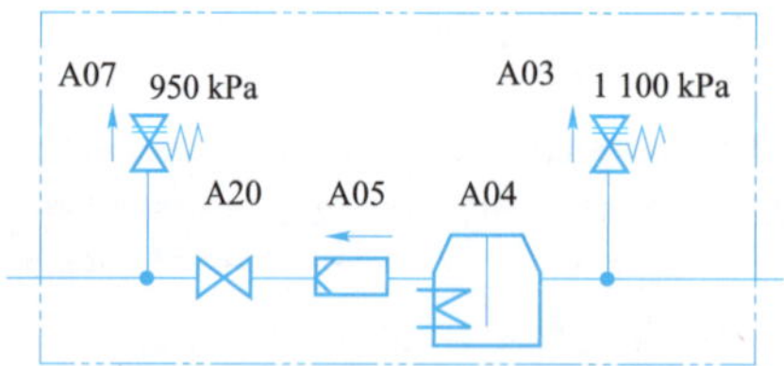

图 5-37　干燥装置控制原理

空气干燥器的原理和实物如图 5-38 所示。

3. 总风缸

经干燥净化处理后的压缩空气，进入总风缸内储存，以供全列车气动部件及制动机所需。总风缸大都垂直布置于机械间空气管路柜旁边车体尾部，排水口位于总风缸底部，使用中应定期打开总风缸排水塞门，检查和排除总风缸内的积水，如图 5-39 所示。

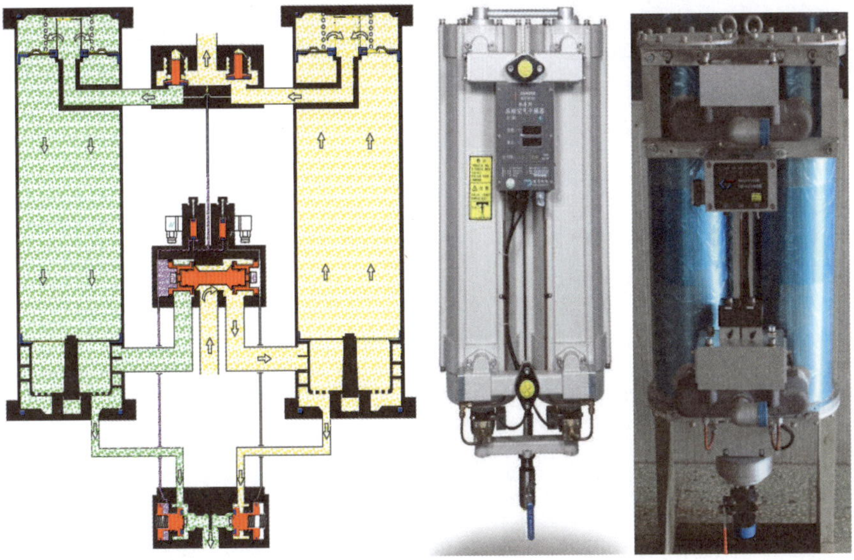

(a) 原理　　　　(b) 实物

图 5-38　空气干燥器的原理和实物

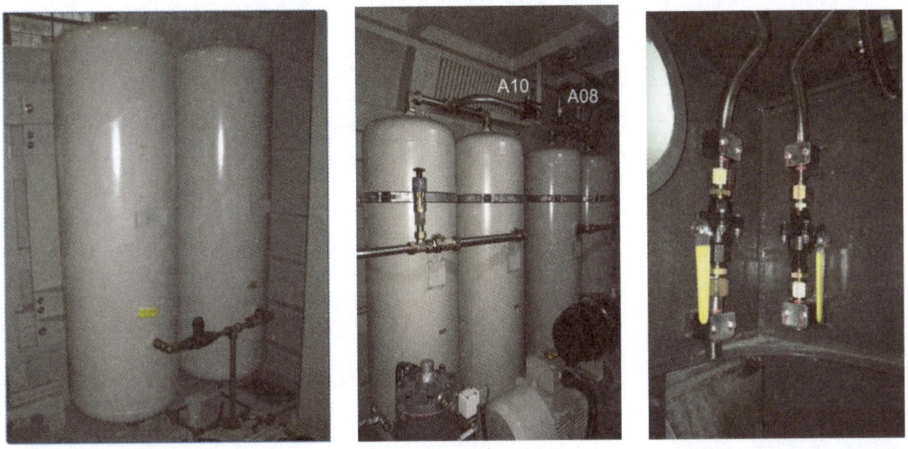

(a) HXD_1 型电力机车　　　(b) FXD_1 型电力机车　　　(c) FXD_1 型电力机车排水塞门

图 5-39　总风缸布置

知识点 5.2.3　辅助风源系统

1. 辅助风源系统概述

电力机车辅助风源系统负责在机车库停时间较长，总风缸中压缩空气压力不够的情况下，给机车电气系统用风设备供风，其主要部件有辅助压缩机、辅助空气干燥器、止回阀、高压安全阀、压力控制器、风缸、排水阀、各型塞门等。

1）HXD_1 型电力机车辅助风源系统

HXD_1 型电力机车辅助风源系统组成及管路原理如图 5-40 所示，机车辅助风源系统同样可分为压缩空气的产生、压力控制、干燥净化处理、储存等环节。

HXD_1 型电力机车每节采用一台无油活塞压缩机，用于产生辅助风源系统的压缩空气，辅助压缩机启停受机车控制电路控制，压缩机的气缸盖上还设有温度传感器用以控制辅助压缩机在规定温度范围内正常运行。辅助风源系统压力控制由位于制动柜内的 U43.02 压力控制器控制，其整定值为 480～650 kPa。

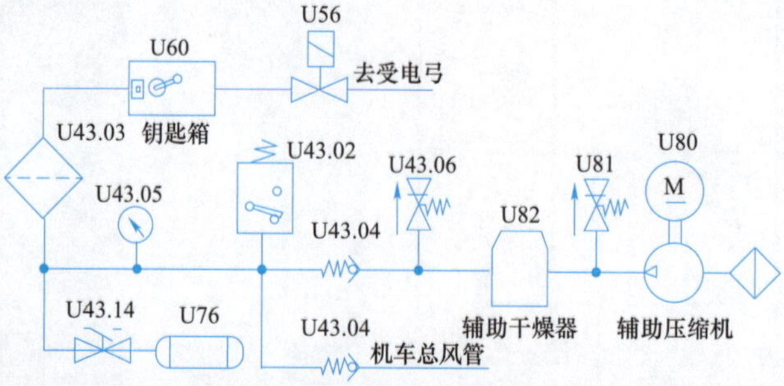

U80—辅助压缩机组；U81—高压安全阀；U82—辅助干燥器；U43.06—高压安全阀；U43.04—止回阀；U43.02—压力控制器；U43.05—压力表；U43.14—塞门；U76—储风缸；U43.03—过滤器；U60—钥匙开关；U56—升弓电磁阀

图 5-40　HXD_1 型电力机车辅助风源系统组成及管路原理

辅助压缩机压缩后的压缩空气，经辅助空气干燥系统处理后，通过止回阀送入风缸 U76 备用，U76 位于空气管路柜背面，容积为 50 L。辅助风源系统还设有高压安全阀 U81 用以控制、保护辅助压缩机，其整定值为 1 000 kPa（10 bar）。

与其他电力机车不同，HXD_1 型电力机车还设置了一套辅助干燥系统，用于辅助风源系统风源净化。辅助干燥系统主要包括吸附式单塔干燥器、过滤器、自动排水阀、加热装置、消声器等。吸附式单塔干燥器再生方式为无热再生，当压缩机停机时，再生风缸的干燥压缩空气经过干燥筒和消声器后排入大气，空气干燥器完成再生，同时将积累的水自动排出。加热装置用来防止压缩空气结冰。过滤器用来清洁干燥后的压缩空气。

2）HXD_3 型电力机车辅助风源系统

HXD_3 型电力机车采用 LP115 型辅助压缩机组作为辅助风源，将其和升弓控制模块、升弓风缸及风表相连。辅助压缩机组的控制开关位于电器控制柜上，点动开关后，辅助空压机开始工作。

当风压达到（735±20）kPa 时，自动切断辅助压缩机的电源。

为保证压缩空气和管路的清洁，辅助压缩机配有小型的单塔干燥器和再生风缸。

辅助风源由直流电机、空压机和干式空气过滤器等主要部件组成。该装置结构紧凑。辅助空压机为单级压缩，自带法兰安装。直流电机通过联结器和空压机连接。干式空气滤清器可以为压缩机提供纯净的空气。

3）FXD_1 型电力机车辅助风源系统

每台动力车配置一台无油活塞式辅助空气压缩机组，工作电源 DC110，安装在制动柜上。FXD_1 型电力机车辅助风源系统原理如图 5-41 所示，FXD_1 型电力机车辅助压缩机组如图 5-42 所示。FXD_1 型电力机车辅助压缩机组布置在一个结构紧凑的柜体内，安装于空气制动柜上。

2. 辅助风源系统主要设备

电力机车辅助风源系统用于改善机车运行条件，确保行车安全，其主要包括撒砂、鸣笛（风喇叭）、轮喷、升弓控制等装置。

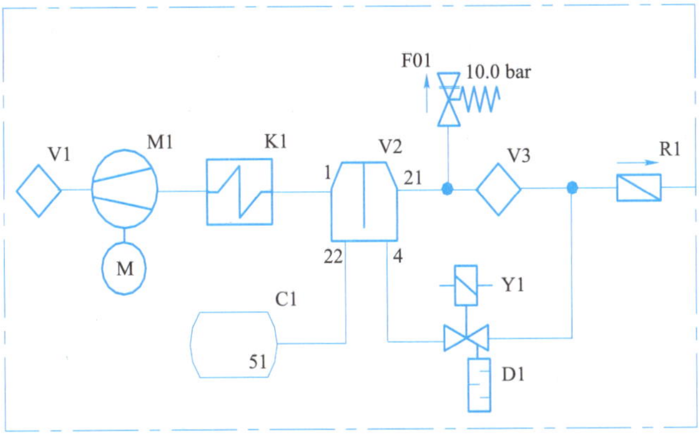

图 5-41　FXD_1 型电力机车辅助风源系统原理

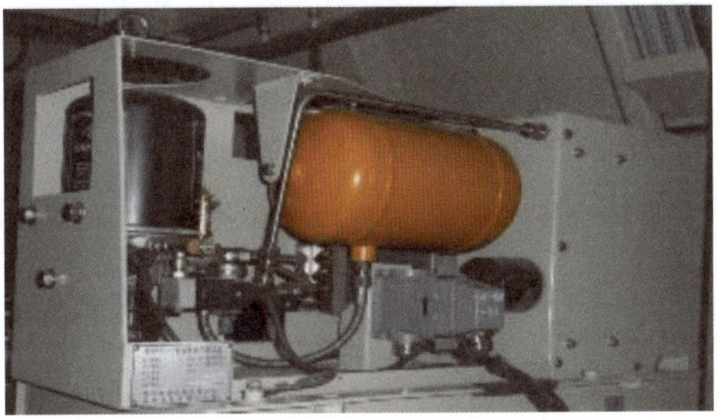

图 5-42　FXD_1 型电力机车辅助压缩机组

1）撒砂和鸣笛装置

防滑器，顾名思义是防止车轮在滑动时轮轨之间纵向发生相对滑动的装置。

轮轨之间纵向滑动有两种情况，一种情况是在牵引状态下发生的，轮轴牵引力超过了黏着限度，车轮飞快地转动而车速很慢，甚至根本不动，这叫空转或大飞轮；另一种情况是制动状态下发生的制动力超过了黏着限制，车轮转速急剧下降甚至停转而车速降得很慢，这叫作滑行或抱死轮。制动系统中的防滑器主要防止车轮滑行。

防滑器就是将速度传感器的脉冲信号传到防滑处理器进行处理，当数据判断达到有关标准时防滑处理器发出防滑控制指令，控制相应的制动缸进行阶段排风或一次排风，从而达到防止轮对滑行，并根据轮轨黏着系数调节动力的目的。

为在轮轨黏着状况不佳的情况下，提高车轮与钢轨间的黏着系数，改善机车的牵引制动性能，机车通常设有撒砂装置。

HXD_1 型电力机车撒砂装置由撒砂控制模块、砂箱、撒砂器等部件及连接管路组成。每个转向架设有 4 个砂箱，每个砂箱装有一个 SDN14-1 型撒砂器。撒砂控制功能靠空气管路柜中撒砂控制模块实现，HXD_1 型电力机车撒砂控制模块如图 5-43 所示。

砂子存储在砂箱中，根据机车的行驶方向，砂子将被输送到机车运行方向的第一、第三轮对上，由电磁阀（.05 或.06）控制压缩空气流入撒砂装置，一定量的砂子经过加热，通过砂管撒到机车运行方向的第一、第三车轮对前面的轨道上。单位时间的砂量由撒砂器控制。减压阀（.03）设定值为 500 kPa（5.0 bar），调整该值能对撒砂量进行微调。为保证正常撒砂，砂箱需密封。为了避免砂子结成块，会有压缩空气通过电磁阀（.04）流入砂箱以达到干燥砂子的目的。截断塞门（.02）可在故障时隔离撒砂装置，截断塞门带有一个电开关，通过电开关可监控该塞门状态。减压阀（.03）的设定值可在维护时通过检测口（.07）检验。

HXD_1 型电力机车鸣笛控制模块（见图 5-44）由风喇叭、辅助控制装置组成。机车车顶上装有两个高音喇叭（P93），分别向前、向后安装；一个低音喇叭（P90），向前安装。喇叭控制功能通过设在机械间的辅助控制单元模块（P89）来实现，（P89）设有 3 个电磁网（P89.01、P89.02、P89.03），用来驱动机车的风喇叭，3 个电磁阀的开闭由机车主控制系统控制。每个电磁阀具有一个隔离塞门（P87），可在喇叭故障时切除相应的塞门。

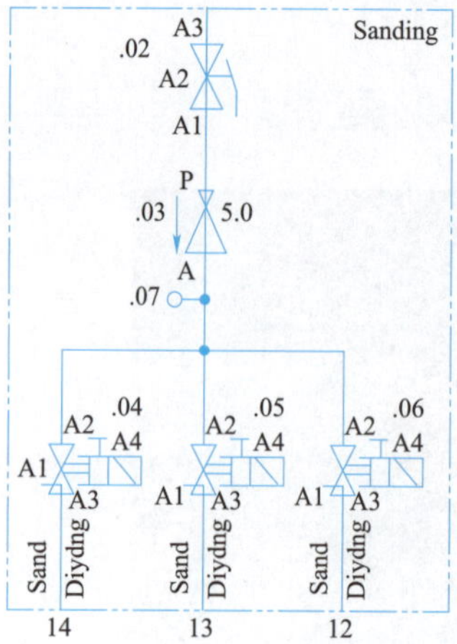

图 5-43　HXD_1 型电力机车撒砂控制模块

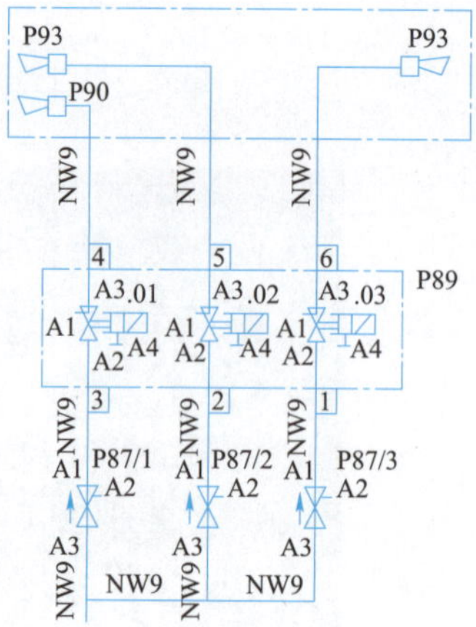

图 5-44　HXD_1 型电力机车鸣笛控制模块

HXD_3 型电力机车设有 8 个砂箱和撒砂装置，每个转向架上设有 4 个砂箱，单个容积为 100 L，撒砂量可在（0.5～1）L/min 范围内调节。撒砂动作与司机脚踏开关紧急制动、防空转、防滑行等功能配合，HXD_3 型电力机车砂箱实物如图 5-45 所示。

FXD_1 型电力机车动力车 1 轴、4 轴的每个轮对各配置 1 个砂箱，每个砂箱容量 50 L，砂箱能严密防潮，并具有砂位观察镜。FXD_1 型电力机车砂箱实物如图 5-46 所示。

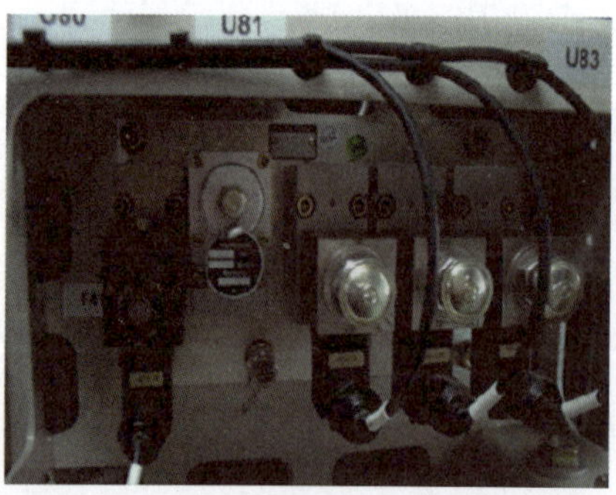

图 5-45　HXD_3 型电力机车砂箱实物

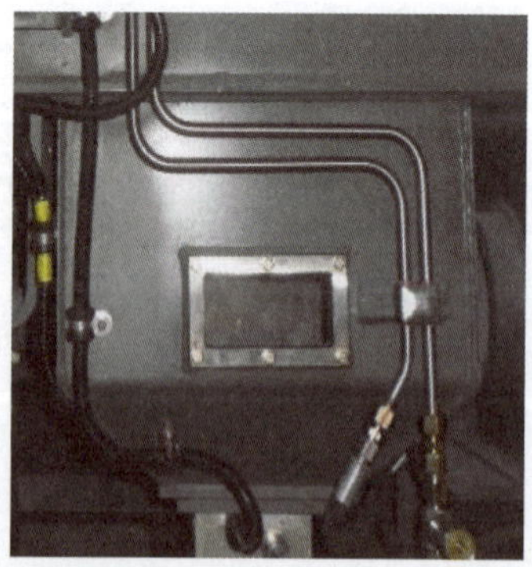

图 5-46　FXD_1 型电力机车砂箱实物

FXD_1 型电力机车在各种紧急制动时，且在 15～80 km/h 速度范围内自动撒砂。TCU 监测到空转或滑行时，触发自动撒砂。撒砂控制和撒砂管布置符合《机车撒砂控制技术要求》（TJ/JW 022—2014）的规定；机车用砂须符合《机车车辆撒砂装置》（TB/T 3254—2019）中压差式撒砂装置用砂要求的规定。

2）轮喷（轮缘喷油润滑）装置

HXD_1 型电力机车轮喷装置为机车轮缘喷油润滑系统提供风源，轮缘喷油润滑装置受机车控制系统控制。轮缘润滑供风模块集成在空气制动柜内，通过两个带受控的塞门（.02 和.03）可手动控制打开和关闭。其设有两个电磁阀（.04 和.05），每一个电磁阀将用来控制每一个方向的轮缘喷油润滑装置。减压阀（.01）设定压力为 600 kPa，HXD_1 型电力机车轮喷控制模块如图 5-47 所示。

3）升弓控制装置

若机车升弓时没有可用的压缩空气（机车库停后，总风缸因泄漏无风），机车在起动时可用辅助空气压缩机打风进行升弓操作。机车升弓控制功能靠空气管路柜中升弓模块实现。

HXD_1 型电力机车升弓控制模块如图 5-48 所示。HXD_1 型电力机车受电弓控制模块是通过压缩空气来控制受电弓的升高和降低的，每一个受电弓都有单独的控制回路，其工作过程为：压缩空气流经空气过滤器（.03），截断塞门（.14），通过接口 A4 到高压隔离开关；压缩空气通过空气过滤器（.03），缩堵和钥匙箱到升弓电磁阀，再到受电弓。其中：压力表（.05）用来显示受电弓工作时可用空气压力。受电弓升起及降落是通过升弓电磁阀的得失电来控制的。通向受电弓控制装置的空气管路，通过 A3-A1 通路排气。

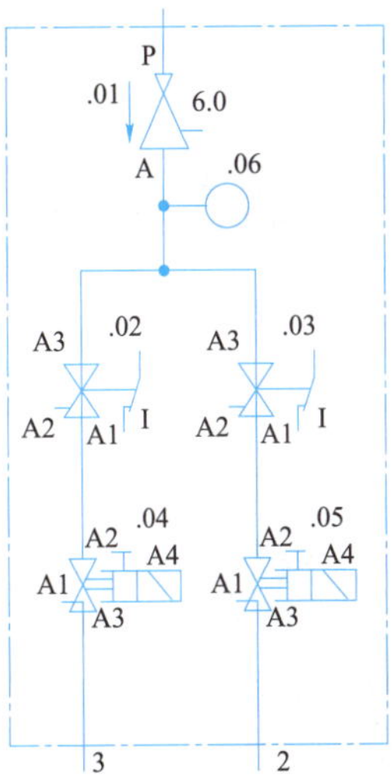

图 5-47　HXD_1 型电力机车轮喷控制模块

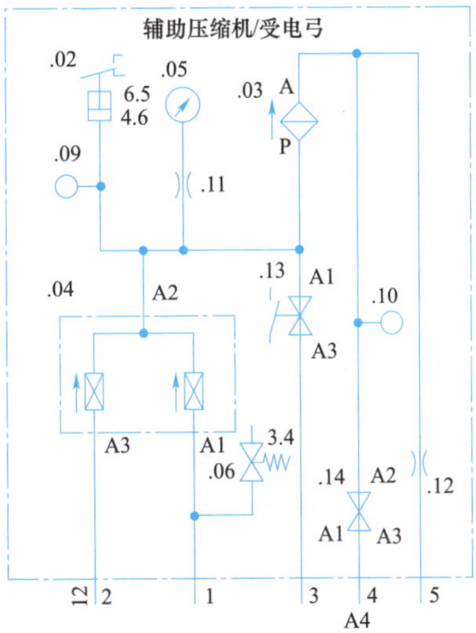

图 5-48　HXD_1 型电力机车升弓控制模块

4）其他装置

为了清扫车轮圆周表面的杂物，增加机车和钢轨的黏着系数，电力机车的每个车轮可配装踏面清扫器来配合制动单元的工作。当制动缸压力高于 100 kPa 时，通过压力开关使清扫电磁阀得电，进入踏面清扫；达到 50 kPa，踏面清扫解除。

素养与职业

殷学斌——践行初心担使命，手握闸把当先行

十年磨一剑，再攀更高峰。全国劳模殷学斌同志荣获第十六届“中华技能大奖”。这是国家颁发的全国技能人才最高层级奖项，是中国铁路上海局集团有限公司（简称上海局）首位获此殊荣的“蓝领院士”。

殷学斌始终坚守在铁路交通运输第一线，以确保人民生命安全为己任，立志为旅客提供平稳、舒适、安全、优质的服务，先后在沪宁、宁杭、连镇高铁等新线路开通中担任首趟值乘任务，创造了125万多公里安全行车纪录，被誉为“王牌高铁司机”。他创立“动车组精准对标操纵法”，研发“动车组ATP综合实训模拟驾驶装置”，培养出多名全国、省部级技术能手，为中国高铁驾驶技能人才培养做出了突出贡献。

一、勤学苦练，中国高铁动车组驾驶技术的领跑者

殷学斌参加工作以来，始终践行“人民铁路为人民”的宗旨，时刻以党员的标准严格要求自己，坚持把旅客的生命安全放在至高无上的位置，刻苦钻研业务技术，向书本学、向师傅学、向实践学，不断进行总结思考，20多年来，他的学习笔记达70多本、80余万字。随着中国铁路动车组在长三角“登场”，经过层层选拔，殷学斌从1 000多名客运司机中脱颖而出，经过集中进行的理论和实作培训后，光荣地成为上海局首批动车组司机。为了熟练掌握动车组驾驶技术，他没日没夜地学习新机型、新线路、新规章，主动请缨到上海南翔动车所进行封闭训练。随着高铁新线的不断开通运营，他先后担当首趟沪宁高铁、宁杭高铁及连镇高铁等新线首趟开行任务。在第三届全国铁道行业职业技能竞赛中，他驾驶着350 km/h的CRH3C型动车组，以进站停车对标“零误差”（精确到厘米）、运行时间“零误差”（精确到秒）的优异成绩，获得“全国技术能手”称号。殷学斌参加第十六届高技能人才表彰大会如图5-49所示。

图5-49 殷学斌参加第十六届高技能人才表彰大会

二、攻坚克难，中国高铁动车组作业标准的创造者

殷学斌坚持在实践中不断摸索，总结经验教训，日积月累，将自己的驾驶经验、操纵技巧编写成了《高铁动车组驾驶技术手册》，提供给动车组司机们学习借鉴。2016年，殷学斌劳模创新工作室宣告成立，其研发的多项成果填补了动车组操纵标准方面的空白，作为团队负责人，他更加刻苦钻研，带领团队进行技术攻关。针对高铁多条新线开通、新机型运用带来的变化，殷学斌带领团队跟车400余趟进行研究，采集新设备制动数据、站场停车标、ATP控制模式等信息，测量局管内147个车站股道的停车标，经过大数据的精确分析，研究创立了“动车组精准对标操纵法”，并拍摄成示范片，为动车组司机一次停车精准对标提供了便捷可靠的作业标准，该成果获得了上海市职工先进操作法优秀成果奖。为提高动车组司机运行途中特殊情况下的应急处置能力，确保高铁运行安全畅通，他带领团队建立动车组司机实训室，参考飞行模拟器功能，通过采集音视频数据，模拟站场环境，研发了涵盖复兴号、CRH380B

等多种车型，5 种型号的 ATP，50 余种故障模拟情景，5 种练习模式的“动车组 ATP 综合实训模拟驾驶装置”，随后研发的“标准动车组司机模拟实训装置”“动车组防误关门联控装置”等成果多次获得集团公司科技成果奖，为中国高铁安全正点、平稳驾驶作出了极大贡献。2019 年，殷学斌劳模创新工作室被长三角区域三省一市总工会联合授予“首届长三角创新工作室”荣誉称号。

三、广为传授，中国高铁动车组走向世界的追梦者

殷学斌把自己所学的知识和积累的经验，毫无保留地传授给同事们。同事们遇到疑难问题，总能在他这儿找到答案，他的手机成了高铁司机的“咨询热线”。他总结出了动车组操纵“十防”法、进站停车防超速工作法等，被高铁动车组司机们学习借鉴；他利用业余时间编写了一套高铁司机培训教材，被段作为新司机培训的实用性教材；他的开车起步“稳”、途中执标“严”、应急处置“快”，停车对标“准”的一次出乘作业法被段拍摄为动车组司机作业标准示范片。他带出的徒弟中，1 人获得全国技术能手称号，4 人获得省部级技术能手称号。

殷学斌是中国高铁发展的见证者、奋斗者，更是中国高铁走向世界的追梦人。他将在高铁动车组驾驶领域继续探索实践，只争朝夕，不负韶华，为中国高速铁路发展作出更大贡献。

任务考核与评价

阶段一：任务知识准备（30 分）				
序号	考核要素	评价标准分值	自我评分（50%）	组内评分（50%）
1	是否积极参与任务书讨论，正确领会任务要求	5		
2	是否积极参与学习讨论，完全掌握学习内容	5		
3	是否积极参与计划制定，提出建设性计划内容	5		
4	是否制定了可行的任务方案	5		
5	是否认真履行个人角色，积极参与任务实施演练	10		
阶段二：任务实施展示（70 分）				
序号	考核要素	评价标准分值	组间评分（50%）	教师评分（50%）
1	问题 1：简述机车风源系统的作用	8		
2	问题 2：简述 HXD_1 型电力机车主风源系统的组成	8		
3	问题 3：简述 HXD_3 型电力机车风源管路的工作原理	10		
4	问题 4：分析 HXD_3 型电力机车空气压缩机具有的特点	8		
5	问题 5：简述 HXD_3 型电力机车空气压缩机启停工作模式	8		
6	问题 6：分析 HXD_1 型电力机车空气干燥器的作用和构成	8		
7	问题 7：分析电力机车辅助风源系统的作用和主要部件	10		
8	问题 8：我们要从“蓝领院士”殷学斌身上学习哪些优秀品质？	10		
总评分值				

任务拓展

——新工艺应用——

TZ-5-4-1 HXD_{3C}型电力机车风缸及空气管路系统检修工艺

1. 引用标准及适用范围

引用标准：

《HXD_{3C}型电力机车检修技术规程（C1～C4 修）》和《HXD_{3C}型电力机车维修手册说明》。

适用范围：

本工艺适用于HXD_{3C}型电力机车风缸及空气管路系统检修。

2. 材料

白纱布、中性洗净剂、水压试验标志牌、软管粘合剂、乐泰 542 胶。

3. 工艺装备

3.1 工具：常用钳工工具、清洗盘、外卡钳。

4. 基本技术要求

4.1 外观检查软管状态是否良好。

4.2 检查管接头，不许泄漏，管卡不许松动，不锈钢管不许松脱、变形和破裂。软管有效期标牌符合规定。防坐堵齐全、位置正确。

4.3 检查各塞门及球阀，不许有破损、阻滞、泄漏，动作可靠灵活。

4.4 确认总风缸安全阀整定压力为（950±20）kPa。在整定压力范围内，安全阀动作灵活可靠；当风压低于整定压力时，安全阀关闭后，不许有漏泄。

4.5 确认空气管路各连接部位防缓标识清晰。

4.6 确认空气管路及风缸安装良好，排水阀紧固状态良好。（撒砂、轮喷、风笛）控制气路板不许泄漏，各部件作用良好。

4.7 检查金属软管，不许有磨损、压扁、泄漏。

4.8 在 900 kPa 压力下，总风缸及其压缩空气管路 5 min 泄漏（压力下降值）不超过 20 kPa。

5. 工艺过程

5.1 外观检查软管状态是否良好。

5.2 检查管接头，不许泄漏，管卡不许松动，不锈钢管不许松脱、变形和破裂。软管有效期标牌符合规定。防尘堵齐全、位置正确。

5.3 检查各塞门及球阀，不许有破损、阻滞、泄漏，动作可靠灵活。

5.4 确认总风缸安全阀整定压力为（950±20）kPa。在整定压力范围内，安全阀动作灵活可靠：当风压低于整定压力时，安全阀关闭后，不许有漏泄。

5.5 确认空气管路各连接部位防缓标识清晰。

5.6 确认空气管路及风缸安装良好，排水阀紧固状态良好。（撒砂、轮喷、风笛）控制气路板不许泄漏，各部件作用良好。

5.7 检查金属软管，不许有磨损、压扁、泄漏。

5.8 在 900 kPa 压力下，总风缸及其压缩空气管路 5 min 泄漏（压力下降值）不超过 20 kPa。

6. 技术安全及注意事项

6.1 解体、组装时严禁敲打。

6.2 遵守有关安全操作规定。

空压机不打风故障处理办法

强化练习

强化练习试题除涉及本任务介绍的知识与技能外，还可能涉及本任务未介绍的知识与技能，需通过阅读参考书、网络查找资料等方式进行自主学习后进行解答，在巩固课堂学习成果的同时，培养自主学习能力。

1.【填空题】风源系统的作用是为机车及车辆的（　　）系统提供符合要求的（　　）、洁净的压缩空气。

2.【填空题】（　　）是防止车轮在滑动时轮轨之间纵向发生相对滑动的装置。

3.【填空题】HXD_3 型电力机车设有（　　）个砂箱和撒砂装置。

4.【填空题】HXD_3 型交流传动机车辅助管路系统主要有停放制动装置、（　　）、撒砂和鸣笛装置。

5.【填空题】轮轨之间纵向滑行有两种情况，一种是（　　）或大飞轮，另一种是滑行或抱死轮。

6.【填空题】若机车升弓时没有可用的压缩空气（库停后，总风缸因泄漏无风），机车在起动时可用（　　）打风进行升弓操作。

7.【填空题】在轮轨黏着状况不佳的情况下，撒砂装置可提高车轮与钢轨间的（　　），改善机车的牵引制动性能。

8.【填空题】铁道机车空气管路系统包括（　　）、制动机管路系统、（　　）、辅助管路系统四大部分。

9.【填空题】干燥器通常位于（　　）和总风缸之间，具有过滤压缩空气中油、水，降低压缩空气露点的功能。

10.【判断题】HXD_1 型电力机车辅助风源系统负责在机车库停时间较长，总风缸中压缩空气压力不够的情况下，给机车电气系统用风设备供风。（　　）

11.【判断题】HXD_3 型电力机车辅助管路系统主要由停放制动装置、踏面清扫装置、撒砂和鸣笛装置组成。（　　）

12.【单选题】HXD_1 型大功率电力机车辅助风源系统负责在机车库停时间较长，（　　）中的压缩空气压力不够的情况下，给机车电气系统用风设备供风。

A. 总风缸　　B. 制动管　　C. 储风缸　　D. 制动缸

思考与小结：

任务复盘

补全任务 5.2 知识技能结构导图。

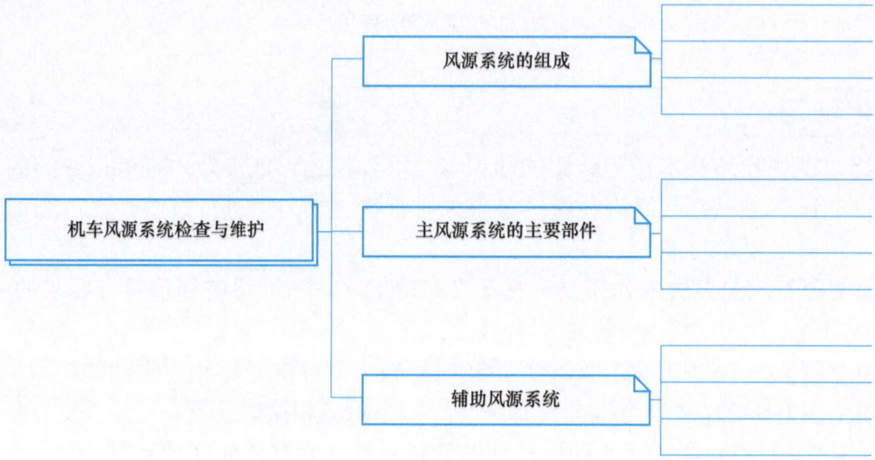

项目 6

机车检查及应急故障处置

机车在运行时，由于各种原因，一些部件会出现磨耗、破损等现象，容易造成事故，直接影响行车安全和机车寿命。因此，乘务员在出勤前、退勤后及运行途中要对机车进行检查，尽早发现不良处所，及时加以处理，以确保运输安全。

任务 6.1　机车检查实训

任务描述

机车检查就是对机车进行常规例行“体检”，机车检查是机车乘务员进行副司机、司机定职考试必考的实作项目，要求机车乘务员对相关车型结构、各部件的名称、正常安装位置及状态非常熟悉，掌握相关车型的运用特点及容易出现故障的部件和关键部位，充分、合理地利用检查时间，以有条不紊的顺序，正确的姿势和适当的方法进行检查，机车走行部状态检查如图 6-1 所示。

图 6-1　机车走行部状态检查

问题导入

先阅读问题，完成任务后再回答问题。

问题 1：机车检查前应做哪些准备工作？ 答：

问题 2：简述电力机车检查的安全注意事项。 答：
问题 3：简述机车检查应达到何种要求。 答：
问题 4：简述 HXD_{3D} 型电力机车的检查路线。 答：
问题 5：检查 HXD_{3D} 型电力机车车钩时有哪些关键尺寸？ 答：
问题 6：分析 HXD_{3D} 型电力机车制动盘检查作业的要求。 答：
问题 7：钟克明一家三代为何一直愿意坚守在成渝铁路上？ 答：

任务分析

教学目标	素养目标	思想道德素质：培养学生敢为人先、众志成城、艰苦奋斗、无私奉献的职业素质 科学文化素养：培养学生刻苦学习，努力奋斗的职业意识，树立民族自信心，立志为中华民族伟大复兴而不懈努力
	知识目标	1. 熟悉机车检查的各项准备工作及注意事项 2. 熟悉机车检查走行路线及相关要求 3. 掌握 HXD_{3D} 型电力机车检查的作业要点
	能力目标	1. 理解机车检查的具体步骤和项点要求 2. 了解机车检查的假设故障识别和查找
教学重点		1. 机车检查前的准备工作和机车检查作业要领
教学难点		2. 机车检查的具体步骤和项点要求

任务实施

知识点 6.1.1　检查准备、检查工具及注意事项

1. 机车检查准备

（1）机车检查场地设在铁路企业现场机车整备作业场或是校内实训站场，应有带清洁地沟的平直线路 50 m，在机车作业区停放 HXD_{3D} 型电力机车或 DF_{4D} 型内燃机车，办理停电手续、挂好接地线。

（2）在机车停放地沟位置上下处，以及机车两端放好稳固渡板。在机车前后 20 m 处要设置红色防护牌，机车四周 2 m 外设置禁入线。

（3）机车停放制动在制动位，机车二、五轮打好止轮器，做好防溜措施。

（4）确认机车设置防护信号。

（5）在检查场地两侧布置检查作业考评工作台。

（6）准备好工具：机车检车锤 1 个，手电筒 1 个。

2. 机车检查注意事项

（1）机车检查作业安全注意事项。

HXD_{3D} 型电力机车检查注意事项如下。

① 受电弓已降下，停放制动在制动位，防护信号已设置。

② 确认检查作业必须在安全作业区内进行，受电弓降下，办理停电手续、挂好接地线后进行。

③ 确认机车停放制动在制动位，打好止轮器，做好防溜措施。

④ 确认机车设置防护信号。

⑤ 机车检查时要注意安全，跨越地沟时从渡板通过，严禁跳跃地沟。

DF_{4D} 型内燃机车检查注意事项如下。

① 确认检查作业必须在安全作业区内进行，有接触网线路整备作业场，办理好停电手续、挂好接地线后进行。

② 确认机车停放制动在制动位，打好止轮器，做好防溜措施。

③ 确认机车设置防护信号。

④ 机车检查时要注意安全，跨越地沟时从渡板通过，严禁跳跃地沟。

（2）检查作业内容说明。

在整个检查作业过程中，要求作业人员按规定作业路线进行有声检查作业，但在重复相同部件检查作业时，可只呼唤检查部位名称。

（3）故障设置说明：故障假设设置共 6 件，分为实际部件设置和粉笔设置，以教师设置假设为准，如表 6-1 所示。故障假设粉笔设置颜色及符号说明如下。白粉笔：擦伤●（实心），剥离◎，裂纹丨，开焊丨，松动×，漏油○等；红粉笔：烧损■（片状）；用白色粉笔在橡胶件上片状涂抹代表龟裂。

表 6-1　故障设置要求

检查部位	故障假设设置	配分比例	备注
Ⅱ端机车前部	故障假设 2 个	20%	以教师设置假设为准
右侧走行部第二转向架	故障假设 2 个	20%	
车底部第 6～4 电机	故障假设 2 个	20%	

知识点 6.1.2　检查走行路线

1. HXD_{3D} 型电力机车走行部检查走行路线

按照 HXD_{3D} 型电力机车走行部检查路线来进行检查，手到（锤到）、眼到、嘴到。检查口诀：顺序检查、不错不漏、由上而下，由里往外，由左到右、姿势正确、步伐不乱、部件名称、正确呼唤、技术参数、准确无误、锤分轻重、目标准确、眼看耳听、仔细周到、鼻嗅手触、灵活熟练、仪器测量、正确使用、查找故障、准确无误。HXD_{3D} 型电力机车下部检查主要包括以下几个方面。

（1）HXD_{3D} 型电力机车检查作业路线如图 6–2 所示。

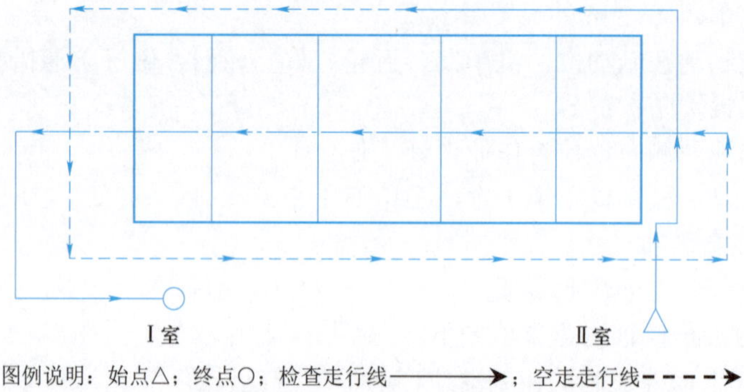

图 6–2　HXD_{3D} 型电力机车/DF_{4D} 型内燃机车检查作业路线

（2）检查路线说明：Ⅱ端机车前部→机车右侧走行部第二转向架→机车右侧走行部第一转向架（空走）→Ⅰ端机车前部（空走）→机车左侧走行部第一转向架（空走）→机车左侧走行部第二转向架（空走）→机车车底部第 6～4 电机→机车变压器底部→机车车底部第 3～1 电机（空走）→终点（Ⅰ端机车前部）。

2. DF_{4D} 型内燃机车走行部检查走行路线

依据内燃机车乘务员段内作业标准，接 DF_{4D} 型内燃机车下部检查相关作业要求执行。

（1）DF_{4D} 型内燃机车检查作业路线如图 6–2 所示。

（2）检查路线说明：Ⅱ端机车前部→机车右侧走行部第二转向架→机车右侧走行部第一转向架（空走）→Ⅰ端机车前部（空走）→机车左侧走行部第一转向架（空走）→机车左侧走行部第二转向架（空走）→机车车底部第 6～4 电机→机车燃油箱底部→机车车底部第 3～1 电机（空走）→终点（Ⅰ端机车前部）。

知识点 6.1.3　机车检查作业内容及要求

HXD_{3D} 型电力机车检查部位、内容及要求如表 6–2 所示。

表 6–2　HXD_{3D} 型电力机车检查部位、内容及要求

作业顺序	检查部位	检查内容及要求	检查方法	细检顺序及动作要求
1	前脸外观：头灯、前窗玻璃、刮雨器、副灯、标志灯、机车标志检查	（1）头灯（1 个）、副灯（2 个）、标志灯（2 个）外观良好。 （2）前窗玻璃、刮雨器、机车标志齐全、完好	目检	在机车右前方站立，目视检查

续表

作业顺序	检查部位	检查内容及要求	检查方法	细检顺序及动作要求
2	Ⅱ端前端左侧扶手、引导脚蹬、排障器、重联插座、集控插座、供电插座、平均管、总风连管、车钩提杆	（1）扶手安装牢固，无开焊、无裂纹。 （2）引导脚蹬无开焊、无裂纹。 （3）排障器无碰伤、无变形、无开焊，排障器调整螺栓紧固，距轨面高 110 mm。 （4）重联插座、基孔插座外观完好，插座及盖作用良好。插座内部清洁、插针安装牢固无灼痕。 （5）供电插座外观良好，插座及盖作用良好，锁扣安装牢固。插座内部清洁无异物、插针安装牢固无灼痕，锁扣锁闭作用良好。 （6）平均管、总风连管各折角塞门手柄动作灵活，接头无泄漏，安装座 U 型卡子良好，螺丝紧固。总风管无硬化、无老化、无龟裂和凸凹现象，水压试验不过期（不超过 3 个月），软管安装卡子完好，螺丝紧固，软管连接器无开焊、无裂纹，软管皮圈无断裂，软管角度正确（45°），放风试验，风管畅通。 （7）车钩提杆座安装牢固，无开焊，钩提杆无弯曲、无变形，提钩动作灵活无卡滞	目视手检锤检	下蹲左虚步锤检引导脚蹬、排障器。 左脚迈至距排障器一步，上身前倾手检重联插座、基孔插座、供电插座。 右弓步手检平均管、总风连管。 左弓步检查车钩提杆座有无开焊、车钩提杆有无弯曲、变形
3	Ⅱ端车钩全面检查	（1）车钩吊杆装置无裂纹，磨耗板油润良好，车钩摆动灵活。 （2）钩体、钩舌、下锁销各部无裂纹。防跳装置良好。 （3）钩舌销无弯曲、无折损（径向间隙 1～4 mm），开口销良好（开度为 60°）。钩舌尾部防跳台及锁铁油润良好。钩舌与钩耳上下间隙为 8～10 mm，钩舌磨耗不超过 8 mm，防跳台不小于 90°，与钩舌尾部侧向间隙为 3～15 mm。锁铁浮动量为 5～20 mm。 （4）车钩三态（闭锁、开锁、全开）作用良好。锁闭位为 110～130 mm，全开位为 220～250 mm。 （5）车钩水平中心线距轨面高度为 815～890 mm	目视手检锤检	侧身目测车钩中心线与轨面高度，提钩检验三态作用，上渡板检查车钩，注意安全，站稳双腿分开面对车钩，左起右落由上至下，由内至外，检查车钩三态作用，测量各部尺寸限度。锤击车钩、钩舌、钩舌穿销。下渡板时注意安全
4	Ⅱ端前端右侧重联插座、制动软管、总风管、平均管、供电插座、手扶杆、引导脚蹬、排障器	（1）重联插座外观完好，插座及盖作用良好。插座清洁、牢固。 （2）制动软管折角塞门手柄动作灵活，接头无泄漏，安装座 U 型卡子良好，螺丝紧固。软管无硬化、无老化、无龟裂和凸凹现象，水压试验不过期（不超过 3 个月），软管安装卡子完好，螺丝紧固，软管连接器无开焊、无裂纹，软管皮圈无断裂，软管角度正确（45°），放风试验，风管畅通，防尘堵安装牢固。 （3）总风管卡子紧固，总风缸管、制动缸平均管无老化、无龟裂，角度正确（45°）。水压试验不超过 3 个月，连接器无缺陷，胶圈无破损，防尘堵齐全无丢失。折角塞门位置正确，开放折角塞门，确认通风状态良好。 （4）供电插座外观良好，插座及盖作用良好，锁扣安装牢固。插座内部清洁，无异物，插针安装牢固，无灼痕，锁扣锁闭作用良好。 （5）扶手安装牢固，无开焊裂纹。 （6）引导脚踏板无变形、无开焊、无裂纹。 （7）排障器无碰伤、无变形，小排障器调整螺栓紧固，距轨面高 110 mm	目视手检锤检	正对制动软管、总风管、供电插座，下蹲左弓步手检。 右弓步手检总风管、扶手。 左弓步锤检引导脚蹬、排障器

续表

作业顺序	检查部位	检查内容及要求	检查方法	细检顺序及动作要求
5	机车车体外观，司机室门、窗，车身标志、吊装孔座检查	车体侧面平整，无倾斜、无变形、无损伤，车身标志外观清晰。车体吊装孔盖齐全，安装良好	目视手检	左跨步转身面对机车，身体侧身与机车平行，立于机车左前方目视
6	机车门、窗、标志及附属设备、第四砂箱，制动管、平均管、总风管第二折角塞门，机车信号、自动过分相感应器，转向架构架、排石器、脚蹬检查	（1）机车门、窗、标志及附属设备外观良好。 （2）砂箱外观良好，安装螺栓无松动，箱体无开焊。砂箱盖完整无损，扣锁良好，关闭严密。箱内砂子干燥，无异物，颗粒均匀。 （3）制动管、平均管、总风管第二折角塞门安装良好，位置正确。 （4）机车自动信号装置及自动过分相装置，安装架螺丝紧固，接线无松脱。 （5）排石器安装良好，符合标准，胶皮无破损。排石器距轨面高 70～80 mm，扫石胶皮距轨面 10～15 mm。 （6）砂箱加热装置外观良好，电线无断线。砂管支架安装牢固，管路外观良好，无堵塞，不偏斜，距轨面高度符合标准。 （7）撒砂胶皮管距轨面高度为 30～55 mm。 （8）司机室扶手安装牢固，上车脚蹬无开焊变形	目视手检	上前左跨步正对车门手动检查门扶手，无松动。 左弓步下蹲探身手检、目测。 左弓步面对砂箱检查砂箱外体、砂量，以左弓步下蹲侧身，采用左右弓步变换检查砂箱安装螺丝，注意头部安全
7	第六动轮及第六轴箱各部检查	（1）轮盘式制动单元系统安装牢固，夹钳作用良好，无开焊、无裂纹，吊杆及各螺丝无松动，单元制动缸无泄漏，缓解良好，活塞杆复位时，不得有卡滞现象，制动缸间隙调整器良好，闸瓦无掉块、无裂纹、无偏磨，不到限，闸瓦穿销开闭销良好，闸瓦与制动盘缓解间隙 3 mm，制动盘不得有明显的台阶沟槽和拉伤。制动盘厚度 52.5 mm，磨耗不超过 1 mm。动作灵活，空气管路无泄漏。 （2）制动盘的摩擦面的摩擦限度为每侧 5 mm。凹面不超过 2 mm，热裂纹不超过 65 mm。注：检查时不得敲打制动盘的任何部位。 （3）动轮踏面无剥离、无擦伤，轮辐、轮辋无裂纹。 （4）轴箱状态良好，内外螺丝牢固，无漏油现象、无裂纹。 （5）轴箱拉杆状态良好，橡胶关节无老化、无裂纹和挤出，安装螺丝紧固，前后弹簧装置无裂纹。 （6）一系油压减振器无漏油现象，上下安装支架无裂纹，安装螺丝牢固。 （7）动轮喷油罐安装牢固，油罐内存油量不少于 1/2，不超过 2/3，软管无龟裂、无老化，轮喷管头无堵塞，角度正确	目视手检	上左步转身面对轴箱，采用左右弓步变换检查动轮及轴箱各附属部件

续表

作业顺序	检查部位	检查内容及要求	检查方法	细检顺序及动作要求
8	二系油压减振器各部	（1）转向架右构架各部焊接无开焊。 （2）二系油压减振器无漏油，安装螺丝齐全紧固，上座及托板无裂纹，上罩与车体不接触。 （3）转向架垂直支撑二系弹簧无裂纹，橡胶座无老化、无龟裂	目视手检	左脚半蹲稍稍前探，右脚弓步
9	第五动轮及第五轴箱各部、抗蛇行油压减振器检查	（1）车体侧挡良好，间隙正常。车体与构架间接线安装良好。 （2）轮盘式制动单元系统安装牢固，夹钳作用良好，无开焊、无裂纹，吊杆及各螺丝无松动，单元制动缸无泄漏，缓解良好，活塞杆复位时，不得有卡滞现象，制动缸间隙调整器良好，闸瓦无掉块、无裂纹、不偏磨、不到限，闸瓦穿销开闭销良好，闸瓦与制动盘缓解间隙为 3 mm，制动盘不得有明显的台阶沟槽、拉伤。制动盘厚度为 52.5 mm，磨耗不超过 1 mm。动作灵活，空气管路无泄漏。 （3）制动盘的摩擦面的摩擦限度为每侧 5 mm。凹面不超过 2 mm，热裂纹不超过 65 mm。注：检查时不得敲打制动盘的任何部位。 （4）动轮踏面无剥离、擦伤，轮辐，轮辋无裂纹。 （5）轴箱状态良好，内外螺丝牢固，无漏油、无裂纹。 （6）轴箱拉杆连体状态良好，橡胶关节无老化、无裂纹和挤出，安装螺丝紧固，前后弹簧装置无裂纹。 （7）垂向限制器安装座无开焊、无裂纹，垂向限制器安装螺丝无松动。 （8）抗蛇行油压减振器安装牢固，螺丝无松动，无漏油现象	目视手检	左脚半蹲稍稍前探，右脚虚步。 上左步转身面对轴箱，采用左右虚步变换检查动轮及轴箱各附属部件
10	第四动轮及第四轴箱各部检查	（1）轴箱拉杆状态良好，橡胶关节无老化、无裂纹和挤出，前后弹簧装置无裂纹。 （2）轮盘式制动单元系统安装牢固，夹钳作用良好，无开焊、无裂纹，吊杆及各螺丝无松动，单元制动缸无泄漏，缓解良好，活塞杆复位时，不得有卡滞现象，制动缸间隙调整器良好，闸瓦无掉块、无裂纹、不偏磨、不到限，闸瓦穿销开闭销良好，闸瓦与制动盘缓解间隙为 3 mm，制动盘不得有明显的台阶沟槽、拉伤。制动盘厚度为 52.5 mm，磨耗不超过 1 mm。动作灵活，空气管路无泄漏。 （3）制动盘摩擦面摩擦限度为每侧 5 mm。凹面不超过 2 mm，热裂纹不超过 65 mm。注：检查时不得敲打制动盘的任何部位。 （4）动轮踏面无剥离、无擦伤，轮辐、轮辋无裂纹。 （5）轴箱状态良好，内外螺丝牢固，无漏油、无裂纹。轴箱拉杆状态良好，橡胶关节无老化、无裂纹和挤出，安装螺丝紧固，前后弹簧装置无裂纹。 （6）一系油压减振器无漏油，上下安装支架无裂纹，安装螺丝牢固	目视手检	上左步转身面对轴箱，采用左右虚步变换检查动轮及轴箱各附属部件

续表

作业顺序	检查部位	检查内容及要求	检查方法	细检顺序及动作要求
11	第三砂箱，撒砂装置检查	（1）砂箱外观良好，安装螺栓无松动，箱体无开焊，砂箱盖完整无损，扣锁良好，关闭严密。 （2）箱内砂子干燥，无异物，颗粒均匀。 （3）砂箱加热装置外观良好，电线无断线，砂管支架安装牢固，管路外观良好，无堵塞，不偏斜，距轨面高度符合标准。 （4）撒砂胶皮管距轨面高度为30～55 mm	目视手检	上左步转身面对砂箱，检查砂箱外体、砂量，以左弓步下蹲侧身，采用左右弓步变换检查砂箱安装螺丝，注意头部安全
12	主电路插座、控制电路入库插座、牵引梁检查	（1）主电路、控制电路入库插座安装座无开焊，螺丝紧固，压盖严密，座芯洁净，无烧损。接线无破损、无松脱。 （2）Ⅱ架牵引梁安装螺丝无松动，防脱钢丝绳无断股，作用良好	目视手检	上左步形成左弓前步，下蹲探身，从里到外目测检查
13	变压器	变压器外观良好，无开焊、无裂纹。支架吊装螺栓无松动，接地线安装牢固无断股	目视手检	上左弓步，从左到右，依次检查
14	油泵、制动指示器	（1）变压器油泵支架、接线、弹性连接管、流量计、蝶阀完好。压力释放阀安装牢固，接线良好，释放阀无泄漏。加油口、放油口阀无泄漏，手轮铅封良好。各油管、卡箍、法兰安装良好，无漏油。 （2）制动指示器安装牢固，制动缸管路安装紧固，无泄漏，Ⅰ、Ⅱ架制动、停放制动指示器显示符合要求	目视手检	上左弓步，从左向右，依次检查。 右弓步向前探身
15	牵引梁、第二砂箱，撒砂装置检查	（1）Ⅰ架牵引梁安装螺丝无松动，防脱钢丝绳无断股、作用良好。 （2）砂箱外观良好，安装螺栓无松动，箱体无开焊，砂箱盖完整无损，扣锁良好，关闭严密。 （3）箱内砂子干燥，无异物，颗粒均匀。 （4）砂箱加热装置外观良好，电线无断线，砂管支架安装牢固，管路外观良好，无堵塞，不偏斜，距轨面高度符合标准。 （5）撒砂胶皮管距轨面高度为30～55 mm	目视手检	上左步转身面对砂箱，检查砂箱外体、砂量，以左弓步下蹲侧身，采用左右弓步变换检查砂箱安装螺丝，注意头部安全
16	第三动轮及第三轴箱各部检查	（1）轮盘式制动单元系统安装牢固，夹钳作用良好，无开焊裂纹，吊杆及各螺丝无松动，单元制动缸无泄漏，缓解良好，活塞杆复位时，不得有卡滞现象，制动缸间隙调整器良好，闸瓦无掉块、无裂纹、不偏磨、不到限，闸瓦穿销开闭销良好，闸瓦与制动盘缓解间隙为3 mm，制动盘不得有明显的台阶沟槽、拉伤。制动盘厚度为52.5 mm，磨耗不超过1 mm。动作灵活，空气管路无泄漏。 （2）制动盘的摩擦面的摩擦限度为每侧5 mm。凹面不超过2 mm，热裂纹不超过65 mm。注：检查时不得敲打制动盘的任何部位。 （3）动轮踏面无剥离、无擦伤，轮辐和轮辋无裂纹	目视手检	上左步转身面对轴箱，采用左右虚步变换检查动轮及轴箱各附属部件

续表

作业顺序	检查部位	检查内容及要求	检查方法	细检顺序及动作要求
16	第三动轮及第三轴箱各部检查	（4）轴箱状态良好，内外螺丝牢固，无漏油、无裂纹。 （5）轴箱拉杆状态良好，橡胶关节无老化、无裂纹和挤出，前后弹簧装置无裂纹。 （6）一系油压减振器无漏油，上下安装支架无裂纹，安装螺丝牢固	目视手检	上左步转身面对轴箱，采用左右虚步变换检查动轮及轴箱各附属部件
17	第二动轮及第二轴箱各部检查	（1）抗蛇行油压减振器安装牢固，螺丝无松动、无漏油现象。 （2）车体侧挡良好，间隙正常。车体与构架间接线安装良好。 （3）轮盘式制动单元系统安装牢固，夹钳作用良好，无开焊、无裂纹，吊杆及各螺丝无松动，单元制动缸无泄漏，缓解良好，活塞杆复位时，不得有卡滞现象，制动缸间隙调整器良好，闸瓦无掉块、无裂纹，不偏磨、不到限，闸瓦穿销开闭销良好，闸瓦与制动盘缓解间隙为 3 mm，制动盘不得有明显的台阶沟槽和拉伤。制动盘厚度为 52.5 mm，磨耗不超过 1 mm。动作灵活，空气管路无泄漏。 （4）制动盘的摩擦面的摩擦限度为每侧 5 mm。凹面不超过 2 mm，热裂纹不超过 65 mm。注：检查时不得敲打制动盘的任何部位。 （5）动轮踏面无剥离、擦伤，轮辐和轮辋无裂纹。 （6）轴箱状态良好，内外螺丝牢固，无漏油和裂纹现象。 （7）轴箱拉杆状态良好，橡胶关节无老化、无裂纹和挤出，安装螺丝紧固，前后弹簧装置无裂纹。 （8）垂向限制器安装座无开焊、无裂纹，垂向限制器安装螺丝无松动	目视手检	左脚半蹲稍稍前探，右脚虚步。 上左步转身面对轴箱，采用左右虚步变换检查动轮及轴箱各附属部件
18	二系油压减振器各部	（1）转向架右构架各部焊接无开焊。 （2）转向架垂直支撑二系弹簧无裂纹，橡胶座无老化、无龟裂。 （3）二系油压减振器无漏油，安装螺丝齐全紧固，上座及托板无裂纹，上罩与车体不接触	目视手检	左脚半蹲稍稍前探，右脚弓步
19	第一动轮及第一轴箱各部检查	（1）轮喷油罐安装牢固，油罐内存油量不少于 1/2，不超过 2/3，软管无龟裂、无老化，轮喷管头无堵塞，角度正确。 （2）轮盘式制动单元系统安装牢固，夹钳作用良好，无开焊、无裂纹，吊杆及各螺丝无松动，单元制动缸无泄漏，缓解良好，活塞杆复位时，不得有卡滞现象，制动缸间隙调整器良好，闸瓦无掉块、裂纹，不偏磨、不到限，闸瓦穿销开闭销良好，闸瓦与制动盘缓解间隙为 3 mm，制动盘不得有明显的台阶沟槽、拉伤。制动盘厚度为 52.5 mm，磨耗不超过 1 mm。动作灵活，空气管路无泄漏	目视手检	上左步转身面对轴箱，采用左右虚步变换检查动轮及轴箱各附属部件

续表

作业顺序	检查部位	检查内容及要求	检查方法	细检顺序及动作要求
19	第一动轮及第一轴箱各部检查	（3）制动盘的摩擦面的摩擦限度为每侧5 mm。凹面不超过2 mm，热裂纹不超过65 mm。注：检查时不得敲打制动盘的任何部位。 （4）动轮踏面无剥离、无擦伤，轮辐，轮辋无裂纹。 （5）轴箱状态良好，内外螺丝牢固，无漏油、无裂纹现象。 （6）轴箱拉杆状态良好，橡胶关节无老化、无裂纹和挤出，安装螺丝紧固，前后弹簧装置无裂纹。 （7）一系油压减振器无漏油现象，上下安装支架无裂纹，安装螺丝牢固	目视手检	上左步转身面对轴箱，采用左右虚步变换检查动轮及轴箱各附属部件
20	机车门、窗、标志及附属设备、第一砂箱，平均管、总风管第二折角塞门，机车信号、自动过分相感应器，转向架构架、排石器、脚蹬检查	（1）司机室扶手安装牢固，上车脚蹬无开焊变形。 （2）机车门、窗、标志及附属设备外观良好。 （3）砂箱外观良好，安装螺栓无松动，箱体无开焊。砂箱盖完整无损，扣锁良好，关闭严密。箱内砂子干燥，无异物，颗粒均匀。 （4）平均管、总风管第二折角塞门安装良好，位置正确。 （5）机车自动信号装置及自动过分相装置，安装架螺丝紧固，接线无松脱。 （6）排石器安装良好，符合标准，胶皮无破损。排石器距轨面高度为70～80 mm，扫石胶皮距轨面高度为10～15 mm。 （7）砂箱加热装置外观良好，电线无断线。砂管支架安装牢固，管路外观良好，无堵塞，不偏斜，距轨面高度符合标准。 （8）撒砂胶皮管距轨面高度为30～55 mm	目视手检	上前左跨步正对车门手动检查门扶手，确认不松动。 左弓步面对砂箱检查砂箱外体、砂量，以左弓步下蹲侧身，采用左右弓步变换检查砂箱安装螺丝，右弓步探身检查，注意头部安全

素养与职业

70年巨变：三代铁路人与成渝铁路的不解之缘

1952年7月1日，新中国成立后自行修建的第一条铁路——成渝铁路，正式通车。当火车呼啸而过，沿线民众欢欣鼓舞，奔走相告。这条仅用两年时间，克服重重困难，举全国之力支援建成的铁路，成为中国铁路史上一个创举。

70年时光荏苒，成渝铁路，见证了中国铁路飞速发展的奇迹，也见证了一代又一代铁路人的使命与担当，传承着的铁路精神。

一位铁道老兵的坚守

“1952年成渝铁路通车时，我才10岁。”钟克明笑着说，他的儿孙如今都在成渝线上工作。

钟克明，作为一个老铁路人，在他40年的铁路工作生涯中，成渝铁路无疑是让他印象最为深刻的一段记忆。

80岁的钟克明24年前从简阳站货运岗位退休，在他看来简阳站的货来客往仿佛还在昨日。他说，20 世纪 90 年代，依托周边重型机械工厂，车站每月货物装车达三四百车，卸车也有近两百车。

从 1964 年起，四川空气分离设备制造厂、四川空气压缩机厂、四川拖拉机总厂等一批国有大中型企业选址简阳，依托成渝铁路，服务国家工业建设。其中，空分厂和空压厂在川内机械行业十分有名，在 20 世纪 70～90 年代更是相当辉煌。

“空分厂他们有自己的火车司机，每天把货物从厂里拉到成渝铁路上来。”钟克明回忆，“他们生产的一台机器有几吨重，全靠铁路运送到上海、广东、浙江等地。”

除了机械、煤炭，还有棉花、甘蔗、玉米等从天府沃土里长出的农作物也需要运往全国。“那时候车站有零担、集装箱和整车货物装卸，实行三班倒，随到随卸，每天忙得不得了。”回忆起曾经的忙碌场景，钟克明记忆犹新。钟克明一家三代如图 6-3 所示。

图 6-3 钟克明一家三代

一位铁路骨干的接力

钟克明的儿子钟富现任简阳站运转主任。从小在铁路旁长大的钟富，对家门口这条铁路的感情尤为深厚。钟富告诉记者，简阳站最繁忙的时候，每天有十多趟客车来往乐至、安岳、仁寿等周边地区，群众背着花生、红苕、橘子、桃子等农产品来此乘车前往外地。钟富回忆：“赶上春节、清明等节假日，人多到‘闷罐车’都要派上用场。”

自 2019 年起，简阳站不再办理客运业务。近年来，随着成渝城际铁路简阳南站和天府国际机场的修建，简阳也从成渝重要站点向成都“新枢纽”转变。站内货运业务仍旧忙碌，铁道线旁几台挖掘机不停卸载着集装箱内的砂石。每月有近两千车砂石从贵阳、遵义等地运来，用于天府机场配套设施建设。

“虽然没了客流，但是货流却在一直增长。”钟富说，随着天府国际机场的开工建设，包括飞机航油等货物都依靠成渝铁路进行运输。“20 世纪 90 年代每月货物卸车也就三四百车，而现在一天就卸近二百车。”钟富说，现在简阳站又恢复了原来繁忙的景象，只不过这次的主角是货物。

一位铁路青年的征程

“准 00 后”的钟明禹，作为“铁三代”，他用自己的方式，诠释着一个成渝线上的铁路人。

“我的童年其实很大一部分都是和成渝铁路有关的。”钟明禹告诉记者，他在成渝铁路旁出生、在简阳站附近长大、就读于铁路学校。成渝铁路上发生的大小事，成了钟明禹家里的主要话题。但钟明禹来到铁路一线工作，除了有爷爷和父亲对他的耳濡目染之外，更多的是他自身的选择。“我对机械的东西很感兴趣，从小就喜欢火车。”

现在，钟明禹是一名内燃机车副司机。作为简阳站调车机车司机的一员，他依旧奋斗在父亲和爷爷曾经工作的地方。近年来，成渝铁路上的货运列车日渐增多，成为成渝地区双城经济圈和中欧班列的重要途经线路，钟明禹所在的车队在成渝线上的工作就更加繁忙。

“我想踏踏实实干好现在的工作，一步一个脚印，慢慢通过自己的不断学习和锻炼去努力成为一名成渝高铁的司机。”钟明禹说，对他而言，铁路就是一本记载了厚重历史和传奇故事的书。在他眼中，爷爷和父亲都是伟大的铁路人，他想要慢慢跟上他们的脚步，成功地拿过“接力棒”。

任务考核与评价

阶段一：任务知识准备（30 分）				
序号	考核要素	评价标准分值	自我评分（50%）	组内评分（50%）
1	是否积极参与任务书讨论，正确领会任务要求	5		
2	是否积极参与学习讨论，完全掌握学习内容	5		
3	是否积极参与计划制定，提出建设性计划内容	5		
4	是否制定了可行的任务方案	5		
5	是否认真履行个人角色，积极参与任务实施演练	10		
阶段二：任务实施展示（70 分）				
序号	考核要素	评价标准分值	组间评分（50%）	教师评分（50%）
1	问题 1：机车检查前应做哪些准备工作？	10		
2	问题 2：简述电力机车检查的安全注意事项	8		
3	问题 3：简述机车检查应达到何种要求	10		
4	问题 4：简述 HXD_{3D} 型电力机车的检查路线	10		
5	问题 5：检查 HXD_{3D} 型电力机车车钩时有哪些关键尺寸？	10		
6	问题 6：分析 HXD_{3D} 型电力机车制动盘检查作业的要求	10		
7	问题 7：钟克明一家三代为何一直愿意坚守在成渝铁路上？	12		
总评分值				

任务拓展

——全国职业院校铁道机车专业学生职业技能大赛——
HXD$_{3D}$ 型电力机车走行部检查作业项目技能竞赛方案

一、竞赛设备场地

1. 比赛场地设在现场机车整备作业场，带有清洁地沟的平直线路 50 m，在机车作业区停放 HXD$_{3D}$ 型电力机车，办理停电手续、挂好接地线。

2. 在机车停放地沟位置上下处，以及机车两端放好稳固渡板。在机车前后 20 m 处要设置红色防护牌，机车四周 2 m 外设置禁入线。

3. 机车停放制动在制动位，机车二、五轮打好止轮器，做好防溜措施。

4. 确认机车设置防护信号。

5. 在比赛场地两侧布置检查作业考评工作台。

6. 工具：机车检车锤 1 个，手电筒 1 个。

二、比赛项目

依据电力机车乘务员段内作业标准，进行 HXD$_{3D}$ 型电力机车走行部检查。按照 HXD$_{3D}$ 型电力机车走行部检查路线来进行检查，要求选手口述洪亮，手到（锤到）、眼到、嘴到。顺序检查、不错不漏、由上而下，由里往外，由左到右、姿势正确、步伐不乱、部件名称、正确呼唤、技术参数、准确无误、锤分轻重、目标准确、眼看耳听、仔细周到、鼻嗅手触、灵活熟练、仪器测量、正确使用、查找故障、准确无误，故障假设查找要提票等的内容进行标准评测，HXD$_{3D}$ 型电力机车下部检查主要包括以下几个方面。

1. HXD$_{3D}$ 型电力机车检查作业路线顺序

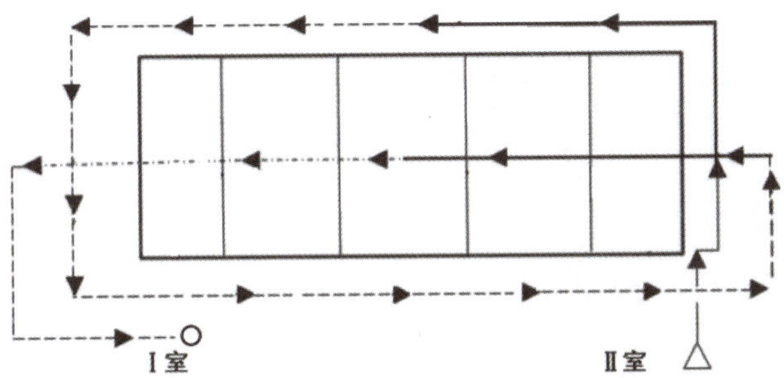

图例说明： 始点△；终点○；检查走行线 ——→ ；空走走行线 ----→

2. 检查路线说明：

II端机车前部→机车右侧走行部第二转向架→机车右侧走行部第一转向架（空走）→I端机车前部（空走）→机车左侧走行部第一转向架（空走）→机车左侧走行部第二转向架（空走）→机车车底部第 6~4 电机→机车变压器底部→机车车底部第3~1电机（空走）→终点（I端机车前部）

3. HXD$_{3D}$型电力机车检查作业安全注意事项（口述）

口述内容：受电弓已降下，停放制动在制动位，防护信号已设置。

3.1 确认检查作业必须在安全作业区内进行，降下受电弓，办理停电手续、挂好接地线后进行作业；

3.2 确认机车停放制动在制动位，打好止轮器，做好防溜措施；

3.3 确认机车设置防护信号。

3.4 机车检查时要注意安全，跨越地沟时从渡板通过，严禁跳跃地沟。

4. HXD_{3D} 型电力机车检查作业项目内容（口述+实作）

4.1 II端机车前部检查；

4.2 机车右侧走行部第二转向架检查；

4.3 机车底部6~4电机检查。

检查作业内容说明：

在整个检查作业过程中，要求选手按规定作业路线进行有声检查作业，但在重复相同部件检查作业时，可只呼唤检查部位名称。

5．HXD_{3D} 型电力机车检查作业故障假设设置说明（口述+提票）

5.1 故障设置说明：故障假设设置共6件，分为实际部件设置和粉笔设置，以专家组设置假设为准。

5.2 故障假设粉笔设置颜色及符号说明如下。

白粉笔：擦伤●(实心)，剥离◎，裂纹|，开焊|，松动×，漏油○等；红粉笔：烧损■(片状)；用白色粉笔在橡胶件上片状涂抹代表龟裂。

三、评分标准

检查部位	故障假设设置	配分比例	备注
II端机车前部	故障假设2个	20%	以专家组设置假设为准
右侧走行部第二转向架	故障假设2个	20%	
车底部第6~4电机	故障假设2个	20%	

1．评分大纲

项目	内容及要求		配分比例	备注
检查时间	走行部检查	15min	10%	
故障假设	II端机车前部 右侧走行部第二转向架 车底部第6~4电机	故障假设2个 故障假设2个 故障假设2个	60%	
检查及呼唤部件	II端机车前部 右侧走行部第二转向架 车底部第6~4电机 部件名称、技术参数、呼唤用语、熟练无误	顺序、方法、动作 顺序、方法、动作 顺序、方法、动作	30%	

2．评分标准

2.1 检查时间要求及评分标准

1) HXD_{3D}型电力机车检查考核时间为15 min，超过规定时间每超1 min减2分；

2) 超过规定时间3 min以上每min（不包括3 min）减4分；

3) 时间超过30 s不足60 s的，按1 min计算，超过5 min 1 s时按6 min计算；

4) 超过规定时间5 min以上（不包括5 min）失格。

2.2 检查故障假设要求及评分标准

1) 共设故障假设6个，每发现一个得10分，漏掉一个减10分；

2) 发现故障处所，呼唤名称错误减应得分的1/2。

2.3 检查及呼唤部件要求及评分标准

1) 检查路线顺序错误每次减2分；

2) 漏检机车部件每次减2分；

3) 检查方法及程序错误每次减1分；

4) 检查部件后未恢复原状态每次减2分；

5) 遗失及人为损坏工具每次减2分；

6) 错误呼唤机车检查部件名称，未呼唤被检部件名称每次减1分；

7) 错误呼唤机车检查部件技术参数，未呼唤被检部件技术参数每次减1分。

备注：各项最大扣分为各项总分。

2.4 安全要求及评分标准

1) 检查前安全准备工作没有完成就开始检查每次减5分；

2) 违反安全作业的有关规定每次减2分。

2.5 考核失格

作业中发生下列情况之一的，考核失格：

1) 超过规定时间5 min以上（不包括5 min，5 min 1 s算失格）；

2) 由于检查方法不当造成部件损坏；

3) 违反考核纪律。

2.6 机车检查作业成绩组成

机车检查考核总成绩为100分。

总成绩100分由四部分组成：各部分分数及所占总成绩的比例如下：

A项：检查时间，占总成绩的10%；

B项：故障假设，共6个，占总成绩的60%；

C项：安全，占总成绩的10%；

D项：检查动作、呼唤部件，占总成绩的20%；

四项得分之和（A+B+C+D）即为机车下部检查总成绩。

3. 竞赛标准

3.1竞赛时限

HXD$_{3D}$ 型电力机车检查作业考核时间为15 min。

3.2 工具、设备安全准备

1）机车检车锤1个，手电筒1个；

2）检查工具和渡板。

3.3竞赛流程

1）设具有封闭条件的待考室1间；

2）考生应在开考前1小时到待考室报到；考生不得离开待考室，非监考人员不得进入待考室；考生到齐点名后方可开始设故障，开始设故障后，由考评组设置故障假设6处；

3）考生进行机车检查作业时，要按规定着装；

4）各竞赛选手，需要携带证件，报告裁判机车检查作业准备工作完成，裁判同意后，方可开始并计时；

5）竞赛选手在机车检查作业完毕后，向裁判报告机车检查作业完成，裁判结束计时；再到考评工作台办理相关提票业务（提票时间不超过5 min），完成整个竞赛过程。

3.4 HXD$_{3D}$ 型电力机车走行部检查作业考核评分表。

全国职业院校铁道机车专业学生职业技能大赛

HXD$_{3D}$型电力机车走行部检查作业考核评分表

标准时间：15 min**用时**　　**开始时间**：　　**结束时间**：

选手编号					
项目	考核内容	扣分标准	扣分次数	扣分合计	得分
(A) 检查时间 10分	1. 超过规定时间3 min以内	2（每超1 min）			
	2. 超过规定时间5 min以内	4（每超1 min）			
	3. 超过规定时间5 min以上	失格			
(B) 故障假设 60分	1	10			
	2	10			
	3	10			
	4	10			
	5	10			
	6	10			
(C) 安全 10分	①检查前安全准备工作没有完成　每次	5			
	②违反安全作业的有关规定　每次	2			
(D) 检查及呼唤部件 20分	①检查路线顺序错误　每次	2			
	②漏检机车部件　每次	2			
	③检查方法及程序错误　每次	1			
	④检查部件后未恢复原状态　每次	2			
	⑤遗失及人为损坏工具　每次	2			
	⑥未呼唤部件名称或错呼部件名称　每次	1			
	⑦未呼唤部件技术参数或错呼参数　每次	1			
失格	①超过规定时间5 min以上(不包括5 min，5 min 1 s算失格)。 ②由于检查方法不当造成部件损坏，或出现安全事故。 ③违反考核纪律。				
总分	A+B+C+D=				

裁判签字（或盖章）：

注：本竞赛项目最终解释权归竞赛裁判组。

职业技能大赛和 1+X 考证——机车检查

强化练习

强化练习试题除涉及本任务介绍的知识与技能外，还可能涉及本任务未介绍的知识与技能，需通过阅读参考书、网络查找资料等方式进行自主学习后进行解答，在巩固课堂学习成果的同时，培养自主学习能力。

1.【填空题】机车停放制动在制动位，机车 2、5 轮打好（　　），做好防溜措施。

2.【填空题】机车检查前，将机车停放在地沟位置上下处，并在机车两端放好（　　）。

3.【填空题】排障器检查无碰伤、无变形、无开焊，排障器调整螺栓紧固，距轨面高（　　）mm。

4.【填空题】车钩水平中心线距轨面高度为（　　）mm。

5.【填空题】DF_4 型内燃机车轮缘无碾堆，垂直磨耗不超过（　　）mm，厚度符合《铁路技术管理规程》（普速铁路部分）规定。

6.【填空题】车钩锁闭位（　　）mm，全开位（　　）mm。

7.【多选题】在进行机车检查的过程中，根据（　　）等线索，准确及时地判断故障处所和故障程度，并采取适当的措施。

A. 声音　　B. 颜色　　C. 形状　　D. 味道
E. 气味　　F. 温度

8.【多选题】按照机车走行部检查路线进行检查时，要求口述洪亮，做到（　　）。

A. 手到　　B. 锤到　　C. 眼到　　D. 嘴到

9.【多选题】正确的机车检查顺序是（　　）。

A. 由上而下　　B. 由里往外　　C. 由左到右　　D. 由下而上

10.【判断题】机车检查时，跨越地沟可不从渡板通过，可直接跳跃地沟。（　　）

思考与小结：

任务复盘

补全任务 6.1 知识技能结构导图。

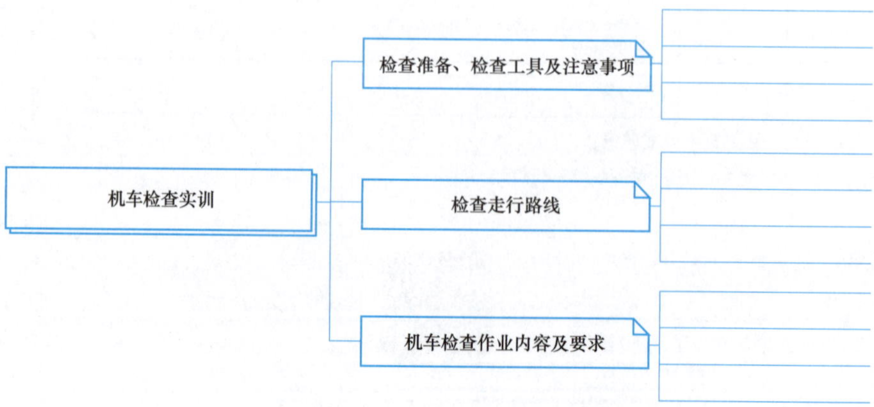

任务 6.2 机车典型故障应急处置办法

任务描述

在各种复杂的运输条件下，电力机车经过一段时间的运行后，会不可避免地出现一些问题，即各种零部件会发生不同程度的自然磨损、变形，电气装置还会出现断线、接地及绝缘老化，从而造成各种机车故障，影响行车安全，为了尽可能迅速地排除故障，维持机车运行，有必要掌握几种典型故障的应急操作及处理方法，由于故障往往不是由单个因素造成的，这里所列的故障原因并不一定是唯一的，处理办法也可能有很多种。

问题导入

先阅读问题，完成任务后再回答问题。

问题 1：简述机车故障应急处置基本原则。 答：
问题 2：简述机车故障应急处置基本流程。 答：
问题 3：简述空气压缩机不工作的应急处置办法。 答：
问题 4：简述压缩机长时间泵风，空气压缩机排风不止的处置流程。 答：
问题 5：若停放制动缸风管破裂、停放制动缸漏风，该如何处置？ 答：
问题 6：机车某一转向架的 3 轴发生温度传感器故障，应如何进行处置？ 答：

问题 7：谈谈若要成为“毛泽东号”机车班组司机长，应具备哪些职业素养？
答：

任务分析

<table>
<tr><td rowspan="3">教学目标</td><td>素养目标</td><td>思想道德素质：坚定爱国主义信念，培养严谨规范、团结协作的铁路职业素养，树立为我国铁路高质量发展努力奋斗的职业目标
科学文化素养：培养励志奋发、潜心学习的态度，树立勇于创新的科学精神和严谨务实、精益求精的工作作风</td></tr>
<tr><td>知识目标</td><td>1. 熟悉机车故障应急处置基本原则
2. 了解机车故障应急处置基本流程
3. 掌握机车几种典型故障的应急处置办法</td></tr>
<tr><td>能力目标</td><td>1. 理解应急故障处置基本原则和基本流程
2. 掌握机车典型故障的产生原因和处置办法</td></tr>
<tr><td colspan="2">教学重点</td><td>机车故障应急处置基本要领</td></tr>
<tr><td colspan="2">教学难点</td><td>机车典型故障应急处置原则和流程</td></tr>
</table>

任务实施

知识点 6.2.1　机车故障应急处置基本原则

（1）安全注意事项。

① 在处理机车故障时，应保证人身、设备和行车安全。

② 车顶电器设备故障时，严禁盲目闭合主断路器，应严格按照登顶作业流程进行故障处置。

（2）注重应急故障处置的时效性。

机车发生故障时，应避免堵塞区间；短时间内处置无效时，应立即请求救援。

（3）注重故障信息反馈的准确性。

机车发生故障后，乘务员在汇报时应准确提供故障时间、故障代码及故障描述。

（4）注意低等级故障的隐蔽性。

运行途中应定期查询故障并视情况处置。

（5）熟悉机车设备布置，熟练运用各种复位、切除方法。

（6）处置故障时，注意控制蓄电池电量的消耗。

知识点 6.2.2　机车故障应急处置基本流程

机车运行途中发生故障，查询故障列表及故障处理流程如下（以 HXD_{1D} 型电力机车操纵界面为例）。

（1）故障查询主界面见图 6-4。

（2）按故障查询键查询微机显示屏的故障记录，如图 6-5 所示，根据提示进入相应界面进行处理。

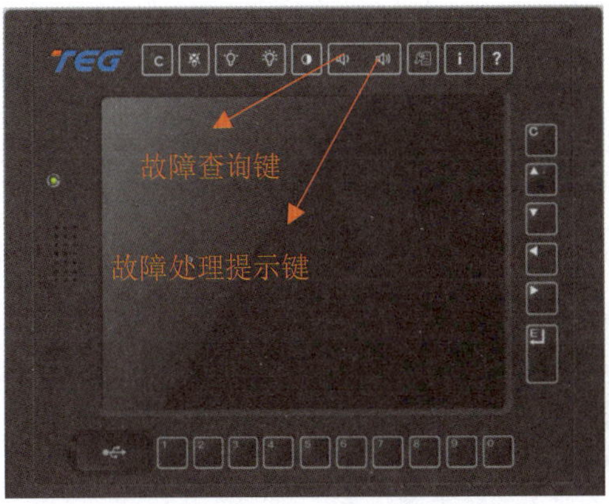

图 6-4 故障查询主界面

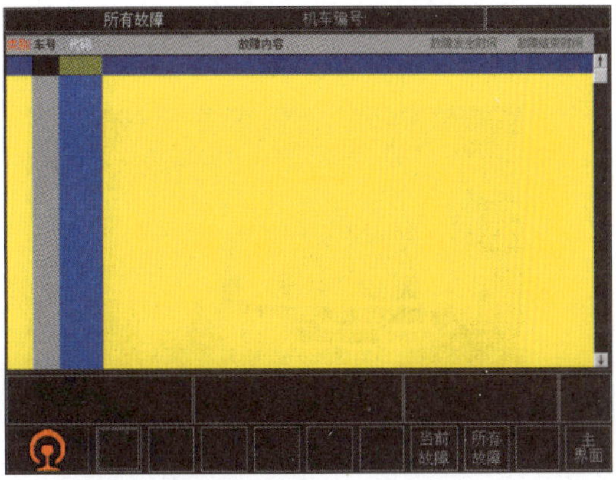

图 6-5 故障显示主界面

（3）进入故障记录界面后，通过微机屏幕右边的“向上”或“向下”按键选择故障信息，再按压微机屏幕右上角的故障处理提示键，查看故障处置方法提示，如图 6-6 所示。

（4）若出现受电弓无法升起、主断路器不闭合、牵引力无法给出，还可以进入“运行条件”界面，查看对应的运行条件是否满足，按照对应的运行条件界面白色提示条内容进行处理。

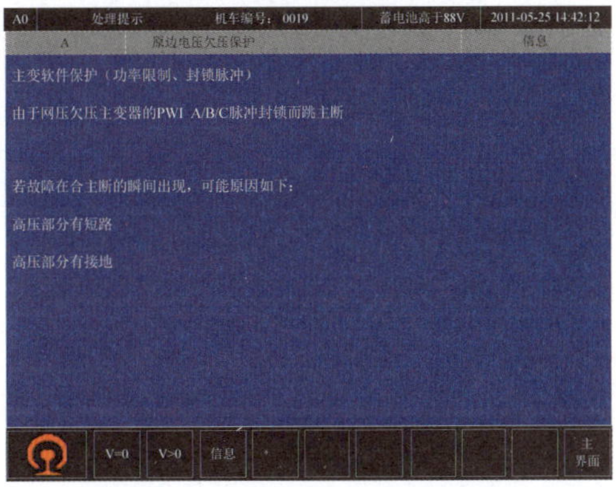

图 6-6 故障处置提示主界面

知识点 6.2.3 机车典型故障应急处置办法

1. 空气压缩机不工作

故障现象：空气压缩机扳键开关置“合”位，压缩机不工作时的处置。

原因分析：空气压缩机扳键开关不良。

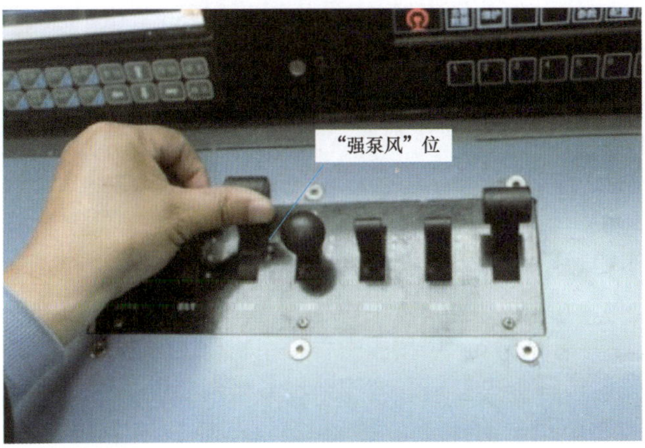

图 6-7 “强泵风”位操作示意图

处置办法：将空气压缩机扳键开关置“强泵风”位，保持总风缸风压在 800 kPa 以上维持运行，如图 6-7 所示。

2. 压缩机长时间泵风，空气干燥器排风不止

故障现象：遇压缩机长时间泵风，空气干燥器排风不止时，总风缸压力上升缓慢或不上升。注意：未经过干燥过滤的压缩空气会对制动机系统产生不良影响，应及时进行处置。

原因分析：电控阀故障或排污阀

卡滞。

处置办法：

（1）将故障空气干燥器电控器总电源开关置“关”位。

（2）将故障空气干燥器下排污塞门关闭，维持运行。空气干燥器排风未止处置办法如图 6-8 所示。

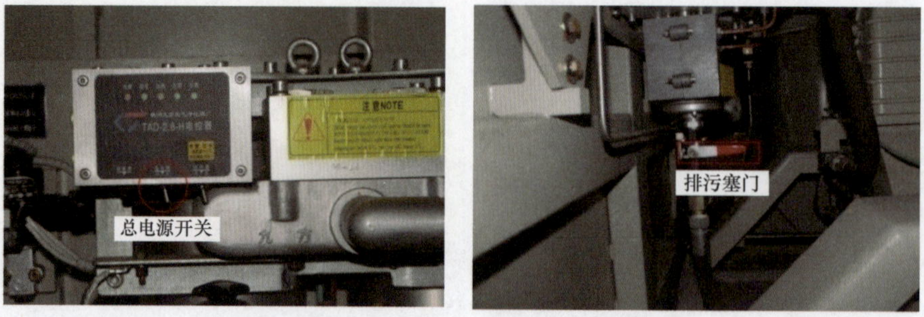

图 6-8　空气干燥器排风未止处置办法

3. 停放制动异常施加（以 HXD_1 型电力机车为例）

故障现象：音视频显示终端记录“停放制动异常施加”报警信息，“6A 地面数据库与专家系统”中有“停放制动异常施加”报警记录。

原因分析：机车运行中速度大于 5 km/h，停放制动缸压力小于 370 kPa 时，6A 制动子系统会记录“停放制动异常施加”报警。一是机车停放制动本身故障，运行中自动弹停，造成的报警；二是乘务员操纵不当，误碰停放制动开关或误断机车电钥匙（电力机车带网关的制动机，断电钥匙自动弹停）。

处置办法：

（1）首先询问乘务员，及时了解机车途中故障情况及处理情况，分析“6A 地面数据库与专家系统”中“停放制动异常施加”报警的详细情况，确认发生时间、停放缸压力、机车运行速度等，对比 6A 视频进行分析，区分是机车本身停放制动装置故障还是人为原因造成的。

（2）若确认是机车本身停放制动装置故障，应对机车停放制动装置进行全面的检查试验（机车微机数据有停放装置记录的，应下载微机数据进行分析），消除停放制动本身故障后，方可交车运用。当停放制动缸风管破裂、停放制动缸漏风时：① 关闭停放制动塞门 B40.06（见图 6-9），确认停放制动施加；② 手动拉开弹停缸的拉环缓解每节机车左 1、3 和右 2、4 弹停的制动（注意：手动拉开弹停制动缸的拉环时，持续 5 s 后方可松手，在未施加常用制动的情况下，手晃动闸片，确认有缓解间隙）（见图 6-10）；③ 按压微机显示屏“E（确认）”键（见图 6-11），解除牵引封锁；④ 开车前，大闸手柄置“抑制”位 1 s 再回“运转”位，解除惩罚制动。

（3）若确认是人为原因造成的，应对机车停放制动装置进行全面检查试验，确保停放装置各部无泄漏，装置作用良好，检查机车轮对踏面是否有擦伤剥离。停放制动装置检查试验良好，机车轮对踏面无剥离擦伤，方可交车运用。在乘务员误操作、停放制动系统故障时（在风压足够、停放风缸充风塞门 R30.01 开放的情况下）：① 按压操作端司机台“停放缓解”按钮；② 若无效则按压非操作端司机台“停放缓解”按钮；③ 若无效则按压两节机车制动柜停放缓解手动按钮；④ 若无效则手动拉开弹停制动缸的拉环，缓解每节机车左 1、3 和右 2、4 弹停的制动（注意：手动拉开弹停制动缸的拉环时，持续 5 s 后方可松手，在未施加常用制动的情况下，手晃动闸片，确认有缓解间隙）。

图 6-9 制动塞门 B40.06

图 6-10 手动拉开弹停缸示意图

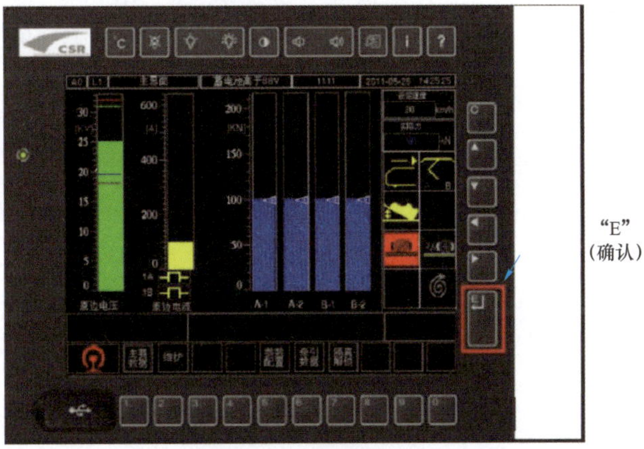

图 6-11 确认界面

4. 某轴某位温度传感器故障

故障现象：6A 音视频显示终端、“6A 地面数据库与专家系统”中报“某轴某位温度传感器故障”，“JK11430 地面信息管理系统”中的“传感器测温故障”有绿色数值显示（旧版本为红色数值）或是某轴某位温度传感器没有冲击信息。

原因分析：温度传感器本身故障、温度传感器连接（贯通）线故障、该轴前置处理器故障。

处置办法：

（1）检查该位温度传感器与连接线（贯通线）及连接线（贯通线）与前置处理器的插头、插座是否插接良好，插头内部是否有异物、插针是否缩针，检查温度传感器线及连接线（贯通线）是否存在磨损、挤压、拉伸现象。更换不良温度传感器或连接线（贯通线）；

（2）若更换该位温度传感器后，故障依然存在则更换该位传感器的连接（贯通）线，若传感器及贯通线均已更换，故障未消除，则更换该轴的前置处理器。

5. 某轴所有温度传感器故障

故障现象：6A 音视频显示终端、“6A 地面数据库与专家系统”中记录某轴所有温度传感器故障，“JK11430 地面信息管理系统”中的“传感器测温故障”有绿色数值显示。

原因分析：一般为某一架总线回路的末端轴（例如 HXD_1 的 3 轴、4 轴）发生该类故障，原因为末端轴的前置处理器连接（贯通）线故障、该轴前置处理器故障。

处置办法：

（1）检查该轴前置处理器与其他轴前置处理器间的连接线（贯通线）及插头、插座是否插接良好，插头内部是否有异物、插针是否缩针，检查前置处理器的连接线（贯通线）是否存在磨损、挤压、拉伸现象，更换不良连接线（贯通线）；

（2）更换连接线（贯通线）后，故障依然存在，更换该轴的前置处理器。

素养与职业

“毛泽东号”机车组司机长王振强：书写新时代英雄机车新传奇

王振强是有着76年光辉历史的“毛泽东号”机车组第十三任司机长。从内燃机车司机、电力机车司机到“毛泽东号”机车组司机长，王振强始终践行“报效祖国、忠于职守、艰苦奋斗、勇当先锋”的“毛泽东号”精神，安全驾驶机车1 300余趟，在平凡的岗位上取得了不平凡的业绩，他曾获全国五一劳动奖章、2021年“最美职工”等荣誉。

2005年9月，刚参加工作的王振强第一次见到“毛泽东号”机车。2008年9月，经过严格选拔，他加入“毛泽东号”机车组。老司机长叮嘱他：“开‘毛泽东号’，要时刻做思想政治的合格人、安全行车的规矩人、运输生产的带头人。”

“毛泽东号”机车组在整备线上练习机车连挂作业时，要把小木棒立在驾驶室的操纵台上，看谁操纵时木棒不倒；挂车时，在车钩上放置倒满水的杯子，看谁能做到一滴不洒。王振强经受住了严格训练，练就了以毫米为精准度的驾驶技术，成为公认的“规章一口清、技术一手精”技术能手。

王振强带领创新工作室成员研发了《便携式机车石英砂回收装置》《VR机车交互式演练系统》等创新成果58项，其中7项成果获得国家专利。他们利用这些技术改造革新成果，破解了一线职工关注的机车运用、列车操纵、故障处理、节支降耗等难题。他还以建设自控型班组为目标，创新“五大员”管理模式，让班组成员都有机会参与团队建设。

图6-12 “毛泽东号”机车组第十三任司机长王振强

“‘毛泽东号’机车诞生于烽火硝烟中，奋勇支前，屡建奇功。‘毛泽东号’精神就是对安全的承诺。”王振强表示，“我将不负众望，带领机车组一如既往冲锋在前，继续书写英雄机车新传奇，当好新时代的‘火车头’。”

“毛泽东号”机车组第十三任司机长王振强如图6-12所示。

任务考核与评价

阶段一：任务知识准备（30分）				
序号	考核要素	评价标准分值	自我评分（50%）	组内评分（50%）
1	是否积极参与任务书讨论，正确领会任务要求	5		
2	是否积极参与学习讨论，完全掌握学习内容	5		
3	是否积极参与计划制定，提出建设性计划内容	5		
4	是否制定了可行的任务方案	5		
5	是否认真履行个人角色，积极参与任务实施演练	10		

续表

阶段二：任务实施展示（70 分）				
序号	考核要素	评价标准分值	组间评分（50%）	教师评分（50%）
1	问题 1：简述机车故障应急处置基本原则。	10		
2	问题 2：简述机车故障应急处置基本流程。	8		
3	问题 3：简述空气压缩机不工作的应急处置办法。	10		
4	问题 4：简述压缩机长时间泵风，空气压缩机排风不止的处置流程。	10		
5	问题 5：若停放制动缸风管破裂、停放制动缸漏风，该如何处置？	10		
6	问题 6：机车某一转向架的 3 轴发生温度传感器故障，应如何进行处置？	10		
7	问题 7：谈谈若要成为“毛泽东号”机车班组司机长，应具备哪些职业素养？	12		
总评分值				

任务拓展

车钩钩舌和圆销断裂处理

思考与小结：

任务复盘

补全任务 6.2 知识技能结构导图。

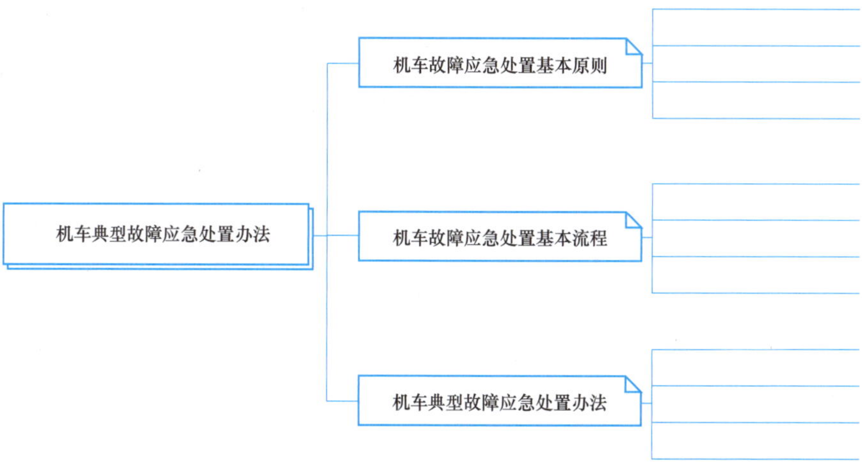

参 考 文 献

［1］王磊. 机车总体及走行部［M］. 北京：中国铁道出版社有限公司，2020.

［2］崔晶，张省伟，朱亚男. 机车总体与走行部［M］. 成都：西南交通大学出版社，2021.

［3］高伟，钟恩松，李长留. 电力机车构造［M］. 3 版. 成都：西南交通大学出版社，2023.

［4］中国国家铁路集团有限公司机辆部. 铁路机车概论［M］. 北京：中国铁道出版社有限公司，2022.

［5］华亮，姜建宁，沈艳丽. 机车车辆概论［M］. 北京：北京交通大学出版社，2010.

［6］吴书锋. 内燃机车总体［M］. 北京：中国铁道出版社，2017.

［7］刘达德. 东风 $_4$B 型内燃机车结构·原理·检修［M］. 北京：中国铁道出版社，2008.